高等学校教材

城市轨道交通工程施工组织与概预算

李明华　编著

中国铁道出版社有限公司

2020年·北京

内 容 简 介

本书的主要内容有基本建设概述、城市轨道交通项目管理、网络计划技术、流水施工作业技术、施工组织设计、工程定额、城市轨道交通工程概(预)算编制等。全书以住房和城乡建设部、国家发展和改革委员会印发的建标〔2017〕89 号《城市轨道交通工程设计概算编制办法》、建标〔2008〕193 号《城市轨道交通工程预算定额》、建标〔2011〕99 号《城市轨道交通工程概算定额》、建标〔2008〕177 号《城市轨道交通工程投资估算指标》及有关法规、规范为依据进行编写,辅以简单实例解析。全书力求简明扼要,重点介绍基本概念、基本方法和知识要点,尽量做到内容全面,强调行业特色。

本书可作为城市地下空间工程专业、市政工程专业、铁道工程专业、土木工程专业等相关专业方向如城市轨道工程、地下工程等的本、专科学生的教材,亦可作为相关专业工程技术和经营管理人员的参考书。

图书在版编目(CIP)数据

城市轨道交通工程施工组织与概预算/李明华编著.—北京:中国铁道出版社有限公司,2020.9

高等学校教材

ISBN 978-7-113-26876-3

Ⅰ.①城… Ⅱ.①李… Ⅲ.①城市铁路-铁路施工-施工组织-设计-高等学校-教材②城市铁路-铁路工程-概算编制-高等学校-教材③城市铁路-铁路工程-预算编制-高等学校-教材 Ⅳ.①U239.5

中国版本图书馆 CIP 数据核字(2020)第 078385 号

书　　名:城市轨道交通工程施工组织与概预算
作　　者:李明华

责任编辑:陈美玲　　**编辑部电话:**(010) 51873240　　**电子信箱:**992462528@qq.com
封面设计:崔　欣
责任校对:王　杰
责任印制:樊启鹏

出版发行:中国铁道出版社有限公司(100054,北京市西城区右安门西街 8 号)
网　　址:http://www.tdpress.com
印　　刷:三河市航远印刷有限公司
版　　次:2020 年 9 月第 1 版　2020 年 9 月第 1 次印刷
开　　本:787 mm×1 092 mm 1/16　印张:24　插页:1　字数:614 千
书　　号:ISBN 978-7-113-26876-3
定　　价:65.00 元

前　言

城市轨道交通是采用专用轨道导向运行的城市公共客运系统，依据城市交通总体规划的要求，设置全封闭或部分封闭的专用轨道线路，以列车或单车形式，运送相当规模客流量的公共交通方式。其中，地铁系统是各城市轨道交通选用的主要方式，由于其大部分线路在地下或高架通行，技术要求高，可靠性和安全性要求更高，是涉及地下与高架工程土建、机械、电气、电子和遥控等很多专业领域的系统工程。

施工组织设计是用来指导施工项目全过程各项活动的技术、经济和组织的综合性文件，是施工技术与施工项目管理有机结合的产物，它能保证工程开工后各项施工活动有序、高效、科学合理地进行；概（预）算是根据设计图纸计算的工程量和工程预算定额及有关文件进行计算和编制的经济资料。

施工组织与概预算已成为从事城市轨道交通工程设计、施工、招投标、监理等工程技术人员必须了解和掌握的基本知识，概预算文件本身也是工程设计文件的重要组成部分。为了系统的了解施工组织与概预算的基础知识，具有独立编制相关工程的施工组织设计与测算造价的能力，以施工技术为基础，以工程定额（或单位估价表）、取费标准及其他取费规定、材料预算价格等有关文件为依据，使学生掌握城市轨道交通设计、施工技术，正确划分工程项目，求算工程数量，合理组织施工，并正确使用工程定额和取费标准，培养编制施工组织设计与概预算的能力，较好地胜任城市轨道交通工程施工组织与管理、造价文件编制等相关工作。

本书的主要内容有基本建设概述、城市轨道交通项目管理、网络计划技术、流水施工作业技术、施工组织设计、工程定额、城市轨道交通工程概（预）算编制等。全书以住房城市建设部、国家发展改革委印发的《城市轨道交通工程设计概算编制办法》建标〔2017〕89号、《城市轨道交通工程预算定额》建标〔2008〕193号、《城市轨道交通工程概算定额》建标〔2011〕99号、《城市轨道交通工程投资估算指标》建标〔2008〕177号及有关法规、规范为依据进行编写，辅以简单实例解析，重点介绍基本概念、基本方法和知识要点，尽量做到内容全面、简明扼要，并强调行业特色。

本书可供城市地下空间工程专业、市政工程专业、铁道工程专业、土木工程专业等相关专业方向，如城市轨道交通工程、地下工程的本、专科学生作为教材使用，亦可供相关专业工程技术和经营管理人员参考。在不同专业的学习中，可根据专业要求对相关章节内容侧重选用。

全书由李明华结合多年的现场施工经验和实际教学体验进行编著，其中第13章概算编制示例由黄淑君负责编写。在编写过程中，还得到了韩雯静、黎彤、喻国军、赵华、高凯、杜君、张伟等同志的大力帮助，在此表示感谢。另外，本书的完成，除书末所列参考文献外，还参阅了部分网页和资料，恕不一一列举，在此向所引用或相关参考文献的编著者、译者表示衷心的感谢。

由于作者水平有限，书中难免存在缺点与错误，恳请读者批评指正。

作　者

2020年7月

目　录

第1篇　基本建设与项目管理

第2篇　施工组织设计

第1篇　基本建设与项目管理

第1章　基本建设概述

1.1　基本建设的概念与作用

1.1.1　基本建设的定义

基本建设是指国民经济各部门为发展生产面进行的固定资产的扩大再生产，即国民经济各部门为增加固定资产面进行的建筑、购置和安装以及与之相联系工作的总称，简称基建。例如公路、铁路、桥梁和各类工业及民用建筑等工程的新建、改建、扩建、恢复工程，以及机器设备、车辆船舶的购置安装及与之有关的工作，都称之为基本建设。

基本建设工作一般由以下内容所组成：

(1)所需要进行的全部建筑工程，包括各种永久性和临时性的建筑物、构筑物、设备基础等的准备和施工、小型设备的安装、电力线路及水利绿化工程等。

(2)各种大型设备的安装工程，包括为生产、动力、起重、运输、传动、医疗、实验等所需的各种机械设备的装配、安装、防护及试车等。

(3)设备购置，包括设备、工具和器具等的购置。

(4)与之相联系的其他建设工作，包括勘察、设计、科学研究实验、征地、拆迁、试运转、生产职工培训和建设管理单位管理工作等。

企业通常将劳动资料按照使用年限和原始价值划分固定资产和低值易耗品。固定资产是与流动资产相对而言的。固定资产是指企业为生产商品、提供劳务、出租或经营管理而持有的，使用年限超过2年且单位价值在规定标准以上的有形资产，是在生产性活动过程中长期发挥作用的劳动资料和在非生产性活动中长期使用的物质资料。如工厂的厂房、机器设备；铁路的路基、桥梁、隧道等均为生产性固定资产，而住宅、教室、医院、剧院等和各种能长期发挥作用的非生产性设备则称为非生产性固定资产。

固定资产在生产过程中保持其原有实物形态，直到磨损陈旧而报废。它本身的价值随着磨损程度的不断加重而逐渐减少，一点一点转移到产品成本中去，它和生产中使用的原料、燃料等流动资产有着明显的不同。

流动资产是指可以在1年或者超过1年的一个营业周期内变现或耗用的资产，主要包括现金、银行存款、短期投资、应收及预付款项、待摊费用、存货(如原料、燃料、辅助材料)等。它在一个生产周期中就全部消耗掉，并把他的价值全部转移到产品中去，其原有的形态也不复存在了。

确定一个物品是否是固定资产，要看它是否在生产过程中长期发挥作用，是否保持原来的实物形态。例如，工厂生产的待售的机械，它还不是固定资产，因为它还没有被销售到生产企业中去，并作为劳动资料在生产过程中发挥作用。判定是否为固定资产，除特殊规定外，一般地还要看是否满足以下两条：①使用年限在一年以上；②单位价值较高。现行《企业会计准则》取消了对固定资产单位价值的限制，突破了原“固定资产”定义中“2 000 元明界”标准，只要同时具有“①为生产商品、提供劳务、出租或经营管理而持有的；②使用寿命超过一个会计期间”两个特征的有形资产均可认定为固定资产，否则为低值易耗品。

固定资产的形成过程，是在许多物质生产部门共同参与下完成的。例如，构成铁路资产的物质因素：机车、设备、建筑材料等必须经过购置，并把它从生产地点运到施工地点，必须经过建造者把原材料加工建造出车站、桥梁、隧道、房屋以及站场设备，必须把机器设备进行安装，通过一系列的劳动形成生产能力，才把它们变为固定资产。通常所说的基本建设就是这种购置、建造过程。所形成的固定资产，就是基本建设的成果。

固定资产在长期的生产过程中是不断变动的。一方面要不断购置建造新的固定资产，另一方面又有一些固定资产因磨损陈旧而报废。固定资产的这种连续不断的“新陈代谢”过程，就是固定资产的再生产过程。

1.1.2 基本建设的作用

(1)为国民经济各部门建立固定资产，提供生产能力，是扩大再生产、促进国民经济发展的重要手段。

(2)提高国民经济技术装备水平。基本建设一方面直接增加了新的生产能力，通过基本建设，增加国民经济各部门的固定资产，提高劳动者技术装备程度，提高生产的机械化、自动化水平；另一方面也通过基本建设用新的技术装备武装各部门，使新的科学技术转化为生产能力。

(3)有计划地调整旧的部门结构，建立新的部门结构的重要物质基础。通过基本建设投资在国民经济中正确分配，可以改变不符合发展需要的生产比例，建立新的合理的生产部门，促进国民经济按比例的协调发展。

(4)合理分布生产力的重要途径。通过基本建设，使各生产部门和产品数量在地区分布上保持协调比例。

(5)为了改善和提高人民的物质文化生活创造物质条件。基本建设提供的生产性固定资产，可通过扩大生产能力，促进生产提高，逐步改善人民的物质文化生活，而它提供的非生产性固定资产，直接为满足人民的物质文化生活需要服务。

1.1.3 基本建设的特点

(1)建筑产品在空间上的固定性及其生产的流动性。

一般的建筑物均由自然地面以下的基础部分和自然地面以上的主体部分组成。任何建筑产品都是在选定的地点上建造和使用，并与土地不可分割。所以，建筑产品在空间上是固定的。同时，建筑产品的固定性决定了产品生产的流动性。一般的工业产品都是在固定的工厂、车间内进行生产，由于建筑产品在不同的现场，造成施工人员、材料和设备等要随着建筑物所在地点的变更或其施工部位的改变进行流动，这就造成建筑产品生产的流动性。

(2)建筑产品的多样性及其生产的单件性。

由于使用功能要求的不同，同时也受到地区、自然条件诸因素的限制，使建筑产品在规模、结构、构造和材料选用等方面存在差异，建筑产品具有多样性。建筑产品地点的固定性和类型的多样性决定了产品生产的单件性。一般的工业产品都是在一定的时期内，统一的工艺流程中进行批量生产，而具体的一个建筑产品应在国家或地区的统一规划内，根据其使用功能，在选定的地点上单独设计和施工。随着建筑产品及其所在地区的自然环境、技术、经济条件的不同，使得施工准备工作、施工工艺、施工方法和设备的选用也不尽相同，这就造成建筑产品生产的单件性。

(3)建筑产品形体大、生产周期长。

建筑产品与一般的工业产品相比较，需要占用大量的物质资源，占据广阔的空间，因而建筑产品的形体庞大。因为建筑产品的形体庞大，使得建造时耗用大量的人力、物力和财力。同时，建筑产品在生产过程还要受到工艺流程和生产程序的制约，使各工种间必须按照合理的施工顺序进行配合和连接，因而造成建筑工程施工周期长的特点。

(4)涉及面很广，协作配合、同步建设、综合平衡等问题很复杂。必须协调好各方面的关系，取得各方面的配合和协作，做到综合平衡。

(5)建设过程不能间断，要有连续性。每个项目一旦开工，要求不可间断，整个基本建设活动的过程是一个环环相扣的系统过程。

1.2 基本建设的分类

项目是指在一定的约束条件下(限定资源、限定时间、限定指标、限定质量)具有特定明确目标的一次性事业(任务)。

建设项目是指在一个总体设计或初步设计范围内，由一个或若干个单项工程所组成，经济上实行统一核算、行政上实行统一管理的基本建设管理单位。如一个工厂、一所学校、一座大桥、某标段地铁等工程。

基本建设包括的内容十分广泛，可以从不同角度划分如下。

1.2.1 按建设项目性质划分

(1)新建项目：指为增加新的生产能力(或增加新的效益)而“平地起家”的项目；或虽不是从无到有，但其原有基础小，经扩大建设规模后，增加的固定资产价值超过原有固定资产价值的3倍以上，亦属新建项目。

(2)扩建项目：指原有生产企业为扩大原有产品的生产能力或效益，或增加新的产品的生产能力，而新建主要车间或工程的项目。如铁路上为增加原有枢纽的能力而新建的联络线、编组场等。

(3)改建项目：指原有企业为提高生产效率，改进产品质量或改变产品方向，对原有设备或工程进行技术改造的项目。例如为提高原有铁路线路的通过能力，对线路和站场设备进行的技术改造。

(4)恢复项目：指由于某种原因如自然灾害、战争等使原有固定资产全部或局部报废，以后又用基本建设投资按原来规模重新恢复起来的项目。

(5)迁建项目：指现有企业、事业单位由于改变生产布局或环境保护和安全生产以及其他特殊需要搬迁至他处建设的项目。

在上述五类性质中，一个建设项目只能有一种性质，在项目按总体设计全部建成之前，其建设性质是始终不变的。新建项目在完成原总体设计之后，再进行扩建或改建，则另作为一个扩建或改建项目。

1.2.2 按建设项目用途划分

1. 生产性建设

直接用于物资生产或直接为物资生产服务的建设为生产性建设，主要包括以下几点。

(1)工业建设：指工矿企业建设项目中的生产车间、矿井、实验室、仓库、堆场以及其他工矿企业使用的构筑物的建造和生产用的机械、设备的购置和安装。

(2)农田水利建设：指农场、牧场、拖拉机站、造林、防洪、灌溉、渔港码头、水产养殖和气象等建筑物、构筑物的建造以及生产用机械设备的购置和安装。

(3)交通运输、邮电建设：指铁路、桥梁、港口、码头、机场、邮政、电信、微波、市内电话等的建设，以及船舶、车辆、飞机等设备的购置等。

(4)商业和物资供应建设：指商品周转库、粮库、石油库、冷藏库、物资储运、储备库以及商业服务网点的建设和生产设备的购置(不包括食品加工、粮食加工、肉类加工等工业建设)。

(5)地质资源勘探建设：主要指地质资源勘探(包括普查)单位所用设备的购置。

2. 非生产性建设

直接用于人民物质文化生活及社会福利需要的建设为非生产性建设，主要包括以下几点。

(1)住宅建设：指专供居住使用的房屋建设，如职工家属宿舍、职工单身宿舍、商品住宅、公寓等。

(2)文教卫生建设：指各种学校、影剧院、体育场、体育馆、图书馆、文化宫、出版社、广播电视台(站)等文教事业的建设，以及各种医院、卫生院、托儿所、保健站、养老院等卫生、保健福利方面的建设。

(3)公用生活服务事业的建设：指城市环境保护设施、电车、汽车、轮渡等公用事业和旅馆、宾馆、理发店、浴室、照相馆等服务事业的建设(城市独立的自来水厂、煤气厂等建设应属于生产性的工业建设)。

(4)其他建设：包括各级行政管理机关和团体办公用房的建设以及其他非生产性建设。

1.2.3 按建设规模大小划分

根据建设规模大小，工业建设项目一般分为大型、中型、小型三类，非工业建设项目一般分为大中型项目和小型项目两类。划分的依据是项目的设计能力(非工业建设项目为新增效益)和投资额，具体参见《基本建设项目大中小型划分标准》。交通运输方面的大中型项目主要包括以下几种。

(1)铁路：新建的干线、支线、地下铁道及原有干线、枢纽的重大技术改造投资在 1 500 万元以上的，地方铁路 100 km 以上，货运量 50 万 t 以上的。

(2)公路：新建、改建长度在 200 km 以上的国防公路和跨省区的重要干线，投资在 800 万元以上的公路大桥。

(3)港口：年吞吐量 100 万 t 以上的新建、扩建港口等。

1.2.4 按投资主体划分

(1)国家投资建设项目：指全部或主要由国家财政性资金、国家直接安排的银行贷款资金和国家统借统还的外国政府和国际金融组织及其他资金投资的建设项目。

(2)地方政府投资的建设项目:主要是指以各级地方政府(含省、地、市、县、乡)财政性资金及其他资金投资的建设项目。

(3)企业投资的建设项目:指企业(全民所有制企业、企业集团、集体所有制企业、乡镇企业等)用自有资金和自筹资金投资的建设项目。

(4)“三资”企业的建设项目:主要形式有中外合资企业、中外合作企业和外商独资企业投资的建设项目。

1.2.5　按经济性质划分

按投资所形成资产的经济性质划分,建设项目投资可分为固定资产、无形资产、递延资产和流动资金。

1. 固定资产

固定资产是指使用年限在一年以上,单位价值在献宝的标准以上,并且在使用过程中能保持其原来物质形态的资产,如房屋、设备等。

固定资产投资是指固定资产的建造或购置、安装过程中发生的全部费用。投资者如果用现有的固定资产作为投入,则按评估确认或合同约定的价值计入投资。

2. 无形资产

无形资产是不具有实物形态,而能长期为所有者提供某种特权或效益的资产。如专利权、非专利技术、商标权、商誉、土地使用权、著作权等。

3. 递延资产

递延资产是指不能全部计入当年损益,应当在以后年度内分期摊销的各项费用,如开办费。递延资产包括项目筹建期间的工作人员工资、办公费、培训费、差旅费和注册登记费等。在项目筹建期间发生的贷款利息和汇兑损益,凡与购建固定资产和无形资产有关的,均应计入相应的资产原值,其余的都应计入开办费,形成递延资产原值的组成部分。

4. 流动资金

流动资金是指项目建成后为进行和维持生产而占用的全部周转资金。它是流动资产与流动负债的差额。

流动资产是指项目建成投产后垫支在原材料、在产品、产成品、库存现金、应收预付款项等方面的资金。流动负债是指应收账款和预付账款。铺底流动资金是指全部流动资金中,按国家有关规定必须由企业自己准备的部分,目前规定为全部流动资金的 30%。

1.2.6　按经济用途划分

按照国际上通用的划分规则和我国的财务会计制度,建设项目投资可划分为项目建设服务的建设投资和为项目生产经营服务的流动资金。

1. 建设投资

建设投资又称固定投资,是固定资产投资、无形资产投资和递延资产投资的统称。

2. 流动资金

流动资金即流动资金投资。

1.2.7　按时间因素划分

按是否考虑时间因素,建设项目投资可划分为不考虑项目建设时间因素的静态投资和考虑项目设时间因素的动态投资。

1. 静态投资

静态投资是指按照某一时点(一般为开工前一年)的现行价格估算的建设项目投资,包括建筑安装工程费用、设备及工器具购置费用、其他费用和预备费中的基本预备费。

2. 动态投资

动态投资是指静态投资在建设期的涨价预备费、静态投资在资金筹措过程中所发生的财务费用和未包括在静态投资中的国家规定应由项目承担的税费。

由于建设项目的建设的周期较长,期间的价格波动是难免的。考虑涨价因素后,实际投资会有所增加。加之,由于建设项目投资额巨大,所需资金中一般会有很大一部分是靠投资借款筹集来的。建设期的贷款利息、贷款承诺和担保费以及汇兑损益等,不管投资者用自有资金来支付,或借贷来偿付,或待项目建成投产后再偿付,实际筹集的资金都要比花费在工程上的费用多。

另外,静态投资中未包括国家规定应由项目承担的税费。如固定资产投资方向调节税。目前,根据国家规定,暂停征收固定资产投资方向调节税。

1.2.8 按工程管理及造价需要划分

基本建设项目按照建设工程组织管理和合理确定建设产品工程造价的需要,划分为建设项目、单项工程、单位工程、分部工程、分项工程五个项目层次。

(1)建设项目:一般指具有计划任务书和总体设计,经济上实行独立核算,行政上具有独立组织形式的基本建设管理单位。一个建设项目中,可以有几个单项工程,也可能只有一个单项工程。如修建一个工厂、一个学校、一所医院、一个剧院、一所宾馆、一条铁路等为一个建设项目。

(2)单项工程:单项工程又称作工程项目,是建设项目的组成部分,是指具有独立的设计文件,竣工后可以独立发挥生产能力或使用效益的工程。如工业建设中的各个生产车间、办公楼、仓库等,民用建筑的教学楼、图书馆、学生宿舍、职工住宅,铁路工程项目若干区段的某一区段等都是单项工程。

(3)单位工程:单位工程是单项工程的组成部分,是指具有单独设计,可以独立组织施工的工程。通常单项工程包括不同性质的工程内容,根据其能否独立施工的要求,将其划分为若干个单位工程。如工业建筑中的车间是一个单项工程,车间的厂房建筑却是一个单位工程,车间的设备安装也是一个单位工程,某段铁路工程中的一段路基、一座桥涵、隧道等都是单位工程。

(4)分部工程:分部工程是单位工程的组成部分,一般是按建筑物的主要结构、主要部位以及安装工程的种类划分的。如一座桥梁,由上部建筑和下部建筑组成,而桥梁墩台又由基础工程和主体工程等组成。

(5)分项工程:分项工程是分部工程的组成部分,是通过较为简单的施工过程就能生产出来,并且可以用适当计量单位计算的建筑或设备安装工程产品。如基础工程可分为挖土石方、地下降水、基础垫层、圬工基础等。

1.3 基本建设程序

1.3.1 建设程序的概念

建设程序是指建设项目从设想、选择、评估、决策、设计、施工到竣工验收、投入生产整个建设过程中，各项工作必须遵循的先后次序的法则。按照建设项目发展的内在联系和发展过程，建设程序分成若干阶段，这些发展阶段有严格的先后次序，不能任意颠倒、违反它的发展规律。

在我国按现行规定，基本建设项目从建设前期工作到建设、投产一般要经历以下几个阶段的工作程序：

(1)根据国民经济和社会发展长远规划，结合行业和地区发展规划的要求，提出项目建议书；

(2)在勘察、试验、调查研究及详细技术经济论证的基础上编制可行性研究报告；

(3)根据项目的咨询评估情况，对建设项目进行决策；

(4)根据可行性研究报告编制设计文件；

(5)初步设计经批准后，做好施工前的各项准备工作；

(6)组织施工，并根据工程进度，做好生产准备；

(7)项目按批准的设计内容建成并经竣工验收合格后，正式投产，交付生产使用；

(8)生产运营一段时间后(一般为两年)，进行项目后评价。

以上程序可由项目审批主管部门视项目建设条件、投资规模作适当合并。

1.3.2　建设程序的阶段

基本建设程序是基本建设全过程中各项工作必须遵循的先后顺序，这个顺序反映了整个建设过程必须遵循的客观规律。一般可分为决策、设计、准备、实施、竣工验收及后评价阶段等 6 个阶段(图 1.1)。

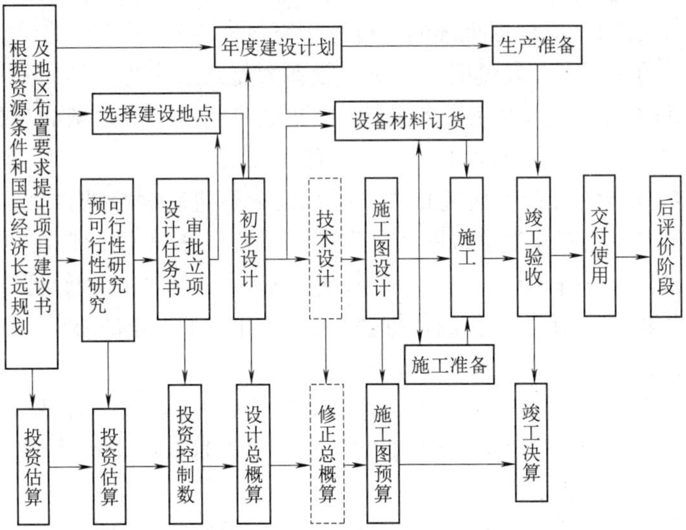

图 1.1　基本建设程序简图

1. 决策阶段

这个阶段包括建设项目建议书、可行性研究等内容。

(1)项目建议书阶段(包括立项评估)

项目建议书是由投资者(目前一般是项目主管部门或企、事业单位)对准备建设项目提出的大体轮廓性设想和建议。主要确定拟建项目必要性和是否具备建设条件及拟建规模等，为进一步研究论证工作提供依据。

项目建议书的内容，视项目的不同情况而有繁有简。一般应包括以下几个方面：①建设项目提出的必要性的依据；②产品方案、拟建规模和建设地点的初步设想；③资源情况、建设条件、协作关系等的初步分析；④投资估算和资金筹措设想；⑤经济效益和社会效益的估计。

项目建议书按要求编制完成后，按照建设总规模和限额的划分审批权限，报批项目建议书。

(2)可行性研究阶段(包括可行性研究报告评估)

根据项目建议书的批复进行可行性研究工作。对项目在技术上、经济上和财务上进行全面论证、优化和推荐最佳方案，与这一阶段相联系的工作还有由工程咨询公司对可行性研究报告进行评估。

可行性研究包括以下内容：①项目提出的背景和依据；②建设规模、产品方案、市场预测和确定的依据；③技术工艺、主要设备、建设标准；④资源、原材料、燃料供应、动力、运输、供水等协作配合条件；⑤建设地点、布置方案、占地面积；⑥项目设计方案，协作配套工程：⑦环保、防振等要求；⑧劳动定员和人员培训；⑨建设工期和实施进度；⑩投资估算和资金筹措方式；⑪经济效益和社会效益。

2. 设计文件阶段

根据项目可行性研究报告的批复，项目进入设计阶段。由于勘察工作是为设计提供基础数据和资料的工作，这一阶段也可称为勘察设计阶段，这是项目决策后进入建设实施的重要阶段。设计阶段主要工作通常包括初步设计和施工图设计两个阶段，对于技术复杂的项目还要增加技术设计文件。以上设计文件和资料是国家安排建设计划和项目组织施工的主要依据。

设计文件是指工程图及说明书、它一般由建设管理单位通过招标投标或直接委托设计单位编制。编制设计文件时、应根据批准的可行性研究报告，将建设项目的要求逐步具体化为可用于指导建筑施工的工程图及其说明书。对一般不太复杂的中小型项目采用两阶段设计，即扩大初步设计(或称初步设计)和施工图设计；对重要的、复杂的、大型的项目、经主管部门指定，可采用三阶段设计，即初步设计、技术设计和施工图设计。

初步设计是对批准的可行性研究报告所提出的内容进行概略的设计，作出初步规定(大型、复杂的项目，还需要绘制建筑透视图或制作建筑模型)。技术设计是在初步设计的基础上，进一步确定建筑、结构、设备、防火、抗振等的技术要求。主要通过图纸，把设计者的意图和全部设计结果表达出来，作为施工制作的依据，它是设计和施工工作的桥梁。

3. 开工准备阶段

项目开工准备阶段的工作较多，主要工作包括申请列入固定资产投资计划及开展各项施工准备工作。这一阶段的工作质量，对保证项目顺利建设具有决定性作用。这一阶段工作就绪，即可编制开工报告，申请正式开工。

建设项目在实施之前需做好各项准备工作，其主要内容是：征地拆迁和“四通一平”；工程地质勘察；组织部分设备、材料订货；准备必要的施工图纸；组织施工招标投标，择优选定施工与监理单位。

4. 施工阶段

建设实施阶段是根据设计图纸，进行建筑安装施工。建筑施工是基本建设程序中的一个重要环节。要做到计划、设计、施工三个环节互相衔接，投资、工程内容、施工图纸、设备材料、施工力量五个方面的落实，以保证建设计划的全面完成。施工前要认真做好图纸会审工作、编制施工图预算和施工组织设计，明确投资、进度、质量的控制要求。施工中要严格按照施工图施工，如需要变动应取得设计单位同意，要坚持合理的施工程序和顺序，要严格执行施工验收规范，按照质量检验评定标准进行工程质量验收，确保工程质量。对质量不合格的工程要及时采取措施，不留隐患，不合格的工程不得交工。施工单位必须按合同规定的内容全面完成施工任务。

5. 竣工验收阶段

这一阶段是项目建设实施全过程的最后一个阶段，是考核项目建设成果，检验设计和施工质量的重要环节，也是建设项目能否由建设阶段顺利转入生产或使用阶段的一个重要阶段。

按批准的设计文件和合同规定的内容建成的工程项目，其中生产性项目经负荷试运转和试生产合格，并能够生产合格产品的；非生产性项目符合设计要求，能够正常使用的，都要及时组织验收，办理移交手续，交付使用。

竣工验收前，建设管理单位或委托监理单位组织设计、施工等单位进行初验，向主管部门提出竣工验收报告，系统整理技术资料、绘制竣工图、并编好竣工决算，报有关部门审查。

6. 后评价阶段

在改革开放前，我国的基本建设程序中没有明确规定这一阶段，近几年随着建设重点要求转到讲求投资效益的轨道，国家开始对一些重大建设项目，在竣工验收若干年后，规定要进行后评价工作，并正式列为基本建设的程序之一。这主要是为了总结项目建设成功和失败的经验教训，供以后项目决策借鉴。

1.3.3 城市轨道交通工程建设程序

1. 概述

根据中华人民共和国建设部于2007年发布的《城市公共交通分类标准》(CJJ/T 114—2007)中的定义，城市轨道交通为采用专用轨道导向运行的城市公共客运系统，依据城市交通总体规划的要求，设置全封闭或部分封闭的专用轨道线路，以列车或单车形式，运送相当规模客流量的公共交通方式。包括：地铁系统、轻轨系统、单轨系统、现代有轨电车、磁浮系统、自动导向轨道系统、市域快速轨道系统。

城市轨道交通是属于集多专业、多工种于一身的复杂系统，通常由轨道路线、车站、车辆、维护检修基地、供变电、通信信号、指挥控制中心等组成。地铁建设是一个复杂的系统工程。

首先要在城市总体规划和交通战略规划的基础上，编制地铁线网规划、近期地铁建设计划、线路控制用地规划及预可行性研究。

然后是工程可行性研究、环境影响评估、地震安全性评价、地质灾害评估、安全评价、客流预测、地形图修测、周边建筑物和构筑物调查、地下管线调查和管线综合、文物调查，跨越江河还有通航论证、水工物理模型研究等，经相关部门批准后，进行勘察、设计的招标，控制测量网的建立，进行勘察和设计工作和施工期的交通组织研究，完成规划、消防、人防等各类专项审查，勘察分初步勘察、详细勘察、施工补充勘察、超前地质预报等，设计分总体设计、初步设计、施工图设计、各类专项设计等。开工前的各类招标如土建招标、监理招标、材料招标、设备及系统招标、咨询招标等。

土建施工完后，还有设备安装、装修、调试，尤其是以信号为主的总联调十分复杂。开通前，各类工程验收和消防、人防、规划、档案、安全、环保、环境验收必须完成，信号等系统需要通过安全认证，完成建设向运营的移交，完成运营对各系统的演练、熟悉等。

2. 建设程序

一般而言，轨道交通线路从规划到施工经历的基本阶段有：线网规划→近期建设规划→项目可行性研究→总体设计→初步设计→施工图设计→工程施工→系统联调与试运行、试运营→竣工验收→项目后评价等。其中线网规划、建设规划、可行性研究、工程勘察设计、试运营应取得相关政府授权部门的审批或许可。

(1)线网规划

线网规划是综合的专业交通规划,其研究工作涉及城市总体规划、城市综合交通规划、交通工程、轨道交通专业工程、建筑工程及社会经济等多项专业,各专业相互联系紧密又彼此独立。因此,在进行线网规划时,既要重视其自身的建设运行机制,又要注重与外部环境及各种影响因素协调关系;既要以人为本、适度超前,又要统筹协调、因地制宜。

(2)建设规划

建设规划是在线网规划的基础上,进一步确定各建设项目工程方案、系统方案、建设顺序、建设时机及资金筹措方案,两者必须协调一致、信息反馈,共同服务于上层次总体规划的总体目标和发展策略。需要确定近期建设的线路以及线路建设的时序、线路修建的必要性、建设线路的路由、敷设方式、车站布设、车辆段选址、工程筹划、工程投资及资金筹措等方面。

(3)项目可行性研究

建设规划审批下来之后,即可开展每条轨道交通线路的工程可行性研究工作。工程可行性研究阶段是线路前期工作的最后一环,起到承上启下的作用,也是设计阶段开始的依据。工程可行性研究报告编制的目的是有利于国家来把控工程整体,维护经济安全、合理开发利用资源、保护生态环境、优化重大布局、保障公共利益等。轨道交通是百年大计,对城市和城市经济都有着深远影响,一次性投资大,运行费用高,社会效益好而自身经济效益差。工程可行性研究是固定资产投资的一项必不可少的基础性工作,其结论是国家进行投资决策的重要依据。

项目可行性研究的主要任务是:在充分调查研究、评价预测和必要的勘察工作基础上,对建设的必要性、经济合理性、技术可行性、实施可行性进行综合性的研究和论证,对不同的建设方案进行比较,提出推荐的建设方案。

项目可行性研究阶段应编制客流预测专题报告,应依据项目具体情况和国家相关法规规定进行环境影响评价、地质灾害评估、地震安全性评估、土地预审、安全预评价、抗灾设防专项论证等专题研究报告,作为可行性研究报告的支持性文件;工程可行性研究报告一般由线路专业牵头来进行,同时几大主要专业来配合。工程可行性研究报告的编制依据是线网规划和建设规划,同时在此基础上,深化重要地段的方案研究。主要有以下几个内容:

①确定线路的功能定位和建设必要性,阐述清楚线路在线网中的作用以及建设的迫切性。

②技术可行性,主要包括线路总体布局的科学性、经济性和可实施性。各专业需要对本专业的需重点研究内容进行专业研究。

③国产化情况,这也是目前工程可行性编制的一项重要内容,如与国家政策的符合性:国产化、环保、节能、安全等。

在编制过程中,如有需要,还需进行相应的专题研究、组织专家评审论证。一般包括:环境影响评价、电磁辐射评价、土地预审、选址、规划红线、防洪影响评价、社会稳定性分析、水土保持评价、压覆矿产资源调查、客流预测、节能评估、地下水评估、银行贷款、安全预评价备案、地震安全、地质灾害危险性等。

(4)初步设计

城市轨道交通工程设计应依次做好总体设计、初步设计和施工图设计工作。对工程复杂的项目,可作试验段工程,试验段工程应在总体设计指导下进行。

初步设计阶段，全线正式开始深入细致的、正式的设计工作，与前期工作相比，设计需更细致，方案要严格经过层层审核，初步设计阶段的图是正式的归档图，需要各专业会签并晒蓝图，各专业要求的工作深度要达到初步设计要求。

初步设计应根据批准的可行性研究报告进行编制，要明确工程规模、建设目的、投资效益、设计原则和标准，深化设计方案，确定拆迁、征地范围和数量，提出设计中存在的问题、注意事项及有关建议，其深度应能控制工程投资，满足编制施工图设计，主要设备定货、招标及施工准备的要求。

(5)施工图设计

此阶段，线路路由和站位基本稳定，个别线站位根据实际情况可能会做局部调整，这一阶段的主要任务是在规定的设计时间内保质保量完成出图任务。

施工图应根据批准的初步设计进行编制，其设计文件应能满足施工、安装、加工及编制施工图预算的要求。

施工图设计的工作流程与初步设计基本相同，但管理工作及出图的审核更加严格(外部的强审等)，并且图纸已具有法律效应，相关单位及专业负有相应的法律责任，因此要求每个设计人员必须具备高度的责任心。

根据专业的不同，出图的时间与顺序也不同，具体依据计划与安排按进度进行。最前面的专业是结构与建筑，其余专业在此过程中需不断配合，完成自己相应的工作任务。

完成的图纸交由业主，业主可作招标或给施工单位施工用。施工图设计时间不定，一年两年均有可能。

施工图设计工作完成之后，轨道交通就进入了开工建设阶段。

项目竣工验收后，应依据国家政府投资建设项目监管有关规定由地方政府组织进行后评价。城市轨道交通项目安全设施必须与城市轨道交通工程统一规划、统一设计、同步建设。

1.3.4 城市轨道交通规划

城市轨道交通规划和建设要遵从城市总体规划。拟建设城市轨道交通项目的城市(以下简称“拟建城市”)，应编制城市轨道交通线网规划，作为城市总体规划的支持文件。城市轨道交通线网规划的规划期限应分为两期，近期年限应与城市总体规划年限保持一致，远期宜基于城市总体规划意图下城市的合理发展远景确定。

拟建城市应重视城市轨道交通线网规划的编制和管理工作，发挥规划对城市轨道交通项目建设和城市建设的指导作用。

城市轨道交通线网规划必须与城市综合交通体系规划、城市公共交通专项规划相协调，与城市的经济发展、环境保护、防灾减灾和人民生活水平相协调。

城市轨道交通建设规划应依据城市轨道交通线网规划编制，规划内容应包括：轨道交通建设的远期目标和近期建设规划、投资估算及资金筹措方案、线路走向、站点选址、沿线土地利用及用地规划控制、换乘站、枢纽站建设以及与其他交通方式的衔接方案等。

城市轨道交通建设规划应结合城市分区规划编制城市轨道交通沿线土地详细规划，确定城市轨道交通规划界限，防止新建建筑物对规划界限的侵占。

城市轨道交通站点用地规划时，应根据城市轨道交通线网规划、轨道交通建设规划以及预测客流量、换乘需要和用地条件，预留换乘枢纽、机动车和非机动车停车场、公共厕所等公共交通和公共设施用地。

城市轨道交通线网规划经审批后应保持严肃性，不能随意变更，以保证资源共享、线路换乘的有序安排和分步实施，避免因人为因素降低轨道交通网络系统的建设运营效果。当城市轨道交通线网规划依据条件发生重大变化确需修改时，应按规定程序修编并重新审批。

为保证城市轨道交通建设的顺利进行和建成后的安全运营，拟建城市应设立城市轨道交通建设规划控制区和特别保护区。在规划控制区内实施相关作业前，应依法办理行政许可手续，在特别保护区内，除必须的市政公用设施和人防工程外，禁止建设其他一切设施。

1.4 城市轨道交通工程的主要构成

城市轨道交通工程属于集多专业、多工种于一身的复杂系统，以城市地铁工程为例，其主要由土建工程和系统工程两大部分构成。其中土建工程又分为车站和区间土建工程以及物业开发等；系统工程又可分为轨道系统、通信系统、信号系统、电力系统、供电牵引系统、屏蔽门系统、防灾报警(FAS)系统、设备监控(BAS)系统、电力监控(SCADA)系统、人防系统、车辆段及车辆系统、自动售检票系统、环控通风系统、控制中心、电梯和自动扶梯等。

1.4.1 土建工程

1. 地下车站

世界各国城市地铁地下车站一般布置成上下两层，以适应较大客流量的需要。上层为站厅层，主要用于售检票，可分为非付费区和付费区；下层为站台层，用于乘客候车，并有侧式站台(站台一侧通行列车)、岛式站台(站台两侧均通行列车)和混合式站台之分。50 年代末，随着地下连续墙的问世和深基坑施工技术的发展，使地下车站可以建成多层式，这样更有利于组织各条地铁线路在平面之间的车站同站台换乘。同时多层站台也使车站的功能得以加强，可综合利用地下空间，实行一些物业开发，以使投资发挥最大的经济效益。车站的纵断面形式与埋设深度、地质条件和施工方法有着密切的关系。早期采用明挖法施工的浅埋地下车站，尽管埋设浅，但仍较难避免低站位、高区间的线路纵断面布置形式而不利于运营，且难以建造多层车站。盾构和地下连续墙施工方法的应用，改变了单一的明挖施工方法，使车站得以埋设在较深的土中，由此而出现了中埋或深埋的地下车站，使车站的功能兼能满足战备的需要。地下车站的盖挖施工法具有开挖路面时间短、影响地面交通少的优点，已成为在市区主要干道下修建多层地铁车站的有效施工方法之一。

与地下车站有关的土建工程还有通道和出入口(是乘客进行地面和地下换乘的必经之路)，另外还有风道、风井和风亭(一般布置在车站的两头端部)以及设备管理用房等。

2. 车站装修

国外地下车站装修标准较高，装修材料大多采用大理石，地面以花岗岩铺砌，雕像、铜像比比皆是，巨幅壁画、豪华灯饰相映成辉。国内地下车站装修设计以实用、经济为前提，按照交通建筑简洁、明快的特点，尽可能做到美观和富有时代气息。大部分车站均以壁画或广告牌进行装饰，按车站所在地区的特点，表现不同的主题，各具特色，尽量为乘客创造一个优美、雅致、欢快和舒服的乘车环境。

3. 区间隧道

区间隧道是列车通行的通道，有单洞单线隧道和单洞双线隧道之分，但以单洞单线隧道居多，按施工方法不同，主要分为明挖法隧道、矿山法隧道和盾构法隧道 3 种，另外，还有联络通道。

(1)明挖法隧道。主要施工工序为拆除和恢复道路、土石方开挖和运输、降水、钢筋混凝土结构制作、结构防水、地基加固和监测等。

(2)矿山法隧道。主要施工工序为土石方开挖和运输、降水、初期支护、二次衬砌、结构自防水和结构外包防水层、地基加固和监测等。

(3)盾构法隧道。盾构法施工区间隧道迄今已有170余年的历史,但其间有突破性发展的还是60年代以后。其中盾构综合技术水平最高的应属日本和德国,盾构机械由初期的手掘式发展到气压与手工相结合,直至近30年来采用的泥水加压盾构、土压平衡盾构、加泥式盾构等,在激光导向、液压传动、开挖控制、同步注浆、盾尾密封、衬砌拼装以及计算机数据采集等施工技术方面均得到了很大的发展。

(4)联络通道。联络通道一般设置在两条隧道中间,成为设置在两个隧道之间的一条通道,起连通、排水及防火等作用,有"逃生通道"之称。

1.4.2　系统工程

1. 轨道系统

地铁隧道内的道床,国际上大多采用钢筋混凝土整体道床,无缝线路早期常用的有短轨枕点支撑式,以后又发展有纵向轨枕点支撑式(旧金山地铁采用)、连续支撑式(香港地铁采用)、长轨枕点支撑式和浮置板(新加坡地铁采用)等多种形式。我国大部分采用弹性短轨枕整体道床,部分采用了减振道床和浮板道床。无缝线路则采用工厂接触焊连接成250 m长钢轨送进洞内和现场气压焊相结合的工艺,减少了现场焊的接头数,保证了无缝线路的质量。

2. 供电系统

主要是供应全线运营用电、各系统用电、办公和照明用电等,一般设有110/350 kV交流高压线路、变电站及电力电缆线路等。一般城市地铁供电系统设有专用主变电所,由城市电网的变电站引入110 kV独立电源,主变电站内设主变压器,城市地铁内部由35 kV电压组成一个独立的供电网络,该网络向沿线各牵引降压混合变电所和车站降压变电所以两路电源供电。

3. 牵引供电系统及牵引降压混合变电所

牵引供电系统一般由35 kV供电线路组成独立供电网络,该供电网络以双回路馈电电缆向所有混合变电所及降压变电所供电。

4. 电力监控(SCADA)系统

采用微机远动装置,主机对主变电所、牵引降压变电所、混合变电所、车站降压变电所等,实行集中监视、控制和测量,其应具备遥控功能、遥信功能、遥测功能、遥调功能和汉字功能。电力监控系统主要包括控制站系统、被控站系统、总线或通道子系统。

5. 接触网(或三轨)

主要应满足城市地铁电气条件、线路条件、气候条件、悬挂类型、限界要求等运行条件,并保证机车的正常取流。

6. 供电系统

杂散电流防护城市地铁工程地下水位较高,地下管线较多,有大量的金属管线和金属电缆,供电系统杂散电流防护的作用就是为防止和减少杂散电流对地下埋设管线的腐蚀,并采取"以防为主、以排为辅、防排结合、定点监控"的原则。

7. 通信系统

为满足城市地铁安全、高效运营的需要，必须建立安全可靠的、独立的、能传送语言、文字、数据、图像等信息的综合业务数字网。其中包括传输交换、专业电话、无线通信、电视监视、遥控遥测、有线广播、列车广播、时钟、自动电话、直通电话会议、办公管理自动化和集中监测等子系统。

8. 信号系统

城市地铁信号系统一般采用列车自动控制系统（ATC），主要由列车自动监控子系统（ATS）、列车自动防护子系统（ATP）和列车自动运行子系统（ATO）组成。

ATC系统的设备应技术先进、性能可靠、操作简便、维修方便，并具有成熟的运用经验，系统必须保证每日24 h连续工作。

ATS子系统由控制中心、车站和车辆段ATS设备组成；ATP子系统是保证列车运行安全的系统；ATO子系统是自动控制列车运行的设备，应确保工作状态正确。

9. 给排水及水消防系统

城市地铁给水系统包括生产、生活给水系统和消防给水系统。排水系统由污、废水系统和雨水系统组成。

（1）给水系统。城市地铁各站、段、区间的各项用水水源一般采用城市自来水，为满足城市地铁消防用水的需求，每个车站（段）应由城市自来水干管引入城市地铁两根给水管，站内生产、生活给水系统和消防给水系统宜分开设置，形成独立管网。

（2）消防给水系统。主要包括消火栓、自动喷水灭火系统及地面消防水泵结合器等。

（3）排水系统。城市地铁沿线的粪便污水、结构渗水、各种生产、冲洗及消防废水和出入洞线、车站露天出入口的雨水，应分类集中，就近分别设泵排入地面道路雨污水管网系统（粪便污水要经地面化粪池处理后排放），并与城市排水管理部门签订排水协议。排水泵站的设置应符合下列要求：

①主排水泵站。主要排除结构渗漏水、事故水、凝结水和冲洗及消防废水。一般设在车站和线路纵坡最低处。

②污水泵站。排除站内生活污水，一般设于厕所附近。

③局部排水泵站。设于折返线车辆检修坑端部、自动扶梯基坑等低洼处。

④临时排水泵站。设于分期修建的隧道的最低处。

⑤雨水泵站。设置在地铁露天出入洞线洞口和车站露天出入口雨水不能直排的地方。

⑥辅助排水泵站根据工程具体情况设置。

10. 环控系统

环控系统由车站空调通风系统和区间隧道通风系统两部分组成。城市地铁车站设置空调系统，一般在车站的两端各设一个空调通风机房，冷水机组集中布置在车站一端，为空调系统提供冷源，区间列车正常运行时，充分利用列车活塞风作用进行通风换气，排除区间隧道内余热余湿，最新的城市地铁工程地下车站环控系统采用屏蔽门系统；区间隧道通风系统主要由区间隧道活塞通风和机械通风（兼排烟）组成。

11. 自动售检票（AFC）系统

现代城市地铁一般采用非接触式智能卡（IC卡）自动售检票系统，该系统能对车票进行各类处理，包括车票的编码、发行、读写和安全处理，并具有车票加密功能和防伪功能等。

12. 设备监控（BAS）系统

其功能是对地下车站、区间通风、空调、给排水、照明、自动扶梯等设备的运行进行自动化管理，使设备达到安全运转、节省能源、方便管理，创造一个良好、舒适的地下环境。

13. 防灾报警(FAS)系统

其功能是对全线火灾、水灾、地震、行车及人为事故等灾害进行可靠的监视及报警。

14. 控制中心(OCC)

控制中心又是现代化城市地铁的窗口，足城市地铁运营管理的中枢，对 AFC、SCADA、FAS、BAS、AFC 各系统进行监控，指挥和控制城市地铁安全有序地运行，所以，控制中心是地铁的大脑和心脏。

15. 气体灭火系统

气体消防主要以清洁气体自动灭火系统为主，其保护范围主要包括车站控制室、通信设备室、信号设备室、环控电控室和变电所控制中心的中央控制室等重要电气设备房间。该系统由气体管网系统和自动控制系统两部分组成，控制方式一般分为自动控制启动、手动控制启动和机械应急启动 3 种方式。

16. 人防工程

地铁建设应兼顾人防的需要，进行统一规划、设计和建设，平战结合、综合利用。地铁的关键部位、重要设施，应按照人防工程战术、技术要求的规定，搞好重点防护，在拟订核武器、化学武器和常规武器的袭击下，能保障人员和设备的安全，以提高整个城市的防空抗毁综合能力，战时使用功能为：

(1)战时作为城市的人防疏散干道，与就近的人防工程或居住区的人防掩蔽工程相互连通，保障城市人员在紧急转移期间或战时的安全疏散或转移。

(2)遭受袭击时，工程在拟定的武器及抗力能力下，应确保人员及设备的安全；空袭后，人员应迅速地转移或疏散。

17. 车站内其他设备

(1)自动扶梯和楼梯

①自动扶梯站厅层与站台层的自动扶梯，以能通过该站远期预测超高峰客流量为度：自动扶梯的布置应使各台自动扶梯的汇集面积尽可能相等，人流冲突点越少越好；站厅层与站台层之间，一般宜设上下行自动扶梯。对于预测远期客流量不大的车站(且高差小于 5 m 时)，可用步行楼梯代替下行自动扶梯。

②楼梯每座车站的付费区内，至少有一部楼梯在自动扶梯检修时，供乘客通行。

(2)售票机

应设在人流不交叉、且干扰小的地方，应留有足够的空间，售票机数量应达到同期超高峰小时客流量的需求；进站检票口附近宜设置售票机，每一站厅至少要有两个设置检票机的场所。

(3)检票口

进站检票口应设在从售票处到下行自动扶梯或楼梯的流线上，同样，出站检票口应设在从上行自动扶梯或楼梯到出入口的流线上；检票口位置应设在付费区与非付费区的交界处，并垂直于客流方向，且应避免设在客流交叉地方，并要有足够的空间提供客流的集散，进出站检票口应分别设置。

(4)电梯

一般情况下，车站设备与管理用房区设一个电梯，该电梯只在站厅和站台之间运行(若车站上有地面设备与管理用房时，也可通到地面用房内)，以供管理人员和工具设备进出使用。

(5)公用电话

在站厅的非付费区内一般均安装公用电话，其数量视各站具体情况而定。

(6)管理用房

管理用房是用于管理的各类用房，主要包括综合控制室、站长室、会议室、售票问讯处、公安值班室、洗手间、盥洗室、设备与管理用房的通道等。

(7)设备用房

设备用房是由系统专业用房组成，应能满足各专业各种土建和工艺要求，主要包括混台变电所、低压配电室、降压变电所、蓄电池室、照明配电室、电力电缆井、环控小室、环控电控室、屏蔽门控制室、气体消防设备室、环控机房、通信机械室、信号机械室、车站综合控制室、电梯机房、AFC 机房、排水泵房、消防泵旁、消防水池、污水泵房等。

(8)出入口防淹

每个车站出入口地坪高程应较附近地面高程高出 150～450 mm，当站址地面高程低于没防洪水位或内涝水位时，地面出入口应设置防淹措施(如设防洪闸板等)。

(9)保安

地面出入口处应设栅栏门或卷帘门，以确保非运营时段内车站的安全。

(10)与物业开发建筑合建的出入口

位于物业开发建筑内且直接通向街道的出入口，应按耐火等级为一级的要求采取防火措施，且该出入口不受将来再开发的影响。

(11)通风井

通风井应布置在开阔、空气流通的地方，外界环境污染不超标，也不堵塞交通在通风井底部有机电设备时，风口不宜直接向上，设在侧面的风口应有百叶窗，其净面积应符合通风要求，通风井应设有检查门，井内应设置供维修人员上下的爬梯。设在绿地地带的低矮通风井及其检查门，进出设备口等部位低于设防水位时，应有防淹措施。

(12)路引

站台层、站厅层、地面出入口，以及与车站相连的物业开发区，地下步行街、商店、火车站等公共区域，必须设置足够的、明显的引人注目的路引，引导乘客以最简明的路线流动。

(13)广告牌

车站内所设置的广告灯箱应与车站装修设计和照明设计相协调。

(14)残疾人无障碍通道及专用电梯

一般车站设有供残疾人使用的无障碍通道，或设有供残疾人专业的垂直电梯，以下达站厅和站台层。供残疾人使用的通道应尽量短而直，供残疾人由地面至站台厅的专用电梯，应尽量设在车站出入口附近。

18. 车辆段与综合基地

车辆段与综合基地包括车辆运用整备设施、车辆检修设施、设备维修与动力设施、综合维修中心、物资总库、培训中心、救援设施等。

19. 停车场

停车场包括列车停放、编组和日常检查、一般故障处理、清扫洗刷及定期消毒等日常维护保养，并根据运营管理模式要求，必要时负责段配属列车的乘务工作。

1.4.3 工程特点

(1)工程建设规模大，工程投资额度较高。一般的地铁建设项目车站造价在 5～6 亿元，一条十几公里的地铁建设项目设置 15～20 个车站，平均造价约 7 亿元/km，有的高达 8 亿元/km，总造价大多数都在 100 亿元以上。由于投资高，收益见效慢，目前地铁的投资主体为地方政府，资金来源为地方政府财政资金，部分项目采用 BOT 或者 PPP 模式，资金来源为社会资金。

(2)涉及专业多，工程地质复杂，技术要求高。城市轨道交通工程涉及土建、轨道、机电设备安装、装修、通信信号、给排水、空调通风、供电、电力牵引、房屋建筑工程等许多专业。随着城市轨道交通系统的发展，城市轨道交通工程也在不断地突破，出现了越来越多的超深基坑、超大面积车站。城市轨道交通工程多为地下工程，工程地质水文条件复杂多变，地层多包括人工填土、黏性土、淤泥质土、砂类土、残积土、花岗岩、微风化岩或孤石等各种土层，部分还被溶洞及地层断裂破碎底层环绕。工程实施过程中较多地采用新工艺、新技术、新材料、新设备，这就为从事城市轨道交通建设人员的技术水平及学习能力提出了较高的要求。

(3)社会影响大，协调工作量大。城市轨道交通项目投资建设规模大，与市民的出行密切相关，施工地点多位于人流密集的市区中心或其周边地域。城市轨道交通项目在每个城市都是政府的重点工程，受地方政府和当地百姓的关注度极高。城市轨道交通参建单位包括建设、勘察设计、施工、监理、监测及质量检测等单位，专业多、环节多、接口多。同时，城市轨道交通工程与周边居民、与工程周边环境的权属管理单位的利益攸关，关系密切，沟通协调工作量大。

(4)多专业交叉作业，影响因素多。城市轨道交通工程涉及专业多，施工区域一般为城区较多，工期均较紧。在城市轨道交通施工过程中，多专业交叉作业，城区地下管线繁多，交通情况复杂，线路部分还涉及征地拆迁。管线迁改、道路改移及征地拆迁的进展情况直接影响到后期城市轨道交通项目施工的开展。城市轨道交通项目节点工期及施工总工期在项目可研阶段基本已经确定，这就需要在城市轨道交通建设过程中，投入大量的人力、物力、财力推动管线迁改、道路改移及征地拆迁等工作。需多部门联动，协调配合以及政府的大力支持。

(5)安全风险高，极易发生安全事故。城市轨道交通工程的安全风险主要包括工程本身的风险及周边环境的风险。城市轨道交通工程的作业面大多位于地下 10 m 以上甚至更深，复杂的地质水文条件给城市轨道交通施工带来极大的风险，涌水涌砂、围护结构失稳、塌方等安全事故多发。另外，城市轨道交通项目周边建筑物及市政管网繁多，施工地点多位于人流、车流密集区域，如风险控制措施不到位，极易发生安全事故，对工程本身及周边环境造成巨大损失和不可挽回的后果。

思考题

1. 什么是基本建设？何谓固定资产？
2. 基本建设有何作用和特点？
3. 简述基本建设的分类。
4. 简述城市轨道交通工程建设程序与规划要求。
5. 简述城市轨道交通工程的主要构成及特点。

第 2 章 城市轨道交通项目管理

2.1 项目与项目管理

2.1.1 相关概念

1. 项目

项目是在限定的资源及限定的时间内需完成的一次性任务。具体可以是一项工程、服务、研究课题及活动等。

作为管理对象的项目，是指某种一次性的任务。它具有一个明确的目标，包括数量、功能和质量标准；要求项目执行者按照限定的时间和财务预算完成项目所规定的目标。项目具有如下特征：

(1)项目的一次性。这是项目的最主要特征，也可称为唯一性。一次性是指没有与此相同的另一项任务，其不同点表现在任务本身与最终成果上。

(2)目标的明确性。项目有成果性目标和约束性目标。成果性目标是指项目的功能性要求，如修建一条轨道交通的运输能力及其技术经济指标。约束性目标是指限制条件，期限、费用、质量等都是限制条件。

(3)项目的整体性。一个项目是一个整体的管理对象，在按其需要配置生产要素时，必须以总体效益的提高为标准，做到数量、质量、结构的总体优化。由于内外环境是变化的，所以管理和生产要素的配置是动态的。

每个项目都必须具备以上三个特征，缺一不可。重复的、大批量的生产活动及其成果，不能称作项目。按照项目的最终成果分，项目的种类有科研开发项目、基本建设项目、航天项目及大型维修项目等。

2. 建设项目

建设项目是项目中最重要的一类。一个建设项目就是一项固定资产投资项目，即基本建设项目。

建设项目是指需要一定量的投资，经过决策和实施(设计、施工等)的一系列程序，在一定的约束条件下以形成固定资产，为明确目标的一次性活动。建设项目有以下基本特征。

(1)在一个总体设计或初步设计范围内，由一个或者若干个互相有内在联系的单项工程(或单位工程)所组成，建设中实行统一核算，统一管理。

(2)在一定的约束条件下，依形成固定资产为特定目标。约束条件主要有三项：

①时间约束，即一个建设项目有合理的建设工期目标；

②资源约束，即一个建设项目有一定的投资总量目标；

③质量约束，即一个建设项目要有预期的使用功能、生产能力、技术水平以及效益目标。

(3)需要遵循必要的建设程序和经过特定的建设过程,即一个建设项目从提出建设设想、建议、方案、评估、决策、勘测设计、施工一直到竣工、投产或投入使用,要有一个严密有序的过程。

(4)按照特定的任务,具有一次性特点的组织方式,表现为投资的一次性,建设地点的固定性,设计、施工的单件性。

(5)具有投资限额标准,即只有达到一定限额投资的才作为建设项目,不满限额标准的称为零星固定资产购置。随着改革开放,这一限额将逐步提高,如投资50万元以上称为建设项目。

3. 施工项目

施工项目是建筑施工承包企业对一项或一群建筑产品的施工过程及最终成果,也就是建筑施工企业的生产对象。它是一个建设项目的施工,也可能是其中的一个单项工程或单位工程的施工。因此,施工项目具有三个特征:

(1)它是建设项目或其中的单项工程或单位工程的施工任务。

(2)它作为一个管理整体,是以施工企业为管理主体的。

(3)该任务的范围是由工程承包合同界定的。但从项目的特征来看,只有单位工程、单项工程和建设项目整体的施工任务,才称得上施工项目。因为单位工程是建筑施工企业的最小单位的最终产品。分部、分项工程只是施工项目的组成部分,不是完整的产品,因此不能称作施工项目。

4. 工程项目

工程项目是施工部门对单元工程的泛称。在一个总体设计或初步设计范围内,由一个或多个单项工程所组成,经济上统一核算,实施中统一管理,在规定的时间内按特定次序一次性施工的工程建筑单元,都可称为工程项目。一个工程项目可以只包含一个单项工程,也可以包含多个单项工程。工程项目的基本要素包括:工程投资(合同价款);设计工程量和技术标准;施工工期要求。

2.1.2 项目管理

项目管理是管理学的一个分支学科,对项目管理的定义是:指在项目活动中运用专门的知识、技能、工具和方法,使项目能够在有限资源限定条件下,实现或超过设定的需求和期望的过程。项目管理是对一些成功地达成一系列目标相关的活动(譬如任务)的整体监测和管控。这包括策划、进度计划和维护组成项目的活动的进展。

需要特别指出的是,由于项目的一次性(即项目只能成功,不许失败),要求项目管理的程序性、全面性和科学性,要运用系统工程的观念、理论和方法进行管理。管理学的一般原理在项目管理中也是适用的,项目管理的目标就是项目的目标。

1. 项目管理的特征

项目管理与其他管理活动相比具有以下显著特征:

(1)项目管理实行的是项目经理个人全面负责制。这个特征主要是由于项目的系统性决定的。集体领导的委员会制不能全面、正确反映项目客观规律的要求。

(2)项目管理对象是一次性的。项目管理组织是临时的,按项目的生产任务设置项目管理机构,组建生产队伍;项目完成后,其组织机构随之撤销。

(3)项目经理是项目管理的核心。在项目实施过程中,要建立以项目经理部或承包班子为主要组织管理形式的生产管理系统,实行项目经理负责制;项目管理要求实行企业内部承包制,用以确立项目承包者与企业、职工之间的责、权、效、利的关系;企业总经理一般要授予项目经理较大的权力,以便处理项目同社会各方面的关系。

2. 项目管理的职能

项目管理运用各种相关技能、方法与工具,为满足或超越项目有关各方对项目的要求与期望,所开展的对项目的资源和对项目实施的过程所进行的计划、组织、指挥、协调、控制和评价。

(1)计划:为完成项目目标而编制的具有可操作性的运转程序和工作计划。

(2)组织:针对某个具体项目以某种适用的组合方式,形成项目管理机构或团队,其成员有明确的岗位、职责和权利划分,并按照预定的管理制度、程序和计划在项目的启动、立项、实施过程中进行指导、监督、检查、考核和服务等活动。

(3)指挥:项目的各级管理者按照明确划分的组织管理层次、权力范围和职责分工,对项目相关活动,通过发布指令进行决策、调遣、督导和检查等,以便充分发挥各项生产要素的有效性。

(4)协调:通过相互沟通、调整、联合等方法,使项目涉及的各方配合得当、协同一致,以便顺利地实现项目目标。建设工程项目的相关协调包括人员与人员之间的协调、系统和系统之间的协调、系统和环境之间的协调。

(5)控制:管理人员按照计划指标来衡量实际执行中所取得的进展和成果,采取相应措施纠正所发生的偏差,使项目预定目标得以实现的管理活动。

(6)评价:对项目相关的计划、活动及成果所进行的阶段性的或建成后的分析、论证和评判。评估其合法性、合理性和科学性,总结经验教训,提出改进意见,以提高项目的监管水平,完善实施中的项目,为新建项目提供借鉴。

2.1.3 工程项目管理

工程项目管理是指从事工程项目管理的企业受业主委托,按照合同约定,代表业主对工程项目的组织实施进行全过程或若干阶段的管理和服务。工程项目管理企业不直接与该工程项目总承包企业或勘察、设计、供货、施工企业签订合同,但可以按合同约定,协助业主与工程项目的总承包企业或勘察、设计、供货、施工等企业签订合同,并受业主委托监督合同履行。

工程项目管理可以分为:建设项目管理、设计项目管理、施工项目管理、工程咨询项目管理。它们的管理者分别是业主单位、设计单位、施工单位和咨询(监理)单位。

1. 工程项目管理的特点

(1)具有特定的对象。任何项目都应有具体的对象,工程项目的对象通常是有着预定要求的工程技术系统。项目对象确定了项目的最基本特征,并把自己与其他项目区别开来;同时它又确定了项目的工作范围、规模及限界。整个项目的实施和管理都是围绕着这个对象进行的。

(2)具有时间限制。项目的时间限制通常由项目开始期、持续期、结束期构成。它不仅确定了项目的生命期限,而且构成了工程项目管理的一个重要目标。

(3)具有资金限制和经济性要求。这一特点常常表现在:一是必须按投资者所具有的并能够提供的财力筹划相应的项目;二是必须按项目实施要求保证资金供应;三是以尽可能少的资金(投资、成本)消耗完成尽可能多的符合要求的工程,提高工程项目的整体经济效益。

(4)具有一次性的特点。因为任何工程项目都具有一次性的特点,因此对任何项目都有一个独立的管理过程,项目的计划、控制、组织都是一次性的。

(5)具有特殊的组织和法律条件。项目组织是一次性的,随项目的确立而产生,随项目结束而消亡；项目参加单位之间主要靠经济合同作为纽带，建立起组织，同时以经济合同作为分配工作、分配经济责权利的依据；而项目参加单位之间在项目过程中的协调就通过合同和项目的业务工作条例实现。适用于工程项目建设和运行相关的法律条件有经济合同法、环境保护法、税法等。

(6)具有复杂性和系统性的特点。项目本身的特点决定了工程项目管理的复杂性和系统性。

2. 工程项目管理的方式

工程项目管理的具体方式及服务内容、权限、取费和责任等，由业主与工程项目管理企业在合同中约定工程项目管理的主要方式有以下几种。

(1)项目管理服务。指工程项目管理企业按照合同约定，在工程项目决策阶段，为业主编制可行性研究报告，进行可行性分析和项目决策；在工程项目实施阶段，为业主提供招标代理、设计管理、采购管理、施工管理和试运行(竣工验收)等服务，代表业主对工程项目进行质量、安全、进度、费用、合同、信息的管理和控制。工程项目管理企业一般按照合同约定承担相应的管理责任。

(2)项目管理承包。指工程项目管理企业按照合同约定，除完成项目管理服务的全部内容外，还可以负责完成合同约定的工程初步统计(基础工程设计)等工作。对于要完成工程初步设计(基础设计)工作的项目管理企业，应当具有相应的工程设计资质。项目管理承包企业一般应当按照合同承担一定的管理风险和维修责任。

(3)工程总承包：从事工程总承包的企业受业主委托，按照合同约定对工程项目的勘察、设计、采购、施工、试运行(竣工验收)等实行全过程或若干阶段的承包。工程总承包企业按照合同约定，对工程项目的质量、工期、造价等向业主负责。工程总承包企业可依法将所承包工程的部分工作发包给具有相应资质的分包企业；分包企业按照分包合同的约定对总承包企业负责。

工程总承包的具体方式、工作内容和责任等，由业主与工程总承包企业在合同中约定。工程总承包主要有如下方式。

①设计、采购、施工(EPC)总承包(交钥匙方式)。工程总承包企业按照合同约定，承担工程项目的设计、采购、施工、试运行服务，并对承包工程的质量、安全、工期、造价全面负责。交钥匙总承包是设计采购施工总承包的延伸，最终向业主提交一个满足使用功能、具备使用条件的工程。

②设计、施工总承包(OB)。工程总承包企业按照合同约定，承担工程项目的设计和施工，并对承包工程的质量、安全、工期、造价全面负责。

③根据工程项目的不同规模、类型和业主要求，工程总承包还可采用设计、采购总承包(EP)，采购、施工总承包(PC)等方式。

④BOT、BT 和 PPP 项目：

BOT 是对 Build-Own-Transfer(建设—拥有—转让)和 Build-Operate-Transfer(建设—经营—转让)形式的简称，现在通常指后一种含义。除了 BT 演变方式外，BOT 的演变形式还有 BOOT 方式，即建设—拥有—运营—移交；BOO 方式，即建设—拥有—运营；BLT 方式，即建设—租赁—移交；BOOST 方式，即建设—拥有—运营—补贴—移交。

BT 投资是 BOT 的一种变换形式，是指一个项目的运作通过项目管理公司总承包后，由承包方垫资进行建设，建设验收完毕再移交给项目业主。

PPP是指政府与民营机构(或任何国营/民营/外商法人机构)签订长期合作协议,授权民营机构代替政府建设、运营或管理基础设施(如道路、桥梁、电厂、水厂等)或其他公共服务设施(如医院、学校、监狱、警岗等)并向公众提供公共服务,主要有垂直和水平两种方式。

3. 工程项目管理的类型

工程项目管理可分为建设项目管理、设计项目管理、工程咨询项目管理和施工项目管理,它们的管理者分别是业主单位、设计单位、咨询(监理)单位和施工单位。

(1)建设项目管理。建设项目管理是指站在投资主体的立场对建设项目进行的综合性管理工作。业主也可委托咨询公司代为进行建设项目管理。

(2)设计项目管理。设计项目管理是指由设计单位自身对参与的建设项目设计阶段的工作进行自我管理。设计项目管理包括以下阶段:设计投资(或方案竞赛),签订设计合同、设计条件准备、设计计划、设计实施阶段的目标控制,设计文件验收与归档、设计工作总结、建设实施中的设计控制与监督、竣工验收。可见,设计项目管理不仅仅局限于设计阶段,而是延伸到了施工阶段和验收阶段。设计单位也可委托咨询公司代为进行部分设计项目管理。

(3)施工项目管理。施工项目管理有以下特征:施工项目管理的主体是施工企业;施工项目管理的对象是施工项目,管理的周期也就是施工项目的生命期限,包括工程投标、签订工程项目承包合同、施工准备、施工、交工验收及用后服务等。施工项目管理要求强化组织协调工作,强化方法是选择项目经理,建立调度机构,配备称职的调度人员,努力使调度工作科学化、信息化,建立起动态的控制体系。

(4)咨询(监理)项目及其管理。咨询项目是由咨询单位进行中介服务的工程项目。咨询单位是中介组织,它具有相应的专业服务知识与能力,可以受业主或承包方的委托进行工程项目管理,也就是进行智力服务。

可见,施工项目管理与建设项目管理在管理主体、管理任务、管理内容和管理范围方面都是不同的。

4. 工程项目管理的基本内容

广义的工程项目管理的内容是指工程项目期内的所有活动的管理问题。工程项目建设的前期决策阶段的管理主要有:投资意向的确定、项目立项、预可行性研究及决策、可行性研究及决策。实施阶段的管理主要包括:设计管理、工程招投标管理、施工控制及管理、工程竣工管理、缺陷责任期的管理。使用期的管理有:营运中的维护管理、项目后评估等。对于铁路建设项目,按照项目实施过程划分,其项目管理主要包括如下内容:

(1)项目决策管理,包括项目建议书,预可行性研究、可行性研究(论证、评估)、方案决策等前期管理。

(2)项目计划管理,主要是实施过程中的计划管理。

(3)项目招标和合同管理,包括国际招标及FIDIC合同条款。

(4)资金、物资、财务管理,包括利用外资、合资项目。

(5)工程质量管理,包括质量评估活动及质量事故调查。

(6)工期管理,包括施工组织、开竣工及验收工作。

(7)造价管理,包括采用定额、取费、概预算、索赔。

(8)征地、拆迁及协作配套管理。

(9)工程档案及项目建设安全管理。

(10)工程验收、转为固定资产及保修管理。

狭义的工程项目管理的内容指工程项目实施阶段的管理，主要包括设计管理、施工管理，参与以上过程管理的有业主、施工企业、工程咨询单位、原材料及设备供应商等各个方面。

2.2　城市轨道交通规划建设管理

城市轨道交通是现代城市交通系统的重要组成部分，是城市公共交通系统的骨干。《国务院办公厅关于进一步加强城市轨道交通规划建设管理的意见》(国办发〔2018〕52号)提出了以下意见。

1. 总体要求

(1)指导思想

以习近平新时代中国特色社会主义思想为指导，全面贯彻党的十九大和十九届二中、三中全会精神，统筹推进"五位一体"总体布局和协调推进"四个全面"战略布局，牢固树立和贯彻落实新发展理念，按照高质量发展的要求，以服务人民群众出行为根本目标，持续深化城市交通供给侧结构性改革，坚持补短板、调结构、控节奏、保安全，科学编制城市轨道交通规划，严格落实建设条件，有序推进项目建设，着力加强全过程监管，严控地方政府债务风险，确保城市轨道交通发展规模与实际需求相匹配、建设节奏与支撑能力相适应，实现规范有序、持续健康发展。

(2)基本原则

量力而行，有序推进。坚持实事求是，从实际出发科学开展前瞻性规划研究工作，以城市财力和建设运营管理能力为实施条件，合理把握建设规模和节奏，切实提高城市轨道交通发展质量，确保与城市发展水平相适应。

因地制宜，经济适用。坚持近远期结合，统筹考虑交通、环境、工程等各方面因素，选择适宜的轨道交通系统制式和敷设方式，宜地面则地面、宜地下则地下，合理确定建设标准，着力提高综合效益。

衔接协调，集约高效。坚持多规衔接，加强城市轨道交通规划与城市规划、综合交通体系规划等的相互协调，集约节约做好沿线土地、空间等统筹利用，发挥轨道交通对城市交通运输发展的支撑引导作用。

严控风险，持续发展。坚持底线思维，牢固树立安全发展理念，强化城市政府主体责任，加强安全生产和运营管理，加大防范化解地方政府债务风险工作力度，进一步推动城市轨道交通建设、运营模式创新，增强可持续发展能力。

2. 完善规划管理规定

(1)严格建设申报条件。城市轨道交通系统，除有轨电车外均应纳入城市轨道交通建设规划并履行报批程序。城市轨道交通主要服务于城市中心城区和城市总体规划确定的重点地区，申报建设城市轨道交通的城市一般公共财政预算收入应在300亿元以上，地区生产总值在3 000亿元以上，市区常住人口在300万人以上。引导轻轨有序发展，申报建设轻轨的城市一般公共财政预算收入应在150亿元以上，地区生产总值在1 500亿元以上，市区常住人口在150万人以上。拟建地铁、轻轨线路初期客运强度分别不低于每日每公里0.7万人次、0.4万人次，远期客流规模分别达到单向高峰小时3万人次以上、1万人次以上。以上申报条件将根据经济社会发展情况按程序适时调整。

(2)强化规划衔接提高建设规划质量。城市政府根据城市总体规划、土地利用总体规划、城市综合交通体系规划，合理制定城市轨道交通线网规划，确定城市轨道交通近期建设线路，加强对居民区、商业区、交通枢纽等客流密集区域的覆盖，做好城市轨道交通规划线路沿线土地预留和控制，防止其他建设对城市轨道交通走廊空间的侵占。在此基础上，根据相关规划和城市发展需要、财力等情况制定城市轨道交通分期建设规划，规划期限一般为5～6年。建设规划要合理选择轨道交通系统制式、敷设方式，科学确定建设规模、项目时序、资金筹措方案，确保建设期和运营期的政府支出规模与财力相匹配，着力提升投资效益。强化城市轨道交通与其他交通方式的衔接融合，城市轨道交通规划要与国家铁路、城际铁路、枢纽机场等规划相衔接，通过交通枢纽实现方便、高效换乘。要加强节地技术和节地模式创新应用，鼓励探索城市轨道交通地上地下空间综合开发利用，推进建设用地多功能立体开发和复合利用，提高空间利用效率和节约集约用地水平。编制城市轨道交通建设规划时，应同步组织开展规划环境影响评价，由生态环境主管部门按程序审查环境影响报告书。要统筹城市轨道交通建设与人才培养，将人才培养和保障措施纳入建设规划。

(3)严格建设规划报批和审核程序。省级发展改革部门会同城乡规划主管部门、住房城乡建设部门进行城市轨道交通建设规划初审，按程序向国家发展改革委报送建设规划。城市轨道交通首轮建设规划由国家发展改革委会同住房城乡建设部组织审核后报国务院审批，后续建设规划由国家发展改革委会同住房城乡建设部审批、报国务院备案。国家发展改革委、住房城乡建设部要会同有关部门按照职责分工严格审核把关，未达到城市轨道交通建设申报条件的建设规划一律不得受理；对符合申报条件的建设规划，要认真审核规划建设规模及项目资金筹措方案，确保建设规模同地方财力相匹配。省级政府有关部门要进一步强化初审责任，确保城市财力、负债水平、建设规模、建设方案、项目时序等符合相关规定和规划要求。

(4)强化建设规划的导向和约束作用。已经国家批准的城市轨道交通建设规划应严格执行，原则上不得变更，规划实施期限不得随意压缩。在规划实施过程中，因城市规划、工程条件、交通枢纽布局变化等因素影响，城市轨道交通线路功能定位、基本走向、系统制式等发生重大变化的，或线路里程、地下线路长度、直接工程投资(扣除物价上涨因素)等较建设规划增幅超过20%的，应按相关规定履行建设规划调整程序。建设规划调整应在完成规划实施中期评估后予以统筹考虑，原则上不得新增项目。原则上本轮建设规划实施最后一年或规划项目总投资完成70%以上的，方可开展新一轮建设规划报批工作。

3. 有序推进项目实施

(1)规范项目审批。城市轨道交通项目(不含有轨电车)由省级发展改革部门根据国家批准的城市轨道交通建设规划，按照相关程序审批(核准)，未列入建设规划的项目不得审批(核准)，严禁以市政配套工程、有轨电车、工程试验线、旅游线等名义违规变相建设地铁、轻轨项目。已审批(核准)建设城市轨道交通项目的城市要合理把握建设节奏，着力优化项目设计，合理控制工程造价，有效降低工程总投资。城市政府和相关企业不得不顾条件提前实施项目、随意压缩工期，对前期工作未完成、建设条件不具备、遇有特殊工程地质灾害且不能保证施工安全的项目，应根据实际情况暂缓实施，建设工期可相应顺延。现代有轨电车项目由省级发展改革部门负责审批(核准)，并做好与相关规划的统筹衔接。

(2)强化项目建设和运营资金保障。城市政府应建立透明规范的资本金及运营维护资金投入长效机制，确保城市轨道交通项目建设资金及时足额到位。除城市轨道交通建设规划中明确采用特许经营模式的项目外，项目总投资中财政资金投入不得低于40%，严禁以各类债务资金作为项目资本金。强化城市政府对城市轨道交通项目全寿命周期的支出责任，保障必要的运营维护资金。支持各地区依法依规深化投融资体制改革，积极吸引民间投资参与城市轨道交通项目，鼓励开展多元化经营，加大站场综合开发力度。规范开展城市轨道交通领域政府和社会资本合作(PPP)，通过多种方式盘活存量资产。研究利用可计入权益的可续期债券、项目收益债券等创新形式推进城市轨道交通项目市场化融资，开展符合条件的运营期项目资产证券化可行性研究。

4. 强化项目风险管控

(1)严控地方政府债务风险。进一步加大财政约束力度，按照严控债务增量、有序化解债务存量的要求，严格防范城市政府因城市轨道交通建设新增地方政府债务风险，严禁通过融资平台公司或以 PPP 等名义违规变相举债。对举债融资不符合法律法规或未落实偿债资金来源的城市轨道交通项目，发展改革部门不得审批(核准)；对列入地方政府债务风险预警范围的城市，应暂缓审批(核准)其新项目。城市政府要合理控制城市轨道交通企业负债率，对企业负债率过高的应采取有效措施降低债务，并暂停开工建设新项目。

(2)坚守安全发展底线。把安全作为发展城市轨道交通的生命线，落实城市政府和企业安全责任，严格安全准入，强化勘察设计，强化源头管控。建立健全施工企业和业主企业安全生产管理制度，加强安全生产标准化建设。落实企业的人才培养主体责任，深化产教融合、校企合作，提升从业人员素质。强化城市政府安全监管执法，逐步形成覆盖城市轨道交通项目建设运营全过程的风险管理机制，坚决防范重特大生产安全事故发生。

5. 完善规划和项目监管体系

(1)加强监管能力建设。健全部门间协同联动监管机制，国家发展改革委、住房城乡建设部等有关部门要建立城市轨道交通监管数据库，加强信息共享，运用大数据等技术手段提升监管水平，发挥行业协会作用，及时动态掌握城市轨道交通建设规划实施情况。省级政府有关部门要强化属地监管责任，城市政府有关部门要按权责明确责任分工、加强监管。地方政府要建立常态化安全检查制度和重点工程检查、抽查制度，加强项目稽查，强化工程质量终身责任制，完善城市政府负责的项目竣工验收制度。国家和省级发展改革部门要完善建设规划实施的中期评估机制，建立建设规划执行情况和建成投运线路经济社会效益分析的后评价机制。

(2)建立健全责任机制。坚持国家统筹、省负总责、城市主体的原则，明确有关部门和地方政府责任。国务院有关部门要加强对城市轨道交通规划建设工作的统筹和指导，省级政府有关部门对建设规划实施履行全过程监管责任，城市政府对项目建设和本级政府债务风险管控负主体责任。建立健全责任主体信用记录，将违规信息纳入全国信用信息共享平台，建立黑名单制度，对规划编制、评估、审查、项目设计等单位未履行相关职责并造成重大影响的，实行警示、禁入等联合惩戒措施；对违法违规审批、建设城市轨道交通项目的部门、企业及其责任人，要依法依规追责问责。

2.3　城市轨道交通工程项目管理

城市轨道交通工程项目是在设计、土建施工、设备采购、设备安装以及建筑装修等相互联系的一系列任务前提下，有效利用人力、资金等资源，为实现具备地铁运营条件所做的一切努力。

2.3.1　职责分工与机构组建

城市轨道交通项目建设管理应实行法人责任制，对建设项目全过程负责。其项目管理单位应依据项目性质、复杂程度、自身需求和专业能力以及项目发包模式等确定项目组织机构。项目组织机构应满足城市轨道交通项目建设启动、勘察设计、施工安装、调试验收等全过程的组织管理需要，满足项目建设质量、安全、进度、投资等有效控制的总体要求。

建设管理单位应根据城市轨道交通项目建设的总体目标，选择勘察、设计、施工、设备供应、咨询监理等单位，通过合同约束体系，有机整合各参建单位，形成协调一致的目标体系和组织体系。也可根据项目需求和自身实际情况，委托具备相应业绩资质的咨询机构提供技术和管理支持或承担部分项目管理职责。各参建单位应依据项目管理要求，建立相应的项目组织管理机构。

1. 职责分工

城市轨道交通建设项目的实施涉及到业主、建设管理单位、监理单位、勘察设计单位、施工单位和供应商等多个参与方，各参建单位之间应形成协同合作机制。

(1)建设管理单位：作为城市轨道交通项目建设管理实施主体，全面负责工程建设，履行建设项目法人全部职责。

(2)监理单位：监理单位应依据监理合同中建设管理单位授予的权力行使职责，在项目实施全过程公正、独立地开展监理工作。

(3)勘察设计单位：勘察设计单位应根据建设管理单位的委托，负责项目现场勘察、项目规划、项目设计的一项或多项工作，为项目提供合同约定的现场勘察报告和规划、设计文件。

(4)施工单位：施工单位应按合同规定的工作范围、技术规范、图纸要求及进场后呈交并经监理工程师批准的施工组织设计，负责组织现场施工，在合同工期内完成承担的任务。

(5)设备、材料供应商：供应商必须遵守各项法律、法规和规章，应按照采购合同的约定，提供数量、质量满足要求的产品及相关服务。

(6)检测、监测单位：按合同的约定客观、公正、及时、准确地提供检测、监测服务。

2. 组织机构

项目组织机构的组织形式和规模应根据委托合同规定的服务内容及期限、规模、技术复杂程度、工程环境等因素确定。项目组织机构人员配置应按专业配备，数量应当满足工作的需要。

(1)建立项目管理组织机构的原则：

①职能明确，可为项目提供相互协同的全方位服务。

②组织构架科学、合理，与所需履行的职能相适应。

③人员必须具有相应的从业要求。

④项目组织机构应得到派出组织授予的与其职能需要相适应的权力。

⑤项目组织机构应有明确的管理目标，各部门及所有工作人员应有明确的责任。

⑥项目组织机构应保持相对稳定，并根据实际需要作相应调整。

(2)在项目的实施过程中，建设、监理、勘察、设计、施工等单位各参建单位均应建立项目经理(总监)负责制。项目经理应当具有相应执业资格和5年以上城市轨道交通的相关项目管理或专业服务经验。

2.3.2 合同管理

城市轨道交通建设过程中应针对招投标、合同签订、审查、授权、变更、备案、履行、纠纷处理、后评价等制定相应的管理制度或办法。各参建单位要设立专门机构和配备专职的合同管理人员负责合同管理工作。

建设过程中的招投标工作应严格按照有关法律、行政法规的规定，遵循公开、公正、科学、择优的原则选择工程参建单位。

建设管理单位应本着平等互信的原则，与其他参建单位订立书面合同，合同中明确双方权利、责任和义务，合同的履行、变更、索赔、转让和终止应严格按约定执行。

1. 招标管理

城市轨道交通工程勘察设计、施工、监理以及重要物资、设备等采购，应依法进行招标投标。任何单位和个人不得将依法必须招标的城市轨道交通建设项目化整为零或以其他任何理由规避招标。

建设管理单位可根据自身管理需要，委托具备相应资质的招标代理机构承担招标工作。不具备国家招标法律规定条件的建设管理单位，必须委托具有相应资质的招标代理机构承担招投标工作。

建设管理单位宜设立招标领导小组，领导建设管理单位的招标工作，其职责主要包括：审批招标代理合同、审批招标范围及招标方式与标段划分、审批招标公告、审批资格预审文件及资格预审结果和招标文件、确定招标人参加评标的招标人代表名单、确定控制价及标底、确定中标人。

建设管理单位应根据专业特点、工期目标、自身管理模式等因素制定实施性的招标方案，明确标段划分、接口界面、招标方式和时序。标段的划分应考虑方便建设管理、减少管理接口、有利吸引潜在投标人、便于市场竞争等因素。

招标人应根据招标项目的特点和需要，并按如下要求编制招标文件：

(1)招标文件应包括招标内容的技术要求、工期、对投标人资格审查的标准、投标报价要求和评标标准等所有实质性要求和条件以及拟签订合同的文本。

(2)招标文件应明确招标工程的建设风险管理要求、工程重要风险、各方应承担的工程风险管理责任等。

(3)施工招标文件技术规定应依据施工图设计文件或批准的初步设计文件编制，以利于项目实施过程中的投资控制。

评标标准应包含对投标单位的安全管理体系及措施、环境保护体系及措施、专项方案、主要机械设备配置、项目组织机构及主要人员配置等评价因素。

投标单位应具备下列基本条件：

①工商行政管理部门核发的营业执照，具有独立法人资格，有符合国家规定的注册资本。

②具有从事城市轨道交通建设活动相适应的资质证书，并在其资质等级许可的业务范围内承揽工程。

③具有执业资格的专业技术人员数量符合相关规定。

④具有从事相关城市轨道交通建设活动所应有的技术装备。

⑤法律、行政法规规定的其他条件。

⑥招标单位对投标单位的其他要求。

投标人应按照招标文件的要求编制投标文件。投标文件应对招标文件提出的要求和条件做出实质性响应，应制定针对招标工程的建设风险控制与管理的主要措施。

投标单位提出的安全文明施工费、农民工工伤保险不作为竞争必费用。

评标活动应遵循公平、公正、科学和择优的原则，评标委员会应按照招标文件规定的评标标准对投标文件进行评审，推荐中标候选人，招标人应依照评标办法确定中标人。

2. 合同管理

城市轨道交通建设管理单位应组织对招标文件中合同文本内容进行评审。

建设管理单位应依据国家或省、自治区、直辖市规定的标准(示范)合同文本，结合自身建设管理情况和不同参与方合同特点，制定标准合同文本格式。

合同谈判应遵循平等公正、诚实信用、互惠互利的原则。中标项目的合同谈判不得再行订立背离合同实质性内容的其他协议。

合同各方应根据城市轨道交通项目地上地下周边环境、项目本身复杂性、系统性、工期目标等建立合理的实施计划，并与安全管理、质量管理、进度管理、现场管理协调一致。

建设管理单位应针对勘察、设计、监理、施工、设备采购安装、物资供应等专业，就工程安全、质量、进度、现场管理等方面建立一套符合实际情况的动态履约考核制度和奖惩机制。

合同各方应建立合同档案、台账、报表等管理制度，采用信息化管理手段，提高合同信息共享水平。

建设管理单位应严格按合同约定支付建设资金，与参建单位签订资金监管协议。参建单位对建设资金应专户存储、专款专用、确保资金足额用于工程建设。

建设管理单位应及时按合同约定支付安全文明施工费、保障安全费及安全措施费，并建立这些费用的监督机制。各参建单位不得挪为他用。

合同各方应公正、客观、及时对工程变更事项或合同约定允许调整的内容进行记录并履行书面确认手续。涉及工程价款调整的，设管理单位和其他参建单位应及时确认相应的工程变更价款。

城市轨道交通建应按有关规定制定结算管理办法，合同各方应在约定的期限内完成竣工结算资料的编制，按规定进行竣工结算。对结算价款有争议的，应按合同约定方式处理。

城市轨道交通建设管理单位应按国家有关规定编制项目竣工决算，以切实反映建设工程项目实际造价和投资效果。

3. 变更管理

项目合同文件应明确变更管理的相关条款，规定变更的内容及范围、申请、审批及合同金额调整原则，明确计量规则和计量程序。

城市轨道交通建设管理单位应根据自身特点制定工程变更管理办法，应明确工程变更的分类、分级原则、申请和审批流程等。

当合同一方提出工程变更申请时，应明确工程变更的原因、变更方案、对其他参与方和后续工程的影响，以及变更费用的估算。

新增工程和初步设计文件重大变化引起的变更应报原初步设计审批单位批准。

2.3.3 勘察设计管理

城市轨道交通项目勘察设计必须贯彻安全可靠、节能环保、防灾减灾的建设理念，采用先进的勘察设计管理模式，使用先进、成熟、经济、适用、可靠的技术、工艺、设备和材料，严格遵守建设程序，坚持先勘察、后设计、再施工的原则。

城市轨道交通项目设计分为总体设计、初步设计和施工图设计和施工配合四个阶段。勘察设计单位应建立健全质量保证体系，实行工程勘察、设计文件逐级校审制度，对其勘察设计成果质量负责。

勘察单位应依据相关勘察设计文件及规范等编制勘察大纲和测绘技术方案，建设管理单位应组织对勘察大纲、测绘技术方案、勘察成果进行审查。建设管理单位可委托具备相应勘察资质和经验的独立第三方单位，对勘察过程实施监督管理，统一勘察报告编制的技术要求，协助建设管理单位组织对勘察工作进行监督、检查，对勘察资料进行验收，对实际完成的勘察工作量进行审核。勘察应实行综合勘探，通过加强地质测绘工作，采用新技术、新方法，应用多种地质勘探方法，相互验证和综合分析，提高和保证工程勘察质量。详勘成果必须由建设管理单位送审查机构审查。未经审查通过不得作为施工图设计文件依据。对于城市轨道交通建设项目的风险点、敏感点应进行周边环境调查，并对沿线的构筑物、管线、铁路、河流、桥梁等开展详查工作。应加强施工配合过程中设计变更的地质补充勘察工作。

设计管理应贯穿于项目全过程，从质量、安全、进度、投资等方面对项目决策、项目设计、项目实施、项目验收与后评价等方面实行控制。建设管理单位可根据自身管理情况，委托一家或多家具备轨道交通相应设计管理经验和资质的专业设计咨询机构行使建设管理单位设计管理责权。设计管理可采用设计总体管理模式，各参建单位的设计管理权责如下：

(1)建设管理单位应对工程设计过程的决策、实施、控制等环节实行全面管理，督促设计与咨询工作的开展，对设计全过程进行有效控制。

(2)设计总体单位负责全线工程设计的总体性、完整性、统一性、适时性、经济合理性和技术进步性工作，将总体设计原则贯穿于工程实施全过程，应建立健全接口管理与系统功能平衡管理规章制度，明确相应的责任单位、责任人员与设计工作程序。

(3)设计咨询单位负责对委托范围内设计方案的形成过程和成果文件进行咨询。

(4)分项设计单位应接受建设管理单位和设计总体单位的管理和协调，对本单位提交的设计成果文件负责。

(5)当采用BT模式将部分工点或系统施工图设计和工程施工捆绑招标时，中标人应委托有相应设计资质的设计单位完成BT范围内施工图设计，工点或系统设计单位应服从建设管理单位、设计总体和设计咨询的管理。

建设管理单位或设计总体单位应建立健全信息管理的有关规章制度，制定项目设计文档管理规定，规范设计和管理过程中产生的文件标识、审批和档案管理，保证技术指令与技术信息的传递与反馈清晰、流畅、可追溯。

2.3.4 投资管理

城市轨道交通项目应按照决策科学、程序规范、资金可控和责任明确的要求，全过程实施投资管理。各参建单位应通过合同建立、健全项目投资管理的责任体系，明确参建各方投资管理分工和权责关系，将项目投资管理的目标具体分解落实到项目的各阶段和各责任主体，实现全过程监控。

投资管理的目标是在实现项目运营功能及技术标准的前提下，通过设计方案优化挖掘项目投资节约潜力，合理反映项目真实投资需求，实现合理的功能价格比，提高项目的经济效益。项目投资管理应遵循以下原则。

(1)全过程、分阶段管理原则：围绕项目生命周期成本发生规律，分项目投资决策、规划设计、工程施工、竣工验收不同阶段全过程进行管理，并重视项目早期投资的优化控制。

(2)限额设计原则：根据上一阶段投资管理活动成果确定的投资目标，遵循“安全第一、标准适度、经济合理”的原则开展设计工作，通过多方案经济比选、设备选型分析等手段，确保项目设计投资控制在预定目标范围内。

(3)项目核算与责任考核原则:应建立以项目阶段为核心的目标成本责任制度,实行项目成本的独立核算和考核。把项目投资控制目标建立在切实可行的基础上,保证项目投资的合理性。

(4)全生命周期成本合理原则:项目全寿命周期成本包含建设期投资和运营期费用,设计优化和方案技术经济比选不以建设投资最低为优,应以全生命周期成本合理为原则开展。

2.3.5 质量管理

城市轨道交通建设项目应贯彻落实"百年大计、质量第一"的方针,切实把质量管理摆在工程建设管理工作的首位。建设管理单位应在合同中明确各参建单位的质量管理职责,对项目质量管理体系运行过程和产品进行监控或测量,按照质量控制方针、控制目标、审核结果、数据分析、纠正和预防措施以及管理评审,不断完善质量管理体系。推行科学的质量管理方法,采用先进的科学技术、健全的质量保证体系。在有条件的情况下,积极采用新材料、新设备、新工艺建造优质工程。

建设管理单位在取得施工许可证或开工报告前,应到建设行政主管部门办理工程质量监督手续。

工程完工后,由建设管理单位组织验收,未经验收或验收不合格的工程不得交付使用,城市轨道交通建设项目实施质量保修制度。

2.3.6 技术管理

城市轨道交通项目建设技术管理应贯穿于项目前期研究、勘察设计、施工、验收等建设全过程,其技术管理内容包括:技术审查、标准化管理、新技术评估与应用。

技术管理实行统一领导、分层管理的原则,建设管理单位应成立以总工程师或技术主管领导为首的技术管理决策机构,负责本单位的重大技术决策。技术管理以资源节约、提高建设及运营服务水平为原则,依据国家及地方现行法规标准和设计要求,完善项目技术执行标准与要求。贯穿项目前期研究、勘察、设计、施工等建设全过程。加强安全、高效、节能、环保等领域的技术创新和新技术应用,提高城市轨道交通总体技术水平。也可聘请专业咨询机构提供技术决策咨询,代为行使部分技术管理职责。

1. 技术审查管理

技术审查分为方案审查和图纸审查,建设管理单位应组织对工程建设中各阶段的技术原则、中间方案进行审查,组织对各阶段设计图纸及最终成果进行审查后报建设主管部门审查备案。

技术管理决策机构负责对项目重大技术问题解决方案及重大安全风险处置措施进行论证、作出决策。

2. 标准化及标准设计管理

建设管理单位应制定标准化管理办法,有序推进标准化工作,逐步总结和建立标准化成果体系。项目设计应优先选用成熟的标准化设计成果。

建设管理单位可组织或委托制订项目的相关专项技术标准,报地方主管部门备案后执行。

3. 新技术评估与应用

城市轨道交通建设应采用经过评估认定的成熟而适用的新技术、新材料、新设备、新工艺。

新技术评估，应对该项成果技术水平和应用价值作出评价，包括经济效益、社会效益、环境效益等。

在工程规划、勘察、设计、施工、车辆与设备选型以及运营实施过程中，宜结合项目情况采用政府有关部门已发布的城市轨道交通专项技术。

2.3.7 采购管理

城市轨道交通项目采购应遵循公开、公平、公正和诚实信用原则，应符合国家相关法律、法规规定。

采购单位应制定采购管理制度，明确采购管理部门、责任和分工等。采购单位应采用公开招标、邀请招标以及政府管理部门允许的其他方式采购。采购的产品必须符合职业健康安全和环境管理要求。

建设管理单位应规范采购流程，根据工期和相关接口专业的工期要求，制定采购计划目标节点。

2.3.8 进度管理

建设管理单位应以批准的进度计划、进度报告、工程变更、进度调整计划实施工程进度动态控制。各参建单位应按进度计划的要求定期进行执行情况自查，并编制进度检查报告，包括进度执行情况的综合描述、实际进度图、进度偏差状况及原因分析、解决问题的措施、计划纠偏建议等。

特殊情况下，进度计划需要调整时，相关参建单位可编制项目进度调整计划和相关说明文件，上报原进度计划审批单位批准后方可执行。

2.3.9 监理管理

(1)城市轨道交通工程应遵守国家相关法律规定，委托具有相应资质的监理单位进行监理，监理合同应采用书面形式。

(2)建设单位在监理单位实施监理前，应将监理单位的名称、监理的范围和内容、项目总监理工程师的姓名以及所授予的权限，书面通知施工单位。施工单位应接受监理企业的监理，按照要求提供完整的原始记录、检测记录等技术、经济资料，并为监理开展工作提供方便。

(3)监理单位应根据所承担的业务成立项目监理机构，对施工单位实行全面管理，加强控制与协调。项目监理机构的组织形式和规模，应根据监理合同规定的服务内容及期限、工程类别及规模、技术复杂程度、工程环境等因素确定。项目监理机构的监理人员配置应按专业配备，人员素质、数量应当满足工作的需要。

(4)监理单位实施监理活动应遵循依法、独立、公正、诚信、科学的原则。

(5)施工准备阶段管理措施：

①监理单位应参加勘察设计交底，熟悉设计原则及安全、质量要求，并组织施工单位进行图纸会审。

②监理单位应审查施工单位、分包单位资质和安全生产许可证，审批施工单位提出的施工组织设计、安全技术措施、施工技术方案和施工进度计划。

③监理单位应及时审核施工单位编写的开工报告，检查施工现场施工条件、所需资源、措施是否全部落实到位。

④监理单位应协助建设单位、施工单位办理相关手续。

⑤监理单位应参加工程测量的领桩、交桩工作，组织工程测量工程师对工程控制桩进行校核并记录，督促施工单位落实保护措施。

⑥监理单位应组织施工单位制定工程检验批划分和工程验收计划。

⑦监理单位应全面掌握现场及周边环境情况，对不利因素进行初步判别并对可能影响施工的各类地下管线、高压输电设备及其他不利因素进行调查核对。

⑧监理单位应根据轨道交通工程特点制定工程例会制度、专项检查制度、定期汇报制度等管理制度。

(6)施工阶段管理措施：

①监理单位应就施工质量、安全、文明施工、档案资料、文件流转等监理控制程序和要求在首次工程例会向施工单位等进行交底，并做好会议记录。

②监理单位应及时审查施工单位提供的材料和设备清单及其所列的规格和质量证明资料，检查、见证取样或平行检测工程使用的材料、构件和设备的质量。

③监理单位对现场使用的施工机械设备应严格把关，严格执行报审制度，禁止不合格施工机械设备进入施工现场。

④监理单位应制定工程质量关键控制点，采用巡视检查、旁站、平行检查等方式对工程质量关键点进行控制。

⑤监理单位应针对城市轨道交通重大风险部位、关键工序节点，组织验收。验收通过方可进行下道工序。重大风险部位、关键工序节点应包括深基坑开挖、盾构进出洞、暗挖或盾构下穿房屋、铁路、河流、高压线塔等、旁通道开挖、盾构转场、暗挖法开挖、系统受电、系统调试、联合调试等。

⑥在工程施工出现了工程质量安全问题或事故，需要停工处理时，总监理工程师应按照监理合同和有关合同的约定签发工程暂停令，立即向建设单位进行报告，并根据停工原因的影响范围和影响程度，确定工程项目停工范围。当工程具备复工条件时，总监理工程师应及时签署工程复工报审表，指令施工单位继续施工。

⑦监理单位应组织监理人员对分项、分部工程的隐蔽工程进行检查，协助并参加建设单位组织的工程关键工序、中间节点、分项、分部工程验收，督促施工单位对验收提出的质量问题进行整改销项。

⑧监理单位应制定工程检测、工程监测和环境保护等监理控制措施，包括建立和健全监理单位对现场监测管理的管理体系，审核监测方案、人员资质，检查现场监测工作和检测人员单位情况，审核工程监测结果。轨道交通工程本体或周边环境有特殊要求，监理单位应督促监测单位进行长期监测，或做好与后期监测单位交接，确保监测工作的长期持续性。

⑨监理单位应配合建设单位做好现场协调工作，组织召开工程例会和专题会议，审核施工计划和用款计划，协调处理施工中的各类问题，保证工程的进度、质量、安全、投资、文明施工等处于受控状态。

⑩监理单位应根据城市轨道交通建设特点制定工程监理报告，包括监理周报、监理月报、年度报告、工程预警报告、工程险情报告、工程事故处理报告等。

⑪监理单位应定期检查施工单位质量安全保证资料的收集和编制整理情况，审核工程资料编制和整理是否符合档案管理要求。

⑫监理单位应协助建设单位对工程变更进行控制，制定工程变更监理管理措施，根据相关程序审核工程变更的工作量及费用。

2.4 城市轨道交通工程变更管理

工程变更是指在工程建设期，项目实施过程中按照合同约定的程序条款对部分或全部工程在材料、工艺、功能、构造、尺寸、技术指标、工程数量及施工方法等各个方面做出的改变。广义上的工程变更范围不仅局限于对工程建设期中设计文件内容的变更，还应包括工程建设期中施工阶段工程量清单内容和工程数量的增减、施工进度计划的变化、施工工序的调整以及建设单位对合同条款的修改和补充等。由于建设项目是一种特殊的产品，各单项工程、单位工程和分部分项工程之间存在紧密的内在使用功能的关联，频繁的工程变更将会打乱正常的作业秩序，影响建设项目的工期，同时会增加业主和监理工程师的组织协调工作量，对承包商的现场管理难度也会增加。

工程变更对建设项目造价水平具有重要的影响，同时又是不可回避的问题。工程变更不仅是工程管理技术层面的范畴，同时建设环境的改变(例如:地下车站交通疏解导致站址变更、盾构穿越重大建筑物调坡调线、因施工场地或重要管线限制调整施工工艺等)对工程变更的影响比重越来越大。对一定数量的工程变更可能对工程项目总的建造成本会产生负面的影响，一般来说，工程变更的数量越多，成本增加越多，对工程造价影响巨大。随着我国城市化进程的发展，城市人口密度越来越大，为了满足人们基本的出行问题，轨道交通项目的建设需求也越来越大。城市轨道交通建设过程中其前期规划方案在后期实施时，由于地质情况的进一步勘探、建设线路周边环境的不断变化、施工工法的局限等原因，都会不同程度产生设计变更，这些设计变更对于地铁设计单位来说是在所难免的。然而，轨道交通项目因其专业多、接口复杂、建设周期长等特点，一些看似极小的方案调整，对于地铁设计者来说其重复设计的工作量可能都是巨大的，降低了设计工作效率。对于城市轨道交通项目来说，出现工程变更，对工程项目的影响就更加突出和明显，所以，应该全面系统的动态地进行控制因工程变更而出现造价的变动。

2.4.1 设计变更的分类

由于城市轨道交通管理以各地方政府为主，故变更设计的分类各城市存在为一样的情况。现以广州市地下铁道总公司建设事业总部轨道交通建设工程设计变更实施细则为例，其设计变更共分为Ⅰ、Ⅱ、Ⅲ、Ⅳ类。提议单位可以是业主单位和非业主单位。业主单位是指广州市地下铁道总公司;非业主单位是指设计单位、设计总体单位、施工单位、施工监理单位、设计咨询单位、设备供货商。变更金额按照预算额为计算依据，预算额度归为哪一类变更，则按哪一类变更执行。

1. 符合下列条件之一者为Ⅰ类变更

(1)由于建设规模、技术标准、基本原则、线位、站位、基本工法、设备系统的功能、运营条件等重大技术方案的改变引起施工图内容的变更。

(2)引起土建工程施工图预算(增或减)300 万元及以上的变更，设备采购、建筑装修和机电安装工程施工图预算(增或减)100 万元及以上的变更。

(3)引起设备价值在 300 万元及以上的设备品牌、设备软件版本改变及引起的相应硬件设备的变更。

2. 符合下列条件之一者为Ⅱ类变更

(1)变更经设计联络后供货合同确定的主要设备类型(指影响系统功能的部分)及重要系统功能。

(2)引起土建工程施工图预算(增或减)100～300 万元(不含)的变更,设备采购、建筑装修和机电安装工程施工图预算(增或减)50～100 万元(不含)的变更。

(3)设备价值在 100～300 万元(不含)的设备品牌、设备软件版本改变及引起的相应硬件设备的变更。

3. 符合下列条件之一者为Ⅲ类变更

(1)改变局部设计原则,不降低技术标准和使用功能,技术方案简单,施工图工程量变化较少,但影响不同专业的技术条件和工程量。

(2)为完善工程接口必须进行的设计变更。

(3)引起土建工程施工图预算(增或减)20～100 万元(不含)的变更,设备采购、建筑装修和机电安装工程施工图预算(增或减)10～50 万元(不含)的变更。

(4)设备价值在 50～100 万元(不含)的设备品牌、设备软件版本改变及引起的相应硬件设备的变更。

4. 符合下列条件之一者为Ⅳ类变更

(1)不改变设计原则,不降低技术标准和使用功能,技术方案简单,施工图的工程量变化小,不影响其他专业的技术条件和工程量的变化。

(2)在机电安装工程中,变更设备安装位置、基础预埋件、电缆桥架、槽管及径路等。

(3)引起土建工程施工图预算(增或减)20 万元(不含)以下的变更,设备采购、建筑装修和机电安装工程施工图预算(增或减)10 万元(不含)以下的变更。

(4)设备价值在 50 万元(不含)以下的设备品牌、设备软件版本改变及引起的相应硬件设备的变更。

2.4.2 工程变更的提出

在建设项目实施过程中,源于设计文件任何部分的修改或补充都属于设计变更范畴。提出设计变更的主体可以是业主、设计单位、监理工程师及承包商。其原因可以是业主对建设项目某个局部功能的改变而提出的设计变更,设计单位因对原设计图纸修改和完善提出的设计变更,监理工程师和承包方对建设项目合理化的建议提出的设计变更。

1. 建设单位提出的工程变更

建设单位提出的变更主要是合同条款的变更、工程量的变更、工程项目的变更、进度计划的变更、施工条件的变更,这些变更最终表现为设计变更,因此,我国规定要严格按图施工。考虑到设计变更在工程变更中的重要性,可将工程变更中分为设计变更和其他变更两大类。

2. 设计单位提出的工程变更

(1)不可预见的设计变更。由于设计单位使用的详细勘察地质成果与实际地质不相符时,发生的设计变更;或发生不可抗力的事件时,发生的设计变更是合理的变更,是非可控的工程变更。

(2)人为因素的设计变更。由于设计文件不符合设计规范规定的深度要求、设计图纸接口文件混乱、设计文件未按审批的方案设计、设计图纸中各个专业自相矛盾的错误,导致的工程变更。

3. 监理工程师和承包商提出的工程变更

FIDIC 合同条件规定:"承包商对所有现场作业和施工方法的完备、安全、稳定负全部责任"。所以,按照惯例施工组织设计方案的变更造成的工期、材料、人工及机械的费用由承包商承担。另外,FIDIC 还规定:"承包商有权依照工程师批的准施工进度计划自主组织施工"。因此,承包商有权改变施工技术方案以及施工顺序,当然这种改变的责任应由承包商承担,无需按变更程序来处理，而对于设计变更引起的施工技术方案的改变，施工顺序的改变以及业主要求的加速施工，应按正式变更程序来处理。

2.4.3 变更管理的要点

工程变更主要发生在施工阶段，但施工阶段发生的变更很大一部分是由于业主在项目前期缺乏潜在的变更控制意识而造成的。因此，城市轨道交通工程项目从编制项目任务书、建立项目进度计划和发包项目时起，就应该开始进行变更管理，主要表现在设计阶段以及通过合同策略进行控制。

1. 设计阶段

在工程变更中，大部分是由于建设环境变化（站址移位、车站基坑深度加深、施工工艺改变）而引起的工程变更，其次是由于设计错误、设计遗漏和设计量差等造成的设计变更，也有应业主或承包商要求的变更。因此，城市轨道交通工程项目在设计阶段就要力求准确、详尽及全面地反映业主和使用者的意图，避免在施工阶段产生由于设计阶段的潜在问题没有解决而导致的工程变更。此外，由于施工阶段发生的变更对项目目标的影响将比设计阶段更具有破坏性，因此项目业主应十分重视设计阶段的变更控制。在设计阶段，项目业主和承包商应不惜投入较多的人力和时间尽早发现设计问题，完善设计，控制设计变更的发生量。主要措施有项目目标范围定义、设计控制、严格的设计资格审核等。

2. 合同策略

城市轨道交通项目工程土建工程通常应采用单价合同。该合同模式在控制工程变更的发生量上有其一定的优点：

（1）在招投标和合同谈判阶段，业主和承包商就图纸和详细说明对合同任务范围已取得一致意见，因此合同任务是明确的，而且在合同签订前，业主要求承包商对施工现场进行调查，对合同现场条件达成协议，这样有利于减少工程变更的发生量；

（2）项目控制者应根据完整的合同文件识别和确定工程变更，要有依据地进行检查和核实变更申请内容；

（3）图纸和详细说明书的完善，减少了大量的设计修改；

（4）在设计阶段通过完善设计图纸和说明，实现使用者的使用要求，减少工程返工，包括对施工工序的改变和返工或增加任务。

2.4.4 变更管理的措施

城市轨道交通项目工程的实施中，一旦出现工程变更，承包单位按施工合同文件规定的程序提出变更工程造价报告；造价工程师按照标书合同中有关规定审批；变更价款确定后作为结算依据。一般要注意以下几点。

1. 分清责任，分别计算费用

由于施工不当或施工错误造成的，与正常程序相同，但应注明原因，此变更费用不予处理，由施工单位自负，若对质量、工期、投资效益造成影响的还应进行反索赔；由设计部门错误或缺陷造成的变更费用，以及采取的补救措施，由监理单位协助业主与设计单位协商是否索赔。

2. 积极推行限额设计控制造价

限额设计是当前普遍采用的控制工程造价的一种有效方法。所谓限额设计，就是按照批准的设计任务书和投资估算，在保证功能要求的前提下控制初步设计以及按照批准的初步设计总概算，控制施工图设计。同时，各专业在保证达到使用功能的前提下，按分配的投资额控制设计，严格控制设计中的不合理变更。保证工程竣工结算不突破总投资限额的工程设计过程。限额设计是按上一阶段批准的投资控制下一阶段的设计，而且在设计中以控制工程量为主要内容，抓住了控制工程造价的核心，从而也就克服了超预算的可能。同时限额设计并不是一味考虑节约投资，也绝不是简单的将投资“宰一刀”，而应该尊重科学、尊重实际、实事求是、精心设计，并能促使设计单位对技术和经济这一对立统一问题的深度研究，从而克服长期以来重技术、轻经济的思想。

3. 尽量确保费用幅度不大

工程变更应视为原施工图纸的一部分内容；所发生的费用计算应保持一致，并根据合同手段按当地有关政策进行费用调整。如有变更削减的内容，应按程序办理费用削减，若施工单位拖延，监理单位可督促其执行或采取措施直接发出削减费用估算单。

2.4.5 设计变更的内容

1. 设计变更的内容

对于轨道交通项目，凡对已经审核批准投入使用的施工图进行变更，增、减工程项目均属于设计变更。在国家发改委价格司编制的《工程勘察设计收费标准(2002年修订本)》中约定，设计费以最终批复的初步设计概算建安费作为取费依据，故设计变更可约定为“合同价以最终审批后的初步设计概算建安费作为合同取费基数，按合同费率进行相应调整”。然而，该标准中并未明确多次重复的初步设计如何收费，而对于轨道交通项目在变更设计费用洽谈过程中如何认定重复设计，一直是设计院与甲方谈论的一个焦点，一般来说可以合同中的初步设计阶段费用作为基数，按实际工作量来确定变更设计费。

在施工图设计阶段，由于周期较长，所以在开展本阶段工作之前应对变更的管理进行详细约定，这能为工程顺利推进及最终顺利结算、竣工做好前期工作。所以在施工图设计过程中对于图纸的修改、补充操作就显得尤为重要。

设计变更所涉及的过程复杂，一般情况下所有参加该轨道工程建设的部门和人员都应严格控制设计变更的发生，必须变更时应有业主书面指令并经审批部门审批。属设计差、错、碰、漏引起的变更应及时提出，报设计院审批，业主核备。设计变更应本着工程实际需要、遵循轨道交通工程的技术标准、对工程质量和进展有利、节约工程成本、不损害任何一方的正当权益等原则，所有参建单位在严格控制设计变更的数量、投资等的基础上以书面形式提出变更。

2. 设计变更的过程

在变更设计管理文件的制定过程中，应将变更设计分为重大技术变更和一般技术变更，并在设计过程中对重大变更或一般变更进行认定。

重大技术变更是指改变建设规模，或改变设计技术要求所确定的各项设计标准、方案和原则，或投资变化超过200万元以上的技术变更(包括合理化建议和采用新工艺、新材料等)以及报业主审定的其他技术变更。一般技术变更则是除重大技术变更外的类型。

重大技术变更由变更提议单位提出完整的变更技术资料，包括变更原因、技术经济分析、对工程实施的影响等。业主代表组织有关分项设计单位及施工监理单位分析、研究并提出初步处理意见并报总体设计单位，由总体设计单位进行技术审核出具审核意见报业主审定。经审查批准后，业主组织设计单位进行变更设计，并组织对施工图进行审核。一般技术变更包含如下两种。

(1)分项设计单位提出的设计变更:分项设计单位为完善或优化设计,根据工程实际情况或相关专业要求等原因提出设计变更,由分项设计单位填写设计变更申请报告,经总体设计单位及业主审批后,由分项设计单位完成设计变更;分项设计单位将变更后的文件及附图按规定报送总体设计单位,经总体设计单位审查后送业主下发执行。

(2)施工单位提出的设计变更:根据工程实际情况并经过充分论证后,将工程洽商单和有关附件上报监理、分项设计院、总体设计单位和业主审批;附件中应包含工程变更的类别、原因和依据、变更的内容和范围、主要的施工技术方案、施工机械和设备情况、工期、接口、投资估算、原合同费用增减情况等。

2.4.6　设计变更的控制

由于设计变更涉及的工作量和资金等问题,一般情况下应该慎重使用设计变更,这就要求对城市轨道交通设计变更进行管理限制,一方面保证变更工作有条不紊地进行,另一方面约定好设计变更的赔偿措施,使得利益分配更合理。

我国城市轨道交通项目建设管理规范规定:①城市轨道交通建设单位应根据自身特点,对勘察、设计、监理、施工、物资供应、设备安装等参建单位制定工程变更管理办法,明确工程变更的分类、分级原则、申请和审批流程等。②提出工程变更申请时,应明确工程变化的原因、变更方案、对其他参与方和后续工程的影响,以及变更费用的估算。③新增工程和初步设计文件重大变化引起的变更应报原初步设计审批单位批准。

1. 工程变更控制原则

(1)双效原则

双效原则是建立在效率原则和效益原则基础之上的工程变更控制原则。效率原则要求在审查和批准变更项目时,讲求变更审批的及时性和选择性,尤其是对于变更后降低造价较少且影响本工序和相邻工序预期进度的项目应予放弃,避免频繁变更带来的无序施工。效益原则要求在审查和批准变更项目时,最大限度地追求变更审批的经济效益,即寻求变更前后工程造价差额的最大化,最大限度地降低工序造价,节省建设投资。

(2)层级原则

层级原则是指在工程变更控制过程中,通过设定不同的变更审批权限,以最大限度地提高工程变更的可控性。对于一些大中型建设项目,至少应设定从低到高3个层级的变更审批权限,即业主现场代表层、公司职能部门层及公司领导层。不同层级负责审批不同金额范围的变更项目,以充分利用公司的管理资源。

(3)价值原则

价值原则是价值工程原理在工程变更控制活动中的具体体现。这里的“价值”是指产品或工序所具有的功能与获得此功能所需成本的比值。即价值=功能/成本。

2. 工程前期的约定

目前国内工程招投标体系正处在逐步完善的过程中,但招标文件中合同条款对于设计变更的管理方面的描述主要从甲方对项目建设过程控制的角度出发,而对于重复设计及设计变更补偿往往有所忽略,这给项目结算期间设计变更补偿费的洽谈带来诸多隐患。

因此,需要在招标过程中和中标后进行详细的设计变更管理约定,明确管理办法和流程。

(1)招投标约定

业主发出招标文件,投标人获悉后对招标文件进行质疑,招标人或招标代理人必须就投标人提出的问题进行回答,在此过程中投标人对招标文件中合同条款提出优化条款的建议,如征得招标人及其代理人的同意可以对招标文件进行补充和修改,特别明确设计变更等问题。

(2)商务谈判约定

由于设计招投标阶段设计院尚未与发包人建立起一个畅通的沟通渠道,所以在招标前修改合同条款是非常困难的。《中华人民共和国招标投标法》中第四十六条约定"招标人和中标人应当自中标通知书发出之日起三十日内,按照招标文件和中标人的投标文件订立书面合同。",该条款说明,在不违背招标文件中实质性条款前提下,是可以对最终签订的设计合同进行补充说明的,但所补充条款不能与原合同条款有冲突,如有冲突视为无效。对于承包人来说设计变更条款的补充说明最合适的时机就是承包人中标后至正式签订设计合同前。

3. 过程控制与管理

根据国内城市地铁建设经验,变更设计会导致工程工期延误、投资增加、设计人员重复工作。因此,严格控制变更设计显得十分必要。根据业主需要制定强制性审批变更分类标准和审批程序,合理界定变更审图范围、严格实施分类分层管理,控制审图质量,减少不必要的变更和规模。图 2.1 为某变更设计的管理过程。

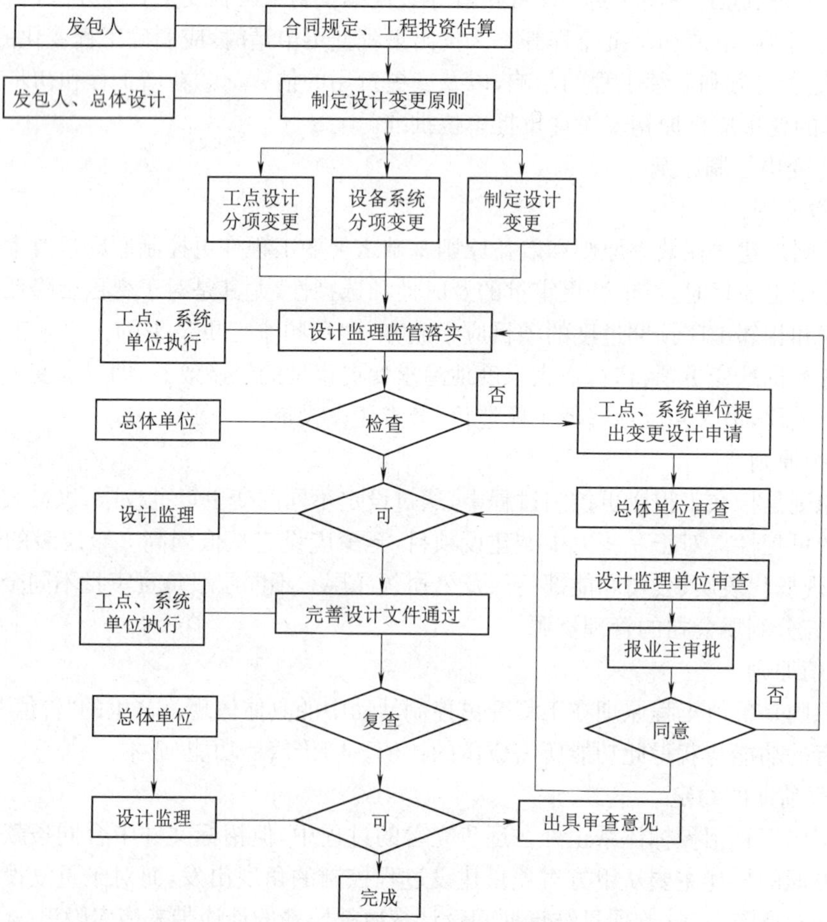

图 2.1 设计变更管理过程

在设计变更过程中应对于设计变更进行有效的管理,并且保留书面的原始资料。表 2.1

为某一轨道项目各设计费用细分表，这给后期设计变更的费用结算提供了更加可靠的数据支持。

表 2.1　某一轨道项目各设计费用细分表

<table>
<tr><th colspan="2">设计阶段</th><th>合同费用明细</th></tr>
<tr><td colspan="2">初步设计 40%</td><td>建筑 40%，结构 25%，通风空调 10%，排水 8%，电力照明 7%，概算 10%</td></tr>
<tr><td rowspan="2">施工图 50%</td><td>车站设计 60%</td><td>建筑 30%（主体 75%，附属 25%），结构 40%（主体 75%，附属 25%），通风空调 12%，排水 8%，电力照明 10%</td></tr>
<tr><td>明挖区间 40%</td><td>围护 60%，主体 40%</td></tr>
<tr><td colspan="2">施工配合 10%</td><td>—</td></tr>
</table>

思考题

1. 什么是项目？什么是项目管理？项目管理有哪些职能？
2. 简述工程项目管理的主要工作内容。
3. 城市轨道交通工程项目管理主要有哪些特点？
4. 为什么要进行变更设计，城市轨道交通工程变更设计如何分类？
5. 简述城市轨道交通工程变更设计的管理程序。

第2篇　施工组织设计

施工组织设计是指导项目建设的纲领性文件，一经批准，作为项目建设管理的重要依据。施工组织设计应以保证工程质量和安全为前提，以优化工期、资源配置和投资效益为目标，结合工程实际，对工程建设进行"全项目、全过程、全要素、全目标"规划与组织。其中工程网络计划技术和流水作业技术是优化工期与资源配置的主要方法。

第3章　网络计划技术

网络计划技术是随着现代科学技术和工业生产的发展所产生的，是图论在生产组织管理中的应用，是运筹学的一个分支，是系统工程的基础理论之一，是20世纪50年代中期，美国开始采用的关键线路法(CPM)、计划评审技术(PRET)和其他以网络图表表达的计划管理新方法。网络计划技术(Network planning techniques)是用网络计划对任务的工作进度进行安排，以保证实现预定目标的科学的计划管理技术。

1965年著名数学家华罗庚教授在《人民日报》发表了第一篇介绍网络计划方法(统筹法)的文章。从此我国也开始在生产管理中推行网络方法。凡是推广应用的单位，很快为广大群众所掌握，成绩显著，取得了加快进度、降低成本的效果。从1986年开始中国建筑学会建筑统筹管理研究会就着手网络计划的标准化工作，经过几年的工作，研制出我国第一部行业标准《工程网络计划技术规程》以"建标〔1992〕40号"文发布执行。同年又与中国标准化与信息分类编码研究所等单位合作编制出《网络计划技术》国家标准，它标志着我国网络计划技术的应用水平达到了国际水准，1999年住房与城建设部又以"建标〔1999〕198号"文对《工程网络计划技术规程》进行了修订。2015年住房和城乡建设部又颁布了新的《工程网络计划技术规程》(JGJ/T 121—2015)，自2015年11月1日开始执行。

3.1　网络计划的基本概念和表示方法

3.1.1　网络图

网络计划就是用网络图表达的进度计划。所谓网络图(network diagram)就是由箭和节点组成的，用来表示工作流程的有向、有序的网状图形。通常有双代号和单代号两种表示方法。我们用一个箭线表示一项工作，工作的名称写在箭杆上，完成工作所需的时间写在箭杆下。箭尾表示工作的开始，箭头表示工作的结束，箭头和箭尾衔接的地方绘上圆圈，编上号码成为节点，两个号码表示一项工作，这种标示方法称为双代号表示法；用圆圈代表工作的表示方法称单代号表示法。

以箭线及其两端节点的编号表示工作的网状图，称双代号网络图（Activity On Arrow Network），它由工作、节点和线路三部分组成（图 3.1）；以节点及该节点的编号表示工作，以箭线表示工作之间逻辑关系的网状图，称单代号网络图（Activity On Node Network），它由工作和线路两部分组成（图 3.2）。把所有施工过程，根据施工顺序和相应关系，用上述符号从左到右绘制而成的图形即为网络图，如图 3.3 所示。

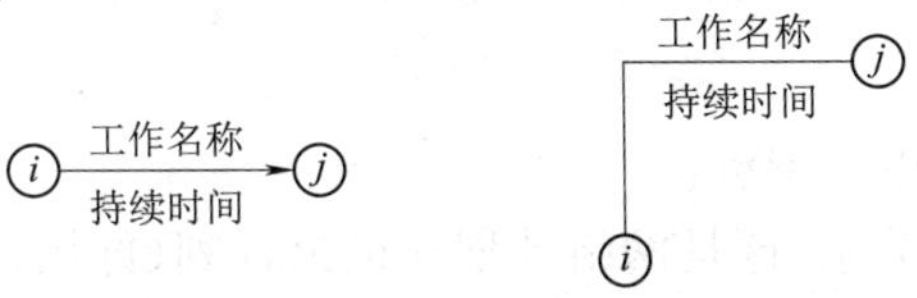

（a） （b）

图 3.1 双代号网络图中工作的表示方法

（a） （b）

图 3.2 单代号网络图中工作的表示方法

3.1.2 逻辑关系

逻辑关系包括工艺关系和组织关系，是工作之间先后顺序关系。

1. 工艺关系

生产性工作之间由工艺过程决定的、非生产性工作之间由工作程序决定的先后顺序关系称为工艺关系。如图 3.3 所示，支模 1→扎筋 1→混凝土 1 为工艺关系。

2. 组织关系

工作之间由于组织安排需要或资源（劳动力、原材料、施工机具等）调配需要而规定的先后顺序关系称为组织关系。如图 3.3 所示，支模 1→支模 2；扎筋 1→扎筋 2 等为组织关系。

3.1.3 工序关系

两个或两个相衔接的工序（图 3.4），就某一工序而言，紧排在本工作之前的工作为紧前工作（Front Closely Activity），紧排在本工作之后的工作为紧后工作（Back Closely Activity）；同理，可与工作同时进行的工作为平行工作（Concurrent Activity），自起点节点至本工作之间各条线路上的所有工作为先行工作（Preceding Activities），在工作之后至终点节点各条线路上的所有工作为后续工作（Succeeding Activities）。

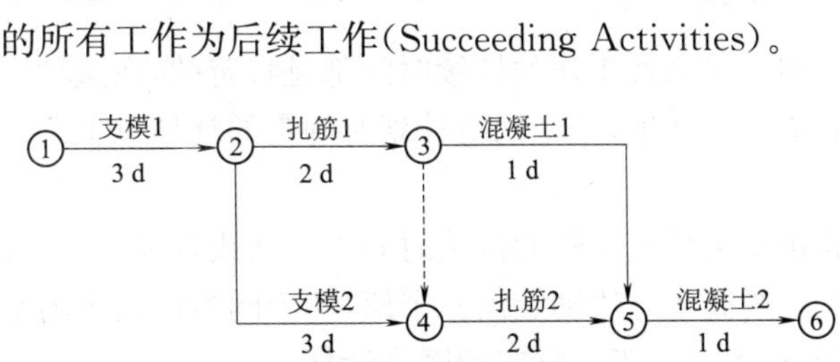

图 3.3 某混凝土工程双代号网络计划

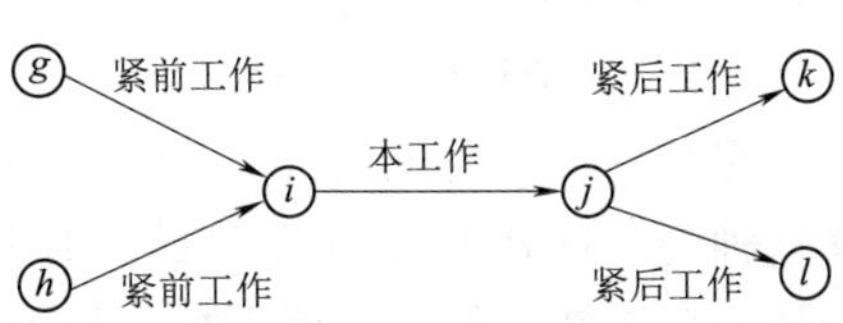

图 3.4 工序关系图

如图 3.3 所示，支模 1 是支模 2 在组织关系上的紧前工作；扎筋 1 和扎筋 2 之间虽然存在虚工作，但扎筋 1 仍然是扎筋 2 在组织关系上的紧前工作。支模 1 则是扎筋 1 在工艺关系上的紧前工作；扎筋 2 是扎筋 1 在组织关系上的紧后工作；混凝土 1 是扎筋 1 在工艺关系上的紧后工作。扎筋 1 和支模 2 互为平行工作。

紧前工作、紧后工作及平行工作是工作之间逻辑关系的具体表现，只要能根据工作之间的工艺关系和组织关系明确其紧前或紧后关系，即可据此给出网络图。它是正确绘制网络图的前提条件。

如图 3.3 所示，支模 1、扎筋 1、混凝土 1、支模 2、扎筋 2 均为混凝土 2 的先行工作；扎筋 1 的后续工作有混凝土 1、扎筋 2 和混凝土 2。

在建设工程进度控制中，后续工作是一个非常重要的概念。因为在工程网络计划的实施过程中，如果发现某项工作进度出现拖延，则受到影响的工作必然是该工作的后续工作。

3.1.4 网络图的特点

应用网络计划对工程项目进行相关控制，具有以下特点：

(1)网络计划能明确表达各项工作之间的逻辑关系，这是网络计划比横道计划(即用横道线表示进度计划的图形，如第 4 章图 4.1 所示)先进的主要特征。

(2)网络计划通过计算和分析，可以找出影响工期的关键工作，便于管理人员抓住主要矛盾，从而提高进度控制的效果。

(3)网络计划通过计算和分析，可以求出可利用的机动时间，由此可以更好地运用和调配人力和设备，节约人力、物力，达到降低成本的目的。

(4)网络计划可以通过计算，得到许多用于计划控制的时间信息，极大的提高计划的可控性。

(5)网络计划可以用电子计算机进行计算、调整和优化。计划的优化和调整，是进度控制中的一项重要内容。对于大型工程计划，若用手工完成似乎非常困难，而网络计划模型完全可由计算机进行计算、调整和优化。网络计划的这一特点，使其在现代化管理中成为最重要、最有效的方法，得到普遍重视。

由于网络计划的上述特点，使它成为工程控制尤其是进度控制的最有效工具。在国际上，它经常是合同中承诺进行进度控制必须采用的模型；在国内，也是工程投标文件的必备内容之一，同时也是进行施工管理的必备工具。

3.1.5 网络计划的种类

1. 按性质分

(1)肯定型网络计划

它是指计划的子项目(工作)，各工作的相互关系及工作的持续时间都是肯定的，在这种网络计划中，各项工作的持续时间都是确定的单一的数值，整个网络计划有确定的计划总工期。

(2)非肯定型网络计划

它是指计划的子项目(工作)，各工作的相互关系及工作的持续时间中一项或多项不肯定，在这种网络计划中，各项工作的持续时间只能按概率方法确定出三个值，整个网络计划无确定的计划总工期。如计划评审技术和图示评审技术就属于非肯定型网络计划。

2. 按表达方式分

(1)双代号网络计划

它是指以双代号网络图表示的计划。双代号网络图以箭线表示工作，以节点表示它们之间的连接点，一项工作可以其两端节点编号来表示。

双代号网络图中，每一条箭线表示一项工作。箭线的箭尾节点表示该工作的开始，箭线的箭头节点表示该工作的结束。在非时标网络图中，箭线的长度不直接反映该工作所占用的时间长短。箭线宜画成水平直线，也可画成折线或斜线。水平直线投影的方向应自左向右，表示工作的进行方向。

(2)单代号网络计划

它是指以单代号网络图表示的计划。单代号网络图以节点表示工作，以箭线表示逻辑关系，每一节点的编号都可以独立代表一项工作，所以也叫节点式网络计划。单代号网络图中，箭线表示紧邻工作之间的逻辑关系。箭线宜画成水平直线、折线或斜线。箭线水平投影的方向应自左向右，表示工作的进行方向。

3. 按目标分

(1)单目标网络计划

一般网络计划是单目标的，即只有一个结束节点和只有一个计划工期。

(2)多目标网络计划

多目标网络计划有两个及以上结束节点，有与结束节点数目相同的工期。

4. 按有无时间坐标分

(1)时标网络计划

它是指以时间坐标为尺度表示工作时间的网络计划，其主要特点是计划时间直观。在网络图中，工作箭线的水平投影长度与其持续时间成正比。

(2)非时标网络计划

它是指不按时间坐标绘制的网络计划，在网络图中，工作箭线的水平投影长度与其持续时间无关，可按需要绘制。

5. 按层次分

(1)分级网络计划

它是指根据不同管理层次的需要而编制的范围大小不同，详细程度不同的网络计划。

(2)总网络计划

它是指以整个计划任务为对象编制的网络计划，如群体网络计划或单项工程网络计划。

(3)局部网络计划

是指以计划任务的某一部分为对象编制的网络计划，如分部或分项工程网络计划。

6. 按工作衔接特点分

(1)普通网络计划

工作间关系均按首尾衔接关系绘制，如单代号、双代号网络计划。

(2)搭接网络计划

按照各种规定的搭接时距绘制的网络计划，可以将计划中各项工作之间的搭接关系表达出来，从而简化了计划图形。

(3)流水网络计划

这种网络计划既能表示搭接关系，又能表示流水关系，兼有网络计划和流水作业两者的优点。

7. 其他分类方法

在双代号或单代号网络计划的基础上还派生出来很多可以为不同计划目的使用的网络计划，如以下几种。

(1)有时限的网络计划：该网络计划能体现由于外界因素影响对计划时间安排的限制。

(2)群体网络计划:这种计划项目对象是一个群体,对于大中型项目,其计划模型应采用群体网络计划。

(3)风险网络计划等。

3.1.6 网络图的基本要素

一个网络图由任务、工作(工序)、节点(事项)和线路四个基本要素组成。

1. 任务(Task)

计划所承担的有规定目标及约束条件(时间、资源、成本、质量等)的工作总体。例如:修建一个工程,建造一个工厂等。

2. 工作(工序)(Activity)

计划任务按需要粗细程度划分而成的一个消耗时间,也消耗资源的子项目或子任务。

工作可以是分项、分部、单位工程或工程项目,其划分的粗细程度主要取决于计划类型、工程性质和规模。

工作的内容是指需要消耗时间和资源的项目,如基础开挖与圬工砌筑等;需要消耗时间而不需消耗资源的项目,如混凝土养护和油漆干燥等,不需要消耗时间,又不占用空间的项目,只表示工作之间的先后顺序和逻辑关系,前两种工作为实工作,以实箭线表示,后一种工作为虚工作(Dummy Activity)。

3. 节点(Node)

网络图中箭线端部的圆圈或其他形状的封闭图形。在双代号网络图中,它表示一个事件,在单代号网络图中它表示一项工作。表示开始事件的节点称为开始节点(Preceding Node);表示完成事项的节点称为完成节点(Succeeding Node);网络图中的第一个节点称为起始节点(Start Node),最后一个节点称终点节点(End Node)。

(1)节点编号原则

网络图中的节点都必须编号,所编的数码叫代号。代号必须标注在节点内,节点编号顺序从左到右、从小到大,可不连续,但严禁重复,即一项工作应只有唯一的一条箭线和相应的一对节点编号,且使箭尾节点的代号小于箭头节点的代号。编号由前到后顺序进行。

(2)节点特性

节点(事项)与工作(工序)有显著区别,主要体现在节点有以下三个特性。

①瞬时性:事项完成所需周期与工作所需作业时间相比,前者是短暂的,可以忽略不计。

②衔接性:事项起着把有关工序衔接起来,起承上启下的作用。

③易检性:主要针对工序而言,一个工序在进行过程中是比较难以检查其完成的程度的,只能用百分数加以估计。事项则不同,上一工序已经完成,并表示下一工序可以开始。这样对计划的制度与检查,比较准确,比较严格,也比较方便。

(3)虚拟节点(Dummy Node)

在单代号网络图中,当有多项起始工作或多项结束工作时,为便于计算而虚设的起点节点或终点节点的统称。

4. 线路(Path)

网络图中从起点节点开始,沿箭头方向顺序通过一系列箭线与节点,最后到达终点节点的通路称为线路。线路既可依次用该线路上的节点编号来表示,也可依次用该线路上的工作名称来表示。如图 3.3 所示,该网络图中有三条线路,这三条线路既可表示为:①—②—③—⑤

—⑥、①—②—③—④—⑤—⑥和①—②—④—⑤—⑥，也可表示为：支模 1→扎筋 1→混凝土 1→混凝土 2、支模 1→扎筋 1→扎筋 2→混凝土 2 和支模 1→支模 2→扎筋 2→混凝土 2。

(1)关键线路和关键工作

在关键线路法(CPM)中，线路上所有工作的持续时间总和称为该线路的总持续时间。

总持续时间最长的线路称为关键线路，关键线路的长度就是网络计划的总工期。如图 3.3所示，线路①—②—④—⑤—⑥或支模 1→支模 2→扎筋 2→混凝土 2 为关键线路。在网络计划中，关键线路可能不止一条。而且在网络计划执行过程中，关键线路还会发生转移。

关键线路上的工作称为关键工作。在网络计划的实施过程中，关键工作的实际进度提前或拖后，均会对总工期产生影响。因此，关键工作的实际进度是建设工程进度控制工作中的重点。

(2)线路的特性

①线路流程要符合逻辑关系

工作时间的先后顺序关系叫逻辑关系(Logical Relation)，包括工艺关系(Process Relation)和组织关系(Organizational Relation)。生产性工作之间由工艺关系决定的，非生产性工作时间由程序决定的先后顺序关系叫工艺关系，工作之间由于组织安排需要或资源调配需要而规定的先后顺序关系叫组织关系。

②线路流程的连续性

一项任务如果最初事项只有一个，最终事项也只有一个，从起点出发沿着工程进展的方向直到终点，中间不会中断。如果工作流程图没有全部连续而有开口之处，说明这张网络图没有形成流程，则可利用虚工作与中间相连，以达到连续性的要求。

③线路流程的不可逆性

网络图上的工作，是随时间的推移向前推进，不能逆过来进行。

3.1.7 网络计划的优点和缺点

1. 优点

(1)能全面地反映各工序之间的相互制约和相互依赖的逻辑关系。

(2)能计算各种时间参数，能反映计划中的潜力，可以及时调配力量。

(3)能反映影响工期的关键工序和线路，便于集中精力抓施工中的主要矛盾，确保按期或提前完工。

(4)能电算及优化。

(5)在计划执行中，当某一工序因故拖后，能从网络计划中预见到对其他工序及总工期的影响程度，便于及早采取措施。

2. 缺点

(1)编制工作较费时间，时间概念不太直观。

(2)难以从图中看出劳动力和资源需要的不均衡程度。

3.2 网络图的绘图规则

3.2.1 双代号网络图的绘图规则

双代号网络图中，每一条箭线应表示一项工作。箭线的箭尾节点表示该工作的开始，箭线的箭头节点表示该工作的结束。在非时标网络图中，箭线的长度不直接反映该工作所占用的时间长短。箭线宜画成水平直线，也可画成折线或斜线。水平直线投影的方向应自左向右，表示工作的进行方向。虚箭线，表示一项虚工作，其表示形式可垂直方向向上或向下，也可水平方向句右。有关绘图规则如下：

（1）网络图应正确表达工作之间已定的逻辑关系。由于网络图是有向、有序网状图形，所以其必须严格按照工作之间的逻辑关系绘制，这同时也是为保证工程质量和资源优化配置及合理使用所必需的。例如，已知工作之间的逻辑关系如表 3.1 所示，若给出网络图 3.5(a)则是错误的，因为工作 A 不是工作 D 的紧前工作。此时，可用虚箭线将工作 A 和工作 D 的联系断开，如图 3.5(b)所示。

表 3.1　逻辑关系表

工作	A	B	C	D
紧前工作	—	—	A、B	B

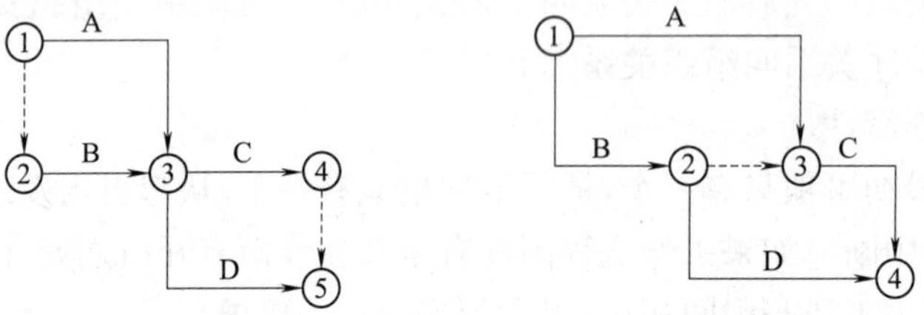

（a）错误画法　　（b）正确画法

图 3.5　按表 3.2 绘制的网络图

（2）网络图中严禁出现从一个节点出发，顺箭头方向又回到原出发点的循环回路。如果出现循环回路，会造成逻辑关系混乱，使工作无法按顺序进行。如图 3.6 所示，网络图中存在不允许出现的循环回路 BCGF。当然，此时节点编号也发生错误。

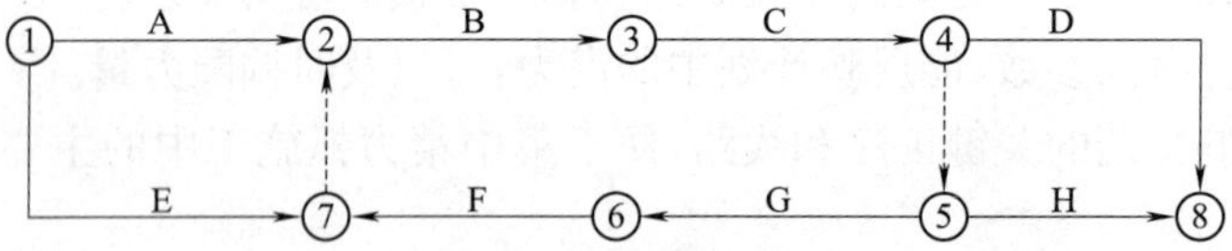

图 3.6　存在循环回路的错误网络图

（3）网络图中的箭线(包括虚箭线，以下同)应保持自左向右的方向，不应出现箭头指向左方的水平箭线和箭头偏向左方的斜向箭线。若遵循该规则绘制网络图，就不会出现循环回路。

（4）网络图中严禁出现双向箭头和无箭头的连线。图 3.7 所示即为错误的工作箭线画法，因为工作进行的方向不明确，因而不能达到网络图有向的要求。

（a）双向箭头　　（b）无箭头

图 3.7　错误的工作箭线画法

（5）网络图中严禁出现没有箭尾节点的箭线和没有箭头节点的箭线。图 3.8 即为错误的画法。

（6）严禁在箭线上引入或引出箭线，图 3.9 即为错误的画法。

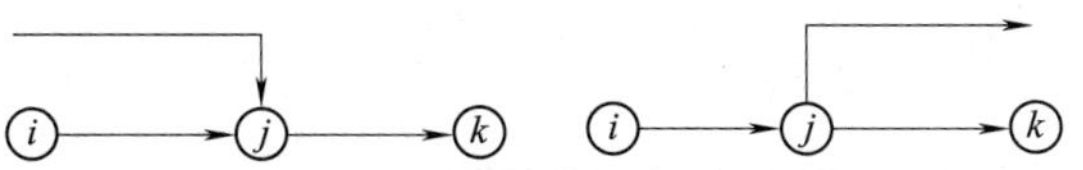

（a）存在没有箭尾节点的箭线　（b）存在没有箭头节点的箭线

图 3.8　错误的画法

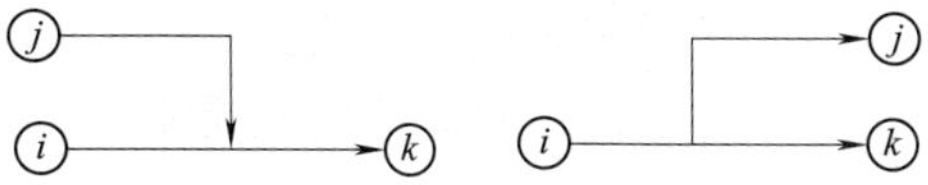

（a）在箭线上引入箭线　（b）在箭线上引出箭线

图 3.9　错误的画法

但当双代号网络图的某些节点有多条外向箭线或多条内向箭线时，在不违反“双代号网络图中，一项工作应只有唯一的一条箭线和相应的一对节点编号，箭尾的节点编号应小于箭头的节点编号”的前提下，可使用母线法绘图。当箭线线型不同时，可在从母线上引出的支线上标出（图 3.10）。

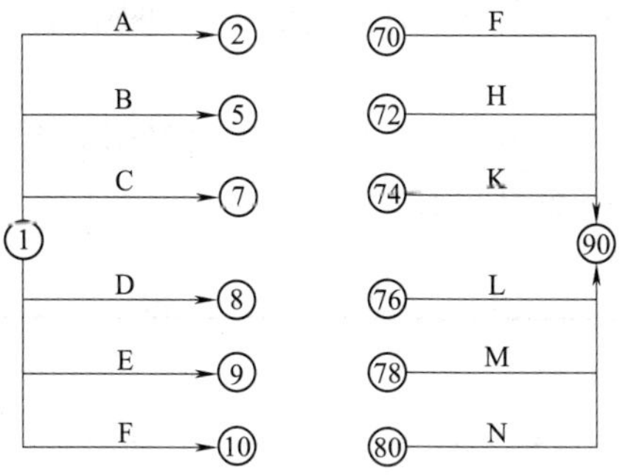

图 3.10　母线法

（7）应尽量避免网络图中工作箭线的交叉。当交叉不可避免时，可以采用过桥法、断线法或指向法处理，如图 3.11 所示。

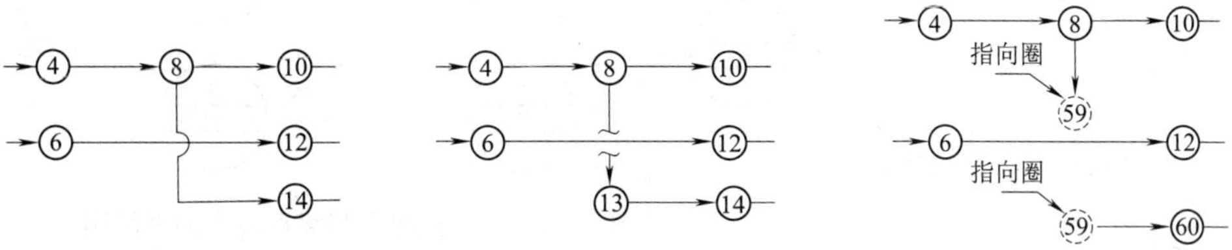

（a）过桥法　（b）断线法　（c）指向法

图 3.11　箭线交叉的表示方法

（8）双代号网络图中应只有一个起点节点；在不分期完成任务的网络图中，应只有一个终点节点；而其他所有节点均应是中间节点。除网络图的起点节点和终点节点外，不允许出现没有外向箭线的节点和没有内向箭线的节点。图 3.12 所示网络图中有两个起点节点①和②，两个终点节点⑦和⑧。该网络图的正确画法如图 3.13 所示，即将节点①和②合并为一个起点节点，将节点⑦和⑧合并为一个终点节点。

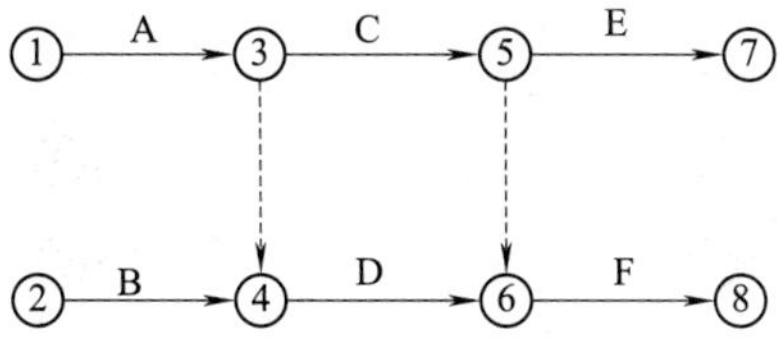

图 3.12　存在多个起点节点和多个终点节点的错误网络图

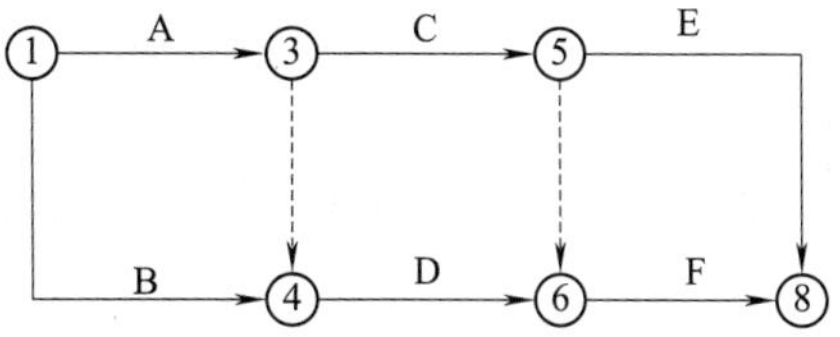

图 3.13　正确的网络图

3.2.2　单代号网络图的绘图规则

单代号网络图中，箭线表示紧邻工作之间的逻辑关系。箭线应画成水平直线、折线或斜线。箭线水平投影的方向应自左向右，表示工作的进行方向。具体绘图规则如下：

（1）网络图必须正确表述已定的逻辑关系。

(2)严禁出现循环回路。

(3)严禁出现双向箭头或无箭头的连线。

(4)严禁在网络图中出现没有箭尾节点的箭线和没有箭头节点的箭线。

(5)绘制网络图时,宜避免箭线交叉。当交叉不可避免时,可采用过桥法或指向法绘制。

(6)单代号网络图应只有一个起点节点和一个终点节点;当网络图中有多项起点节点或多项终点节点时,应在网络图两端分别设置一项虚拟节点,作为该网络图的起点节点(S)和终点节点(F)。

例如,某网络计划,其逻辑关系见表 3.2,双代号网络图如图 3.14 所示,而单代号网络图则如图 3.15 所示。

表 3.2 逻辑关系表

工作	A	B	C	D
紧前工作	—	—	A	A,B

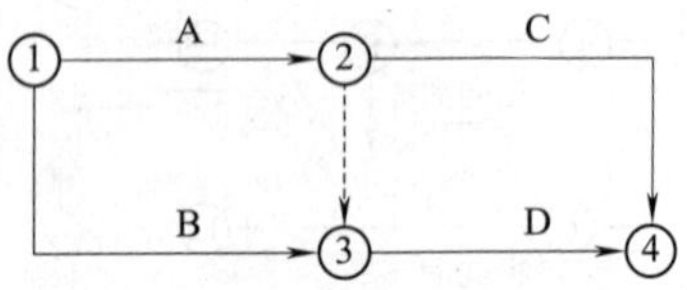

图 3.14

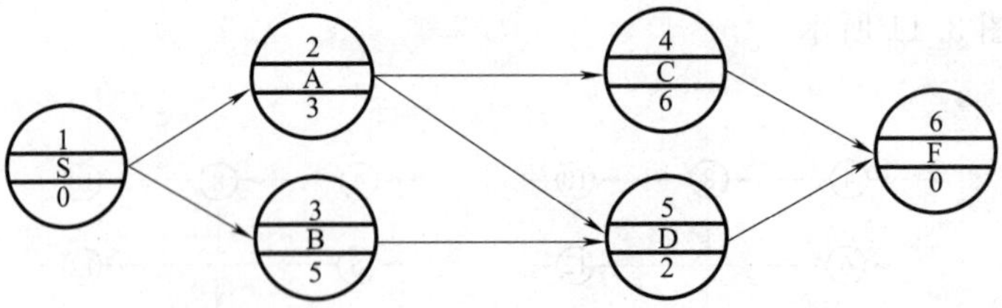

图 3.15 有虚拟起点和终点节点的网络图

3.2.3 逻辑关系的表示方法

双代号或单代号网络计划的逻辑关系表示方法参见表 3.3。

表 3.3 逻辑关系的表示方法

序号	逻辑关系	双代号表示法	单代号表示法
1	A 完成后进行 B B 完成后进行 C	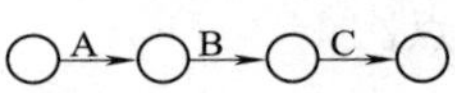	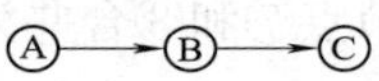
2	A 完成后同时进行 B 和 C	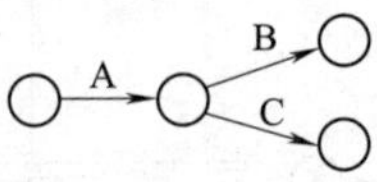	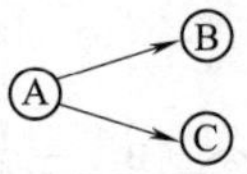
3	A 和 B 都完成后进行 C	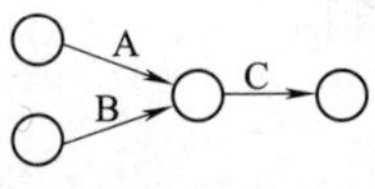	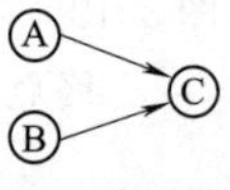
4	A 和 B 都完成后同时进行 C 和 D	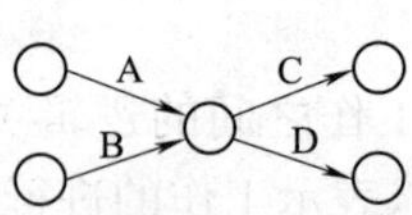	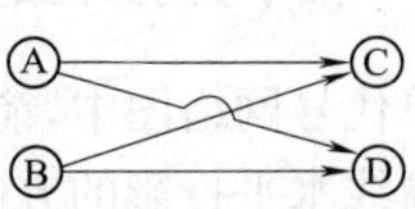

续上表

序号	逻辑关系	双代号表示法	单代号表示法
5	A完成后进行C A和B都完成后进行D	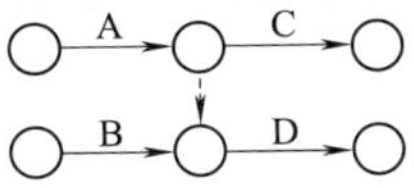	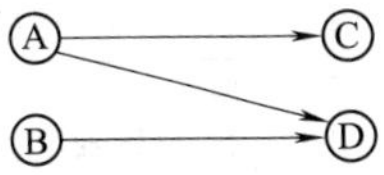
6	A、B均完成后进行D A、B、C都完成后进行E D、E均完成后进行F	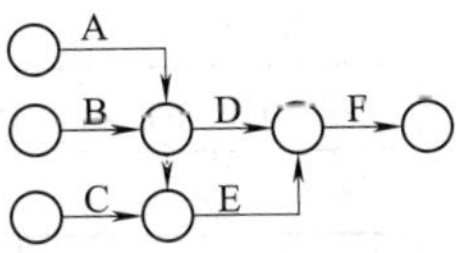	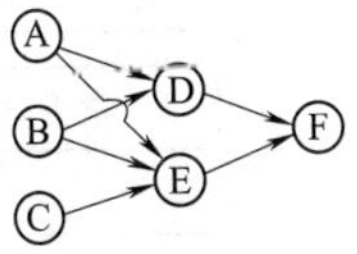
7	A、B均完成后进行C B、D均完成后进行E	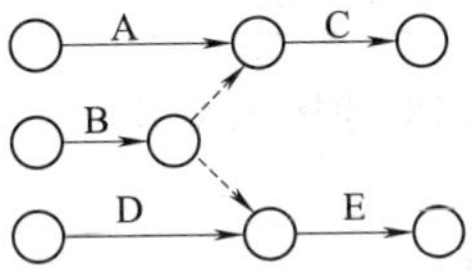	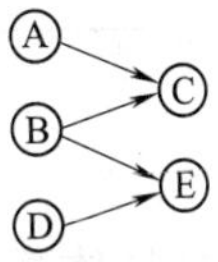
8	A完成后进行C A、B均完成后进行D B完成后进行E	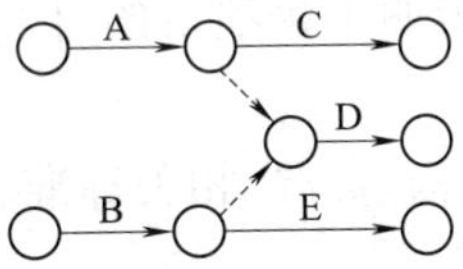	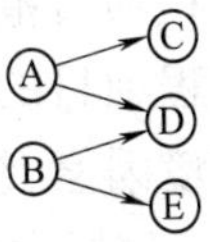
9	A、B两项先后进行的工作分为进行三阶段。 A1完成后进行A2、B1， A2完成后进行A3、B2， B1完成后进行B2， A3、B2完成后进行B3	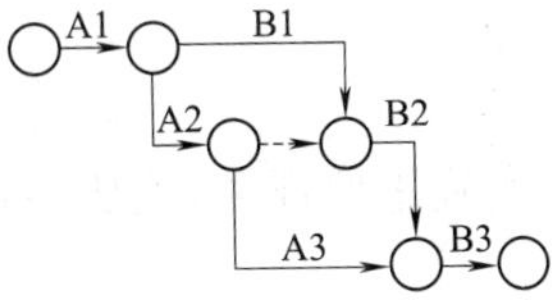	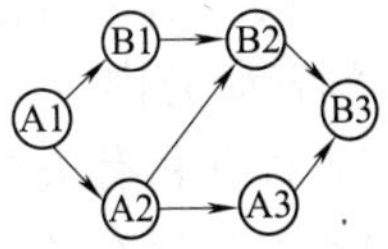

3.3 工程网络计划技术应用程序

应用工程网络计划技术时，应将工程项目及其相关要素作为一个系统来考虑。在工程项目计划实施过程中，工程网络计划应作为一个动态过程进行检查与调整。

3.3.1 编制与应用程序

网络计划的编制与应用可采用如图3.16所示的程序进行。

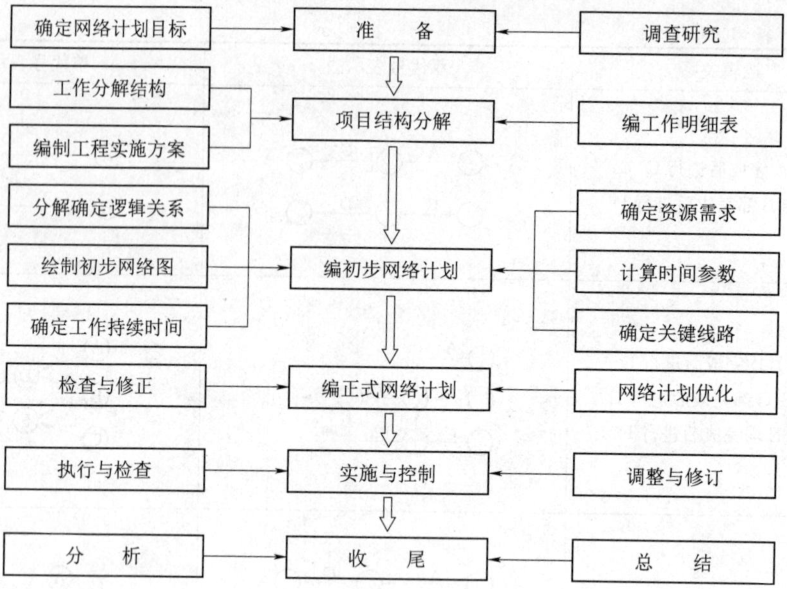

图 3.16　网络计划技术应用程序

3.3.2　编制具体要求

1. 目标确定依据

(1)工程项目范围说明书:详细说明工程项目的可交付成果、为提交这些成果而必须开展的工作、工程项目的主要目标。

(2)环境因素:组织文化,年龄结构,资源,相关标准、制度等。

2. 目标包括内容

(1)时间目标。

(2)时间一资源目标。

(3)时间一费用目标。

3. 调查研究内容

(1)工程项目有关的工作任务、实施重要任务、实施条件、设计数据等资料。

(2)有关的标准、定额、制度等。

(3)资源需求和供应情况。

(4)资金需求和供应情况。

(5)有关的工程建设经验、统计资料及历史资料。

(6)其他有关的工程技术经济资料。

4. 调查研究方法

(1)实际观察、测量与询问。

(2)会议调查。

(3)阅读资料。

(4)计算机检索。

(5)预测与分析等。

5. 工程项目结构分解规定

(1)应根据工程项目管理和网络计划的要求,依据工程项目范围,将工程项目分解为较小的、易于管理的基本单元。

(2)工作结构分解的层次与范围,应根据工程项目的具体情况来决定。

(3)工程项目结构分解的成果可用工作分解结构图或表及分解说明书表达。

(4)工作分解结构。工作分解结构(Work Breakdown Structure,简称 WBS)跟因数分解是一个原理,就是把一个项目,按一定的原则分解,项目分解成任务,任务再分解成一项项工作,再把一项项工作分配到每个人的日常活动中,直到分解不下去为止。即:项目→任务→工作→日常活动。工作分解结构以可交付成果为导向,对项目要素进行的分组,它归纳和定义了项目的整个工作范围,每下降一层代表对项目工作的更详细定义。WBS 总是处于计划过程的中心,也是制定进度计划、资源需求、成本预算、风险管理计划和采购计划等的重要基础。

WBS 要根据工程项目管理和网络计划的要求,并视工程项目的具体情况决定分解的层次和任务范围。WBS 的成果可用工作分解结构图(图 3.17)或表及分解说明表达。

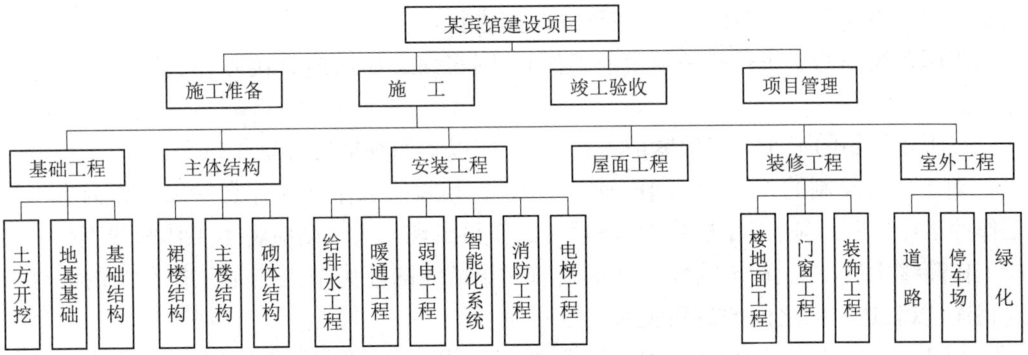

图 3.17 工作分解结构图(WBS)

6. 工程实施方案主要内容

(1)确定工作顺序。

(2)确定工作方法。

(3)选择需要的资源。

(4)确定重要的工作管理组织。

(5)确定重要的工作保证措施。

(6)确定采用的网络图类型。

7. 逻辑关系

(1)逻辑关系包括工艺关系和组织关系。

(2)逻辑关系确定的依据是已编制的工程实施方案,项目已分解的工作,收集到的有关工程信息及编制人员的专业工作经验和管理工作经验等。

(3)逻辑关系分解步骤:

①确定每项工作的紧前工作或紧后工作及搭接关系;

②按表 3.4 的规定进行逻辑关系分析。

表 3.4　工作逻辑关系分析表

工作编码	工作名称	逻辑关系			工作持续时间			
		紧前工作或紧后工作	搭接		三时估计法			持续时间 D
			相关关系	时距	最短估计时间 a	最长估计时间 b	最可能估计时间 m	
1101	C	A	—	—	5	10	6	6.5

注：表中数据为举例，其中 6.5 为三时估计法计算得到的持续时间。

8. 初步网络图

根据工作名称、逻辑关系、已选定网络图类型信绘图规则绘制；绘制的网络图应方便使用，方便工作的组合与并图。

例如，当已知每一项工作的紧前工作时，可按下述步骤绘制双代号网络图：

(1)绘制没有紧前工作的工作箭线，使它们具有相同的开始节点，以保证网络图只有一个起点节点。

(2)依次绘制其他工作箭线。这些工作箭线的绘制条件是其所有紧前工作箭线都已经绘制出来。在绘制这些工作箭线时，应按下列原则进行：

①当所要绘制的工作只有一项紧前工作时，则将该工作箭线直接画在其紧前工作箭线之后即可。

②当所要绘制的工作有多项紧前工作时，应按以下四种情况分别予以考虑：

a. 对于所要绘制的工作(本工作)而言，如果在其紧前工作之中存在一项只作为本工作紧前工作的工作(即在紧前工作栏目中，该紧前工作只出现一次)，则应将本工作箭线直接画在该紧前工作箭线之后，然后用虚箭线将其他紧前工作箭线的箭头节点与本工作箭线的箭尾节点分别相连，以表达它们之间的逻辑关系。

b. 对于所要绘制的工作(本工作)而言，如果在其紧前工作之中存在多项只作为本工作紧前工作的工作，应先将这些紧前工作箭线的箭头节点合并，再从合并后的节点开始，画出本工作箭线，最后用虚箭线将其他紧前工作箭线的箭头节点与本工作箭线的箭尾节点分别相连，以表达它们之间的逻辑关系。

c. 对于所要绘制的工作(本工作)而言，如果不存在情况 a 和情况 b 时，应判断本工作的所有紧前工作是否都同时作为其他工作的紧前工作(即在紧前工作栏目中，这几项紧前工作是否均同时出现若干次)。如果上述条件成立，应先将这些紧前工作箭线的箭头节点合并后，再从合并后的节点开始画出本工作箭线。

d. 对于所要绘制的工作(本工作)而言，如果既不存在情况 a 和情况 b，也不存在情况 c 时，则应将本工作箭线单独画在其紧前工作箭线之后的中部，然后用虚箭线将其各紧前工作箭线的箭头节点与本工作箭线的箭尾节点分别相连，以表达它们之间的逻辑关系。

(3)当各项工作箭线都绘制出来之后，应合并那些没有紧后工作之工作箭线的箭头节点，以保证网络图只有一个终点节点(多目标网络计划除外)。

(4)当确认所绘制的网络图正确后，即可进行节点编号。网络图的节点编号在满足前述要求的前提下，既可采用连续的编号方法，也可采用不连续的编号方法，如 1、3、5……或 5、10、15……等，以避免以后增加工作时而改动整个网络图的节点编号。

以上所述是已知每一项工作的紧前工作时的绘图方法，当已知每一项工作的紧后工作时，也可按类似的方法进行网络图的绘制，只是其绘图顺序由前述的从左向右改为从右向左。

9. 持续时间

(1)确定依据：①工作的任务量；②资源供应能力；③工作组织方式；④工作能力及生产效率；⑤选择的计算方法。

(2)确定方法：

①参照以往工程实践经验估算；

②经过试验推算；

③按定额计算，计算公式为

$$D=\frac{Q}{R\cdot S}$$

式中　D——工作持续时间；

Q——工作任务总量；

R——资源数量；

S——工效定额。

④采用三时估计法，计算公式为

$$D=\frac{a+4m+b}{6}$$

式中　D——期望持续时间估计值；

a——最短估计时间；

b——最长估计时间；

m——最可能估计时间。

10. 初步网络计划的检查与修正要求

(1)对初步网络计划的检查应包括下列内容：①计算工期与要求工期；②资源需用量与资源限量；③费用支出计划。

(2)初步网络计划的修正可采用下列方法：①当计算工期不能满足预定的时间目标要求时，可适当压缩关键工作的持续时间、改变工作实施方案；②当资源需用量超过供应限制时，可延长非关键工作持续时间，使资源需用量降低；在总时差允许范围内和其他条件允许的前提下，可灵活安排非关键工作的起止时间，使资源需用量降低。

11. 正式网络计划的确定要求

(1)网络计划说明书应包括下列内容：①编制说明；②主要计划指标一览表；③执行计划的关键说明；④需要解决的问题及主要措施；⑤说明工作时差分配范围；⑥其他需要说明的问题。

(2)应依据网络计划的优化结果，制定拟付诸实施的正式网络计划，并应报请审批。

12. 分析与总结

(1)分析：网络计划任务完成后，应进行分析，包括各项目标的完成情况、计划与控制工作中的问题与原因、计划与控制中的经验、提高计划与控制工作水平的措施。

(2)总结：总结报告以书面形式提交，且总结报告需要归档。

3.3.3　双代号网络图的绘制

1. 双代号网络图的形式

双代号网络图宜绘制成水平式、对称式、桁构式等三种形式。

(1)水平式网络图

水平式网络图主要由水平箭杆组成，另有部分则是由水平线段和垂直线段组成的箭杆。虚工作则除上述两种箭杆外，还可用垂直虚箭杆。图 3.18 为这种形式的网络图。

(2)对称式网络图

对称式网络图主要由水平箭线和斜箭线组成。虚工作可用虚箭线、水平虚箭线或斜向虚箭线示出。图 3.19 为对称式网络图。

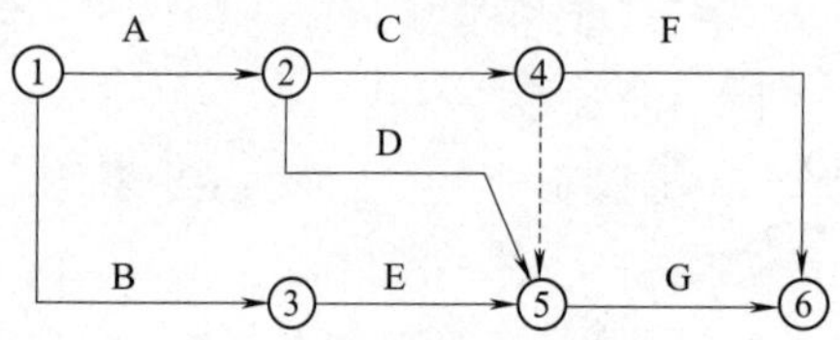

图 3.18　水平式网络图

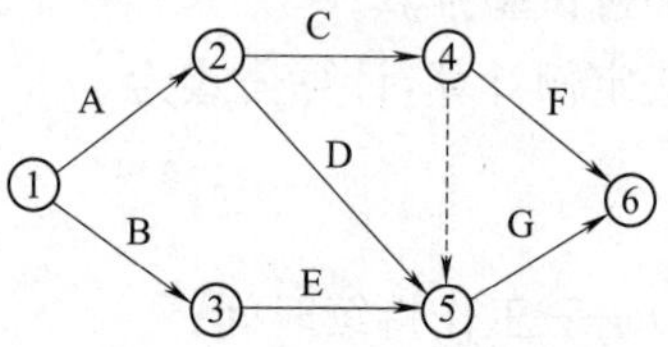

图 3.19　对称式网络图

(3)桁构式网络图

桁构式网络图与对称式网络图的不同之处是：尽量使之成桁架形状，以便于绘制。图 3.20为桁构式网络图。

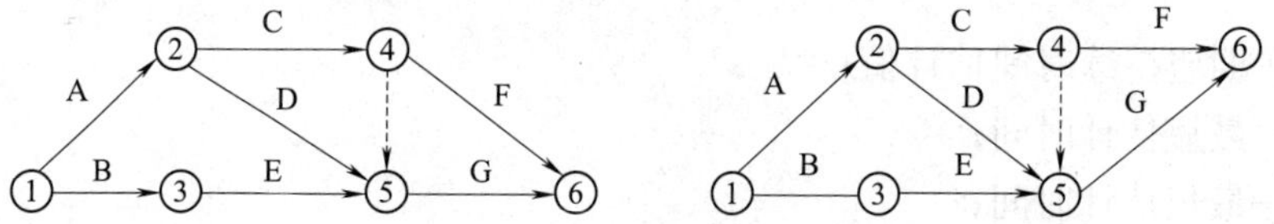

图 3.20　桁构式网络图

2. 绘图示例

现举例说明前述双代号网络图的绘制方法。

【例 3.1】　已知各工作之间的逻辑关系见表 3.5，则可按下述步骤绘制其双代号网络图。

表 3.5　工作逻辑关系表

工作	A	B		C	D
紧前工作	—	—		A、B	B

解：(1)绘制工作箭线 A 和工作箭线 B，如图 3.21(a)所示。

(2)绘制工作箭线 C，如图 3.21(b)所示。

(3)绘制工作箭线 D 后，将工作箭线 C 和 D 的箭头节点合并，以保证网络图只有一个终点节点。当确认给定的逻辑关系表达正确后，再进行节点编号。表 3.5 给定逻辑关系所对应的双代号网络图如图 3.21(c)所示。

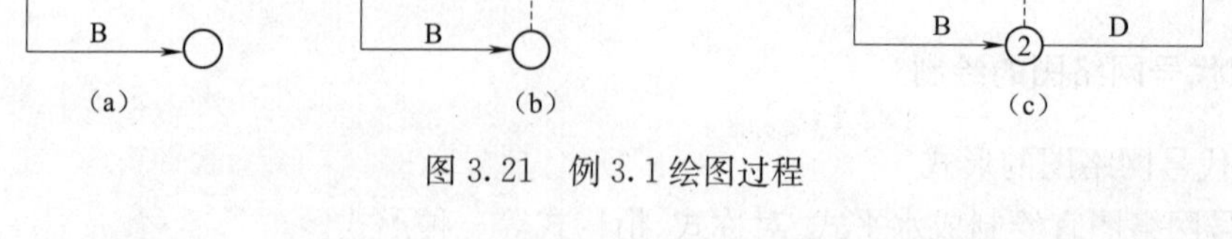

图 3.21　例 3.1 绘图过程

【例3.2】　已知各工作之间的逻辑关系见表3.6,则可按下述步骤绘制其双代号网络图。

表3.6　工作逻辑关系表

工作	A	B	C	D	E	G
紧前工作	—	—	—	A、B	A、B、C	D、E

解:(1)绘制工作箭线A、工作箭线B和工作箭线C,如图3.22(a)所示。

(2)绘制工作箭线D,如图3.22(b)所示。

(3)绘制工作箭线E,如图3.22(c)所示。

(4)绘制工作箭线G。当确认给定的逻辑关系表达正确后,再进行节点编号。

表3.6给定逻辑关系所对应的双代号网络图如图3.22(d)所示。

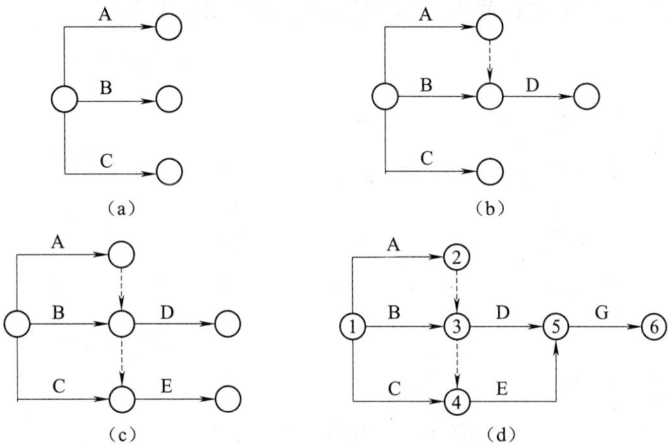

图3.22　例3.2绘图过程

【例3.3】　已知各工作之间的逻辑关系见表3.7,则可按下述步骤绘制其双代号网络图。

表3.7　工作逻辑关系表

工作	A	B	C	D	E
紧前工作	—	—	A	A、B	B

解:(1)绘制工作箭线A和工作箭线B,如图3.23(a)所示。

(2)绘制工作箭线C和工作箭线E,如图3.23(b)所示。

(3)绘制工作箭线D,并将工作箭线C、工作箭线D和工作箭线E的箭头节点合并,以保证网络图的终点节点只有一个。当确认给定的逻辑关系表达正确后,再进行节点编号。

表3.7给定逻辑关系所对应的双代号网络图如图3.23(c)所示。

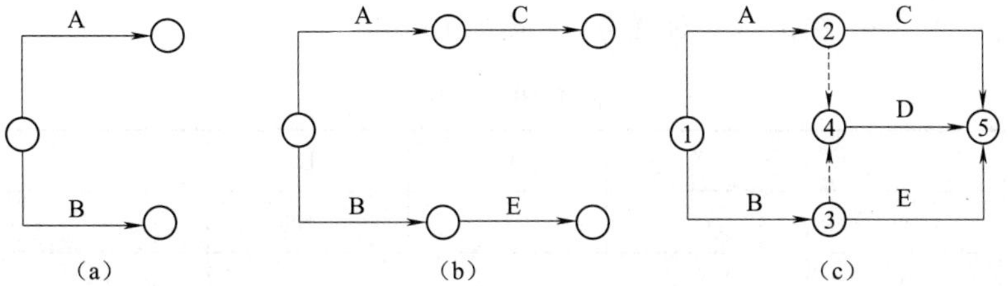

图3.23　例3.3绘图过程

【例 3.4】 已知各工作之间的逻辑关系见表 3.8,则可按下述步骤绘制其双代号网络图。

表 3.8 工作逻辑关系表

工作	A	B	C	D	E	G	H
紧前工作	—	—	—	—	A、B	B、D、G	C、D

解:(1)绘制工作箭线 A、工作箭线 B、工作箭线 C 和工作箭线 D,如图 3.24(a)所示。

(2)绘制工作箭线 E,如图 3.24(b)所示。

(3)绘制工作箭线 H,如图 3.24(c)所示。

(4)绘制工作箭线 G,并将工作箭线 E、工作箭线 G 和工作箭线 H 的箭头节点合并,以保证网络图的终点节点只有一个。当确认给定的逻辑关系表达正确后,再进行节点编号。

表 3.8 给定逻辑关系所对应的双代号网络图如图 3.24(d)所示。

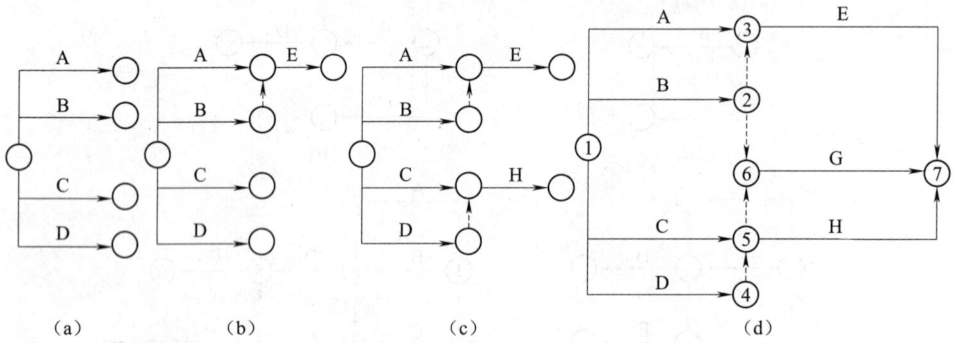

图 3.24 例 3.4 绘图过程

3.3.4 单代号网络图的绘制

绘制单代号网络图的步骤与双代号基本相似,只是注意当网络图中有多项开始工作时,应增设一项虚拟的工作(S),作为该网络图的起点节点;当网络图中有多项结束工作时,应增设一项虚拟的工作(F),作为该网络图的终点节点。

现举例说明如下。

【例 3.5】 已知网络图的资料见表 3.9,试绘出单代号网络图。

表 3.9 网络图资料表

工作	A	B	C	D	E	G
紧前工作	—	—	—	B	B	C、D

解:(1)列出关系表,确定节点位置号,见表 3.10。

表 3.10 关系表

工作	A	B	C	D	E	G
紧前工作	—	—	—	B	B	C、D
节点位置号	0	0	0	1	1	2

(2)绘出网络图如图 3.25 所示。

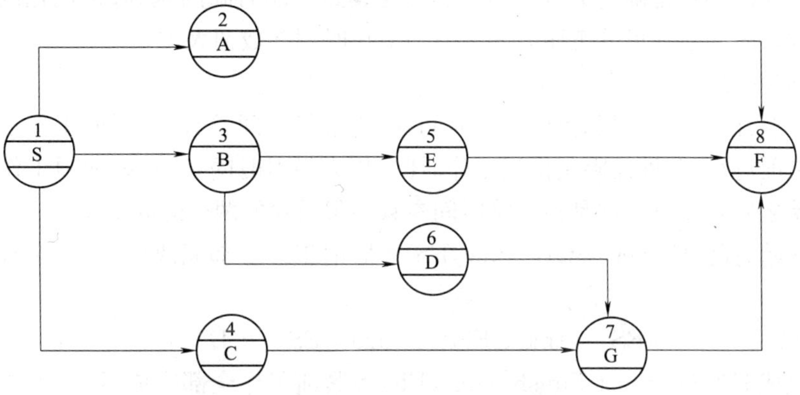

图 3.25　例 3.5 的单代号网络图

注:图中 S 和 F 节点为虚拟的起始节点和终点节点

3.4　网络计划的时间参数计算

3.4.1　网络计划时间参数

1. 常用时间参数符号(表 3.11)

表 3.11　常用时间参数符号

符号	名　称	说　明
D_{i-j}	Duration	表示工作 $i-j$ 的作业持续时间
D_{h-i}	Duration	表示工作 $i-j$ 的紧前工序作业持续时间
D_{j-k}	Duration	表示工作 $i-j$ 的紧后工序作业持续时间
ES_{i-j}	Earliest Start Time	工作 $i-j$ 的最早可能开始作业时间
EF_{i-j}	Earliest Finish Time	工作 $i-j$ 的最早可能完成作业时间
LS_{i-j}	Latest Start Time	工作 $i-j$ 的最迟必须开始作业时间
LF_{i-j}	Latest Finish Time	工作 $i-j$ 的最迟必须完成作业时间
TF_{i-j}	Total Float	工作 $i-j$ 的总时差
FF_{i-j}	Free float	工作 $i-j$ 的自由时差
LCP	Line of critical Path	关键线路
TE_i	Earliest event time	节点 i 最早时间
TL_i	Latest event time	节点 i 最迟时间
T_p	Planned project duration	网络计划的计划工期
T_c	Calculated project duration	网络计划的计算工期
T_r	Required project duration	网络计划的要求工期

2. 时间参数分类

网络计划时间参数是确定关键线路和非关键线路机动时间的基础;是优化网络计划和确定工期的依据。时间参数可分工序时间参数与节点时间参数两大类。

(1)工序时间参数

概括可分两种,一种是限制提前工作时间,称为最早时间参数,即后向工作不能提前到前项工作完成之前进行;一种是限制推迟工作时间,称为最迟时间参数,即前项工作不能推迟到后项工作开始之后才完成。这是在网络时间参数中很重要的两个时间概念。

①最早开始时间(Earliest Start Time,ES)各紧前工作全部完成后,本工作有可能开始的最早时刻。

$$\mathrm{ES}_{i-j}=\max\{\mathrm{EF}_{h-i}\}=\max\{\mathrm{ES}_{h-i}+D_{h-i}\}$$

②最早完成时间(Earliest Finish Time,EF)各紧前工作全部完成后,本工作有可能完成的最早时刻。

$$\mathrm{EF}_{i-j}=\mathrm{ES}_{i-j}+D_{i-j}$$

③最迟开始时间(Latest Start Time,LS)在不影响整个任务按期完成的前提下,工作必须开始的最迟时刻。

$$\mathrm{LS}_{i-j}=\mathrm{LS}_{i-j}-D_{i-j}$$

④最迟完成时间(Latest Finish Time,LF)在不影响整个任务按期完成的前提下,工作必须完成的最迟时刻。

$$\mathrm{LF}_{i-j}=\mathrm{LS}_{i-j}+D_{i-j}$$

$$\mathrm{LF}_{i-j}=\min\{\mathrm{LF}_{j-k}-D_{i-j}\}$$

(2)节点(事件)时间参数

节点时间是表示各项工序连接点的时间,它是一种瞬间的概念。节点时间就是下一工序作业的开始和前一工序完成的瞬间。由于节点数少于线路数,利用节点时间参数,可以使计算量减少,同时节点时间参数也较直观、清楚,对网络计划使用也较有利。

①节点最早时间(Earliest Event Time,ET)

双代号网络计划中,以该节点为开始节点的各项工作的最早开始时间。

②节点最迟时间(Latest Event Time,LT)

双代号网络计划中,以该节点为完成节点的各项工作的最迟完成时间。

(3)工期(Project Duration,T)网络计划的总作业时间,泛指完成任务所需的时间,包括:

①计算工期(Calculated Project Duration,T_c)根据网络计划时间参数计算出来的工期,即

$$T_c=\mathrm{EF}_n \text{ 或 } T_c=\mathrm{ES}_n+t_n$$

式中 n——终点结点;

t_n——终点节点代表的持续时间。

②要求工期(Required Project Duration,T_r)任务委托人所提出的指令性工期;

③计划工期(Planned Project Duration,T_p)根据要求工期和计算工期所确定的作为实施目标的工期。

3. 时差(Float)

在网络图中,关键线路(Critical Path)(自始至终全由关键工作组成的线路)上的时差等于零。在非关键线路上有时差,其开始的作业时间在一定范围内是有伸缩性的。它反映出最早

开始作业，不能早于什么时间，因为再早还不具备作业条件；同时也反映出最迟开始作业，不能迟于什么时间，因为再迟就会影响并拖延总工期。可以看出时差是非关键线路上的机动时间，也是非关键线路上的时间储备。过去组织施工，比较注意物资储备，很少考虑时间储备。运用统筹法，可以解决工序时间储备的计算问题，这就为有计划地、机动灵活地组织施工创造了有利条件。使用最多的时差是总时差和自由时差。

(1)总时差(Total Float，TF)

在不影响总工期的前提下，本工作可以利用的机动时间，即

$$TF_{i-j}=LS_{i-j}-ES_{i-j}=LF_{i-j}-EF_{i-j}$$

(2)自由时差(Free Float，FF)

在不影响其紧后工作最早开始时间的前提下，本工作可以利用的机动时间，即

$$FF_{i-j}=\min\{ES_{j-k}-EF_{i-j}\} \text{ 或 } FF_{i-j}=\min\{ES_{j-k}-ES_{i-j}-D_{i-j}\}$$

时差的性质和相互关系，可以归纳如下：

①总时差为零的工作为关键工作，自始至终全由关键工作组成的线路为关键线路。在肯定型网络计划中指线路上工作总持续时间最长的线路；在非肯定型网络计划中指按估计工期完成可能性最小的线路。

②非关键线路上都有总时差。

③自由时差为零的工序，不一定是关键工序。

④动用工序总时差，会对紧后工序产生影响。

⑤一般来说，总时差在每项工序使用上无意义，在找关键线路时有意义。

⑥总时差必定大于或等于自由时差，如果相反必定有错。

⑦工序上如无自由时差，则本工序的最早完成时间就是紧后工序的最早开始时间，即$EF_{i-j}=ES_{j-k}$。

⑧工序上如有自由时差，则本工序结束后，有一段空余时间，紧后工序才开始。

⑨在优化调整网络计划时，应当充分利用自由时差，将有自由时差工序上的劳动力、物资，增援关键工序，以缩短总工期。

3.4.2　双代号网络计划时间参数的计算

计算网络计划的时间参数，是确定机动时间和关键线路的基础，计划工期的依据，又是进行计划调整与优化的前提。

1. 按工作计算法

所谓按工作计算法，就是以网络计划中的工作为对象，直接计算各项工作的时间参数。这些时间参数包括：工作的最早开始时间和最早完成时间、工作的最迟开始时间和最迟完成时间、工作的总时差和自由时差。此外，还应计算网络计划的计算工期。

为了简化计算，网络计划时间参数中的开始和完成时间都以时间单位的终了时刻为准，如第 3 天开始即指第 3 天终了(下班)时刻开始，实际是第 4 天才开始。

时间参数的计算可用图上计算法、表上计算法或电算法，由于图上计算法比较直观，易于理解，故本书只介绍图上计算法。现以图 3.26 为例说明。

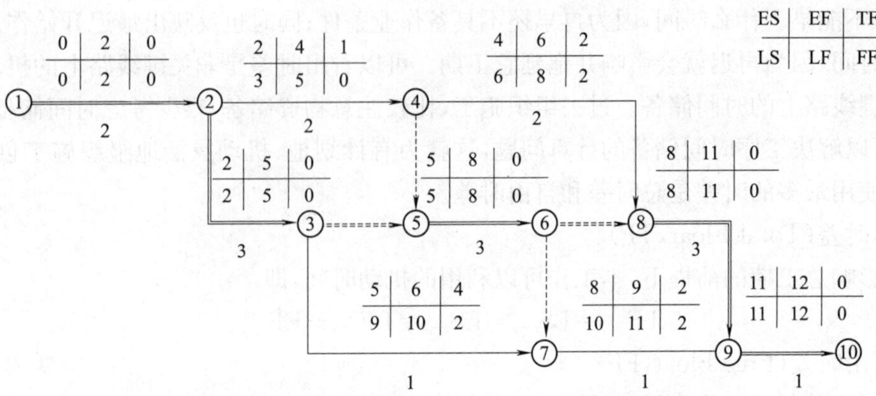

图 3.26　双代号网络计划(按工作计算法)

(1)工作最早时间的计算

工作的最早开始时间,也叫最早可能开始时间,用 ES 表示,它是指一项工作在具备了一定工作条件和资源条件后可以开始工作的最早时间。在工作程序上,它要等诸紧前工作完成以后才能开始。

计算工作的最早开始时间应从起点节点开始,顺箭线方向逐项进行计算,直到终点节点为止。

凡是与起点节点相连的工作,其最早开始时间就是零,所以工作 1—2 的最早开始时间为 0。其最早完成时间(EF)是最早开始时间与本工作的持续时间之和,即 0+2=2。

其他各工作如果只有一项紧前工作,其最早开始时间是各紧前工作的最早完成时间,如工作 2—3 的最早开始时间是工作 1—2 的最早完成时间。

一项工作如果有两项及以上紧前工作,其最早开始时间是各紧前工作最早完成时间之大者,如工作 5—6 的最早开始时间就是其紧前工作 2—3 和 2—4 的最早完成时间 5 和 4 的最大值 5。

总之,除与起点节点相联系的工作,其最早开始时间为 0 外,其余工作的最早开始时间可用下式计算:

$$ES_{i-j}=\max\{EF_{h-i}\}=\max\{ES_{h-i}+D_{h-i}\}$$

式中　ES_{i-j}——本工作的最早开始时间;

EF_{h-i}——紧前工作的最早完成时间;

ES_{h-i}——紧前工作的最早开始时间;

D_{h-i}——紧前工作持续时间。

工作最早完成时间由其最早开始时间加持续时间求得,即

$$EF_{h-i}=ES_{i-j}+D_{i-j}$$

(2)计划工期的确定

计算工期(T_c)是根据网络计划时间参数计算所得到的工期,要求工期(T_r)是任务委托人所提出的指令性工期,而计划工期(T_p)是在要求工期和计算工期的基础上综合考虑需要和可能而确定的工期。

当任务委托人已规定要求工期时,计划工期 T_p 由下式决定:

$$T_p\leqslant T_r$$

当任务委托人未规定要求工期时,可令计划工期等于计算工期 T_c,即

$$T_p = T_c$$

计算工期 T_c 是以终节点为结束节点的各工作最早完成时间的最大者。本网络的计算工期是工作 9—10 的最早完成时间 12，标注在终点节点旁的方框中。这里假设没有要求工期，所以该计算工期也就是计划工期。

(3)工作最迟时间计算

工作的最迟完成时间 LF 和最早开始时间 LS 是指在不影响总工期完成的条件下，工作最迟必须完成和最迟必须开始时间。所以其计算受总工期制约，必须从以终点节点为结束节点的工作算起，依次逆箭线方向向起点节点逐项计算。只有紧后工作先计算完成，才能计算本工作的最迟完成时间，然后再计算本工作最迟开始时间。整个计算是一个减法过程。

如工作 9—10 的最迟完成时间，应等于总工期 12，其最迟开始时间是其最早完成时间减去持续时间，即 12－1＝11。

当工作之后只有一项紧后工作时，该工作的最迟完成时间就是其紧后工作的最迟始时间，如工作 8—9 的最迟完成时间就是工作 9—10 的最早开始时间 11。

如果工作之后有两项及以上的紧后工作，则其最迟完成时间是其各紧后工作最迟开始时间的最小值。如工作 5—6，其紧后工作为 8—9 和 7—9，这两项工作的最迟开始时间分别为 8 和 10，故工作 5—6 的最迟完成时间为 8。

总之，除以终点节点为结束节点的工作，其最迟完成时间等于总工期外，其余工作的最迟完成时间可用下式计算：

$$\mathrm{LF}_{i-j} = \min\{\mathrm{LS}_{j-k}\} = \min\{\mathrm{LF}_{j-k} - D_{j-k}\}$$

工作的最迟开始时间可用下式计算：

$$\mathrm{LS}_{i-j} = \mathrm{LF}_{i-j} - D_{i-j}$$

(4)时差的计算

①工作的总时差 TF 是在不影响总工期的前提下，工作所拥有机动时间的极限值。其值可用下式计算：

$$\mathrm{TF}_{i-j} = \mathrm{LF}_{i-j} - \mathrm{EF}_{i-j} = \mathrm{LS}_{i-j} - \mathrm{ES}_{i-j}$$

如工作 4—8 的总时差为 6－4＝8－6＝2。

②工作的自由时差 FF 是在不影响其诸紧后工作最早开始的前提下，工作所拥有机动时间。自由时差是总时差的一部分，其值等于该工作紧后工作的最早开始时间减本工作的最早完成时间所得之差的最小值。即

$$\mathrm{FF}_{i-j} = \min\{\mathrm{ES}_{j-k} - \mathrm{EF}_{i-j}\}$$

如工作 2—4 的紧后工作为工作 4—8 和 5—6，这两项工作的最早开始时间分别为 4 和 5，而工作 2—4 的最早完成时间为 4，故其自由时差为 min{4－4，5－4}＝0。

由计算可知：　$\mathrm{TF}_{i-j} \geqslant \mathrm{FF}_{i-j}$

(5)关键工作和关键线路的判定

机动时间最少的工作，即总时差最小的工作叫关键工作。

自始至终全部由关键工作组成的线路或线路上各工作持续时间之和最长的线路为关键线路，并宜用粗线、双线或彩色线标注。

当计划工期等于计算工期时，总时差为零的工作就是关键工作。在图 3.26 中，工作1—2，2—3，5—6，8—9，9—10 的总时差均为 0。故它们都是关键工作。

找出关键工作后，将它们首尾相连，便构成从起点节点到终点节点的通路，位于该通路上

的各工作总持续时间最长，这就是关键线路。一个网络计划中，至少有一条关键线路，也可能有多条关键线。关键线路一般用粗箭线或双箭线表示出。如图 3.26 所示，线路 1—2—3—5—6—8—9—10 即为关键线路。关键线路上各工作持续时间总和应等于计算时间，这一特点也是判别关键线路是否正确的准则。

2. 按节点计算法

所谓按节点计算法，就是先计算网络计划中各个节点的最早时间和最迟时间，然后再据此计算各项工作的时间参数和网络计划的计算工期。

下面以图 3.27 所示的双代号网络计划为例，说明按节点计算法计算时间参数的过程。其计算结果如图所示。

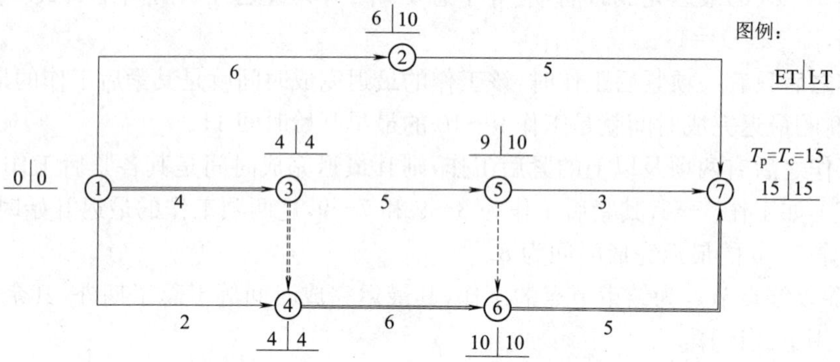

图 3.27 双代号网络计划（按节点计算法）

1)计算节点的最早时间和最迟时间

(1)计算节点的最早时间

节点最早时间的计算应从网络计划的起点节点开始，顺着箭线方向依次进行。其计算步骤如下：

①网络计划起点节点，如未规定最早时间时，其值等于零。例如在本例中，起点节点的最早时间为零，即

$$\mathrm{ET}_1=0$$

②其他节点的最早时间应按下式进行计算：

$$\mathrm{ET}_j=\max\{\mathrm{ET}_i+D_{i-j}\}$$

式中 ET_j——工作 $i-j$ 的完成节点 j 的最早时间；

ET_i——工作 $i-j$ 的开始节点 i 的最早时间；

D_{i-j}——工作 $i-j$ 的持续时间。

例如在本例中，节点③和节点④的最早时间分别为

$$\mathrm{ET}_3=\mathrm{ET}_1+D_{1-3}=0+4=4$$

$$\mathrm{ET}_4=\max\{\mathrm{ET}_1+D_{1-4},\mathrm{ET}_3+D_{3-4}\}$$

$$=\max\{0+2,4+0\}=4$$

③网络计划的计算工期等于网络计划终点节点的最早时间，即

$$T_c=\mathrm{ET}_n$$

式中 T_c——网络计划的计算工期；

ET_n——网络计划终点节点的最早时间。

例如在本例中，其计算工期为

$$T_c = ET_n = 15$$

(2)确定网络计划的计划工期

在本例中，假设未规定要求工期，则其计划工期就等于计算工期，即

$$T_p = T_c = 15$$

计划工期应标注在终点节点的右上方，如图 3.27 所示。

(3)计算节点的最迟时间

节点最迟时间的计算应从网络计划的终点节点开始，逆着箭线方向依次进行。其计算步骤如下：

①网络计划终点节点的最迟时间等于网络计划的计划工期，即

$$LT_n = T_p$$

式中 LT_n——网络计划终点节点 n 的最迟时间；

T_p——网络计划的计划工期。

例如在本例中，终点节点⑦的最迟时间为

$$LT_7 = T_p = 15$$

②其他节点的最迟时间应按下式进行计算：

$$LT_i = \min\{LT_j - D_{i-j}\}$$

式中 LT_i——工作 $i-j$ 的开始节点 i 的最迟时间；

LT_j——工作 $i-j$ 的完成节点 j 的最迟时间；

D_{i-j}——工作 $i-j$ 的持续时间。

例如在本例中，节点⑥和节点⑤的最迟时间分别为

$$LT_6 = LT_7 - D_{6-7} = 15 - 5 = 10$$

$$LT_5 = \min\{LT_6 - D_{5-6}, LT_7 - D_{5-7}\}$$

$$= \min\{10 - 0, 15 - 3\} = 10$$

2)根据节点的最早时间和最迟时间判定工作的 6 个时间参数

(1)工作的最早开始时间等于该工作开始节点的最早时间，即

$$ES_{i-j} = ET_i$$

例如在本例中，工作 1—2 和工作 2—7 的最早开始时间分别为

$$ES_{1-2} = ET_1 = 0$$

$$ES_{2-7} = ET_2 = 6$$

(2)工作的最早完成时间等于该工作开始节点的最早时间与其持续时间之和，即

$$EF_{i-j} = ET_i + D_{i-j}$$

例如在本例中，工作 1—2 和工作 2—7 的最早完成时间分别为

$$EF_{1-2} = ET_1 + D_{1-2} = 0 + 6 = 6$$

$$EF_{2-7} = ET_2 + D_{2-7} = 6 + 5 = 11$$

(3)工作的最迟完成时间等于该工作完成节点的最迟时间，即

$$LF_{i-j} = LT_j$$

例如在本例中，工作 1—2 和工作 2—7 的最迟完成时间分别为

$$LF_{1-2} = LT_2 = 10$$

$$LF_{2-7} = LT_7 = 15$$

(4)工作的最迟开始时间等于该工作完成节点的最迟时间与其持续时间之差,即

$$LS_{i-j}=LT_j-D_{i-j}$$

例如在本例中,工作1—2和工作2—7的最迟开始时间分别为

$$LS_{1-2}=LT_2-D_{1-2}=10-6=4$$

$$LS_{2-7}=LT_7-D_{2-7}=15-5=10$$

(5)工作的总时差为

$$TF_{i-j}=LF_{i-j}-EF_{i-j}=LT_j-(ET_i+D_{i-j})=LT_j-ET_i-D_{i-j}$$

由公式可知,工作的总时差等于该工作完成节点的最迟时间减去该工作开始节点的最早时间所得差值再减其持续时间。例如在本例中,工作1—2和工作3—5的总时差分别为

$$TF_{1-2}=LT_2-ET_1-D_{1-2}=10-0-6=4$$

$$TF_{3-5}=LT_5-ET_3-D_{3-5}=10-4-5=1$$

(6)工作的自由时差为

$$\begin{aligned}FF_{i-j}&=\min\{ES_{j-k}-ES_{i-j}-D_{i-j}\}\\&=\min\{ES_{j-k}\}-ES_{i-j}-D_{i-j}\\&=\min\{ET_j\}-ET_i-D_{i-j}\end{aligned}$$

由公式可知,工作的自由时差等于该工作完成节点的最早时间减去该工作开始节点的最早时间所得差值再减其持续时间。例如在本例中,工作1—2和3—5的自由时差分别为

$$FF_{1-2}=ET_2-ET_1-D_{1-2}=6-0-6=0$$

$$FF_{3-5}=ET_5-ET_3-D_{3-5}=9-4-5=0$$

特别需要注意的是,如果本工作与其各紧后工作之间存在虚工作时,其中的ET_j应为本工作紧后工作开始节点的最早时间,而不是本工作完成节点的最早时间。

3)确定关键线路和关键工作

在双代号网络计划中,关键线路上的节点称为关键节点。关键工作两端的节点必为关键节点,但两端为关键节点的工作不一定是关键工作。关键节点的最迟时间与最早时间的差值最小。特别地,当网络计划的计划工期等于计算工期时,关键节点的最早时间与最迟时间必然相等。例如在本例中,节点①、③、④、⑥、⑦就是关键节点。关键节点必然处在关键线路上,但由关键节点组成的线路不一定是关键线路。例如在本例中,由关键节点①、④、⑥、⑦组成的线路就不是关键线路。

当利用关键节点判别关键线路和关键工作时,还要满足下列判别式:

$$ET_i+D_{i-j}=ET_j$$

或

$$LT_i+D_{i-j}=LT_j$$

式中 ET_i——工作$i-j$的开始节点(关键节点)i的最早时间;

D_{i-j}——工作$i-j$的持续时间;

ET_j——工作$i-j$的完成节点(关键节点)j的最早时间;

LT_i——工作$i-j$的开始节点(关键节点)i的最迟时间;

LT_j——工作$i-j$的完成节点(关键节点)j的最迟时间。

如果两个关键节点之间的工作符合上述判别式,则该工作必然为关键工作,它应该在关键线路上。否则,该工作就不是关键工作,关键线路也就不会从此处通过。例如在本例中,工作1—3、虚工作3—4、工作4—6和工作6—7均符合上述判别式,故线路①—③—④—⑥—⑦为关键线路。

由此可知，当不需要计算各项工作的时间参数，只确定网络计划的计算工期或关键线路时，可采用节点标号法计算出各节点的最早时间，从而快速确定计算工期和关键线路。方法如下：

①计算各节点的最早时间(ET_j)，即节点标号值。

②用节点标号值及其源节点进行双标号；当有多个源节点时，将所有源节点标注出来。

③网络计划的计算工期(T_c)即为网络计划终点节点(ET_n)的标号值，即：$T_c = ET_n$。

④按已标出的各节点标号值的来源，从终点节点向起点节点逆向搜索。标号值最大的节点相连，即可确定关键线路。

【例 3.6】 某网络计划如图 3.28(a)所示，用标号法计算出工期如图 3.28(b)所示，再确定关键线路如图 3.28(c)所示。

解：计算如图 3.28 所示。

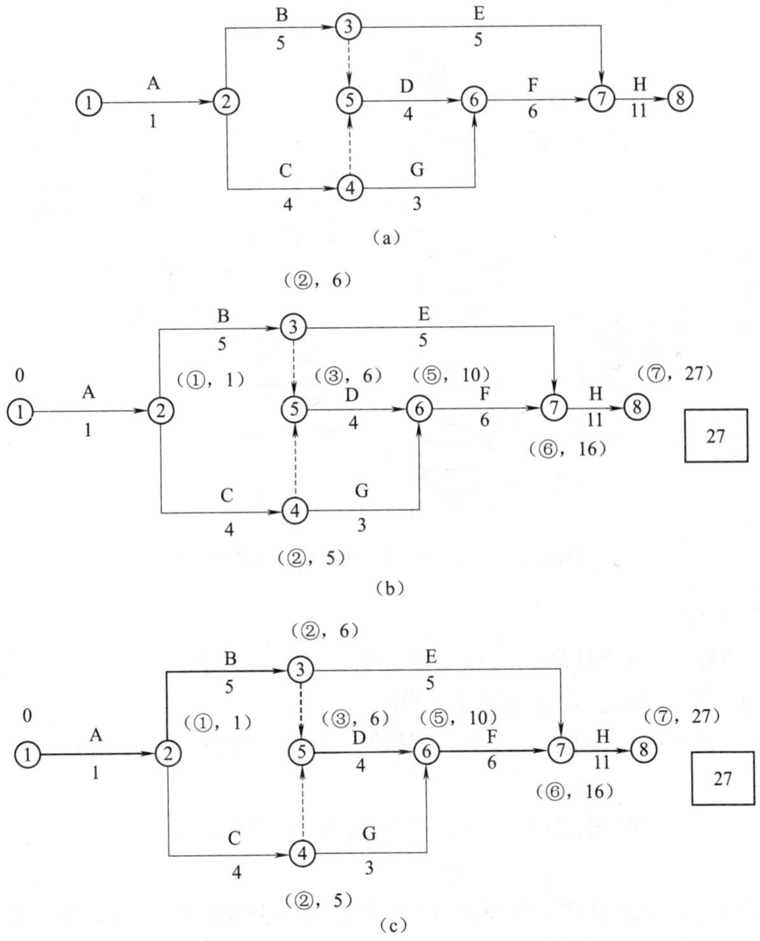

图 3.28　标号法确定工期与关键线路示例

3. 关键节点的特性

在双代号网络计划中，当计划工期等于计算工期时，关键节点具有以下一些特性，掌握好这些特性，有助于确定工作的时间参数。

①开始节点和完成节点均为关键节点的工作，不一定是关键工作。

②以关键节点为完成节点的工作，其总时差和自由时差必然相等。

③当两个关键节点间有多项工作，且工作间的非关键节点无其他内向箭线和外向箭线时，则两个关键节点间各项工作的总时差均相等。在这些工作中，除以关键节点为完成的节点的工作自由时差等于总时差外，其余工作的自由时差均为零。

④当两个关键节点间有多项工作，且工作间的非关键节点有外向箭线而无其他内向箭线时，则两个关键节点间各项工作的总时差不一定相等。在这些工作中，除以关键节点为完成的节点的工作自由时差等于总时差外，其余工作的自由时差均为零。

3.4.3 单代号网络计划时间参数的计算

单代号网络图与双代号网络图只有表现形式不同而已，其表达的内容则完全一样，所以双代号网络计划时间参数计算方法完全适用于单代号网络计划的计算。下面以图 3.29 为例说明。

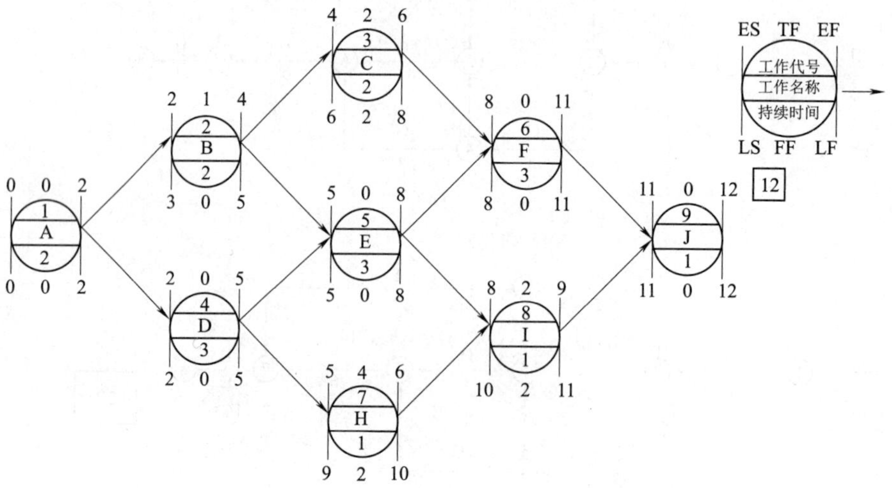

图 3.29 单代号网络计划时间参数计算

1. 最早时间的计算

工作的最早时间从网络计划的起点节点开始，顺箭线方向逐项进行计算，直到终点节点为止。必须把紧前工作计算完，才能计算本工作。

起点节点的最早开始时间如无规定时，其值等于零，如图 3.29 中节点 1 的最早开始时间为 0。

工作的最早完成时间是其最早开始时间与持续时间之和，即

$$EF_i = ES_i + D_i$$

对其他各项工作，如果只有一项紧前工作，则其最早开始时间是其紧前工作的最早完成时间，如工作 B 的最早开始时间就是工作 A 的最早完成时间 2。

如果一项工作有两项及以上的紧前工作，则其最早开始时间是其各紧前工作最早完成时间的最大值。如工作 E 的最早开始时间 5，就是工作 B 和 D 的最早完成时间 4 和 5 的最大值。

总之，除起点节点外。其余节点的最早开始时间可用下式计算：

$$ES_i = \max\{EF_h\}$$

式中 EF_h——工作 i 的紧前工作 h 的最早完成时间。

2. 网络计划工期的确定

最后一项工作的最早完成时间就是该网络计划的计算工期 T_c。同时还要根据有无规定的要求工期 T_r 分别确定。

本例中假定无要求工期，则计划工期 $T_r = T_c = EF_9 = 12$。

3. 工作最迟时间的计算

工作的最迟时间从终点节点逆箭头方向朝起点节点方向逐项计算，必须先计算紧后工作，然后才能计算本工作。

终点节点的最迟完成时间就是总工期，如本例中，节点 9 的最迟完成时间就是总工期 12。工作的最迟完成时间减去其持续时间就是该工作的最迟开始时间，即

$$LS_i = LF_i - D_i$$

工作之后只有一项紧后工作时，该工作的最迟完成时间就是其紧后工作的最迟开始时间，如工作 F 的最迟完成时间就是工作 J 的最迟开始时间 11。

工作之后有两项及以上的紧后工作时，其最迟完成时间等于其各紧后工作最迟开始时间的最小值，如工作 E 的最迟完成时间等于工作 F 和 I 的最迟开始时间 8 和 10 的最小值 8。

总之，除终点节点外，其他工作的最迟完成时间由下式决定：

$$LF_i = \min\{LS_j\}$$

式中 LS_j——本工作 i 的紧后工作 j 的最迟开始时间。

4. 时间间隔 LAG 的计算

时间间隔是工作的最早完成时间与其紧后工作最早开始时间的差值，即

$$LAG_{i-j} = ES_j - EF_i$$

式中 ES_j——本工作 i 的紧后工作 j 的最早开始时间；

EF_i——本工作 i 的最早完成时间。

5. 工作时差的计算

工作总时差是其最迟开始时间与最早开始时间的差值，或是其最迟完成时间与最早完成时间的差值，即

$$TF_i = LS_i - ES_i = LF_i - EF_i$$

工作的自由时差等于该工作与其紧后工作之间的时间间隔的最小值，即

$$FF_i = \min\{LAG_{i-j}\}$$

例如，工作 B 的自由时差 $FF_2 = \min\{LAG_{2-3}, LAG_{2-5}\} = \min\{0,1\} = 0$。

6. 关键线路的判定

单代号网络计划中，由关键工作组成，且关键工作之间的间隔时间为零的线路或总持续时间最长的线路为关键线路。

将总时差为零的工作连接起来，或者线路上所有的 LAG＝0，便形成关键线路。例如图 3.26中关键线路为 1—4—5—6—9。

3.5 双代号时标网络计划

双代号时标网络计划（简称时标网络计划）是以时间坐标为尺度绘制的网络计划。在时标网络计划中用实箭线表示工作，用虚箭线表示虚工作，用波形线表示工作与其紧后工作之间的

时间间隔(自由时差)。实箭线水平轴上的投影长度,就是该工作的持续时间;虚箭线表示虚工作,且必须以垂直虚箭线表示;当有自由时差时加波形线表示。

3.5.1 时标网络计划的绘制方法

时标网络计划宜按最早时间绘制。在绘制前,先按已确定的时间单位绘出时标表,把时标标注在时标表的顶部或底部,注明时标的长度单位(长度单位据需要事先确定,可为时、天、周、月或季)。有时在顶部或底部加注日历的对应时间。时标表中的刻度线宜为细实线,以便图面清晰。此线不画或少画也是允许的。

绘制时标网络计划的方法有间接绘制法和直接绘制法两种。

(1)间接绘制法是先绘制一般网络计划,算出时间参数,确定出关键线路,再绘制时标网络计划。绘制时宜先绘出关键线路,再绘制非关键工作,某些工作箭线长度不足以达到该工作的结束节点时,用波形线补足,箭线画在波形线的连接处。

(2)直接绘制法是不经计算而直接绘制时标网络计划,绘制要点如下:

①将起点节点定位在时标表的起始刻度线上;

②按工作持续时间在时标表上绘制以起点节点为开始节点的工作的箭线,例如图 3.30 所示的 1—2 箭线;

③其他工作的开始节点必须在该工作的全部紧前工作都绘出后,定位在这些紧前工作最晚完成的时间刻度上。某些工作的箭线长度不足以达到该节点时,用波形线补足,箭头画在波形线与节点连接处;

④用上述方法自左至右依次确定其他节点位置,直到网络计划终点节点定位绘完。

需要注意的是,使用这一方法的关键是把虚箭线处理好。首先要把它等同于实箭线看待,而其持续时间是零,其次,虽然它本身不占时间,但可能存在时差,故要按规定画好波形线,在画波形线时,其垂直部分仍应画虚线,例如图 3.30 中的 5—6。

⑤不均匀时间标尺的使用

对工期较长,工序持续时间的差别较大的时标网络图,可以采用不均匀时间标尺;不均匀时间标尺的时间刻度、单位可以不同。这样就避免了较短的工作挤成一个节点的情况。

3.5.2 时标网络计划的关键线路和参数的判定

时标网络计划的关键线路,应自终点节点逆箭线方向朝起点节点观察,凡自始至终不出现波形线的通路,就是关键线路,关键线路上的工作即为关键工作。

在图 3.30 中,线路 1—3—4—6—7 不会出现波形线,说明该线路上各工作均没有自由时差,既然线路的末端不出现自由时差,那么这条线路也就不存在总时差,所以该线路上必然是关键线路。

时标网络计划的时间参数判定如下:

(1)时标网络计划计算工期的判定

时标网络计划的计算工期,应是其终点节点与起点节点所在位置的时标值之差。如图 3.30所示,计算工期 15—0=15。

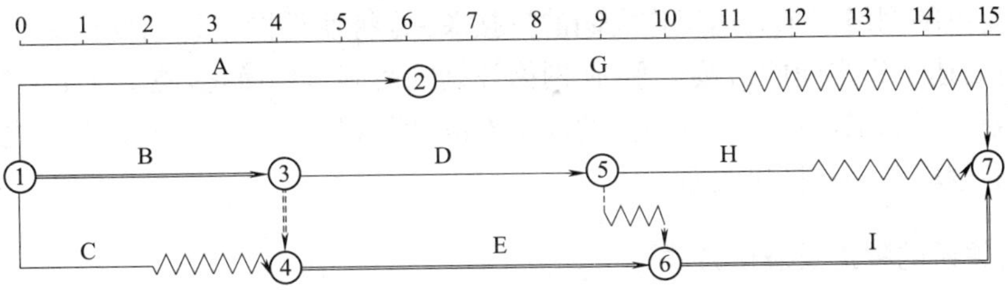

图 3.30　时标网络计划

(2)时标网络计划最早时间的判定

时标网络计划每条箭线的左端节点中心所对应的时标值为该工作的最早开始时间。无波形线的工作箭线右端节点中心所对应的时标值为该工作的最早完成时间;有波形线的工作箭线实线部分所对应的时标值为该工作的最早完成时间。

(3)时标网络计划自由时差的判定

时标网络计划中的工作自由时差值等于其波形线在坐标轴上的水平投影长度,如工作箭线右端只有虚工作,则这些虚工作中波形线最短者的长度为该工作的自由时差。

(4)时标网络计划中工作总时差的判定

时标网络计划中的工作总时差不能直接观察,但可利用观察到的工作自由时差进行判定。工作总时差应自右向左,在其诸紧后工作的总时差被判定后才能判定。其值等于诸紧后工作总时差加本工作与该紧后工作之间的时间间隔之和的最小值,即

$$TF_{i-j}=\min\{TF_{j-k}+LAG_{i-j-k}\}$$

式中　LAG_{i-j-k}——本工作 $i-j$ 与其紧后工作 $j-k$ 之间的时间间隔。

$$LAG_{i-j-k}=ES_{j-k}-EF_{i-j}$$

例如,图 3.30 中,关键工作 4—6 的总时差为 0,1—4 与 4—6 的时间间隔为 2,故 1—4 的总时差为 0+2=2。工作 3—5 的紧后工作有两个:6—7 和 5—7,3—5 与 5—7 和 6—7 的时间间隔分别为 0 和 1,而 5—7 的总时差为 3,6—7 为关键工作,总时差为 0,故 3—5 的总时差为 $\min\{3+0,0+1\}=1$。

(5)时标网络计划最迟时间的判定

有了工作总时差与最早时间,工作的最迟时间便可计算出来,即

$$LS_{i-j}=ES_{i-j}+TF_{i-j}$$

$$LF_{i-j}=EF_{i-j}+TF_{i-j}$$

例如图 3.30 中,工作 3—5 的最迟开始时间 $LS_{3-5}=TF_{3-5}+ES_{3-5}=1+4=5$,其最迟完成时间 $LF_{3-5}=TF_{3-5}+EF_{3-5}=1+9=10$。余下工作的最迟时间可以类推。

3.6　单代号搭接网络计划

双代号和单代号网络计划所表达的工作之间的逻辑关系是一种衔接关系,即只有当其紧前工作全部完成之后,本工作才能开始。紧前工作的完成为本工作的开始创造条件。但是在工程建设实践中,有许多工作的开始并不是以其紧前工作的完成为条件。只要其紧前工作开始一段时间后,即可进行本工作,而不需要等其紧前工作全部完成之后再开始。工作之间的这种关系我们称之为搭接关系。

如果用简单的网络图来表达工作之间的搭接关系，将使得网络计划变得更加复杂。为了简单、直接地表达工作之间的搭接关系，使网络计划的编制得到简化，便出现了搭接网络计划。搭接网络计划一般都采用单代号网络图的表示方法，即以节点表示工作，以节点之间的箭线表示工作之间的逻辑顺序和搭接关系。

3.6.1 搭接关系的种类及表达方式

在搭接网络计划中，工作之间的搭接关系是由相邻两项工作之间的不同时距决定的。所谓时距，就是在搭接网络计划中相邻两项工作之间的时间差值。

1. 结束到开始(FTS)的搭接关系

从结束到开始的搭接关系如图 3.31(a)所示，这种搭接关系在网络计划中的表达方式如图 3.31(b)所示。

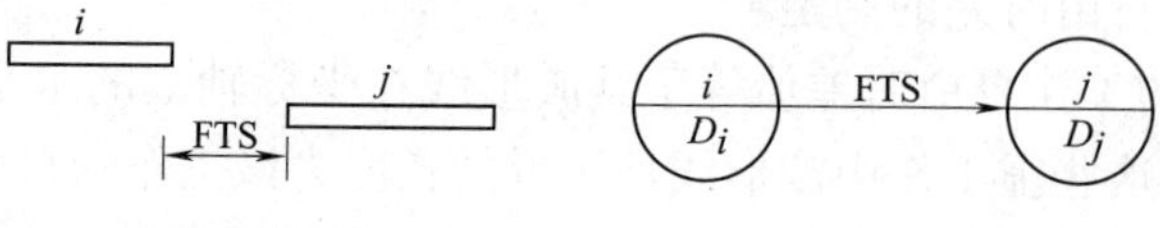

(a) 搭接关系　　(b) 网络计划中的表达方式

图 3.31　FTS 搭接关系及其在网络计划中的表达方式

例如在软土路基填筑时，一定要等该层路基充分沉降后才能填筑下一层，这种工艺之间的等待时间就是 FTS 时距。

当 FTS 时距为零时，就说明本工作与其紧后工作之间紧密衔接。当网络计划中所有相邻工作只有 FTS 一种搭接关系且其时距均为零时，整个搭接网络计划就成为前述的单代号网络计划。

2. 开始到开始(STS)的搭接关系

从开始到开始的搭接关系如图 3.32(a)所示，这种搭接关系在网络计划中的表达方式如图 3.32(b)所示。

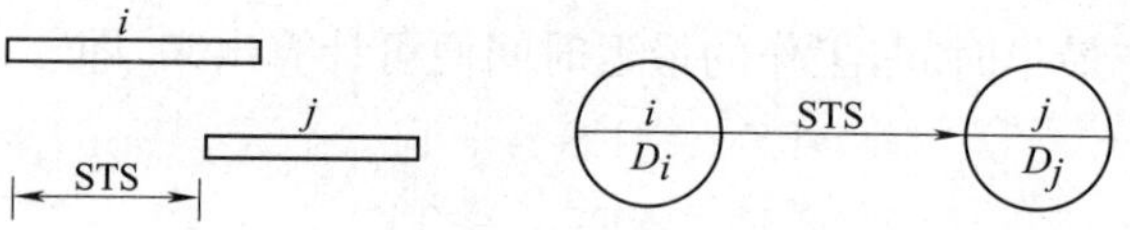

(a) 搭接关系　　(b) 网络计划中的表达方式

图 3.32　STS 搭接关系及其在网络计划中的表达方式

例如道路工程中，当路基铺设工作开始一段时间为路面浇筑工作创造一定条件后，路面浇筑工作即可开始，路基铺设工作的开始时间与路面浇筑工作的开始时间之间的差值就是 STS 时距。

3. 结束到结束(FTF)的搭接关系

从结束到结束的搭接关系如图 3.33(a)所示，这种搭接关系在网络计划中的表达方式如图 3.33(b)所示。

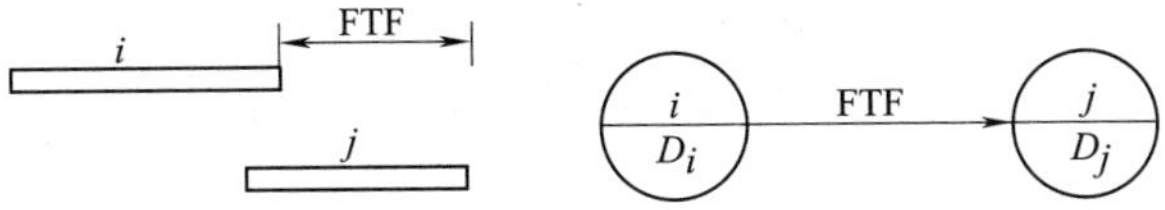

（a）搭接关系 （b）网络计划中的表达方式

图 3.33 (FTF)的搭接关系及其在网络计划中的表达方式

例如在前述道路工程中，如果路基铺设工作的进展速度小于路面浇筑工作的进展速度时，需考虑为路面浇筑工作留有充分的工作面；否则路面浇筑工作将因没有工作面而无法进行。创造一定条件后，路基铺设工作的完成时间与路面浇筑工作的完成时间之间的差值就是 FTF 时距。

4. 开始到结束(STF)的搭接关系

从开始到结束的搭接关系如图 3.34(a)所示，这种搭接关系在网络计划中的表达方式如图 3.34(b)所示。

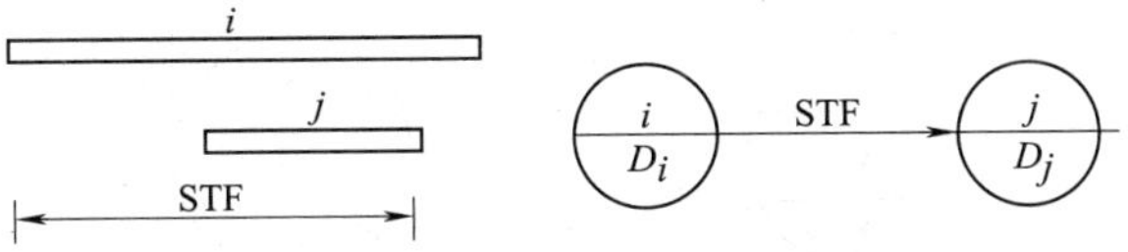

（a）搭接关系 （b）网络计划中的表达方式

图 3.34 (STF)的搭接关系及其在网络计划中的表达方式

5. 混合搭接关系

在搭接网络计划中，除上述四种基本搭接关系外，相邻两项工作之间有时还会同时出现两种以上的基本搭接关系。例如工作 i 和工作 j 之间可能同时存在 STS 时距和 FTF 时距，或同时存在 STF 时距和 FTS 时距等，其表达方式如图 3.35 和图 3.36 所示。

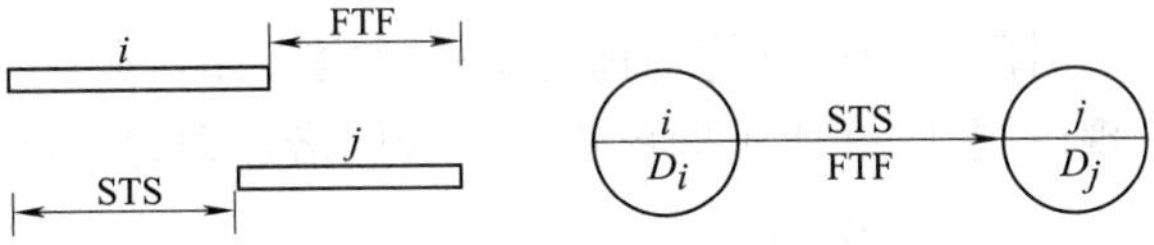

（a）搭接关系 （b）网络计划中的表达方式

图 3.35 STS 和 FTF 的搭接关系及其在网络计划中的表达方式

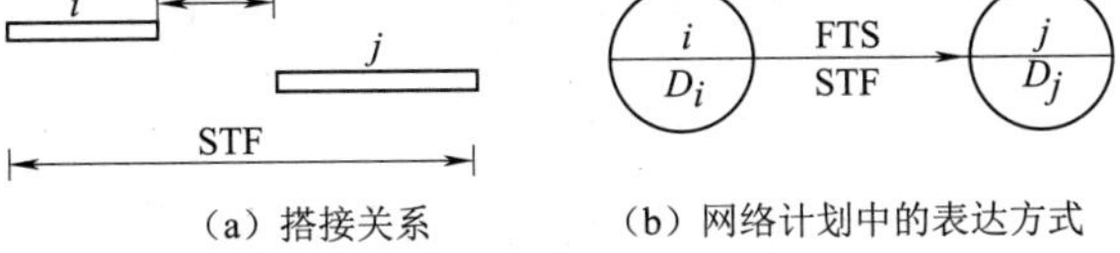

（a）搭接关系 （b）网络计划中的表达方式

图 3.36 STF 和 FTS 的搭接关系及其在网络计划中的表达方式

3.6.2 搭接网络计划的表达

单代号搭接网络计划中，工作的时距应标注在箭线旁(图 3.37)，节点的标注与单代号网络相同。

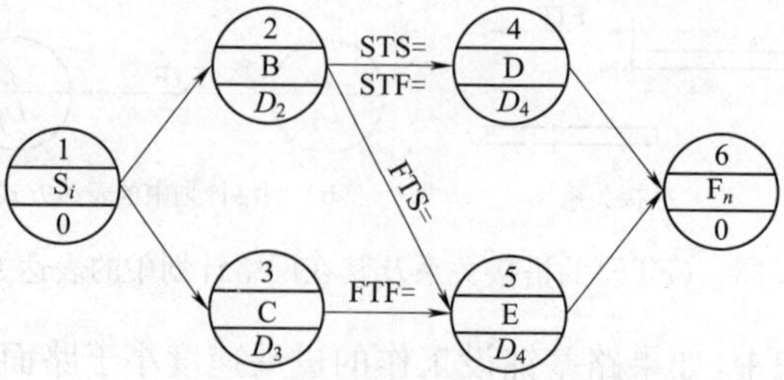

图 3.37 单代号搭接网络计划

1,2,3,4,5,6—节点编号；B,C,D,E—工作；S_i—虚拟起点节点；

F_n—虚拟终点节点；D_2,D_3,D_4,D_5—持续时间；STS—开始到开始时距；STF—开始到完成时距；

FTS—完成到开始时距；FTF—完成到完成时距

单代号搭接网络计划中的时间参数应分别标注(图 3.38)。

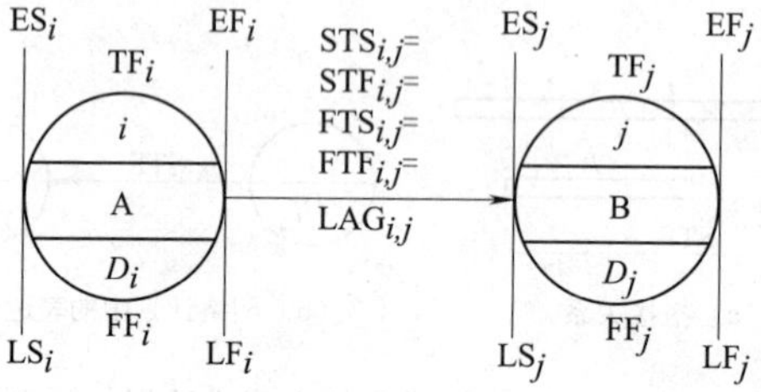

图 3.38 单代号搭接网络计划时间参数标注形式

i,j—节点编号；A,B—工作；D_i,D_j—持续时间；ES_i,ES_j—最早开始时间；EF_i,EF_j—最早完成时间；

LS_i,LS_j—最迟开始时间；LF_i,LF_j—最迟完成时间；TF_i,TF_j—总时差；FF_i,FF_j—自由时差；$LAG_{i,j}$—间隔时间；

$STS_{i,j}$—开始到开始时距；$STF_{i,j}$—开始到完成时距；$FTS_{i,j}$—完成到开始时距；$FTF_{i,j}$—完成到完成时距

3.6.3 搭接网络计划时间参数的计算

单代号搭接网络计划时间参数的计算与前述单代号网络计划和双代号网络计划时间参数的计算原理基本相同。现以图 3.39 所示的单代号搭接网络计划为例，说明其计算方法。

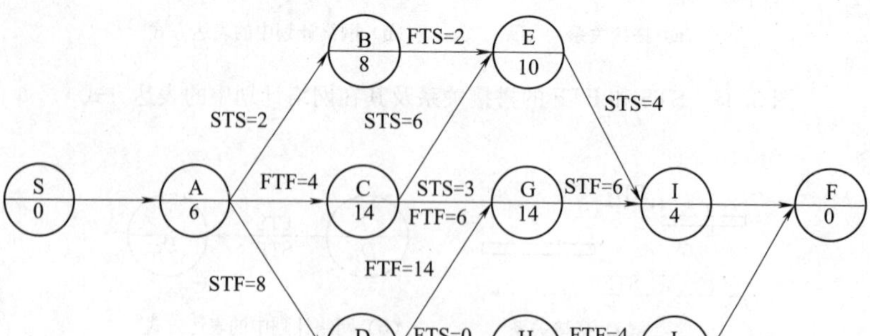

图 3.39 单代号搭接网络计划

1. 计算工作的最早开始时间和最早完成时间

工作最早开始时间和最早完成时间的计算应从网络计划的起点节点开始，顺着箭线方向依次进行。

(1)由于在单代号搭接网络计划中的起点节点一般都代表虚拟工作，故其最早开始时间和

最早完成时间均为零，即

$$ES_s = EF_s = 0$$

(2)凡是与网络计划起点节点相联系的工作，其最早开始时间为零。例如在本例中，工作 A 的最早开始时间就应等于零，即

$$ES_A = 0$$

(3)凡是与网络计划起点节点相联系的工作，其最早完成时间应等于其最早开始时间与持续时间之和。例如在本例中，工作 A 的最早完成时间为

$$EF_A = ES_A + D_A = 0 + 6 = 6$$

(4)其他工作的最早开始时间和最早完成时间应根据时距按下列公式计算：

①相邻时距为 FTS 时，有

$$ES_j = EF_i + FTS_{i,j}$$

②相邻时距为 STS 时，有

$$ES_j = ES_i + STS_{i,j}$$

③相邻时距为 FTF 时，有

$$EF_j = EF_i + FTF_{i,j}$$

④相邻时距为 STF 时，有

$$EF_j = ES_i + STF_{i,j}$$

$$EF_j = ES_j + D_j$$

$$ES_j = EF_j - D_j$$

式中　ES_i——工作 i 的最早开始时间；

ES_j——工作 i 紧后工作 j 的最早开始时间；

EF_i——工作 i 的最早完成时间；

EF_j——工作 i 紧后工作 j 的最早完成时间；

D_j——工作 j 的持续时间；

$FTS_{i,j}$——工作 i 与工作 j 之间完成到开始的时距；

$STS_{i,j}$——工作 i 与工作 j 之间开始到开始的时距；

$FTF_{i,j}$——工作 i 与工作 j 之间完成到完成的时距；

$STF_{i,j}$——工作 i 与工作 j 之间开始到完成的时距。

例如在本例中：

①工作 B 的最早开始时间为

$$ES_B = ES_A + STS_{A,B} = 0 + 2 = 2$$

其最早完成时间为

$$EF_B = ES_B + D_B = 2 + 8 = 10$$

②工作 C 的最早完成时间为

$$EF_C = EF_A + FTF_{A,C} = 6 + 4 = 10$$

其最早开始时间为

$$ES_C = EF_C - D_C = 10 - 14 = -4$$

工作 C 的最早开始时间出现负值，显然是不合理的。为此，应将工作 C 与虚拟工作 S(起点节点)用虚箭线相连，如图 3.40 所示。重新计算工作 C 的最早开始时间和最早完成时间得

$$ES_C = 0$$

$$EF_C = ES_C + D_C = 0 + 14 = 14$$

③工作 D 的最早完成时间为

$$EF_D = ES_A + STF_{A,D} = 0 + 8 = 8$$

其最早开始时间为

$$ES_D = EF_D - D_D = 8 - 10 = -2$$

同工作 C 一样，工作 D 的最早开始时间也出现负值，显然也是不合理的。为此，仍按前述方法，将工作 D 与虚拟工作 S(起点节点)用虚箭线相连，如图 3.41 所示。重新计算工作 D 的最早开始时间和最早完成时间得

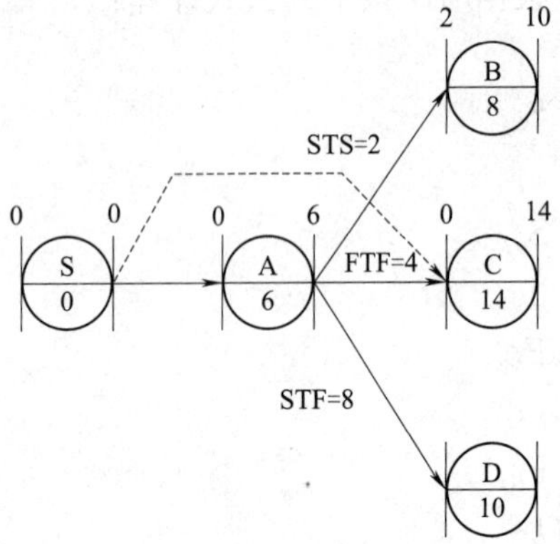

图 3.40　工作 C 与起点节点用虚箭线相连后的局部网络计划

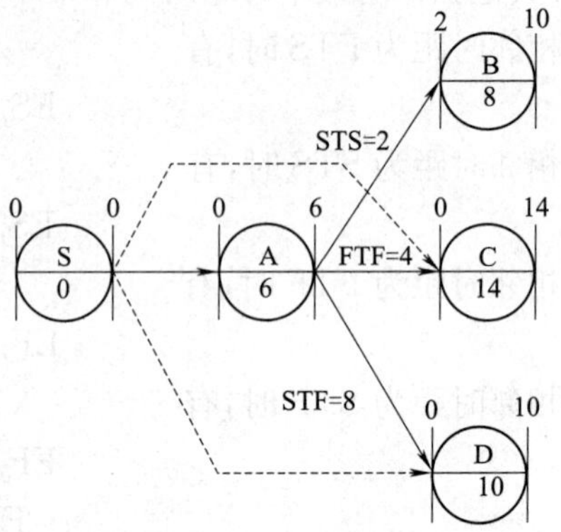

图 3.41　工作 D 与起点节点用虚箭线相连后的局部网络计划

$$ES_D = 0$$

$$EF_D = ES_D + D_D = 0 + 10 = 10$$

④工作 E 同时有两项紧前工作 B 和 C，应根据工作 E 与工作 B 和工作 C 之间的搭接关系分别计算其最早开始时间，然后从中取最大值。

首先，根据工作 E 与工作 B 之间的搭接关系有

$$ES_E = EF_B + FTS_{B,E} = 10 + 2 = 12$$

其次，根据工作 E 与工作 C 之间的搭接关系有

$$ES_E = ES_C + STS_{C,E} = 0 + 6 = 6$$

从上述两个计算结果中取最大值，则工作 E 的最早开始时间为

$$ES_E = \max[12, 6] = 12$$

于是，工作 E 的最早完成时间为

$$EF_E = ES_E + D_E = 12 + 10 = 22$$

⑤工作 G 不仅有两项紧前工作 C 和 D，而且在该工作与其紧前工作 C 之间存在着两种搭接关系。这时，也应分别计算后取其中的最大值。

首先，根据工作 C 与工作 G 之间的 STS 时距有

$$ES_G = ES_C + STS_{C,G} = 0 + 3 = 3$$

其次，根据工作 C 与工作 G 之间的 FTF 时距有

$$EF_G = EF_C + FTF_{C,G} = 14 + 6 = 20$$

$$ES_G = EF_G - D_G = 20 - 14 = 6$$

第三，根据工作 D 与工作 G 之间的 FTF 时距有

$$EF_G = EF_D + FTF_{D,G} = 10 + 14 = 24$$

$$ES_G = EF_G - D_G = 24 - 14 = 10$$

从上述三个计算结果中取最大值，则工作 G 的最早开始时间为

$$ES_G = \max[3,6,10] = 10$$

于是，工作 G 的最早完成时间为

$$EF_G = ES_G + D_G = 10 + 14 = 24$$

⑥工作 H 的最早开始时间

$$ES_H = EF_H + FTS_{D,H} = 10 + 0 = 10$$

则其最早完成时间为

$$EF_H = ES_H + D_H = 10 + 4 = 14$$

⑦工作 I 同时有两项紧前工作 E 和 G，应根据工作 I 与工作 E 和工作 G 之间的搭接关系分别计算后从中取最大值。

首先，根据工作 I 与工作 E 之间的 STS 时距有

$$ES_I = ES_E + STS_{E,I} = 12 + 4 = 16$$

其次，根据工作 I 与工作 G 之间的 STF 时距有

$$EF_I = ES_G + STF_{G,I} = 10 + 6 = 16$$

$$ES_I = EF_I - D_I = 16 - 4 = 12$$

从上述两个计算结果中取最大值，则工作 I 的最早开始时间为

$$ES_I = \max[16,12] = 16$$

于是，工作 I 的最早完成时间为

$$EF_I = ES_I + D_I = 16 + 4 = 20$$

⑧工作 J 的最早完成时间

$$EF_J = EF_H + FTF_{H,J} = 14 + 4 = 18$$

则其最早开始时间为

$$ES_J = EF_J - D_J = 18 - 6 = 12$$

(5)终点节点所代表的工作，其最早开始时间按理应等于该工作紧前工作最早完成时间的最大值。例如在本例中，工作 F 的最早开始时间应取工作 I 和工作 J 最早完成时间的最大值，即

$$ES_F = \max[EF_I, EF_J] = \max[20,18] = 20$$

由于在搭接网络计划中，终点节点一般都表示虚拟工作(其持续时间为零)，故其最早完成时间与最早开始时间相等，且一般为网络计划的计算工期。但是，由于在搭接网络计划中，决定工期的工作不一定是最后进行的工作。因此，在用上述方法完成计算之后，还应检查网络计划中其他工作的最早完成时间是否超过已算出的计算工期。例如在本例中，由于工作 G 的最早完成时间 24 为最大，故网络计划的计算工期是由工作 G 的最早完成时间决定的。为此，应将工作 G 与虚拟工作 F(终点节点)用虚箭线相连，于是得到工作 F 的最早开始时间和最早完成时间为：

$$ES_F = EF_F = \max[24,20,18] = 24$$

工作最早开始时间和最早完成时间的计算结果如图 3.42 所示。该网络计划的计算工期为 24。

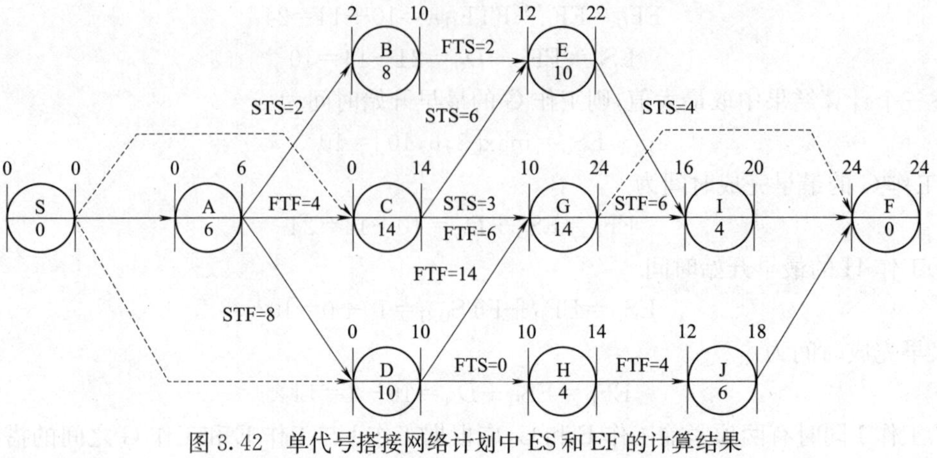

图 3.42 单代号搭接网络计划中 ES 和 EF 的计算结果

2. 计算相邻两项工作之间的时间间隔

由于相邻两项工作之间的搭接关系不同，其时间间隔的计算方法也有所不同。

(1)搭接关系为结束到开始(FTS)时的时间间隔

如果在搭接网络计划中出现 $ES_j>(EF_i+FTS_{i,j})$ 的情况时，就说明在工作 i 和工作 j 之间存在时间间隔 $LAG_{i,j}$，如图 3.43 所示。由图 3.43 可得

$$LAG_{i,j}=ES_j-(EF_i+FTS_{i,j})=ES_j-EF_i-FTS_{i,j}$$

(2)搭接关系为开始到开始(STS)时的时间间隔

如果在搭接网络计划中出现 $ES_j>(ES_i+STS_{i,j})$ 的情况时，就说明在工作 i 和工作 j 之间存在时间间隔 $LAG_{i,j}$，如图 3.44 所示。由图 3.44 可得

$$LAG_{i,j}=ES_j-(ES_i+STS_{i,j})=ES_j-ES_i-STS_{i,j}$$

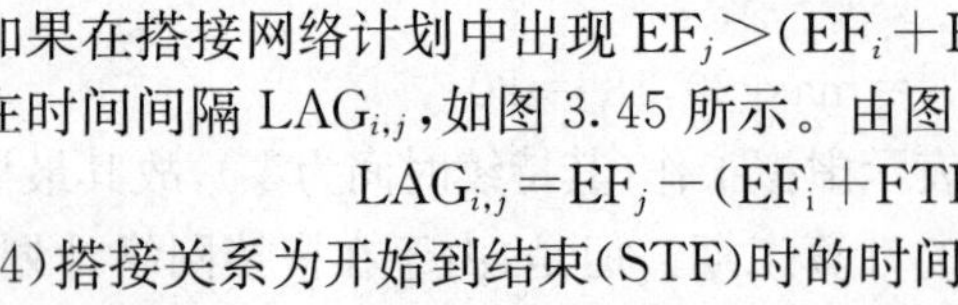

图 3.43 时距为 FTS 时的时间间隔

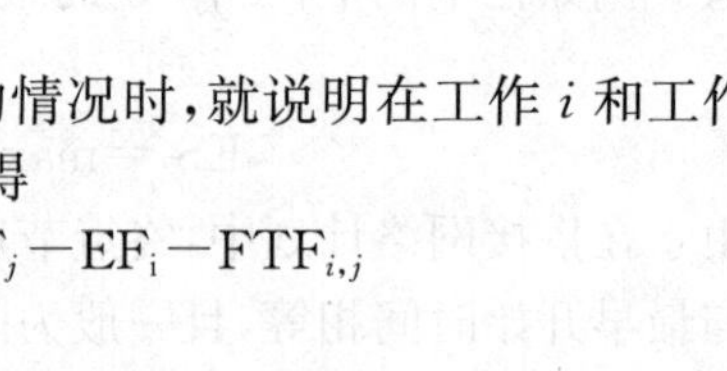

图 3.44 时距为 STS 时的时间间隔

(3)搭接关系为结束到结束(FTF)时的时间间隔

如果在搭接网络计划中出现 $EF_j>(EF_i+FTF_{i,j})$ 的情况时，就说明在工作 i 和工作 j 之间存在时间间隔 $LAG_{i,j}$，如图 3.45 所示。由图 3.45 可得

$$LAG_{i,j}=EF_j-(EF_i+FTF_{i,j})=EF_j-EF_i-FTF_{i,j}$$

(4)搭接关系为开始到结束(STF)时的时间间隔

如果在搭接网络计划中出现 $EF_j>(ES_i+STF_{i,j})$ 的情况时，就说明在工作 i 和工作 j 之间存在时间间隔 $LAG_{i,j}$，如图 3.46 所示。由图 3.46 可得

$$LAG_{i,j}=EF_j-(ES_i+STF_{i,j})=EF_j-ES_i-STF_{i,j}$$

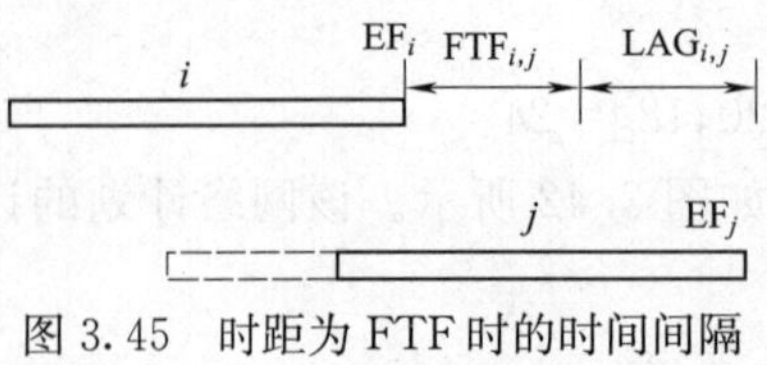

图 3.45 时距为 FTF 时的时间间隔

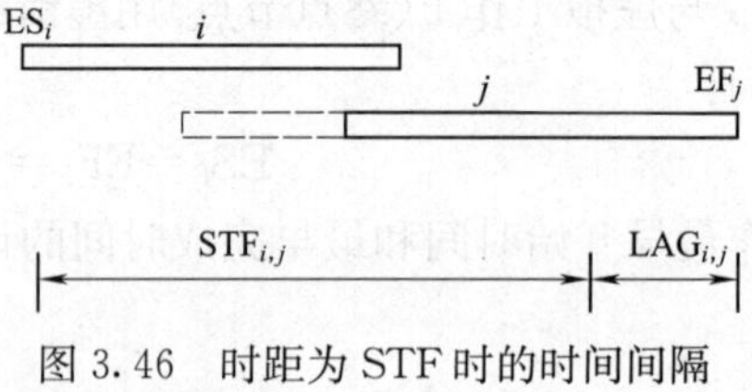

图 3.46 时距为 STF 时的时间间隔

(5)混合搭接关系时的时间间隔

当相邻两项工作之间存在两种时距及以上的搭接关系时,应分别计算出时间间隔,然后取其中的最小值,即

$$LAG_{i,j}=\min\begin{Bmatrix}ES_j-EF_i-FTS_{i,j}\\ES_j-ES_i-STS_{i,j}\\EF_j-EF_i-FTF_{i,j}\\EF_j-ES_i-STF_{i,j}\end{Bmatrix}$$

根据上述计算公式即可计算出本例中相邻两项工作之间的时间间隔,其结果如图 3.47 中箭线下方数字。

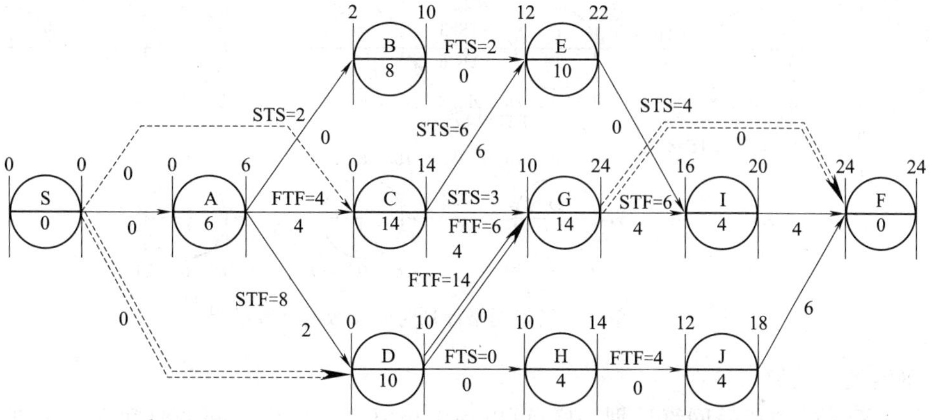

图 3.47　单代号搭接网络计划中时间间隔的计算结果

3. 计算工作的时差

搭接网络计划同前述简单的网络计划一样,其工作的时差也有总时差和自由时差两种(图 3.48)。

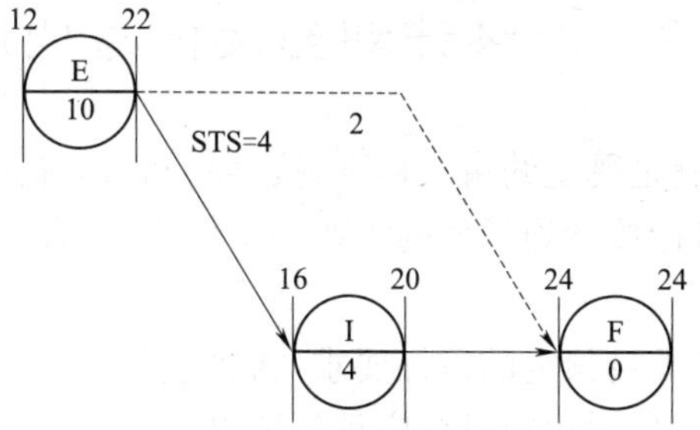

图 3.48　工作 E 与终点节点用虚箭线相连后的局部网络计划

(1)工作的总时差

搭接网络计划中工作的总时差可以利用公式计算。但在计算出总时差后,需要判别该工作的最迟完成时间是否超出计划工期。

例如在本例中,按上述方法进行计算可得,工作 E 的总时差为 4,其最迟完成时间为 22+4=26,将超出计划工期 24,显然不合理。为此,将工作 E 与虚拟工作 F(终点节点)用虚箭线相连,如图 3.48 所示。此时,工作 E 与虚拟工作 F 之间的时间间隔为 2,而工作的总时差也为

2。工作总时差的计算结果如图 3.49 所示。

(2)工作的自由时差

搭接网络计划中工作的自由时差计算结果如图 3.49 所示。

4. 计算工作的最迟完成时间和最迟开始时间

工作的最迟完成时间和最迟开始时间计算结果如图 3.49 所示。

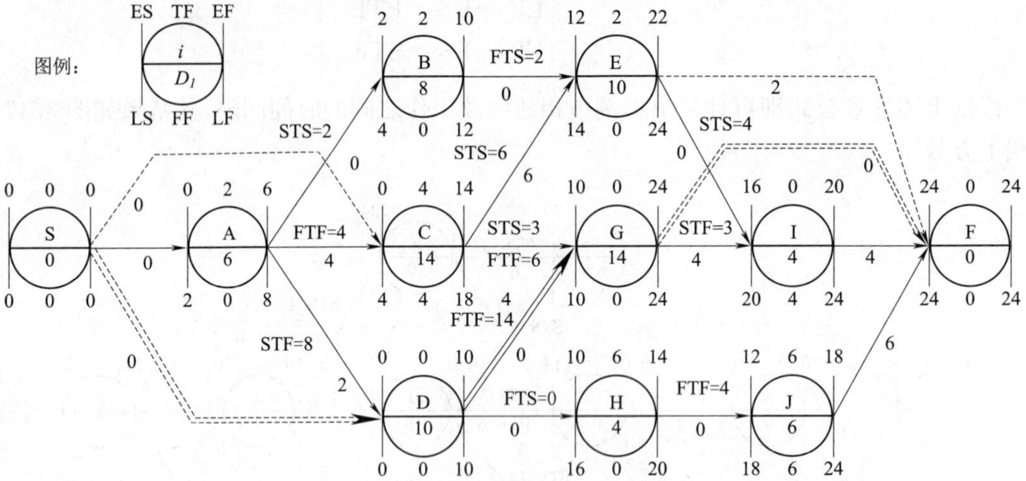

图 3.49 单代号搭接网络计划时间参数的计算结果

5. 确定关键线路

同前述简单的单代号网络计划一样，可以利用相邻两项工作之间的时间间隔来判定关键线路。即从搭接网络计划的终点节点开始，逆着箭线方向依次找出相邻两项工作之间时间间隔为零的线路就是关键线路。关键线路上的工作即为关键工作，关键工作的总时差最小。

例如在本例中，线路 S—D—G—F 为关键线路。关键工作是工作 D 和工作 G，而工作 S 和工作 F 为虚拟工作，它们的总时差均为零。

3.7 网络计划的优化与控制

网络计划的优化，是在满足既定约束条件下，按某一目标，通过不断改进网络计划寻求满意方案。网络计划的优化目标按计划任务的需要和条件选定，有工期目标、费用目标和资源目标等。

编制完成的网络计划应满足预定的目标要求，否则应做出调整。当经多次修改方案和调整计划均不能达到预定目标时，对预定目标应重新审定。

网络计划的优化不得影响工程的质量和安全。

3.7.1 工期优化

1. 用标号法计算工期

由于在优化过程中，不一定需要全部时间参数值，只需寻求关键线路和次关键线路，即可进行优化，故在这里介绍一种关键线路的直接寻求法，次关键线路的寻求方法将在优化过程中介绍。

关键线路直接寻求法之一是标号法，即对每个节点用源节点和标号值进行标号，将节点都标号后，从网络计划终点节点开始，从右向左按源节点寻求出关键线路。网络计划终点节点标号值即为计算工期。

标号值的确定方法如下：

(1)设网络计划始点节点 1 的标号值为零，即

$$b_2=0$$

(2)其他节点的标号值等于该节点的内向工作(即以该节点为完成节点的工作)的开始节点标号值加该工作的持续时间，即

$$b_{i-j}=\max\{b_i+D_{i-j}\}$$

例如，如图 3.50 所示的网络计划，通过标号得出的关键线路为 ACGI，计算工期 17 天。图 3.50 中的标号值计算如下：

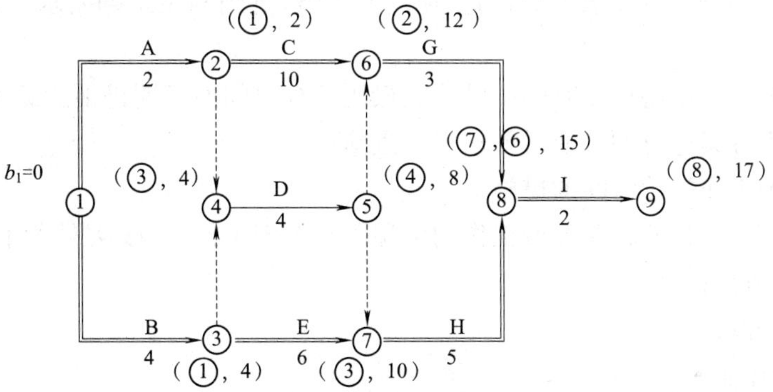

图 3.50　标号值计算示例

$$b_2=b_1+D_{1-2}=0+2=2$$

$$b_3=b_1+D_{1-3}=0+4=4$$

$$b_4=\max[(b_2+D_{2-4}),(b_3+t_{3-4})]$$

$$=\max[(2+0),(4+0)]=4$$

$$b_5=b_4+D_{4-5}=4+4=8$$

$$b_6=\max[(b_2+D_{2-6}),(b_5+D_{5-6})]$$

$$=\max[(2+10),(8+0)]=12$$

$$b_7=\max[(b_3+D_{3-7}),(b_5+D_{5-7})]$$

$$=\max[(4+6),(8+0)]=10$$

$$b_8=\max[(b_6+D_{6-8}),(b_7+D_{7-8})]$$

$$=\max[(12+3),(10+5)]=15$$

$$b_9=b_8+t_{8-9}=15+2=17$$

2. 工期优化的方法

工期优化就是压缩计算工期，以达到要求工期的目标，或在一定约束条件下使工期最短的过程。

工期优化一般通过压缩关键工作的持续时间来满足工期要求，在优化过程中，要注意不能将关键工作压缩成非关键工作。当在优化过程中出现多条关键线路时，必须将各条关键线路

的持续时间压缩同一数字，否则，不能有效地将工期缩短。

可按下列步骤对工期进行优化：

(1)找出网络计划中的关键线路并计算出计划工期。

(2)按要求工期计算应缩短的时间 ΔT 为

$$\Delta T=T_c-T_r$$

(3)按下列因素选择应该优先缩短持续时间的关键工作：

①缩短实施时间对质量和安全影响不大的工作；

②有充足备用资源的工作；

③缩短持续时间所需增加的费用最少的工作。

(4)将应该优先缩短的关键工作压缩至最短持续时间，并找出关键线路，如被压缩的工作变成了非关键工作，则应将其持续时间延长，使之仍为关键工作。

(5)若计算工期仍超过要求工期，则重复以上步骤，直到满足工期要求或工期已不能再缩短为止。

(6)当所有关键工作的持续时间都已达到最短持续时间而工期仍不能满足要求时，应对计划的原技术、组织方案进行调整或对要求工期重新审定。

(7)缩短关键工作持续时间的措施

①增加资源数量，包括将非关键工作的资源调到关键工作上，或从网络计划外部调资源；

②增加工作班次；

③改变施工方法；

④组织流水作业；

⑤采取技术措施和其他组织措施等。

现举例说明如下。

【例 3.7】 已知网络计划如图 3.51 所示，括号外数字为正常持续时间，括号内为最短持续时间，假若要求工期为 100 d，根据实际情况并考虑选择应缩短持续时间的关键工作宜考虑的因素，缩短顺序为 B、C、D、E、G、H、I、A。试对该网络计划进行优化。

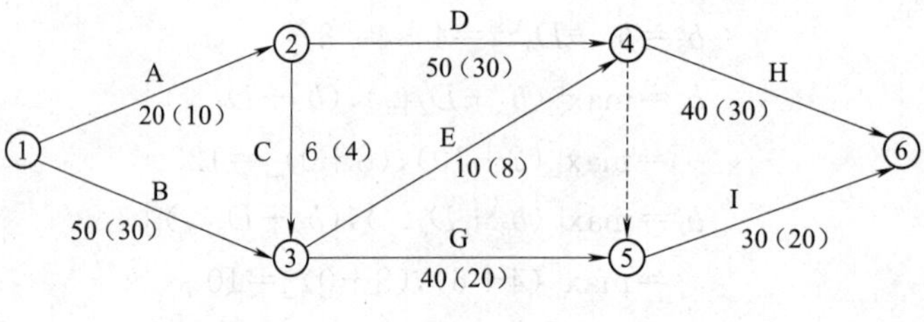

图 3.51 初始网络计划

解：优化步骤如下：

第一步，用工作正常时间计算并找出网络计划的关键线路及关键工作，如图 3.52 所示，关键线路为 1—3—5—6，计算过程从略。

第二步，计算应缩短工期：$\Delta T=T_c-T_r=120-100=20$(d)。

第三步，根据已知条件，必须首先缩短工作，先将 B 缩短至最短持续时间 30 d，重新计算网络计划，找出关键线路 1—2—4—6，如图 3.53 所示。

第四步，由于工作B持续时间缩短20 d，而工期只缩短120－110＝10(d)，故将B的持续时间增至40 d，使之仍为关键线路，如图3.54所示。

第五步，根据已知缩短顺序，将D、G各压缩10 d，使工期达到100 d的要求如图3.55所示。

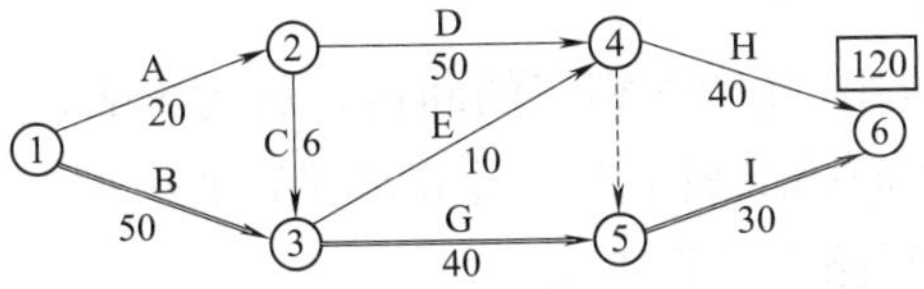

图3.52　网络计划关键线路

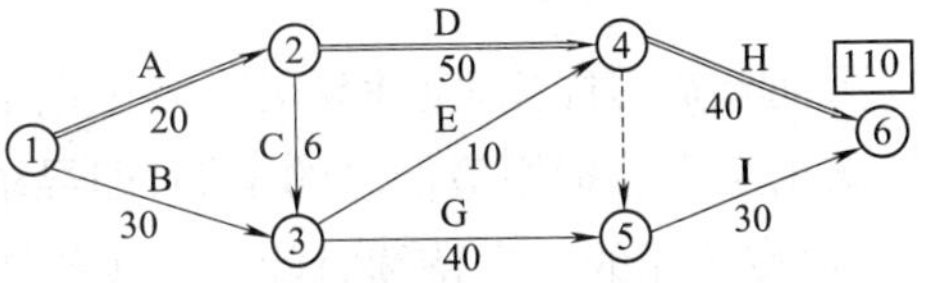

图3.53　将B缩短至30天后的网络计划

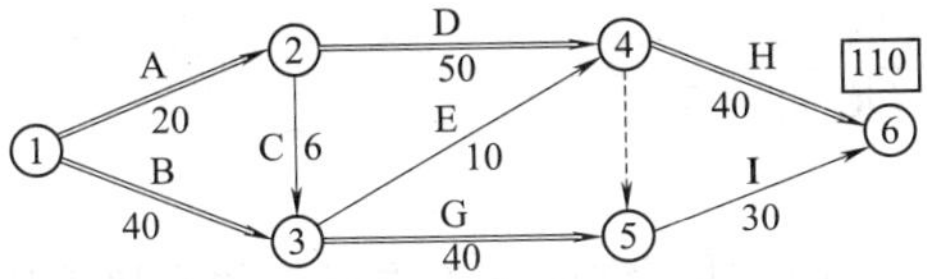

图3.54　将B增至40天后的网络计划

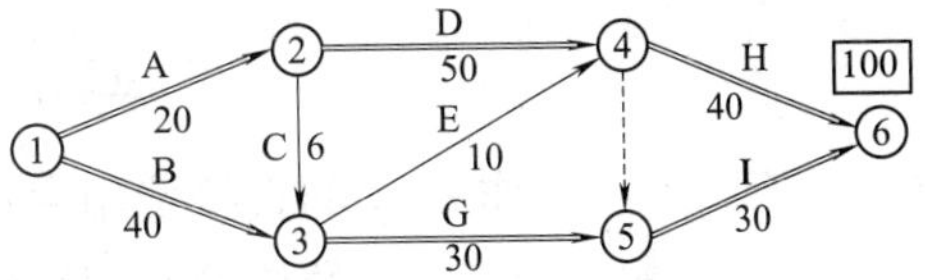

图3.55　压缩D、G而达到目标工期的优化网络计划

3.7.2　资源优化

资源是为完成任务所投入的人力、材料、机械设备的资金等的统称。完成一项工程任务所需的资源量基本上是不变的，不可能通过资源优化将其减少。资源优化的目的是通过改变工作开始时间，使资源按时间的分布符合优化目标。

资源优化主要有“资源有限，工期最短”和“工期固定，资源均衡”两种。

资源优化中几个常用的术语解释如下：

(1)资源强度，指一项工作在单位时间内所需的某种资源的数量；

(2)资源需用量，指网络计划在某一单位时间内各项工作所需某种资源数量之和；

(3)资源限量，指单位时间内可供使用的某种资源的最大数量。

1. 资源有限，工期最短的优化

(1)按工作最早开始时间绘制时标网络计划及资源需用量曲线。

(2)从开始日期起，逐日检查每日资源需用量是否超过资源限量。如果所有时间内均满足资源限量要求，则可行优化方案就编制完成，否则，必须进行计划调整。

(3)对超过资源限量的时段进行分析，如该时段内有几项工作平行进行，则采取将一项工作安排在与之平行的另一项工作之后进行的方法，以减少该时段的资源需用量。如果有两项工作，把工作n放在m之后进行。

这样在有资源冲突的时段中的工作两两进行排序，对应若干个工期延长值选择其中最小的(即延长工期最短的)，将一项工作移到另一项工作之后进行。

(4)每调整一次，调整要重新绘制时标网络图，绘制资源量曲线，再逐日检查，如有资源冲突时再进行调整，如此循环，直到所有时间内均满足资源限量要求为止，便得到可行方案。

2. 工期固定，资源均衡的优化

工期固定，资源均衡的优化可用削高峰法，利用时差降低资源高峰值，获得资源消耗量尽可能均衡的优化方案。即在工期不变的情况下,使资源分布尽量均衡,即在资源需要量动态曲线上,尽可能不出现短时间的高峰或低谷。力求每天的资源需要量接近于平均值。

资源均衡可以大大减少施工现场各种临时设施的规模,从而可以节省施工费用。

3.7.3 工期—费用优化

工期—费用优化,应计算出不同工期下的直接费用,并考虑相应的间接费用的影响,通过迭加求出工程总费用最低时的工期,即寻求最低成本时的最短工期。计算步骤如下:

(1)按工作的正常持续时间确定关键工作、关键线路和计算工期。

(2)各项工作的直接费用率应按下列公式计算。

①对双代号网络计划:

$$\Delta C_{i-j}=\frac{CC_{i-j}-CN_{i-j}}{DN_{i-j}-DC_{i-j}}$$

式中 ΔC_{i-j}——工作 $i-j$ 的直接费用率;

CC_{i-j}——工作 $i-j$ 的持续时间缩短为最短持续时间后,完成该工作所需的直接费用;

CN_{i-j}——在正常条件下,完成工作 $i-j$ 所需直接费用;

DC_{i-j}——工作 $i-j$ 的最短持续时间;

DN_{i-j}——工作 $i-j$ 的正常持续时间。

②对单代号网络计划:

$$\Delta C_i=\frac{CC_i-CN_i}{DN_i-DC_i}$$

式中 ΔC_i——工作 i 的直接费用率;

CC_i——将工作 i 持续时间缩短为最短持续时间后,完成该工作所需的直接费用;

CN_i——在正常条件下完成工作 i 所需的直接费用;

DN_i——工作 i 的正常持续时间;

DC_i——工作 i 的最短持续时间。

(3)找出直接费用率最低的一项或一组关键工作,作为缩短持续时间的对象。

(4)缩短找出的一项或一组关键工作的持续时间,缩短值必须符合不能压缩成非关键工作和缩短后持续时间不小于最短持续时间的原则。

(5)计算相应增加的直接费用。

(6)根据间接费的变化,计算工程总费用(C_i)。

(7)重复上述步骤,计算到计算工程总费用(C_i)最低为止。

3.7.4 网络计划的控制

网络计划的控制主要包括网络计划的检查和调整。当网络计划检查结果与计划发生偏差,应采取相应措施进行纠偏,使计划得以实现。采取措施仍不能纠偏时,应对网络计划进行调整。调整后应形成新的网络计划,并应按新计划执行。

1. 网络计划的检查

编制一个可行的网络计划并不难，但要将网络计划付诸实施，使其对工程进度起到控制作用却很不容易。为此需要在网络计划执行过程中经查、定期的检查其执行情况。

(1)记录方法

当采用时标网络计划时，绘制实际进度前锋线记录计划的实际执行情况。前锋线可用特别线型标画；不同检查时刻绘制的相邻前锋线可采用点划线或不同颜色标画。

当采用非时标网络计划时，宜在网络图上直接用文字、数字，或列表记录计划的实际执行情况。

(2)检查内容

网络计划实施情况的检查内容主要有：关键工作的进度，非关键工作进度及时差利用情况及工作之间的逻辑关系，关键线路的变化。

对关键工作的进度检查目的在于保证工期目标的实现，不使工期拖延。

对非关键工作的进度及时差利用情况的检查，一是与后续工作的进度有关，二是可以调动非关键工作的资源，支援关键工作。

对逻辑关系执行情况的检查，一是为了保证质量(不颠倒工序)，二是为了搞好各单位之间的协作。

(3)分析判断

计划进度与实际进度严重不符时，应对网络计划进行调整；

对时标网络计划，应用实际进度前锋线进行分析，做到对未来进度有预测，对进度协调有办法，拖后的进度能赶上，超前完成的有积极效果，能分析出经验和教训。对非时标网络计划的分析，可用表格进行。

例如，某工程网络计划如图 3.56 所示，在第 5 天检查时，发现 A 已完成，B 已工作 1 d，C 已工作 2 d，D 尚未开始，则据此可绘出实际进度前锋线。若利用表格分析，其结果见表 3.12。

2. 网络计划的调整

(1)关键线路长度的调整

实际进度比计划进度提前，当不需要提前工期时，应选择资源占用量大或直接费用率高的后续关键工作，适当延长其持续时间，以降低其资源强度或费用；当需要提前工期时，应将计划的未完成部分作为一个新计划，重新计算时间参数并确定关键工作，按新计划实施；

实际进度比计划进度延误，当工期允许延长时，应将计划的未完成部分作为一个新计划，重新计算时间参数并确定关键工作，按新计划实施；当工期不允许延长时，应在未完成的关键工作中，选择资源强度小或直接费用率低的，缩短其持续时间，并把计划的未完成部分作为一个新计划，按工期优化方法进行调整。

(2)非关键工作时差的调整

表 3.12 网络计划检查结果分析表

工作代号	工作名称	检查时尚需作业时间	列计划最迟完成时尚有时间	原有总时差	尚有总时差	情况判断
2～3	B	2	6－5＝1	0	1－2＝－1	拖期 1 天
2～5	C	1	7－5＝2	1	2－1＝1	正常
2～4	D	2	7－5＝2	2	2－2＝0	正常

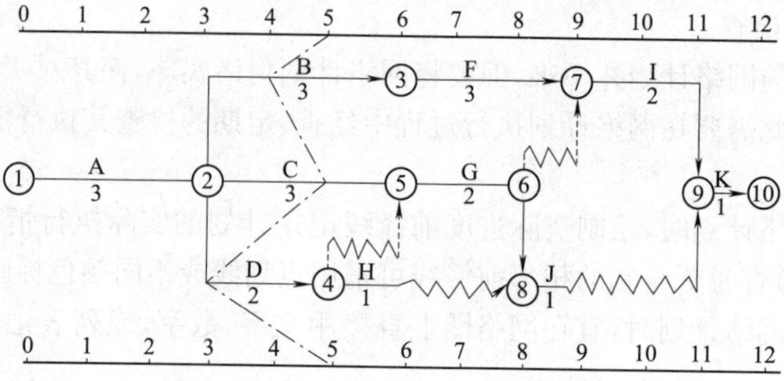

图 3.56　有前锋线的时标网络

非关键工作时差的调整是为了把资源利用好，支援关键工作和降低成本。调整的方法是：

①将工作在其最早开始时间和最迟完成时间范围内移动；

②延长工作持续时间；

③缩短工作持续时间。

在每次调整以后，均应重新计算时间参数，以观察调整对全局的影响。

(3)其他调整

由于设计变更或其他原因的影响，需要调整网络计划。

①增减工作项目

增减工作项目应当不打乱原网络计划的逻辑关系，只对局部逻辑关系进行调整。在调整时要重新计算时间参数，分析对原网络计划的影响。必要时采取措施以保证计划工期不变。

②调整逻辑关系

只有当实际情况要求改变施工方法或组织方法时才调整逻辑关系。调整时要使原定计划工期和其他工作免受影响。

③重新估计某些工作的持续时间

当发现某些工作的原计划持续时间有误或与实际条件不符时，应当重新估计其持续时间，重新计算网络计划时间参数。

④对资源投入作出调整

当资源供应发生异常时，应采用资源优化方法对计划进行调整或采取应急措施，使其对工期的影响最小。

3.8　多级网络计划系统

3.8.1　多级网络计划系统及其特点

对于大型建设工程来说，如果用横道图表示其进度计划，往往不能反映复杂工程中各项工作之间的逻辑关系，而且也无法利用计算机进行计划的优化和调整；即使用一个网络图来表示其进度计划，也很难将大型复杂工程中的所有工作内容表达出来。而利用若干个相互独立的单位工程网络计划或分部分项工程网络计划，也不能系统地表达出整个建设工程中各项工作之间的相互衔接和制约关系。这样，既不便于在计划编制过程中解决整个建设工程进度的总体平衡问题，也不便于在计划实施过程中解决整个建设工程进度的总体协调问题。因此，为了有效地控制大型复杂建设工程进度，有必要编制多级网络计划系统。

1. 多级网络计划系统的概念

所谓多级网络计划系统，是指由处于不同层级且相互有关联的若干网络计划所组成的系统。在该系统中，处于不同层级的网络计划既可以进行分解，成为若干独立的网络计划；又可以进行综合，形成一个多级网络计划系统。

例如在图3.57所示的某城市轨道交通工程施工进度多级网络计划系统中，某区间隧道施工进度网络计划、车站施工进度网络计划和车辆段施工进度网络计划等是整个城市轨道交通工程施工总进度网络计划的子网络，而各个区间隧道、各个车站的施工进度网络计划又分别是区间隧道施工进度网络计划和车站施工进度网络计划的子网络……这些网络计划既可以分解成独立的网络计划，又可以综合成一个多级网络计划系统。在建设工程实施过程中，监理工程师根据进度控制工作的需要，可以对工程网络计划进行分解和综合。

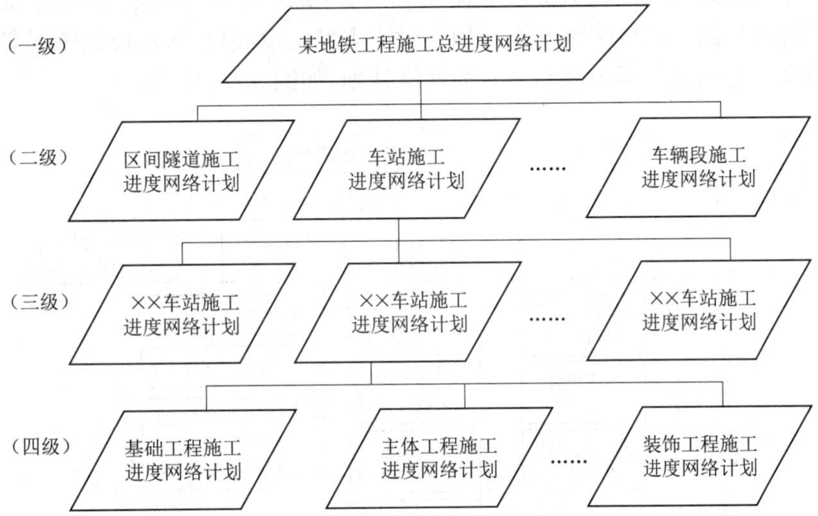

图3.57　某城市轨道交通工程施工进度多级网络计划系统

(1)分解网络计划的目的

①便于不同层级的进度控制人员将精力集中于各自负责的子项目上，明确职责分工；

②在进度计划实施过程中，处于不同层级的进度控制人员可以相对独立地检查和监督自己所负责的子网络计划的实施情况，而不必考虑整个网络计划系统的实施情况；

③可以在整个网络计划系统中找出关键子网络，以便于重点监督和控制；

④提高网络计划时间参数的计算速度，节省时间。

(2)综合网络计划的目的

①便于掌握各个子网络之间的相互衔接和制约关系；

②便于进行建设工程总体进度计划的综合平衡；

③便于从局部和整体两个方面随时了解工程建设实施情况；

④能够及时分析子网络出现的进度偏差对各个不同层级进度分目标及进度总目标的影响程度；

⑤使得进度计划的调整既能考虑局部，又能保证整体。

2. 多级网络计划系统的特点

多级网络计划系统除具有一般网络计划的功能和特点以外，还有以下特点：

(1)多级网络计划系统应分阶段逐步深化,其编制过程是一个由浅入深、从顶层到底层、由粗到细的过程,并且贯穿在该实施计划系统的始终。例如:如果多级网络计划系统是针对工程项目建设总进度计划而言的,由于工程设计及施工尚未开始,许多子项目还未形成,这时不可能编制出某个子项目在施工阶段的实施性进度计划。即使是针对施工总进度计划的多级网络计划系统,在编制施工总进度计划时,也不可能同时编制单位工程或分部分项工程详细的实施计划。

(2)多级网络计划系统中的层级与建设工程规模、复杂程度及进度控制的需要有关。对于一个规模巨大、工艺技术复杂的建设工程,不可能仅用一个总进度计划来实施进度控制,需要进度控制人员根据建设工程的组成分级编制进度计划,并经综合后形成多级网络计划系统。一般来说,建设工程规模越大,其分解的层次越多,需要编制的进度计划(子网络)也就越多。例如在图 3.52 所示的某城市轨道交通工程施工进度多级网络计划系统中,根据城市轨道交通工程的组成结构,分四个层级编制网络计划。对于大型建设项目,从建设总体部署到分部分项工程施工,通常可分为六个层级编制不同的网络计划,如图 3.58 所示。

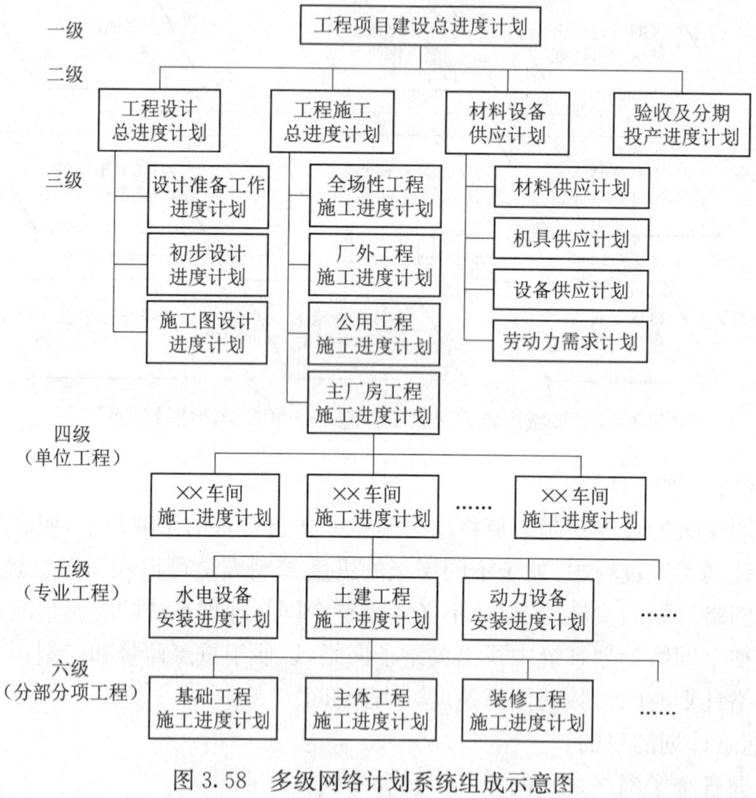

图 3.58 多级网络计划系统组成示意图

(3)在多级网络计划系统中,不同层级的网络计划,应该由不同层级的进度控制人员编制。总体网络计划由决策层人员编制,局部网络计划由管理层人员编制,而细部网络计划则由作业层管理人员编制。局部网络计划需要在总体网络计划的基础上编制,而细部网络计划需要在局部网络计划的基础上编制。反过来,又以细部保局部,以局部保全局。

(4)多级网络计划系统可以随时进行分解和综合。既可以将其分解成若干个独立的网络计划,又可在需要时将这些相互有关联的独立网络计划综合成一个多级网络计划系统。例如在图 3.52 所示的某城市轨道交通工程施工进度多级网络计划系统中,业主可以将各个车站的施工任务分别发包给各个承包单位。在各施工合同中明确各个车站开竣工日期的前提下，各个承包单位可以在合同规定的工期范围内，根据自己的施工力量和条件自由安排网络计划。只有在需要时，才将各个子网络计划进行综合，形成多级网络计划系统。

3.8.2　多级网络计划系统的编制原则和方法

1. 编制原则

根据多级网络计划系统的特点，编制时应遵循以下原则：

（1）整体优化原则。编制多级网络计划系统，必须从建设工程整体角度出发，进行全面分析，统筹安排。有些计划安排从局部看是合理的，但在整体上并不一定合理。因此，必须先编制总体进度计划后编制局部进度计划，以局部计划来保证总体优化目标的实现。

（2）连续均衡原则。编制多级网络计划系统，要保证实施建设工程所需资源的连续性和资源需用量的均衡性。事实上，这也是一种优化。资源能够连续均衡地使用，可以降低工程建设成本。

（3）简明适用原则。过分庞大的网络计划不利于识图，也不便于使用。应根据建设工程实际情况，按不同的管理层级和管理范围分别编制简明适用的网络计划。

2. 编制方法

多级网络计划系统的编制必须采用自顶向下、分级编制的方法。

（1）“自顶向下”是指编制多级网络计划系统时，应首先编制总体网络计划，然后在此基础上编制局部网络计划，最后在局部网络计划的基础上编制细部网络计划。

（2）分级的多少应视工程规模、复杂程度及组织管理的需要而定，可以是二级、三级，也可以是四级、五级。必要时还可以再分级。

（3）分级编制网络计划应与科学编码相结合，以便于利用计算机进行绘图、计算和管理。

3.9　工程网络计划的计算机应用

编制网络计划仅仅是计划工作的开始。计划工作不仅要正确地编制计划，更重要的是组织计划的实施。网络计划的贯彻执行，要发动群众讨论计划，加强生产管理工作，采取切实有效的措施，保证计划任务的完成。在应用电子计算机的情况下，可以利用计算机对网络计划的编制、检查、调整尽可能采用计算机软件进行只要将网络计划及执行情况输入计算机，它就能自动运算、调整，并输出结果，以指导生产。

工程网络计划计算机软件作为编制网络计划的辅助工具，首先应符合网络计划编制的相关规范，其次要符合其他相关国家、行业标准，经过国家权威部门鉴定的软件才能保证其可靠性与正确性。

计算机软件的基本要求如下：

（1）计算机软件应具有各种网络计划的编制、绘图、计算、优化、检查、调整、分析、总结和输出打印功能。

（2）计算机软件应实时计算时间参数，并以适当的形式展示时间信息。

（3）计算机软件宜具有单代号网络计划、双代号网络计划、时标网络计划图形相互转化的功能，将网络计划转化成按最早时间或最迟时间绘制的横道图计划。

（4）计算机软件在横道图、单代号网络图与双代号网络图中计算的时间参数应一致。

(5)计算机软件宜有绘制实际进度前锋线功能以及实际时间、计划时间比较功能。

(6)计算机软件宜有在工作上指定资源,并计算、统计、输出资源需要量计划的功能。

(7)计算机软件宜具有与其他软件进行数据交换的接口。

(8)软件实现的网络计划图宜用不同的线型(粗细、颜色、形状等)表示不同的工作。

(9)软件宜保存网络计划的修改变更痕迹,记录变更的原因,实现与以前的对比或溯源。

思考题

1. 名词解释:①时标网络计划;②总时差;③自由时差;④网络计划技术;⑤搭接网络计划。

2. 什么是网络图?什么是工作逻辑关系?且如何对其分类?网络图的形式种类包括哪些?

3. 双代号、单代号网络图有哪些构成要素?其一般含义、作用及相关概念各有哪些?

4. 双代号网络图中的虚箭线的作用是什么?

5. 简述网络图绘图的基本规则及步骤。

6. 简述网络计划各种时间参数的基本含义和计算的方法。用图上计算法计算网络计划时间参数的方法步骤。

7. 双代号时标网络图的构成要素、绘制方法包括哪些?怎样从双代号时标网络图上判读相关时间参数?

8. 什么是网络计划的优化及控制?试描述工期优化、费用优化及资源优化的基本原理与方法。

9. 网络计划的组成要素有哪些?如何判断关键工作和关键线路?

10. 双代号网络计划与单代号网络计划的区别?

11. 网络计划的基本原理是什么?时差有几种?它们各有什么作用?

12. 双代号网络图中,工作时间参数有哪些?在网络图中的表示方法?

13. 网络计划的逻辑关系有哪些?

14. 简述工期优化、资源优化的基本原则与步骤。

15. 列出单代号搭接网络计划的主要计算公式。

16. 某工程工作间的逻辑关系如下表所示,试绘制双代号网络图。

本工作	A	B	C	D	E	G	H
紧后工作	E	E、G	G、H	G、H	—	—	—

17. 某网络计划的有关资料如图所示,试绘制双代号网络图,并计算各项工作的时间参数,判定关键线路。

工作	A	B	C	D	E	F	G	H	I	J
持续时间	2	3	5	2	3	3	2	3	6	2
紧前工作	—	A	A	B	B	D	F	E、F	C、E、F	G、H

第 4 章 流水施工作业技术

所谓流水，就是由一定量的工人所组成的工程队、区域班、组，操纵一定量的机具，在相关工程的各个施工阶段上，依次连续完成自己的工作，像流水一样的生产。流水施工为工程项目组织实施的一种管理形式，就是由固定组织的工人在若干个工作性质相同的施工环境中依次连续地工作的一种施工组织方法。流水施工是在分工协作基础上的最佳方式，它可以充分地利用工作时间和操作空间，减少非生产性劳动消耗，提高劳动生产率，保证工程施工连续、均衡、有节奏地进行，从而对提高工程质量、降低工程造价、缩短工期有着显著的作用。

4.1 概　　述

4.1.1 施工组织的基本方法

1. 单段多工序型

单段多工序型是指施工任务不需要或不能划分为若干施工段，即只有一个施工段。而在该施工段需要实施若干个工序。其施工组织较为简单，只需解决各工序的衔接关系，但总工期较长。

2. 多段多工序型

多段多工序型是指施工任务可以划分为多个施工段，而每个施工段又包含多个工序。

现以某条铁路上同一类型的四座小桥为例说明其施工组织方法。每座小桥为一个施工段，分为挖基坑、砌基础、砌桥台、上部构造安装四道工序，如图 4.1 所示。设四座桥各工序的工作量均等，其施工组织方法有以下几种。

工程施工中，可以采用依次施工（亦称顺序施工法）、平行施工和流水施工等组织方式。对于相同的施工对象，当采用不同的作业组织方法时，其效果也各不相同。

(1)顺序作业法。它是指有若干施工任务时，先完成一个任务后，再紧接着去完成另一个任务，依次按顺序进行，直到完成全部任务的作业方法。在本例中总工期为 64 d，每个劳动力最大需要量为 12 人。

很明显，顺序作业法的特点是，劳动力需要量少，也比较均衡，但各作业单位是间歇作业，总工期拖得很长。

(2)平行作业法。它是指当有若干个施工任务时，各个任务同时开工，平行生产，同时完成的一种作业方法。本例按平行作业法是四座桥同一天开工，由于每座桥各工序作业时间相等，所以也同时完工（如图）。总工期为 16 d，每天劳动最大需要量为 48 人。

可见，平行作业法的特点是，完成任务的总工期短（与顺序作业法比较），但所需作业班组很多，劳动力需要量特别集中，各作业单位也是间歇作业。

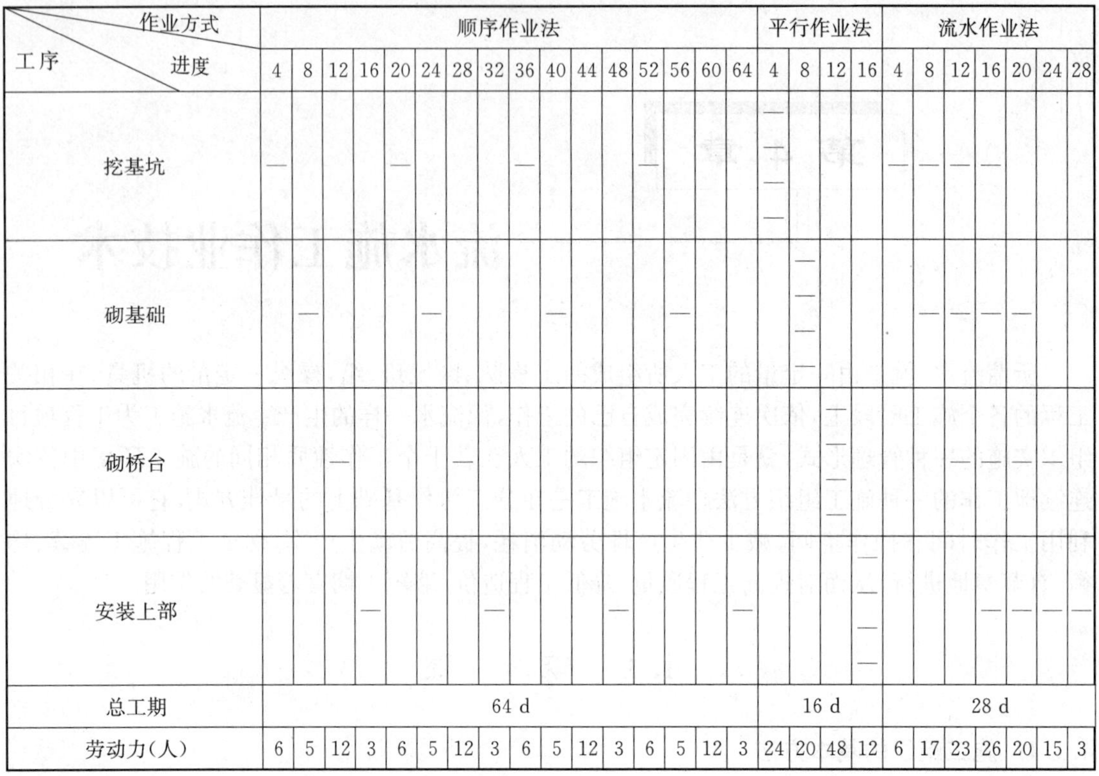

图 4.1 施工进度示意图

(3)流水作业法。它是指当有若干个施工任务时，其各个任务相隔一定时间依次投入生产，相同的工序依次进行，不同的工序则平行进行的一种作业方法。本例每座桥划分四道工序，分别由四个专业班组施工，每个专业班组依次进入各桥，执行同一工序作业(图 4.1)。总工期为 28 d，每天劳动力最大需要量为 26 人。

由图中看出，流水作业法与前两种作业法和比较有下述优点：

①提高劳动生产率。流水施工能使各施工班组在流水施工的时期内保持相同的施工操作；施工班组相对稳定并连续均衡施工，消灭了工作时间间歇，从而有利于施工班组劳动效率的提高。

②缩短工期。流水施工能合理的充分的利用施工段的工作面，使各道工序紧凑地进行流水施工，施工队依次转移，减少了停工窝工时间，加快进度，从而能缩短施工工期。

③降低成本。流水施工，由于提高了劳动生产率，从而减少了建安工程的劳动量；由于减少了材料损失和充分利用生产废料，从而减少主要材料和半成品的费用；由于集中人力、物力进行施工，简化了许多辅助工作，因而提高了工作效率，缩短了工期，节约了动力消耗；由于适当的选用与施工对象相适应的技术装备和组织了合理的维修，因而减少了工具、辅助器具供应量损耗量，每天投入的资源量较为均衡，有利于资源供应的组织工作。

④提高工程质量。流水施工一般采用专业化的班组组织，其人员固定，工人由于重复同样的工作，从而可提高其操作水平，提高工程质量。

⑤有利于资源供应。流水作业法克服了资源使用的高峰现象，达到人力、设备和材料的均衡供应。但是，铁路工程是一种线型工程，全部采用流水作业方法存在一定的困难，因此，只有

在分部分项工程方面考虑使用流水作业法，在更多的时候应该采用网络计划技术综合平衡，才能确保全线工程按期完工。

4.1.2　流水施工的表达方式

流水施工的表达方式除网络图外，主要还有横道图和垂直图两种。

1. 流水施工的横道图表示法

某基础工程流水施工的横道图表示法如图 4.2 所示。图中的横坐标表示流水施工的持续时间；纵坐标表示施工过程的名称或编号。n 条带有编号的水平线段表示 n 个施工过程或专业工作队的施工进度安排，其编号①、②……表示不同的施工段。

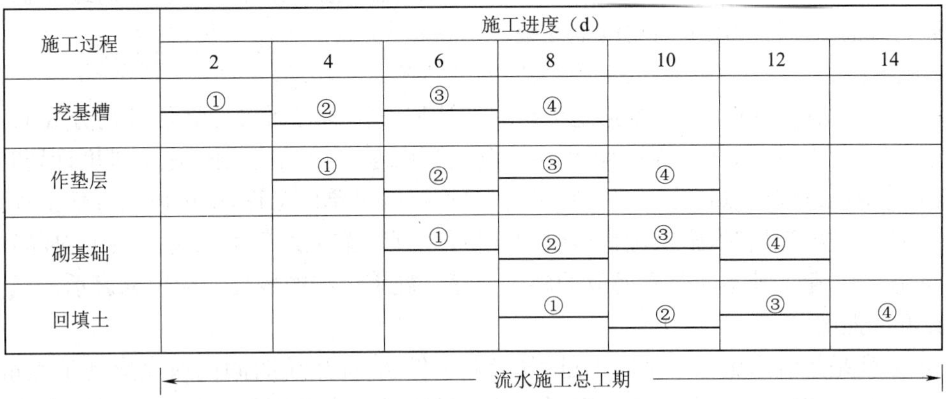

图 4.2　流水施工横道图表示法

横道图表示法的优点是：绘图简单，施工过程及其先后顺序表达清楚，时间和空间状况形象直观，使用方便，因而被广泛用来表达施工进度计划。

2. 流水施工的垂直图表示法

某基础工程流水施工的垂直图表示法如图 4.3 所示。图中的横坐标表示流水施工的持续时间；纵坐标表示流水施工所处的空间位置，即施工段的编号。n 条斜向线段表示 n 个施工过程或专业工作队的施工进度。

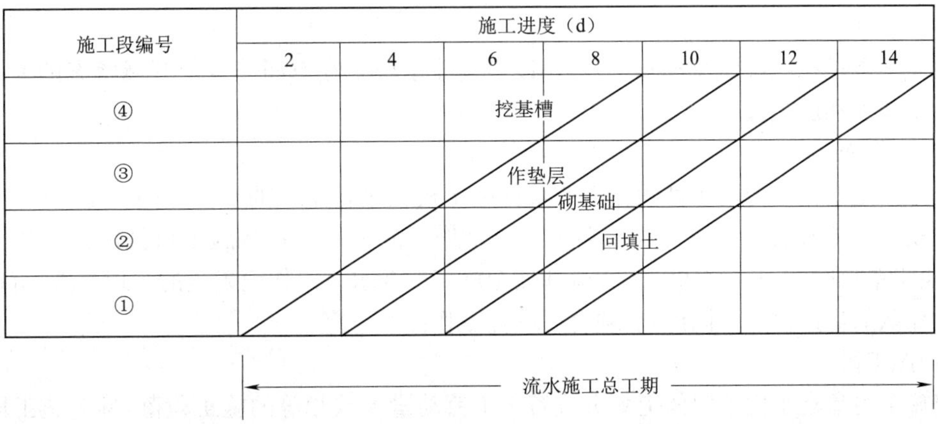

图 4.3　流水施工垂直图表示法

垂直图表示法的优点是:施工过程及其先后顺序表达清楚,时间和空间状况形象直观,斜向进度线的斜率可以直观地表示出各施工过程的进展速度,但编制实际工程进度计划不如横道图方便。

4.1.3 流水施工参数

为了说明组织流水施工时,各施工过程在时间和空间上的开展情况及相互依存关系,这里引入一些描述工艺流程、空间布置和时间安排等方面的状态参数——流水施工参数,包括工艺参数、空间参数和时间参数。

1. 工艺参数

工艺参数主要是指在组织流水施工时,用以表达流水施工在施工工艺方面进展状态的参数,通常包括施工过程和流水强度两个参数。

(1)施工过程

组织建设工程流水施工时,根据施工组织及计划安排需要而将计划任务划分成的子项称为施工过程。施工过程划分的粗细程度由实际需要而定,当编制控制性施工进度计划时,组织流水施工的施工过程可以划分得粗一些,施工过程可以是单位工程,也可以是分部工程。当编制实施性施工进度计划时,施工过程可以划分得细一些,施工过程可以是分项工程,甚至是将分项工程按照专业工种不同分解而成的施工工序。施工过程的数目一般用 n 表示。

(2)流水强度

流水强度是指流水施工的某施工过程(专业工作队)在单位时间内所完成的工程量,也称为流水能力或生产能力。例如,浇筑混凝土施工过程的流水强度是指每工作班浇筑的混凝土立方数。

流水强度可用下式计算求得:

$$V = \sum_{i=1}^{X} R_i \cdot S_i$$

式中 V——某施工过程(队)的流水强度;

R_i——投入该施工过程中的第 i 种资源量(施工机械台数或工人数);

S_i——投入该施工过程中第 i 种资源的产量定额;

X——投入该施工过程中的资源种类数。

2. 空间参数

空间参数是指在组织流水施工时,用以表达流水施工在空间布置上开展状态的参数。通常包括工作面和施工段。

(1)工作面

工作面是指供某专业工种的工人或某种施工机械进行施工的活动空间。工作面的大小,表明能安排施工人数或机械台数的多少。每个作业的工人或每台施工机械所需工作面的大小,取决于单位时间内其完成的工程量和安全施工的要求。工作面确定的合理与否,直接影响专业工作队的生产效率。因此,必须合理确定工作面。

(2)施工段

将施工对象在平面或空间上划分成若干个劳动量大致相等的施工段落,称为施工段或流水段。施工段的数目一般用 m 表示。

①划分施工段的目的

划分施工段的目的就是为了组织流水施工。由于建设工程体形庞大，可以将其划分成若干个施工段，从而为组织流水施工提供足够的空间。在组织流水施工时，专业工作队完成一个施工段上的任务后，遵循施工组织顺序又到另一个施工段上作业，产生连续流动施工的效果。在一般情况下，一个施工段在同一时间内，只安排一个专业工作队施工，各专业工作队遵循施工工艺顺序依次投入作业，同一时间内在不同的施工段上平行施工，使流水施工均衡地进行。组织流水施工时，可以划分足够数量的施工段，充分利用工作面，避免窝工，尽可能缩短工期。

②划分施工段的原则

由于施工段内的施工任务由专业工作队依次完成，因而在两个施工段之间容易形成一个施工缝。同时，由于施工段数量的多少，将直接影响流水施工的效果。为使施工段划分得合理，一般应遵循下列原则：

a. 同一专业工作队在各个施工段上的劳动量应大致相等，相差幅度不宜超过10%～15%；

b. 每个施工段内要有足够的工作面，以保证相应数量的工人、主要施工机械的生产效率，满足合理劳动组织的要求；

c. 施工段的界限应尽可能与结构自然界限（如沉降缝、伸缩缝等）相吻合，或设在对建筑结构整体性影响小的部位，以保证建筑结构的整体性；

d. 施工段的数目要满足合理组织流水施工的要求，即 $m \geqslant n$。施工段数目过多，会降低施工速度，延长工期；施工段过少，不利于充分利用工作面，可能造成窝工；

e. 对于多层建筑物、构筑物或需要分层施工的工程，应既分施工段，又分施工层，各专业工作队依次完成第一施工层中各施工段任务后，再转入第二施工层的施工段上作业，依此类推。以确保相应专业队在施工段与施工层之间，组织连续、均衡、有节奏地流水施工；

f. 对于铁路工程，由于产品的单件性，一般不适于组织流水施工，但同时由于其产品形态庞大、线长点多，又为组织流水施工提供了空间条件，可以将其划分为若干段的批量产品，使其满足流水施工的基本要求。

3. 时间参数

时间参数是指在组织流水施工时，用以表达流水施工在时间安排上所处状态的参数，主要包括流水节拍、流水步距和流水施工工期等。

（1）流水节拍

流水节拍是指在组织流水施工时，某个专业工作队在一个施工段上的施工时间。第 j 个专业工作队在第 i 个施工段的流水节拍一般用 $t_{j,i}$ 来表示（$j=1,2,\cdots,n$；$i=1,2,\cdots,m$）。

流水节拍表明流水施工的速度和节奏性。流水节拍小，其流水速度快，节奏感强；反之则相反。流水节拍决定着单位时间的资源供应量，同时，流水节拍也是区别流水施工组织方式的特征参数。

同一施工过程的流水节拍，主要由所采用的施工方法、施工机械以及在工作面允许的前提下投入施工的工人数、机械台数和采用的工作班次等因素确定。有时，为了均衡施工和减少转移施工段时消耗的工时，可以适当调整流水节拍，其数值最好为半个班的整数倍。

流水节拍可分别按下列方法确定：

①定额计算法

如果已有定额标准时，可按下式确定流水节拍。

$$t_{j,i}=\frac{Q_{j,i}}{S_j \cdot R_j \cdot N_j}=\frac{P_{j,i}}{R_j \cdot N_j} \quad 或 \quad t_{j,i}=\frac{Q_{j,i} \cdot H_j}{R_j \cdot N_j}=\frac{P_{j,i}}{R_j \cdot N_j}$$

式中 $t_{j,i}$——第 j 个专业工作队在第 i 个施工段的流水节拍；

$Q_{j,i}$——第 j 个专业工作队在第 i 个施工段要完成的工程量或工作量；

S_j——第 j 个专业工作队的计划产量定额；

H_j——第 j 个专业工作队的计划时间定额；

$P_{j,i}$——第 j 个专业工作队在第 i 个施工段需要的劳动量或机械台班数量；

R_j——第 j 个专业工作队所投入的人工数或机械台数；

N_j——第 j 个专业工作队的工作班次。

如果根据工期要求采用倒排进度的方法确定流水节拍时，可用上式反算出所需要的工人数或机械台班数。但在此时，必须检查劳动力、材料和施工机械的可能性，以及工作面是否足够等。

②经验估算法

对于采用新结构、新工艺、新方法和新材料等没有定额可循的工程项目，可以根据以往的施工经验估算流水节拍。

(2)流水步距

流水步距是指组织流水施工时，相邻两个施工过程(或专业工作队)相继开始施工的最小间隔时间。流水步距一般用 $K_{j,j+1}$ 来表示，其中 $j(j=1,2,\cdots,n-1)$ 为专业工作队或施工过程的编号。它是流水施工的主要参数之一。

流水步距的数目取决于参加流水的施工过程数。如果施工过程数为 n 个，则流水步距的总数为 $n-1$ 个。

流水步距的大小取决于相邻两个施工过程(或专业工作队)在各个施工段上的流水节拍及流水施工的组织方式。确定流水步距时，一般应满足以下基本要求：

①各施工过程按各自流水速度施工，始终保持工艺先后顺序。

②各施工过程的专业工作队投入施工后尽可能保持连续作业。

③相邻两个施工过程(或专业工作队)在满足连续施工的条件下，能最大限度地实现合理搭接。

根据以上基本要求，在不同的流水施工组织形式中，可以采用不同的方法确定流水步距。

(3)流水施工工期

流水施工工期是指从第一个专业工作队投入流水施工开始，到最后一个专业工作队完成流水施工为止的整个持续时间。由于一项建设工程往往包含有许多流水组，故流水施工工期一般均不是整个工程的总工期。

4.1.4 流水施工的基本组织方式

在流水施工中，由于流水节拍的规律不同，决定了流水步距、流水施工工期的计算方法等也不同，甚至影响到各个施工过程的专业工作队数目。因此，有必要按照流水节拍的特征将流水施工进行分类，其分类情况如图 4.4 所示。

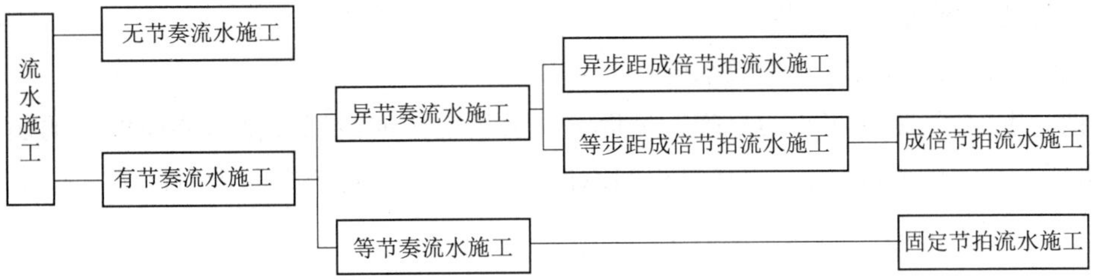

图 4.4　流水施工分类图

(1)有节奏流水施工

有节奏流水施工是指在组织流水施工时，每一个施工过程在各个施工段上的流水节拍都各自相等的流水施工，它分为等节奏流水施工和异节奏流水施工。

①等节奏流水施工

等节奏流水施工是指在有节奏流水施工中，各施工过程的流水节拍都相等的流水施工，也称为固定节拍流水施工或全等节拍流水施工。

②异节奏流水施工

异节奏流水施工是指在有节奏流水施工中，各施工过程的流水节拍各自相等而不同施工过程之间的流水节拍不尽相等的流水施工。在组织异节奏流水施工时，又可以采用等步距和异步距两种方式。

a. 等步距异节奏流水施工

等步距异节奏流水施工是指在组织异节奏流水施工时，按每个施工过程流水节拍之间的比例关系，成立相应数量的专业工作队而进行的流水施工，也称为成倍节拍流水施工。

b. 异步距异节奏流水施工

异步距异节奏流水施工是指在组织异节奏流水施工时，每个施工过程成立一个专业工作队，由其完成各施工段任务的流水施工。

(2)无节奏流水施工

无节奏流水施工是指在组织流水施工时，全部或部分施工过程在各个施工段上的流水节拍不相等的流水施工。这种施工是流水施工中最常见的一种。

4.2　有节奏流水施工

4.2.1　固定节拍流水施工

1. 固定节拍流水施工的特点

固定节拍流水施工是一种最理想的流水施工方式，其特点如下：

(1)所有施工过程在各个施工段上的流水节拍均相等。

(2)相邻施工过程的流水步距相等，且等于流水节拍。

(3)专业工作队数等于施工过程数，即每一个施工过程成立一个专业工作队，由该队完成相应施工过程所有施工段上的任务。

(4)各个专业工作队在各施工段上能够连续作业，施工段之间没有空闲时间。

2. 固定节拍流水施工工期

(1)有间歇时间的固定节拍流水施工

所谓间歇时间,是指相邻两个施工过程之间由于工艺或组织安排需要而增加的额外等待时间,包括工艺间歇时间($G_{j,j+1}$)和组织间歇时间($Z_{j,j+1}$)。对于有间歇时间的固定节拍流水施工,其流水施工工期 T 可按下式计算:

$$T=(n-1)t+\sum G+\sum Z+m\cdot t=(m+n-1)t+\sum G+\sum Z$$

式中符号如前所述。

例如,某分部工程流水施工计划如图 4.5 所示。

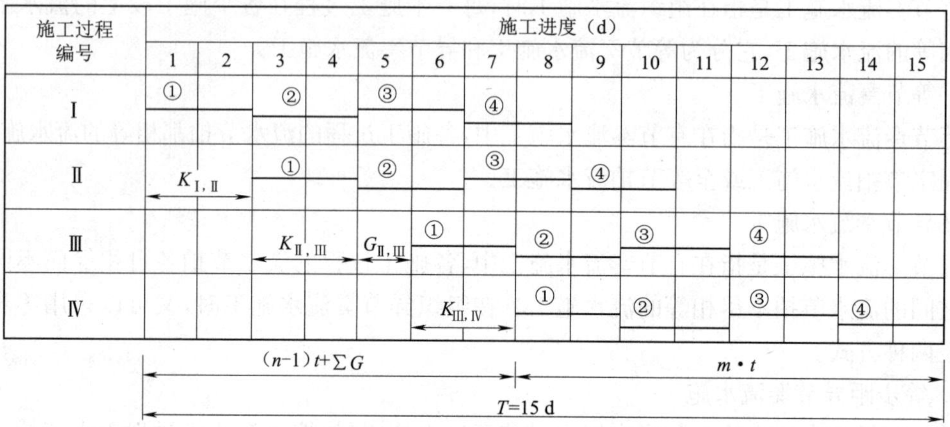

图 4.5 有间歇时间的固定节拍流水施工进度计划

在该计划中,施工过程数目 $n=4$;施工段数目 $m=4$;流水节拍 $t=2$;流水步距 $K_{Ⅰ,Ⅱ}=K_{Ⅱ,Ⅲ}=K_{Ⅲ,Ⅳ}=t=2$;组织间歇 $Z_{Ⅰ,Ⅱ}=Z_{Ⅱ,Ⅲ}=Z_{Ⅲ,Ⅳ}=0$;工艺间歇 $G_{Ⅰ,Ⅱ}=G_{Ⅲ,Ⅳ}=0$;$G_{Ⅱ,Ⅲ}=1$。因此,其流水施工工期为

$$T=(n-1)t+\sum G+\sum Z+m\cdot t=(4-1)\times 2+1+0+4\times 2=15(\text{d})$$

(2)有提前插入时间的固定节拍流水施工

所谓提前插入时间,是指相邻两个专业工作队在同一施工段上共同作业的时间。在工作面允许和资源有保证的前提下,专业工作队提前插入施工,可以缩短流水施工工期。对于有提前插入时间的固定节拍流水施工,其流水施工工期 T 可按下式计算:

$$T=(n-1)t+\sum G+\sum Z-\sum C+m\cdot t=(m+n-1)t+\sum G+\sum Z-\sum C$$

式中符号如前所述。

例如,某分部工程流水施工计划如图 4.6 所示。

在该计划中,施工过程数目 $n=4$;施工段数目 $m=3$;流水节拍 $t=3$;流水步距 $K_{Ⅰ,Ⅱ}=K_{Ⅱ,Ⅲ}=K_{Ⅲ,Ⅳ}=t=3$;组织间歇 $Z_{Ⅰ,Ⅱ}=Z_{Ⅱ,Ⅲ}=Z_{Ⅲ,Ⅳ}=0$;工艺间歇 $G_{Ⅰ,Ⅱ}=G_{Ⅱ,Ⅲ}=G_{Ⅲ,Ⅳ}=0$;提前插入时间 $C_{Ⅰ,Ⅱ}=C_{Ⅱ,Ⅲ}=1$,$C_{Ⅲ,Ⅳ}=2$。因此,其流水施工工期为

$$T=(n-1)t+\sum G+\sum Z-\sum C+m\cdot t=(4-1)\times 3+0+0-(1+1+2)+3\times 3=14(\text{d})$$

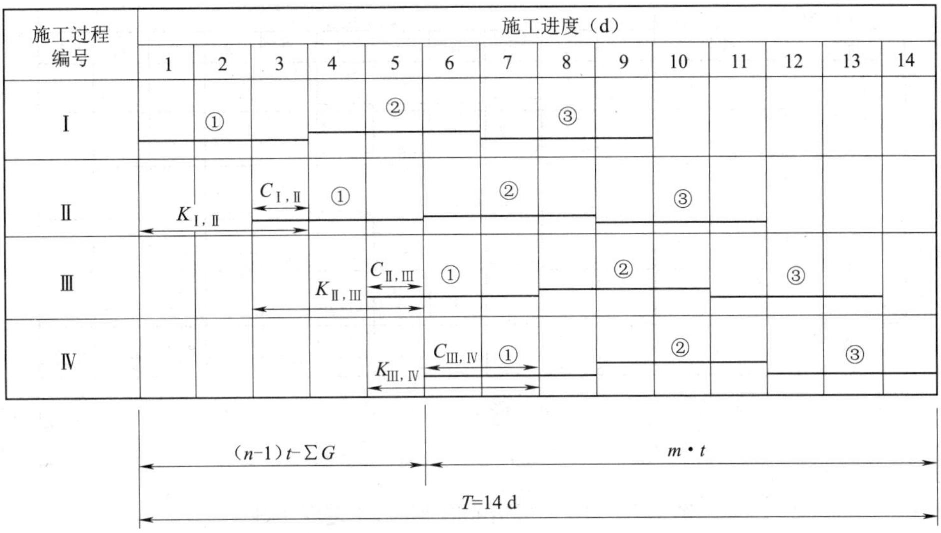

图 4.6　有提前插入时间的固定节拍流水施工进度计划

4.2.2　成倍节拍流水施工

在通常情况下，组织固定节拍的流水施工是比较困难的。因为在任一施工段上，不同的施工过程，其复杂程度不同，影响流水节拍的因素也各不相同，很难使得各个施工过程的流水节拍都彼此相等。但是，如果施工段划分得合适，保持同一施工过程各施工段的流水节拍相等是不难实现的。使某些施工过程的流水节拍成为其他施工过程流水节拍的倍数，即形成成倍节拍流水施工。成倍节拍流水施工包括一般的成倍节拍流水施工和加快的成倍节拍流水施工。为了缩短流水施工工期，一般均采用加快的成倍节拍流水施工方式。

(1)加快的成倍节拍流水施工的特点

加快的成倍节拍流水施工的特点如下：

①同一施工过程在其各个施工段上的流水节拍均相等；不同施工过程的流水节拍不等，但其值为倍数关系；

②相邻施工过程的流水步距相等，且等于流水节拍的最大公约数(K)；

③专业工作队数大于施工过程数，即有的施工过程只成立一个专业工作队，而对于流水节拍大的施工过程，可按其倍数增加相应专业工作队数目；

④各个专业工作队在施工段上能够连续作业，施工段之间没有空闲时间。

(2)加快的成倍节拍流水施工工期

加快的成倍节拍流水施工工期 T 可按下式计算：

$$T=(n'-1)K+\sum G+\sum Z-\sum C+m \cdot K=(m+n'-1)K+\sum G+\sum Z-\sum C$$

式中　n'——专业工作队数目；

其余符号如前所述。

例如，某分部工程流水施工计划如图 4.7 所示。

在该计划中，施工过程数目 $n=3$；专业工作队数目 $n'=6$；施工段数目 $m=6$；流水步距 $K=1$；组织间歇 $Z=0$；工艺间歇 $G=0$；提前插入时间 $C=0$。因此，其流水施工工期为

$$T=(m+n'-1)K+\sum G+\sum Z-\sum C=(6+6-1)\times 1+0+0-0=11(\text{d})$$

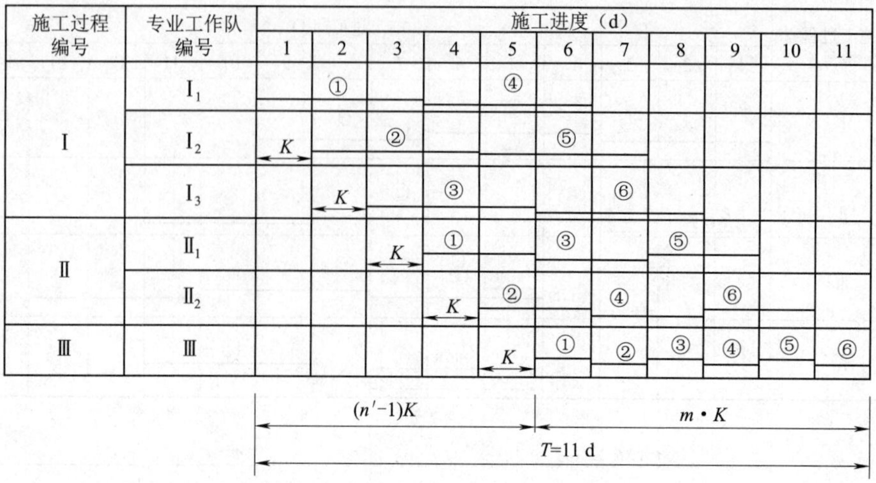

图 4.7　加快的成倍节拍流水施工进度计划

(3)成倍节拍流水施工示例

某建设工程施工过程划分为 4 项，其一般的成倍节拍流水施工进度计划如图 4.8 所示。由图 4.8 可知，如果按 4 个施工过程成立 4 个专业工作队组织流水施工，其总工期为

$$T_0=(5+10+25)+4\times5=60(\text{周})$$

为加快施工进度，增加专业工作队，组织加快的成倍节拍流水施工。

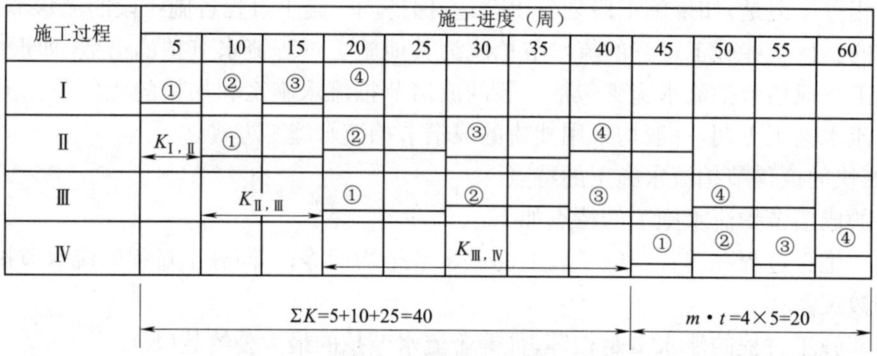

图 4.8　某建设工程一般的成倍节拍流水施工计划

①计算流水步距

流水步距等于流水节拍的最大公约数，即

$$K=\min[5,10,10,5]=5$$

②确定专业工作队数目

每个施工过程成立的专业工作队数目可按下式计算

$$b_j=\frac{t_j}{K}$$

式中　b_j——第 j 个施工过程的专业工作队数目；

t_j——第 j 个施工过程的流水节拍；

K——流水步距。

在本例中，各施工过程的专业工作队数目分别为

Ⅰ：$b_{\text{Ⅰ}}=t_{\text{Ⅰ}}/K=5/5=1$　　Ⅱ：$b_{\text{Ⅱ}}=t_{\text{Ⅱ}}/K=10/5=2$　　Ⅲ：$b_{\text{Ⅲ}}=t_{\text{Ⅲ}}/K=10/5=2$

Ⅳ：$b_{\text{Ⅳ}}=t_{\text{Ⅳ}}/K=5/5=1$

于是，参与该工程流水施工的专业工作队总数 n' 为

$$N'=\sum b_i=(1+2+2+1)=6$$

③绘制加快的成倍节拍流水施工进度计划图

在加快的成倍节拍流水施工进度计划图中，除表明施工过程的编号或名称外，还应表明专业工作队的编号。在表明各施工段的编号时，一定要注意有多个专业工作队的施工过程。各专业工作队连续作业的施工段编号不应该是连续的，否则，无法组织合理的流水施工。

根据图 4.8 所示进度计划编制的加快的成倍节拍流水施工进度计划如图 4.9 所示。

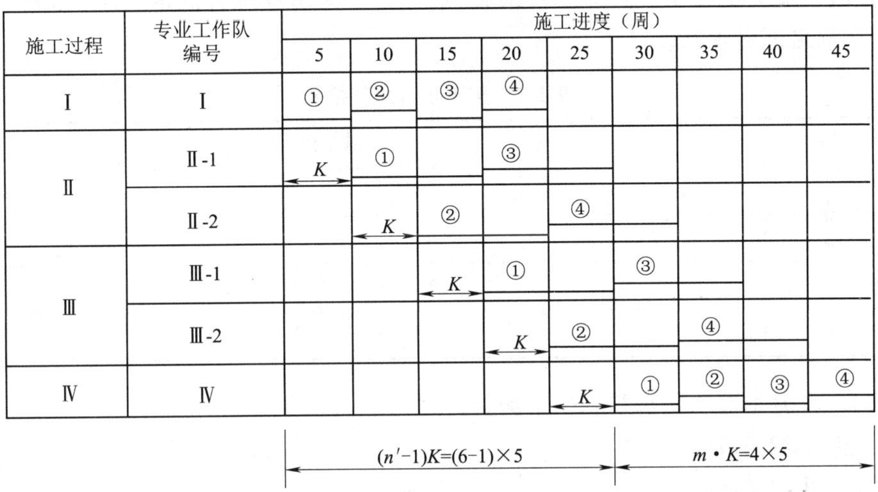

图 4.9　某建设工程加快的成倍节拍流水施工计划

④确定流水施工工期

由图 4.9 可知，本计划中没有组织间歇、工艺间歇及提前插入，故流水施工工期为

$$T=(m+n'-1)K=(4+6-1)\times 5=45(\text{周})$$

与一般的成倍节拍流水施工进度计划比较，该工程组织加快的成倍节拍流水施工使得总工期缩短了 15 周。

4.3 非节奏流水施工

在组织流水施工时，经常由于工程结构形式、施工条件不同等原因，使得各施工过程在各施工段上的工程量有较大差异，或因专业工作队的生产效率相差较大，导致各施工过程的流水节拍随施工段的不同而不同，且不同施工过程之间的流水节拍又有很大差异。这时，流水节拍虽无任何规律，但仍可利用流水施工原理组织流水施工，使各专业工作队在满足连续施工的条件下，实现最大搭接。这种非节奏流水施工方式是建设工程流水施工的普遍方式。

1. 非节奏流水施工的特点

非节奏流水施工具有以下特点：

①各施工过程在各施工段的流水节拍不全相等。

②相邻施工过程的流水步距不尽相等。

③专业工作队数等于施工过程数。

④各专业工作队能够在施工段上连续作业，但有的施工段之间可能有空闲时间。

2. 流水步距的确定

在非节奏流水施工中，通常采用“累加数列、错位相减、取大差法”计算流水步距。累加数列错位相减取大差法的基本步骤如下：

(1)对每一个施工过程在各施工段上的流水节拍依次累加，求得各施工过程流水节拍的累加数列。

(2)将相邻施工过程流水节拍累加数列中的后者错后一位，相减后求得一个差数列。

(3)在差数列中取最大值，即为这两个相邻施工过程的流水步距。

【例 4.1】 某工程由 3 个施工过程组成，分为 4 个施工段进行流水施工，其流水节拍(d)见表 4.1，试确定流水步距。

表 4.1 某工程流水节拍表

施工过程	施工段			
	①	②	③	④
Ⅰ	2	3	2	1
Ⅱ	3	2	4	2
Ⅲ	3	4	2	2

解:(1)求各施工过程流水节拍的累加数列

施工过程Ⅰ:2,5,7,8。

施工过程Ⅱ:3,5,9,11。

施工过程Ⅲ:3,7,9,11。

(2)错位相减求得差数列

$$
\begin{array}{llllll}
\text{Ⅰ与Ⅱ：} & 2, & 5, & 7, & 8 & \\
-) & & 3, & 5, & 9, & 11 \\
\hline
 & 2, & 2, & 2, & -1, & -11
\end{array}
$$

$$
\begin{array}{llllll}
\text{Ⅱ与Ⅲ：} & 3, & 5, & 9, & 11 & \\
-) & & 3, & 7, & 9, & 11 \\
\hline
 & 3, & 2, & 2, & 2, & -11
\end{array}
$$

(3)在差数列中取最大值求得流水步距

施工过程Ⅰ与Ⅱ之间的流水步距：$K_{1,2}=\max[2,2,2,-1,-11]=2$ d

施工过程Ⅱ与Ⅲ之间的流水步距：$K_{2,3}=\max[3,2,2,2,-11]=3$ d

3. 流水施工工期的确定

流水施工工期可按下式计算：

$$T=\sum K+\sum t_n+\sum Z+\sum G-\sum C$$

式中 T——流水施工工期；

$\sum K$——各施工过程(或专业工作队)之间流水步距之和；

$\sum t_n$——最后一个施工过程(或专业工作队)在各施工段流水节拍之和；

$\sum Z$——组织间歇时间之和；

$\sum G$——工艺间歇时间之和；

$\sum C$——提前插入时间之和。

【例 4.2】 某工厂需要修建 4 台设备的基础工程，施工过程包括基础开挖、基础处理和浇筑混凝土。设备型号与基础条件等不同，使得 4 台设备（施工段）的各施工过程有着不同的流水节拍（单位：周），见表 4.2。

表 4.2　基础工程流水节拍表

施工过程	施工段			
	设备 A	设备 B	设备 C	设备 D
基础开挖	2	3	2	2
基础处理	4	4	2	3
浇筑混凝土	2	3	2	3

解： 从流水节拍的特点可以看出，本工程应按非节奏流水施工方式组织施工。

（1）确定施工流向由设备 A→B→C→D，施工段数 $m=4$。

（2）确定施工过程数 $n=3$，包括基础开挖、基础处理和浇筑混凝土。

（3）采用“累加数列错位相减取大差法”求流水步距：

$$\begin{array}{lccccc} & 2, & 5, & 7, & 9 & \\ -) & & 4, & 8, & 10, & 13 \\ \hline K_{1,2}=\max & [2, & 1, & -1 & -1, & -13]=2 \end{array}$$

$$\begin{array}{lccccc} & 4, & 8, & 10, & 13 & \\ -) & & 2, & 5, & 7, & 10 \\ \hline K_{2,3}=\max & [4, & 6, & 5, & 6, & -10]=6 \end{array}$$

（4）计算流水施工工期：

$$T=\sum K+\sum t_n=(2+6)+(2+3+2+3)=18(\text{周})$$

（5）绘制非节奏流水施工进度计划，如图 4.10 所示。

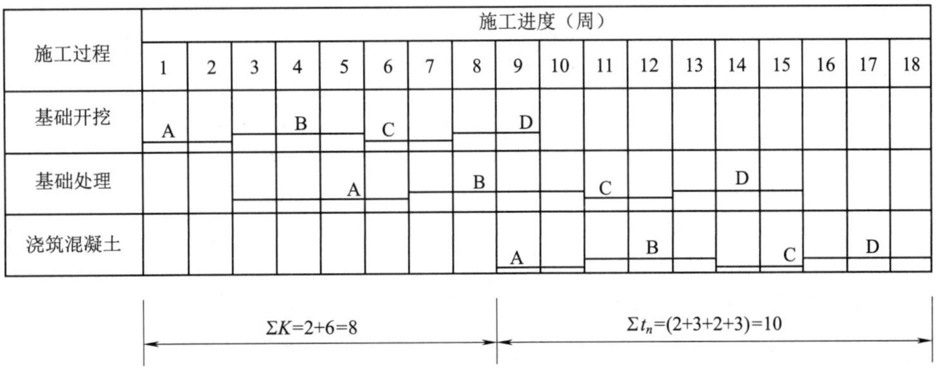

图 4.10　设备基础工程流水施工进度计划

思考题

1. 名词解释:①流水施工;②流水参数;③流水节拍;④流水步距;⑤工作面;⑥施工段;⑦分别流水。

2. 什么是依次施工、平行施工和流水施工?

3. 简述流水施工的概念及特点,说明流水参数的概念和种类。

4. 试述划分施工段的目的和原则,并说明施工段数与施工过程数的关系。

5. 简述工艺参数的概念和种类,简述空间参数的概念和种类,简述时间参数的概念和种类。

6. 流水施工按节奏特征不同可分为哪几种方式,各有什么特点?

7. 试说明成倍节拍流水的概念和建立步骤。

第 5 章 轨道交通土建工程施工准备

5.1 施工准备的概念与内容

1. 施工准备的概念

施工准备是指工程施工前所做的一切工作，它是组织施工的前提，是顺利完成建筑工程任务的关键。它有组织、有计划、有步骤、分阶段地贯穿于整个工程建设的始终。不仅在开工前要做，开工后也要做。

按施工对象的规模和阶段，可分为全场性和单位工程的施工准备。

全场性施工准备是大、中型工业建设项目、大型公共建筑或民用建筑群等带有全局性的部署，包括技术、组织、物资、劳力和现场准备，是各项准备工作的基础。

单位工程施工准备是全场性施工准备的继续和具体化，要求做得细致，预见到施工中可能出现的各种问题，能确保单位工程均衡、连续和科学合理地施工。

2. 施工准备的内容

(1)施工单位要参与初步设计、技术设计方案的讨论，并据此组织编制施工组织设计。这是施工准备的中心环节，各项施工准备工作都必须按此进行。

(2)施工单位要和建设单位签订合同和有关协议，在确定建设工期和经济效益的前提下，明确分工协作的责任和权限。几个施工单位共同施工的建设项目，由总包单位和建设单位签订总包合同，总包与分包单位签订分包合同，分包对总包负责，总包对建设单位负责，总包和分包之间的职责划分要明确详尽。

(3)调整部署施工力量。根据工程任务特点，调整施工组织机构，特大的工程项目要组建新的施工机构。部署结集施工力量，既要满足工程进度的要求，又要有利于提高劳动生产率，做到工种配套、人机配套、机具配套，并根据工程布局相对固定施工力量。

(4)生产和生活基地的建设。生产基地包括预制混凝土构件、混凝土搅拌、钢筋加工、木材加工、金属加工、机修厂等的建设。在新建工业区，这项工作必须提前进行，加工厂要统一规划，分期建设。在原有城市内建设时，则要根据当地建筑构、配件的生产能力进行补充调整，签订供需合同。施工队伍的居住和生活福利建筑，要最大限度地利用永久性建筑，尽可能减少临时建筑。

(5)确定建筑材料、成品、半成品的资源和运输方式，要尽量减少中间装卸环节，充分利用当地已有生产能力和运输力量。地方材料在建筑材料中占很大比重，要特别注意安排好它们的生产和运输。还要根据“产、供、运、用”相结合的原则，经济合理地布置材料堆放场地。

(6)按通水源、电源、场内外交通道路、排水渠道要求，修建现场供水、排水、供电、供热干线、主要道路和防洪工程。要充分利用永久工程设施，尽量少建临时性管线工程。一般要根据先场外后场内，先室外后室内，先地下后地上的原则，合理安排各类管线工程的施工顺序和进度，尽可能减少管道工程的重复开挖。

(7)进行建设区域的工程测量、放线定位，设置永久性的经纬坐标和水平基桩，补做必须的现场水文、地质勘定工作、清除现场施工障碍和平整场地。土方工程要全面规划，挖填平衡，采用机械化一次性场地平整，尽可能减少重复倒运。

5.2 土建施工前期主要工作

城市轨道交通工程施工项目是在设计、土建施工、设备采购、设备安装以及建筑装修等相互联系的一系列任务前提下，有效利用人力、资金等资源，为实现具备地铁运营条件所做的一切努力。目前我国城市轨道交通工程施工管理，主要采用项目管理的方式，并取得了一定的经济效益和社会效益。其前期由以下几项工作组成。

1. 项目前期管理

项目前期管理主要包括：项目策划、项目经理部的组建、项目施工前期准备。

(1)项目策划

项目策划属于前期管理的第一阶段，主要是指城市轨道交通工程项目在立项之后的招投标工作、编制项目所需的各种策划书及文件、编制项目的实施计划并对该计划进行审批。

(2)项目经理部的组建

项目正式确立之后，要有施工方根据施工人员的组成，组建有效的项目经理部，构建城市轨道交通工程施工项目的整体管理体系，保证项目管理有效进行。

(3)项目施工前期准备

管理层建立完毕后，就要进行全面的施工前期准备阶段，在这一阶段中，要求仔细研究施工图纸，并与现场结合，核对图纸各项内容。此外，还要对施工用地、用水、用电办理各种手续，并组织施工所需的各项材料。

2. 项目运行管理

项目运行管理及施工过程管理主要包括项目进度管理、项目成本管理、项目安全管理和项目质量管理。

(1)项目进度管理

项目进度即对整体工期进行排布，通过工期统筹安排，明确每一个时间段应该完成的工程量内容，保证整个工程项目能够按期交工。

(2)项目成本管理

城市轨道交通工程耗资巨大，必须做好项目成本管理，节约并优化利用项目的每项支出，发挥成本管理的积极效益，既满足工程质量和安全要求，又保证总体成本得到下降。

(3)项目安全管理

由于城市轨道交通工程涉及多工种作业，土建施工、工程安装、电气施工等混在一起，为整个工程项目带来了一定的安全隐患，必须通过明确项目安全管理责任，制定详细的安全管理守则，保证整体项目安全性达到要求。

(4)项目质量管理

城市轨道交通工程关系到城市居民的日常出行，对施工质量要求非常高，必须在项目管理中积极做好质量管理工作，把好质量关，明确质量管理措施，从根本上保证整体项目质量达到要求。

3. 项目评价管理

项目评价管理主要包含项目竣工验收管理、项目绩效考核与评价。

(1)项目竣工验收管理

整体工程结束之后,要办理相应的竣工手续和竣工资料,并对整体工程进行全面的验收,包括工程的质量、安全性、实用性以及可靠性做全面的评估。项目竣工验收管理虽然属于工程后期,但是其作用非常突出,关系到整个工程的验收和结算。

(2)项目绩效考核与评价

工程结束之后对整个项目进行绩效考核与评价,目的是为了总结工程施工中的成功经验,并对工程施工中出现的问题进行有效的解决和规避,避免以后施工发生类似的事件。

4. 项目保障措施

制定有效的项目保障措施,以完善的制度来约束和解决工程施工中出现的问题。项目保障措施主要包括项目规章制度的制定、项目文化建设这两个方面。

(1)项目规章制度的制定

完善的规章制度,可以规避工程项目施工中的潜在风险,可以有效解决工程建设中出现的一系列问题,进而保证工程达到预期目标。

(2)项目文化建设

项目文化是施工企业为主体,工程项目为施工企业文化建设的延伸点、载体阵地而建设呈现一种文化。项目文化是施工企业的企业文化延伸落地到工程项目上的具体表现项目文化是施工企业文化的重要支撑,项目文化是对施工企业文化的丰富。

5.3 业主与监理准备作业

1. 业主的准备工作

(1)办理开工前必需的各种手续(施工报建、质监、安监备案等),落实施工用地、落实所筹资金、敦促设计出齐施工图纸、组织勘察设计单位移交测绘成果,组织设计交底,正确提供与建设有关的原始资料。

(2)在施工单位进场前应完成永久用地的征地拆迁工作,并协助监理、施工单位完成临时用地征地工作,并进一步落实施工区域范围内的地下管网资料并移交监理、施工单位,以便施工单位逐项排查,制定相应方案及保护措施。

(3)组织城市道路管理相关单位进行评估施工、监理单位完成的城市道路交通疏解方案。

(4)根据工程报建情况,诸如施工许可证、规划许可文件等,确保合法施工,协助施工监理单位办理相关进场施工手续。

(5)组织召开(或参加监理召开的)相关设计、监理、施工单位参与的动员会,要求施工单位提出目前施工存在的问题,有哪些需要建设单位协调解决的事情,向施工、监理、设计单位介绍建设单位各部门分工和职责,并明确现场管理模式及标段(区块)现场负责人。

(6)要求监理单位、施工单位提交相关资质文件(企业资质、人员资质、项目构成等),根据施工安排编制报审专项施工方案;提交报审分包单位资质等。

(7)要求施工单位编制并报审总进度计划。

2. 监理的准备工作

(1)检查施工图纸。

(2)落实开工前需办理的各类手续,如委托质量监督,办理工程报建,取得交通管理许可,和施工区域市容、环保、消防、卫生许可等。检查办理情况,对未完成的工作督促建设单位尽快办妥,可协助完成一些职责允许的工作。

(3)检查施工场地的五通一平。

(4)现场复核。应对图纸中一些重要的全局性的数据进行现场复核,对图纸上的差错、遗漏要求纠正补齐,若发现图纸重大错误应迅速通知建设单位设计单位。

(5)协助组织图纸会审及设计交底。

(6)督促施工单位完成施工准备工作。

(7)施工前的组织协调工作(建立例会制度、建立申报制度等确定三方工作程序)。

(8)开工前的总检查(技术准备工作、劳动力与物资准备工作、临时设施、机械设备及计量器具等)。

(9)组建现场监理组织机构;确定监理人员;制定建立内部工作制度;编制监理规划、细则;编制监理工作流程;确定建立及施工资料的文档格式;召开第一次监理例会。

5.4 施工单位的准备作业

1. 安摊建点

安摊建点是施工准备的第一要素,是正常展开施工的前提,驻地采用租赁房屋和修建临时设施相结合来解决。驻地建设必须遵循和满足以下原则及功能要求。

(1)符合当地政府有关部门和业主的有关规定和要求。

(2)按文明标准工地建设标准和“塑形工程”要求规划,充分体现企业文化和业主的管理形象。

(3)遵循安全第一、方便管理、经济节约的原则。

(4)驻地要便于管理,能为项目部人员提供一个较理想的办公、生活环境,驻地划分为几个相对独立的区域。其中办公宿舍区可根据需要设置包括监理办公室及合适的建设方办公室、项目部管理人员办公室、项目部施工人员宿舍、接待室、会议室、厕所、洗浴间及停车场等;餐饮娱卫区包括厨房、饮水房、文化活动室、浴室、厕所等;作业区通常包括机加工房、料棚、库房、仪表间等。

(5)驻地内有适当的绿化区域,环境美观。

(6)功能要求:满足项目部的办公需要,满足驻地内所有人员的住宿、饮食、洗浴需要;满足施工物资的存放和保管需要;满足少量配件加工的场地需要;满足施工车辆的停放需要;尽可能的满足员工的文体、娱乐活动的需要。

2. 施工队伍准备

根据工程任务特点,调整施工组织机构,特大的工程项目要组建新的施工机构。部署结集施工力量,既要满足工程进度的要求,又要有利于提高劳动生产率,做到工种配套、人机配套、机具配套,并根据工程布局相对固定施工和劳动组织。按高效精干、一专多能的原则,选择足够数量的施工经验丰富、综合素质高、经过专门培训的管理干部、专业技术人员、技术工人组成本工程的施工队伍。

按施工组织设计要求,及时调集项目管理人员、技术人员、施工人员进场,按施工进度计划配置齐相应专业所必需施工机工具。

根据工程需要,项目部领导层可由项目经理、副经理、项目总工程师和项目总经济师组成,管理层由施工技术、物资机械、安质监察、计划财务及综合办公室等部门组成,作业层根据具体情况由相关作业班组成。

3. 施工技术准备

按当地政府和业主的有关要求，办理施工许可证。清点各种技术资料、施工设计图纸和常用的工程记录表格。

认真研究、审核，掌握设计意图，做好详细记录，参加技术交底，参加现场监理组织的现场核对，对设计进行优化，按经过优化程序后的施工图纸进行施工。

调查和了解相关专业的施工进度，确定配合界面和具体配合事宜，签订配合协议。

制定测量方案，组织线路定测，并编制定测台账。

编制书面施工技术交底及关键工序、重点项目的施工作业指导书，进行技术交底。

编制培训大纲，并对各级施工人员上岗前进行施工工艺、质量及安全等的培训，编制施工质量、安全、文明、工期保证措施，编制施工管理规章制度、物资和工机具管理制度、施工安全制度等。办理进场手续，办理用电手续，签订相关协议。

了解确认地方有关检测试验机构。

4. 施工调查

开工前，对施工场地情况进行详细调查，掌握施工场地的位置和需拆迁的建筑物、构筑物。掌握地下管线或构筑物详细情况，确定改移或保护方案，为顺利开工清除障碍。进行详细的施工调查，对区间线路，车站进行施工条件、环境、施工管道、水电接口等内容的确认。架设动力和照明钱路，接通施工用水管路，确定物资运输线路。

5. 五通一平

现场“五通一平”，即为了合理有序施工进行的前期准备工作，一般包括:水通、电通、道路通、通信通、网络通、场地平整。施工现场已配置了足够能力的吊装设备，选择了合理的设备运输的预留通道，各施工区域已布置了足够的照明、通风设施以及消防灭火用具，预留的坑、孔处设置了临时安全防护栏，并设置了各种警示安全标志牌。要充分利用永久工程设施，尽量少建临时性管线工程。一般要根据先场外后场内，先室外后室内，先地下后地上的原则，合理安排各类管线工程的施工顺序和进度，尽可能减少管道工程的重复开挖。

6. 施工机械、试验设备准备

在接到中标通知书后，及时落实本工程计划用施工机械的现所在地、机械性能、年检情况等，对所有参建施工机械进行检修保养，确保其处于Ⅰ类工作状态，各种手续齐全，施工车辆在当地政府有关部门通行手续。确认所有试验设备、仪器仪表经过国家认可的检测机构的检测，贴有相应的检验标签，并确定其在有效使用期内。

所有施工机械、仪器仪表按照工程的进度计划及时到达施工现场，施工用的机具种类、数量及功能满足工程施工要求。

7. 物资准备

根据施工进度的安排，确定建筑材料、成品、半成品的资源和运输方式，要尽量减少中间装卸环节，充分利用当地已有生产能力和运输力量。地方材料在建筑材料中占很大比重，要特别注意安排好它们的生产和运输。还要根据“产、供、运、用”相结合的原则，经济合理地布置材料堆放场地。

编制材料供应计划，落实货源，及时与相关供货商签订供货合同，与监理工程师、业主代表、供货商确定验收、接管、提货的有关事宜，安排好预制构件和非标准件的加工。

物资到货后，会同业主代表、驻地监理、设备供货商，在业主指定地点进行开箱检验。对物资的包装、名称、规格型号、数量、外观以及附带的文件进行严格检查，发现不符、遗漏或损伤当场指出，并在开箱检验记录上签字确认。

负责对已开箱的物资的运输、仓储保管，保证物资的完好无损，及时组织对物资进行到货检验、试验。

材料库的存储条件、防火，防盗、防潮设施符合要求，对笨重场资制定相应的搬运方案，下达作业指导书。

8. 测量放线

进行建设区域的工程测量、放线定位，设置永久性的经纬坐标和水平基桩，补做必须的现场水文、地质勘定工作、清除现场施工障碍和平整场地。土方工程要全面规划，挖填平衡，采用机械化一次性场地平整，尽可能减少重复倒运量。

9. 编制施工组织与施工预算

审查施工图纸，修正图纸中的错误，解决图纸中不符合施工条件的问题。编制单项工程施工组织设计或专项施工方案，编制施工预算。

10. 组织材料机具进厂

清理施工范围内的场地，组织材料、成品、半成品等进场，以满足连续施工的要求。组织施工机具进场，并经过检修能保证正常运转。

11. 组织岗前培训

严格执行岗前培训、持证上岗制度。对所有拟定参加本工程的施工人员进行有针对性的学习和培训，学习掌握本工程安全、质量要点、施工技术标准、施工工艺和方法，提高参加施工人员的业务技能和质量、安全意识，持证上岗，挂牌作业。

12. 其他准备

配齐施工所需个人用工具、施工用其他零小工具设备、施工使用的计算机、打印机、传实机等，确保其状态良好。对劳动保护用品及安全防护同品进行检验。

与业主、监理、地方政府和其他施工单位联系，了解各方对工程的有关管理办法和要求，建立有效联系途径、做好沟通工作，按有关法规要求，办理相应施工手续；掌握与本工程施工有关的第一手资料，为开工后施工生产顺利进行创造有利条件。施工准备完成并达到开工条件后，向业主呈报开工申请报告。

思考题

1. 什么是施工准备？施工准备的基本内容主要有哪些？
2. 城市轨道交通工程施工前期的主要管理工作有哪些？
3. 业主和监理单位的施工准备工作各包括哪些内容？
4. 简述施工单位施工准备的主要内容。

第6章 施工组织设计概述

6.1 施工组织设计的概念与性质

1. 施工组织设计的概念

施工组织设计是用来指导施工项目全过程各项活动的技术、经济和管理的综合性文件，是施工开展中，施工空间、时间、安全防护以及配合资源的组织安排，是施工技术与施工项目管理有机结合的产物，它能保证工程开工后各施工活动有序、高效、科学合理地进行。

施工组织设计对建筑产品(建设项目或其单项单位工程、分部分项工程)生产(即施工)过程中诸要素进行合理组织。即根据拟建工程项目的特点，从人力、资金、材料、机械和施工方法等方面进行科学合理的安排，使之在一定的时间和空间之内，得以实现有组织、有计划、均衡地施工，使整个项目在施工中达到技术先进、经济合理、质量优良的目的，并根据施工安装过程的复杂性和具体施工项目的特殊性，尽量保持施工生产的连续性、均衡性和协调性，以实现生产活动的最佳经济效果。因而施工组织文件是指导设计、招标、投标、施工准备和正常施工的纲领性文件。

2. 施工组织设计的性质

施工组织设计除安排和指导施工外，还是体现设计意图，督促检查工作及编制概、预算的依据。因此，施工组织设计必须具备下列性质。

(1)合理性。确定的原则和事项即符合当前施工队伍的技术水平和装备能力，又具备一定的先进水平，通过努力是可以达到的。它以保证工程质量和安全为前提，以优化工期、资源配置和投资效益为目标，结合工程实际，对工程建设进行“全项目、全过程、全要素、全目标”规划与组织。

(2)严肃性。施工组织设计是指导项目建设的纲领性文件，一经批准，作为项目建设管理的重要依据。需要满足铁路建设“管理制度标准化、人员配准化、现场管理标准化、过程控制标准化”的标准化管理要求，提高“机械化、工厂化、专业化、信息化”水平。同时还遵循节约用地、节能环保、因地制宜的原则，力求永临结合、节省投资，并重视防灾减灾、文物保护等。施工组织设计管理实行各单位第一责任人负责制。审定后的施工组织设计必须严格执行。

(3)实践性。编制的原则和依据不是一成不变的，应贯彻从实际出发，认真调查研究的工作方法。施工组织设计应随着工人熟练程度及劳动生产率的提高，施工方法的改善，新工具、新设备的出现而不断改变，实施中应结合工程实际情况进行动态优化调整，并履行相关建设程序。

6.2 施工组织设计的任务与作用

1. 施工组织设计的任务

施工组织设计的任务是实现基本建设计划和实际要求，对整个工程的施工选择科学的施工方案和合理的安排，作为施工全过程的依据，从而协调各施工单位、各工种之间、资源与时间之间、各资源之间的合理关系。具体体现在：

(1)在具体的工程项目施工中，响应招标文件的实质性要求和条件，执行国家的法令和政策，遵守施工的有关规程、规范和细则。

(2)从施工的全局出发，全面规划，选定施工方案，合理安排施工程序，做好施工安排，确定施工进度，选择施工机具，使各环节、各工序互相衔接，协调配合。

(3)合理地、科学地计算各项物资资源和劳动力的需要量，以及使用的先后次序，以便组织保证及时供应。

(4)以"铺架工程、联调联试及运行试验"两条主线统筹安排各项工程。按技术可行、经济合理的原则，做好施工组织方案比选，优化人、财、物、机等资源配置，合理安排施工顺序，注重工程接口，均衡组织生产。

(5)切实、有效地做好施工技术组织措施以及开工前的各项准备工作。

(6)对重点、难点、控制工期的工程以及施工中可能遇到的问题，分析、排队、设想对策，做到心中有数。

2. 施工组织设计的作用

施工组织设计就是统筹规划、协调各方矛盾，正确指导施工活动的一部纲领性文件；是对整个施工活动的总设计，是建设项目管理的灵魂。施工组织设计在不同阶段、不同进程、不同部门都有不同作用，主要是规划、组织、指导作用及作为概预算编制依据，具体表现在：

(1)指导工程各项施工准备工作。

(2)体现实现业主要求，进一步验证设计方案的合理性与可行性。

(3)统一规划并协调复杂的施工活动。

(4)对拟建工程实施全方位、全过程的科学管理。

(5)是各阶段进行投资测算的依据。

(6)对施工企业的施工计划起决定和控制性的作用。施工组织设计是编制施工企业施工计划的基础，反过来，制定施工组织设计又应服从企业的施工计划，两者是相辅相成、互为依据的。

(7)是统筹安排施工企业生产的投入与产出过程的关键和依据。

(8)通过编制施工组织设计，可充分考虑施工中可能遇到的困难与障碍，主动调整施工中的薄弱环节，事先予以解决或排除，从而提高施工的预见性，减少盲目性，使管理者和生产者做到心中有数，工作处于主动地位。

6.3 施工组织设计的分类

施工组织设计是一个总的概念，因为建设项目的类别、工程规模、编制阶段、编制对象和范围的各不相同，所以施工组织设计在编制的深度和广度上也有所不同。

施工组织设计是苏联计划经济体制下的产物。在 20 世纪 60～70 年代，我国各施工企业均为计划经济体制下企业，当时只将施工组织设计作为一本技术性文件，职能单一，所以对施工组织设计编制重视不够。进入 80 年代后，随着我国市场经济的不断深入以及我国工程招投标工作在全国范围内的开展，施工组织设计也在不断地改变自己的角色，从一开始的施工技术文件已完全转变为一个全面的项目策划和管理文件。也正是如此，由于管理体制的转换、不同行业管理理论的交互、施工组织本身职能的拓展，加之国家没有制定统一的分类标准，不同行业、不同单位，甚至不同城市都有不同的分类方法。总体分类情况如下。

1. 按编制单位的不同分类

按编制单位的不同可分为：①设计单位的施工组织设计；②招标单位的施工组织设计；③施工单位的施工组织设计；④监理单位的施工组织设计。

2. 按编制对象范围不同分类

(1)施工组织总设计

施工组织总设计是以某地区中标的某一个标段或同时中标的多个标段、一个建筑群或一个建设项目为编制对象，用以指导其施工全过程各项活动的技术、经济的综合性文件。它是整个编制单元所有项目施工的战略部署文件，其范围较广，内容比较概括，是单位工程施工组织设计的编制依据。有的城市也称其为标段工程施工组织设计。

(2)单位工程施工组织设计

单位工程施工组织设计是以一个单位工程为编制对象，用以指导其施工全过程的各项施工活动的综合性技术经济文件。它是施工单位编制季度、月份和分部(项)工程作业设计的依据。对于同时承担几个施工项目，且工程量较小时(如无特殊要求)，可以合编一个施工组织设计，以有利于综合考虑人力、物力的投入和使用。对于单项施工项目，如工期较短；且无系统要求或配合时，也可以采取“技术交底书”的形式，简化编制程序和内容。

(3)分部分项工程施工组织设计

分部分项工程施工组织设计也叫分部分项工程作业设计。它是以分部(分项)工程为编制对象，用以具体实施其分部(分项)工程施工全过程的各项施工活动的技术、经济和组织的综合性文件。通常以施工难度较大或技术较复杂的分部、分项工程(如复杂的基础工程、特大构件的吊装工程、大量土石方的平整场地工程等)为编制对象，用来指导其施工活动的技术、经济文件。它结合施工单位的月、旬作业计划，把单位工程施工组织设计进一步具体化，是专业工程的具体施工文件。

施工组织总设计、单位工程施工组织设计和分部分项工程施工组织设计，是同一建设项目，不同广度、深度和作用的三个层次。

如果标段内所有单项(单位)工程同时开工，只需编制标段工程施工组织设计，如果标段内存在分期开工项目，则要求后续开工的单项(单位)工程在开工前另行编制对应单项(单位)工程施工组织设计。

3. 按施工组织深度不同分类

(1)指导性施工组织设计

一般来说，所有的标前施工组织设计(包括设计单位、招标单位及施工单位的投标施工组织设计)均为方案性施工组织设计，即指导性施工组织设计。另外，习惯上常将上级单位下达给基层单位的施工组织设计统称为指导性施工组织设计。

(2)实施性施工组织设计

工程招标完成后，由中标施工单位编制的施工组织设计，尤其是项目基层编制的施工组织设计均应视为实施性施工组织设计。另外，由于基层单位编制的施工组织往往以施工难度较大或技术较复杂的单项或单位甚至分部、分项工程为编制对象，所以常将施工单位编制的单位工程施工组织设计或分部分项工程施工组织设计视为实施性施工组织设计。

4. 按项目实施阶段不同分类

施工组织设计应围绕实现质量、安全、工期、投资、环保、稳目标开展工作，按照各阶段要求，逐步深化细化。施工组织设计按阶段分类见表 6.1。

表 6.1　施工组织设计分类表

<table>
<tr><th colspan="2">项目阶段</th><th>施组名称</th><th>编制单位</th></tr>
<tr><td rowspan="3">设计阶段</td><td>预可行性研究</td><td>概略施工组织方案意见</td><td rowspan="3">设计单位</td></tr>
<tr><td>可行性研究</td><td>施工组织方案意见</td></tr>
<tr><td>初步设计</td><td>施工组织设计意见</td></tr>
<tr><td rowspan="2">招投标阶段</td><td>招标阶段</td><td>施工规划</td><td>招标单位或其委托单位</td></tr>
<tr><td>投标阶段</td><td>投标施工组织设计</td><td>投标单位</td></tr>
<tr><td rowspan="5">实施阶段</td><td colspan="2">指导性施工组织设计</td><td>建设（业主）单位</td></tr>
<tr><td rowspan="4">施工阶段
（实施性施工组织）</td><td>施工组织总设计或标段施工组织设计</td><td rowspan="4">已中标的施工单位</td></tr>
<tr><td>单项或单位工程施工组织设计</td></tr>
<tr><td>分部或分项工程施工组织设计</td></tr>
<tr><td>专项施工方案</td></tr>
</table>

设计阶段施工组织设计重点研究施工组织方案，提出工期意见，满足技术可行和经济合理的要求；实施阶段施工组织设计在批复施工组织设计意见的基础上侧重于各种要素的详细安排、有序组织、全面落实。各阶段施工组织设计的重点见表 6.2，各阶段施工组织设计的目标见表 6.3。

表 6.2　各阶段施工组织设计工作重点

施组名称	主要作用与工作重点
概略施工组织方案意见	以预可行性研究提出的建设项目主要技术标准和方案为基础，根据概略施工组主要工程内容和分布情况，侧重研究主要控制工程的施工方案，提出建织方案意见设项目总工期意见，为编制投资预估算提供基础，为项目立项提供技术支持
施工组织方案意见	以可行性研究提出的主要技术标准和方案为基础，根据主要工程内容和分布情况，侧重研究控制工程和军难点工程的施工方案，经施工组织方案比选，提出建设总工期推荐意见、主要大型临时设施设置方案及所需主要工装设备数量、分年度完成的主要工程量及投资、主要工程和控制工程的工期和施工方法为项目决策提供技术支持
施工组织设计意见	以初步设计确定的主要工程内容和分布情况为基础，根据批复的可研阶段确定的总工期和施工组织方案，对控制工程、重难点工程和各专业工程施工方案、施工方法、资源配置、大临和过渡工程等进行全面深化和优化设计，为编制设计概算提供基础，为制定基本建设投资计划、进行项目招投标提供基础
指导性施工组织设计	以批准的设计文件为基础，遵循质量可靠、安全第一、技术先进、经济合理、确保工期的原则，合理划分标段，进一步细化、优化和落实施工方案、资源配置方案等。注重施工与设计的结合、站前与站后及各专业工程间的衔接，为建设项目总体规划、部署和组织实施提供指导，为编制各项工作计划提供基础，为实现建设目标提供保障
投标施工组织设计	投标施工组织设计是施工企业投标时编制的施工组织设计，它是投标文件的重要组成部分。是施工企业（工程承包商）以中标为目的，根据招标单位（业主）的要求和所投工程的特点，以及施工的需要，结合自身技术水平和管理经验而编制的施工组织设计，是施工企业向业主展示技术实力和工程管理能力的窗口

续上表

施组名称	主要作用与工作重点
施工组织总设计或标段施工组织设计	是以中标的整个建设项目或群体工程为对象，通盘考虑，全面规划其施工全过程各项活动的技术、经济的全局性、指导性文件，是整个建设项目施工的战略部署，内容比较概括。是施工单位全面组织施工生产的依据；是编制单项单位工程施工组织设计的依据
单项或单位工程施工组织设计	以施工难度较大或技术较复杂的单项或单位为编制对象（如××大桥、××隧道、××路基）为对象，编制具体的施工组织设计，是施工组织总设计的具体化，具体地安排人力、物力和实施工程。通常由项目管理机构中层组织编写。是组织单项（单位）工程施工的依据；是编制分部分项工程施工组织设计的依据
分部或分项工程施工组织设计	一般针对工程规模大、特别重要的、技术复杂、施工难度大的建筑物或构筑物，或采用新工艺、新技术的施工部分，或冬雨季施工等为对象编制，是专门的、更为详细的专业工程设计文件。是确保特殊工程顺利实施的依据和技术保证
专项施工方案	专项施工方案是针对施工难度较大或技术复杂的单项、单位、分部、分项工程中复杂的工艺及特定的部位编制的以方案比选与确定为主的实施方案，是这些工程施工组织的深层次的细化安排。目前，住建部要求危险性较大的分部分项工程（简称“危大工程”），施工单位应当在其施工前组织工程技术人员编制专项施工方案。对于超过一定规模的危大工程，施工单位还应当组织召开专家论证会对专项施工方案进行论证

表6.3　各阶段施工组织设计目标

目标	设计阶段	实施阶段
质量	1. 围绕“建设项目以质量为核心”的目标进行设计； 2. 满足各项工程质量标准要求（包括设计规范、验收标准等）	1. 满足建设项目各项工程质量目标要求； 2. 重点保证线下基础沉降评估、梁体收缩徐变、无砟轨道铺设、轨道精调与锁定、联调联试等各专业工程接口技术要求
安全	1. 围绕安全目标进行安全评估节点设定； 2. 对高风险工程提出安全保障措施	1. 满足建设项目各项工程安全事故控制目标要求； 2. 对重大危险源应编制专项施工方案及应急预案
工期	1. 通过多方案比选和分析，保证推荐建设项目总工期技术可行、经济合理； 2. 确定铺架和联调联试两条主线； 3. 确定控制工程、重难点工程、各专业工程工期和关键线路，确保设计的工期目标可行； 4. 确定的材料供应方案经济合理； 5. 确定的大临工程布局合理，与工期要求相匹配	1. 以批复总工期为基础，以铺架工程和联调联试为主线，确定标段工期目标； 2. 确定重难点和控制工程工期目标、主要工程节点工期目标； 3. 做好各工程接口安排，确保工期目标可控
投资	通过比选优化，确定技术可靠、经济合理的施工方案，保证总投资目标合理	1. 以批复总投资为控制目标，进行目标分解； 2. 优化施工方案，体现资金时间价值； 3. 做好资源均衡配置； 4. 做好变更管理，确保投资控制目标实现
环保	符合国家及地方环境污染控制、节约土地、节能、节材、节水等各项环保法规规定并提出相关要求； 满足环保工程与主体工程“同时设计、同时施工、同时投产”的环保目标要求	1. 提出环境污染控制目标和措施； 2. 提出土地资源节约利用控制目标和措施； 3. 提出节能、节材、节水控制目标和措施

续上表

目标	设计阶段	实施阶段
稳定	1. 落实外部协议签订，做好征地拆迁、管线迁改、交叉跨越等外部协调工作； 2. 落实工程项目社会稳定评估报告对社会稳定因素防控的要求	1. 提出文明施工和措施； 2. 提出社会环境和谐友好目标和措施，与当地社会和谐发展； 3. 根据社会稳定评估对可能影响稳定因素提出应对预案和防范措施

对于跨年度的建设项目，因投资或施工环境及所需人力、物力的变化，为适应建设管理单位和施工生产的需要，有时还应编制年度施工组织设计。年度施工组织设计应结合上一年度施工情况和新的一年部署要求进行编制。

6.4 施工组织设计的内容

6.4.1 施工组织设计的基本内容

施工组织设计应根据建设项目特点，通过技术经济比选，选择施工方案，确定施工进度，设置临时工程，并对项目在人力和物力、时间和空间、技术和组织等方面做出全面科学合理的安排，确保高效地完成建设任务。

施工组织设计一般由以下三部分组成。

1. 必要的文字说明

如编制依据、工程概况、施工部署、施工方案、施工进度计划、资源供应计划、施工准备工作计划、技术组织措施计划、项目风险管理、信息管理、技术经济指标分项等。

(1)施工方案的选择：包括施工区段的划分、施工方法的确定、施工机具的选择、施工顺序的安排以及流水施工的组织等。

(2)施工进度计划的编制：包括总工期安排、主要阶段工期安排及专业工期安排、各工程接口关系等。

(3)施工现场的布置：包括各项临时工程的设置规模、方案、位置和布局等。

(4)资源配置的方案：包括材料设备采购供应方案、分年度主要材料设备采购供应计划、关键施工装备的数量及进场计划、劳动力计划、投资计划等。

(5)管理的措施：包括标准化管理、质量管理措施、安全管理措施、工期控制措施、投资控制措施、环境保护措施、路基桥梁沉降控制及观测措施、预警机制和应急预案、信息化管理等。

2. 必要的图纸

施工组织设计应附施工总平面布置示意图、总体施工组织形象进度图、施工进度计划横道图、网络图等。

3. 相关计划表

如临时用地计划表、临时用电计划表、主要施工机械表、试验及检测设备表、主要材料计划表、进度计划表等。

6.4.2 施工组织设计的内容组成

不同的施工组织设计有不同的内容，具体取决于它的任务和作用。必须根据不同工程项目的特点和要求，现有的和可能争取到的施工条件，从实际出发，决定各种生产要素的基本结合方式，这种结合方式的时间和空间关系，以及根据这种结合方式和该工程项目本身的特点，决定所需工人、机具、材料等的种类与数量及其取得的时间与方式组织。所以每个施工组织设计的具体内容，将因工程的情况和使用的目的之差异，而有多寡、繁简与深浅之分。

城市轨道交通工程通常位于城市或临近城市，施工的水、电、道路与其他附属生产等临时设施将大为减少，现场准备工作的内容将因而少些。如果处于远离城市的地区时，这部分内容就将变得复杂起来，内容也就要多一些；对于一般性的简单工程，组织设计的内容可较简单，对于复杂的或规模较大的工程，内容就相对复杂很多。对于指导性或施工组织总设计，主要是解决重大的原则性问题，涉及的面也较广，施工组织设计的内容就浅一些。而单项（单位）或分部（分项）工程的施工组织设计，涉及的面较窄，其内容就要求深一些。同时，不同阶段的施工组织设计，由于功能特点不同，其内容侧重点也不一样，如设计单位的施工组织主要用于费用测算和检验设计可否施工，其内容侧重于施工方法和与概预算有关的数据，而施工单位的施工组织主要用于指导施工，其内容侧重于施工安排及资源量计算。除此以外，施工单位的经验和组织管理水平也可能对内容产生某些影响。

所以，在确定每个施工组织设计文件的具体内容与章节时，都必须从实际出发，以适用为主，做到各具特点、少而精，不可一味强调面面俱到。

在设计阶段编制施工组织设计（方案）可以从施工角度了解、检验设计文件在技术上的可行性和合理性；同时也为编制设计概算提供依据；加之对项目进行经济评价，需要考虑施工及工期等因素。

实施阶段编制的施工组织设计强调实施性，此阶段编制施工组织设计时各种外界因素（如图纸、工期、施工力量、征地拆迁等）已基本确定，因此，施工单位的施工组织设计的特点可以用“现实、具体、深入、可行”来描述。对于为投标而编制的施工组织设计，也应考虑中标后付诸实施的可能。

不同阶段编制的不同类型的施工组织相关组成内容参见表6.4。

表6.4　不同阶段施工组织设计文件组成内容表

编号	主要内容	设计阶段		实施阶段	
		施工组织方案意见	施工组织设计意见	指导性施组	实施性施组
一	编制依据及编制范围	√	√	√	√
（一）	研究依据、范围及研究年度	√			
	设计依据、范围及设计年度		√		
	编制依据、范围			√	√
（二）	上一阶段审批意见的主要内容及执行情况	√	√		
（三）	设计概况			√	√
二	工程概况	√	√	√	√
（一）	线路概况（附地理位置图）、车站概况、区间隧道概况	√	√	√	√
（二）	主要技术标准	√	√	√	√
（三）	主要工程内容和数量	√	√	√	√

续上表

编号	主要内容	设计阶段		实施阶段	
		施工组织方案意见	施工组织设计意见	指导性施组	实施性施组
(四)	征地拆迁数量、类别、特殊拆迁项目情况			√	√
(五)	工程特点			√	√
(六)	控制工程及重难点工程	√	√	√	√
三	建设项目所在地区特征	√	√	√	√
(一)	自然特征(地形地貌、地质、水文、气象等)	√	√	√	√
(二)	交通运输情况	√	√	√	√
(三)	沿线水源、电源、燃料等可利用的情况	√	√	√	√
(四)	当地建筑材料的分布情况	√	√	√	√
(五)	其他与施工有关的情况(卫生防疫、地区性疾病、民俗等)	√	√	√	√
四	施工组织方案	√			
	施工组织安排(筹划)			√	√
(一)	建设总体目标(安全、质量、工期、环保等)			√	√
(二)	建设组织机构和任务划分			√	
	施工组织机构、队伍部署和任务划分				√
(三)	施工总工期及其依据	√	√		
(四)	控制性工程和重难点工程的方案和工期	√	√		
(五)	铺轨基地的设置方案	√	√		
(六)	管片、轨道板预制场的设置方案	√	√		
(七)	工期总体安排意见(突出两条主线及关键线路)	√	√		
	总体施工安排和主要阶段工期			√	√
(八)	方案优缺点分析、比选及推荐意见	√			
(九)	分期、分段修建意见		√		
(十)	施工区段划分意见	√	√		
(十一)	建设协调方案			√	√
(十二)	各专业工程施工工期			√	√
(十三)	分项工程施工进度计划			√	√
(十四)	工程接口及配合			√	√
(十五)	联调联试及运行试验			√	√
(十六)	施工总平面布置示意图(含线路纵断面缩图)、总体形象进度图、横道图、网络图			√	√
五	临时工程	√	√	√	√

续上表

编号	主要内容	设计阶段		实施阶段	
		施工组织方案意见	施工组织设计意见	指导性施组	实施性施组
（一）	临时工程	√	√	√	√
1	铺轨基地（存渣场）	√	√	√	√
2	制（存）梁场	√	√	√	√
3	轨道板预制场	√	√	√	√
4	管片预制场	√	√	√	√
5	材料厂	√	√	√	√
6	其他	√	√	√	√
（二）	施工供水方案	√	√		
（三）	施工供电方案	√	√		
（四）	永久工程和临时工程结合的意见	√	√		
（五）	临时房屋工程			√	√
六	控制工程和重难点工程（包括高风险工程）施工方案	√	√	√	√
七	施工部署			√	√
（一）	施工管理目标，如工期、质量、安全、文明、环保、创优、科技应用等			√	√
（二）	组织机构建立（包括组织架构图）			√	√
（三）	施工任务（管段）的划分；			√	√
（四）	总体施工顺序（包括施工方案的比选，总体施工工艺及流程，主要施工阶段安排等）			√	√
（五）	施工方法的确定			√	√
（六）	施工机具的选择			√	√
八	施工方案	√	√	√	√
（一）	施工准备工作（包括技术、物资、现场等准备，交通疏解、管线迁改、围挡施工等）	√	√	√	√
（二）	总体施工方案			√	√
1	总体施工原则	√	√		
	总体单元划分			√	√
2	总体施工顺序			√	√
…					
（三）	分部分项工程施工方法	√	√	√	√

续上表

编号	主要内容		设计阶段		实施阶段	
			施工组织方案意见	施工组织设计意见	指导性施组	实施性施组
1	车站施工方案	围护结构施工(地下连续墙、工法桩……)			√	√
		降水方案与施工			√	√
		基坑开挖施工			√	√
		基坑支护施工			√	√
		车站结构施工			√	√
		结构防水施工			√	√
		…				
2		高架车站施工				
3	区间盾构施工	盾构施工的前期工作			√	√
		盾构施工准备			√	√
		盾构组装与调试			√	√
		盾构掘进、到达及调头施工			√	√
		管片生产与运输			√	√
		区间附属结构施工			√	√
		盾构防水施工			√	√
		…				
4	区间高架桥梁施工				√	√
5	区间隧道暗挖法施工				√	√
6	联络通道、附属工程施工				√	√
7	车辆段工程施工				√	√
8	施工测量				√	√
9	施工监测	监测组织机构			√	√
		监测项目及要求			√	√
		监测方法			√	√
10	轨道工程施工		√	√	√	√
…						
(四)	联调联试		√	√		
(五)	运行试验		√	√		
(六)	其他				√	√
九	资源配置方案		√	√	√	√
(一)	主要材料的来源与供应		√	√		
	主要材料设备采购供应方案				√	√
(二)	当地材料的来源与供应		√	√	√	√
(三)	分年度完成的主要工程量及静态投资		√	√		

续上表

编号	主要内容	设计阶段		实施阶段	
		施工组织方案意见	施工组织设计意见	指导性施组	实施性施组
(四)	分年度需要的主要材料数量	√	√	√	√
	分年度主要材料设备计划			√	√
(五)	分年度需要的主要劳动力、机具数量		√	√	√
	劳动力计划			√	√
(六)	关键施工装备的数量及进场计划			√	√
(七)	资金使用计划			√	√
(八)	临时用地与施工用电计划			√	√
十	管理措施	√	√	√	√
(一)	标准化管理			√	√
(二)	质量管理措施			√	√
(三)	安全生产保证措施			√	√
	施工安全保证措施	√	√		
(四)	工期控制措施			√	√
	工期保证措施		√		
(五)	投资控制措施			√	√
(六)	水土保持措施			√	√
(七)	施工环保措施	√	√		
	环境保护措施			√	√
(八)	文物保护措施			√	√
(九)	文明施工措施			√	√
(十)	节约用地措施			√	√
(十一)	冬季施工措施			√	√
(十二)	夏季施工措施			√	√
(十三)	雨季施工措施			√	√
(十四)	沉降控制及观测措施			√	√
(十五)	预警机制和应急预案			√	√
(十六)	信息化管理			√	√
(十七)	有待进一步解决的问题	√			
(十八)	其他			√	√
十一	引用的设计文件与施工规范				√
(一)	设计文件				√
(二)	施工规范				√

续上表

编号	主要内容	设计阶段		实施阶段	
		施工组织方案意见	施工组织设计意见	指导性施组	实施性施组
十二	进一步研究解决的问题及建议				√
十三	施工组织图表	√	√	√	√
(一)	附表	√	√	√	√
(二)	附图	√	√	√	√
(三)	附件	√	√	√	√

6.5 施工组织设计的管理

6.5.1 管理流程

各阶段施工组织设计应严格执行编制与审批程序，具体管理流程随建设单位管理的要求不同而不同，通常各阶段编制与审批责任人可参见表6.5。

表6.5 施工组织设计编制与审批责任参考表

分类名称	编制人	参加人	审批人	责任人
概略施工组织方案意见 施工组织方案意见 施工组织设计意见	设计单位项目技术负责人	1. 设计单位各专业负责人 2. 建设管理单位部门负责人	1. 设计单位技术主管 2. 建设管理单位主管	1. 设计单位项目第一责任人 2. 建设管理单位第一责任人
指导性施工组织设计	1. 建设管理单位技术负责人 2. 设计单位技术负责人	1. 建设管理单位各部门人员 2. 设计单位各专业负责人	建设管理单位主管	建设管理单位第一责任人
实时性施工组织设计	施工单位项目技术负责人	1. 施工单位各部门人员 2. 设计单位关键专业项目负责人	1. 施工单位主管 2. 监理单位负责人 3. 建设管理单位主管	施工单位项目第一责任人

6.5.2 审查重点

(1)建设管理单位

①施工组织设计意见初审。重点审查临时工程是否单独设计、方案是否合理，重点工程施工组织设计方案是否合理，阶段工期目标是否合理等。

②指导性施工组织设计编制。建设项目的指导性施工组织设计必须涵盖整个项目，指导性施工组织设计调查应在初步设计阶段开始，建设管理单位应就保证质量、安全、工期、投资和环境保护等措施和方案进行研究和论证，提高指导性施工组织设计编制质量。当一个建设管理单位负责两个及以上项目且这些项目相互关联时，建设管理单位应综合考虑各项目情况，统

筹指导性施工组织设计编制工作。工程招标时，建设管理单位应将批准后的指导性施工组织设计纳入招标文件。指导性施工组织设计需要进行重大调整的，应按建设管理规定办理。

③实施性施工组织设计审批。实施性施工组织设计未经审查批准不得开工。重点审查主要技术方案和进度计划，临时工程部署，主要管理人员和工程技术人员的配置数量和资质，工程机械配置数量和总能力，材料采购供应计划，保证安全、质量和进度的措施等，确保满足指导性施工组织设计和施工管理的实际需要。

④日常管理与检查。工程实施中建设管理单位应对指导性施工组织设计执行情况进行检查，特别是对控制性工程要加强动态管理，对执行中存在的问题进行协调解决，根据建设项目现场实际情况进行调整，以满足建设项目管理目标。建设管理单位要对实施性施工组织设计执行情况进行核查，定期召开实施情况分析会，对不依据批准实施性施工组织设计施工的要责成施工单位整改。

(2)监理单位

监理单位应对实施性施工组织设计执行情况进行检查，每月向建设管理单位报告。监理单位应对施工单位修改后备案的实施性施工组织设计对照审查意见进行核查，核查结果报建设管理单位核备。

(3)施工单位

项目经理部在正式进场施工前，应组织编制详细的施工组织设计，报监理工程师批准，其中详细施工组织设计可以在原有合同施工组织设计的基础上优化。施工组织设计的制定要完全以合同为基础，符合相关法律法规，做到精细化与规范化。

施工单位对施工方案、施工方法、施工工艺、机械配置、质量、安全保证措施的调整、变更应符合指导性施工组织设计，并按原审批程序履行手续。重点检查施工组织设计是否内容齐全、符合现场情况，是否切实可行，对项目是否有直接指导意义，切忌与实际脱节。

6.5.3 注意事项

我国从第一个五年计划开始，就在一些重点工程上采用了施工组织设计，并取得了很大的成绩，但也经历了几次起伏波折。现在，随着我国建设事业的发展和经验总结，施工组织设计已得到各建设有关部门和单位的普遍重视。为了使施工组织设计更好地起到组织和指导施工的作用，需要注意以下几个问题。

(1)充分调查与讨论。编制时，必须对施工有关的技术经济条件进行广泛和充分的调查研究、收集各方面的原始资料，必须广泛地征求有关单位群众的意见。主持编制的单位应先召开交底会，组织基层单位或分包单位参加，请建设管理单位、设计单位进行建设条件和设计交底；然后根据提供的条件和要求广泛吸收技术人员提意见制订措施，在此基础上，提出初稿，初稿完成后，还应讨论和审定。

(2)可编制分级施组。施工单位中标后，必须编制实施性的施工组织总设计。当建设工程实行总包和分包时，应由总包单位负责编制整个标段的施工组织总设计。分包单位在总包单位的总体部署下，负责编制分包工程的施工组织总设计或单项单位工程施工组织设计。

(3)挖掘群众的智慧。对结构复杂、施工难度大以及采用新工艺和新技术的工程项目，要进行专业性的研究，必要时组织专门会议，邀请有经验的专业工程技术人员参加，挖掘群众的智慧，以便为施工组织设计的编制和实施打下坚实的群众基础。

(4)发挥职能部门作用。在施工组织设计编制过程中，要充分发挥各职能部门的作用，吸收他们参加编制和审定;充分利用施工企业的技术力量和管理能力、统筹安排、扬长避短,发挥施工企业的优势和水平,合理安排各工序间的立体交叉配合施工顺序。

(5)仔细修改与完善。当施工组织设计的初稿完成后,要组织参加编制的人员及单位进行讨论,经逐项逐条地研究修改,最终形成正式文件,送有关部门审批。

(6)按程序审核与审批。实施性施工组织设计应先由施工单位组织内部审查。对于高风险、技术难度大的项目应组织专家论证。施工组织设计一经批准,主要施工方法和主要节点工期不得随意更改;确需修改的,按原程序审批。

(7)做好技术交底。经过批准的施工组织设计,在开工前,一定要召开各级的生产、技术会议并逐级执行交底,详细地讲解其意图、内容、要求、目标和施工的关键与保证措施,组织群众广泛讨论,拟定完成任务的技术组织措施,作出相应的决策。同时责成计划部门,制定出切实可行的和严密的施工计划;责成技术部门,拟定科学合理的具体技术实施细则,保证施工组织设计的贯彻执行。

(8)搞好综合平衡与连续施工。在贯彻施工组织设计时,一定要搞好人力、财力、材料、机械、施工方法、时间和空间等方面统筹兼顾、合理安排,综合平衡各方面因素,优化施工计划,对施工中出现的不平衡因素应及时分析和研究,进一步完善施工组织设计,保证施工的节奏性、均衡性和连续性。

(9)加强日常管理与检查。施工单位应按照批准的实施性施工组织设计施工,配备施工人员、工程机械,建立现场试验室,完成大型临时工程等。根据工程进展情况每月定期召开施工组织设计实施情况分析会,出现安全质量问题时还应及时召开分析会,要建立施工组织设计管理台账,将实施性施工组织设计执行情况报告建设管理单位和监理单位。

6.5.4 风险管理

1. 风险评估要求

风险管理是为了达到一个组织的既定目标,而对组织所承担的各种风险进行管理的系统过程,其采取的方法应符合公众利益、人身安全、环境保护以及有关的法规的要求。施工组织风险评估要接合各阶段工作特点和内容,确定风险评估对象和目标,进行评估工作,其中,安全风险是评估的首要目标,具体要求见表6.6。

表6.6 各阶段风险评估要求

阶段		评估要求
设计阶段	可行性研究	对工程的安全、质量、工期、投资、环境、稳定的重大影响的控制性工程进行评估
	初步设计	编制可行性研究评估意见,结合本阶段的勘察资料和设计原则,对工程的典型风险进行评估
	施工图设计	根据初步设计审查意见,对设计方案需要进行重大修改的工程进行评估
实施阶段		在设计阶段风险评估的基础上,结合实施性施工组织设计,对所有控制工程及重难点工程进行评估

2. 风险管理目标

施工组织风险管理由建设管理单位负责,需要对风险的量度、评估和应变策略。理想的风险管理,是一连串排好优先次序的过程,但实际工作中,优化的过程往往很难决定,因为风险和发生的可能性通常并不一致，所以要权衡两者的比重，以便作出最合适的决定。各阶段风险管理的目标参见表6.7。

表6.7　各阶段风险管理目标

阶段		管理目标
设计阶段	可行性研究	通过风险分析和初步评估、进行线路和控制工程多方案比选，提出各方案存在的风险，明确风险等级，形成风险报告，规避重大风险。 对推荐的方案确定降低风险初步措施，为可行性研究决策提供依据
	初步设计	对上一阶段所确定的残留风险和新识别的风险进行评估，对影响安全的风险进行专项设计
	施工图设计	对风险进一步识别，优化设计方案，提出合理的施工方法、切实可行的过程措施及施工组织设计意见，为实施阶段的风险管理创造条件
实施阶段		通过在招标文件中提出的风险等级、管理要求和投标响应要求，确定合同中各方风险管理的内容和责任，界定风险分担的原则，有效保证风险管理顺利进行。 对设计阶段风险评估结果、施工地质、资源配置和实施方案进行评估，提出相应的施工措施，注重施工管理、措施评价和落实，保证施工安全和减小损失

6.5.5　动态调整

施工组织在编制和实施过程中，当工程的宏观因素发生变化时，要及时发现问题，分析原因，拟定改进措施的修订方案，按建设要求进行动态调整，以实现建设目标。通常发生发下情况时需要进行调整：

(1)方案发生重大变化；

(2)总工期、重要节点工期发生较大变化；

(3)实际工程进度与施工组织设计中的进度严重不符；

(4)机械设备、物资、劳动力供求发生较大变化；

(5)其他因素引起的施工组织设计需要调整情况。

6.5.6　发展方向

随着我国现代化建设的发展，工程规模日趋庞大，技术日趋复杂，更需要有科学的规划和准备，施工组织设计的编制方法与内容也必须现代化。

施工组织设计必须适应我国建筑业改革发展的需要，适应管理体制改革的要求，适应与国际接轨的需要，无论是编制方式或编制内容都将会有显著的变化，体现在以下几方面。

1. 编制方式的组合化

由于施工组织必须适应今后多方面和多层次的管理要求，且直接涉及到制约，协调和企业的合法权益。因此，只要采取综合考虑，分块成文和按需组合的办法，才能满足相关的需要。

2. 有竞争特色的规范化

规范化的技术和规范化的管理是企业成熟的重要标志，是企业总体实力的集中体现，是企业资信度的基石，也是投标成功的保证。仅就投标而言，企业的投标资料中含的规范化技术和规范化管理的分量越大，资信度就越高，则投标的成功率就越大。

施工组织设计采用分块组合式的编制方法，符合实现有竞争特色的规范化的要求，可以大大加快规范化的进程，在日益发展的建筑市场的激烈竞争中，规范化中的竞争特色将体现在以下三个方面：

①规范化技术所占比重大,技术的独有和特长技术多;

②规范化管理程度高;

③企业的技术储备雄厚且调用方便。

3. 编制手段的快速化

①部分已经规范化了分块,可以视需纳入正文或作为附件,例如工法、规定等就可不纳入正文,以使正文更具有针对性,有利于加快编制的速度。

②具有通用性附件使用的分块资料存放于相关库中,供随时取用,可减少编制时的工作量。

4. 替代为项目管理策划

从目前我国施工组织设计内容上逐步变化的趋势来看,它正在慢慢地向目前我国颁布的项目管理规范推进,由项目管理规范中规定的项目管理策划代替施工组织设计也将成为可能。

项目策划阶段的主要活动包括:确定项目目标和范围;定义项目阶段、里程碑;估算项目规模、成本、时间、资源;建立项目组织结构;项目工作结构分解;识别项目风险;制定项目综合计划。项目综合计划是提供执行及控制项目活动的基础,以完成对项目的承诺。项目策划一般是在需求明确后制定的,项目策划是对项目进行全面的策划,它的输出就是“项目综合计划”。

5. 强化专项方案的编制

将“危大工程”施工组织设计的内容按专项方案要求编制,既类似于施工组织设计,又有自身的特点,体现在以下几个方面。

①注重项目的安全性

注重项目的整体组织、管理、目标、风险等。基本包括施工组织设计的全部内容,又重点关注施工工艺的安全性。

②强调目标的控制性

强调目标的控制,包括质量、安全、工期、环境与水土保持等目标。通过对各种目标的控制来优质高效地完成整个工程项目。

③重视检查与验收

相关检查验收要求包括验收标准、验收程序、验收内容、验收人员等。

④加强危险源辨识

依据是辨识区域内人(培训不够、防护不当、个人身体原因、精神原因)、机(正常、异常、紧急三个状态下的噪声、失控等)、料(毒性、易燃性、腐蚀性、放射性、感染性)、法(方法不当、操作不当)、环(过分拥挤、通风不好、光线太暗或过强、温度太高或太低等)五个方面进行危险因素的辨识。

⑤注重危险因素验算

对施工过程中各种危险性大,不能凭直观察觉的相关因素进行验算与模拟,确定其安全性,要求计算书和验算依据、施工图符合有关标准规范等。

思考题

1. 什么是施工组织设计?
2. 施工组织的任务、性质与作用是什么?
3. 如何对施工组织设计进行分类?
4. 施工组织设计的主要内容?不同的施工组织设计内容有哪些差别?
5. 城市轨道交通工程与铁道工程相比较,其施工组织设计主要存在哪些差异?
6. 简述施工组织设计的编制和审批流程。
7. 简述施工组织设计及其管理的发展方向。

第 7 章 施工组织设计的编制方法

7.1 编制原则

1. 基本要求

施工组织设计是指针对施工安装过程的复杂性，用系统的思想并遵循建设经济规律，对拟建工程的各阶段、各环节以及所需的各种资源进行统筹安排的计划管理行为。因此，需要符合相关规范、规程、施工工艺等技术要求，合理安排施工顺序，具体要求如下：

(1)重视工程组织对施工的作用；

(2)提高施工的工业化程度；

(3)重视管理创新和技术创新；

(4)重视工程施工的目标控制；

(5)积极采用先进的施工技术；

(6)充分利用时间和空间，合理安排施工顺序，提高施工的连续性和均衡性；

(7)合理部署施工现场，实现文明施工；

(8)注重与专业设计的结合，注重专业工程间的接口与配合；

(9)突出铺架工程和联调联试及运行试验两条主线；

(10)针对建设过程中不确定因素，建立预警机制并制定相应的预案。

2. 推广"四化"原则

为更好的组织生产，推进施工技术的进步与发展，施工组织设计需要大力推广"机械化、工厂化、专业化、信息化"。

(1)机械化。施工企业应根据项目实际需要和标准化的要求，遵照投标承诺，配齐配足机械设备，确保满足施工需要；研究推广使用新设备、新工艺，加强机械设备技术创新和管理，提高工作效率；研究设备系统配套，努力做到既能满足施工需要，又不闲置浪费，提高设备利用率和企业效益。

(2)工厂化。施工生产工厂化是一项系统工程，要统筹规划、合理布局。设计阶段在考虑技术方案、工程措施、大型临时设施布局和机械设备配置时，应贯彻"施工生产尽可能工厂化，工厂规模尽可能大，社会工厂尽可能被利用"的原则。

如无砟轨道板、双块式轨枕、简支梁、混凝土、钢筋加工、改良土、级配碎石、桥梁栏杆、人行道步板、沟槽及盖板、防撞墙、线路防护栅栏、钢构件等宜进行工厂化生产的成品、半成品，应尽量考虑工厂化生产。

(3)专业化。城市轨道交通工程本身具有很强的专业性，施工组织应结合项目实际，对专业人员的培训与配备、专业设备的使用和管理、专业生产过程的控制、架子队的组建等提出实施方案和相关措施。

(4)信息化。施工组织设计的编制、优化、动态管理应加快推进信息化,要利用信息化手段管理工程勘察、设计、施工和监测等方面的数据,积极利用技术成熟、通用的项目管理软件,形成施工组织设计资料数据库,逐步实现施工组织设计编制、优化、动态管理的信息化、自动化。

3. 方案选择原则

(1)确保工程质量和施工安全;

(2)施工方案应满足先进、成熟、经济、适用、可靠的要求;对选用的新技术应通过生产性试验或鉴定;

(3)利于先后作业之间、建筑工程与安装工程之间、各道工序之间的协调均衡,减少交叉干扰;

(4)施工强度和施工装备、材料、劳动力等资源需求均衡;

(5)满足劳动保护、环境保护及水土保持等方面的要求。

4. 进度计划原则

(1)遵守基本建设程序;

(2)前期设计应适当留有余地以增强抵御建设风险的能力,实施阶段的指导性施工组织设计宜体现平均先进水平,实施性施工组织设计可根据企业管理水平和技术装备水平等合理安排工期,鼓励采用先进水平;

(3)人力、物资、设备和资金等资源分配均衡;

(4)单项工程施工进度应与施工总进度相互协调,各施工工序前后兼顾、衔接合理、干扰少、施工均衡;

(5)在保证工程施工质量、总工期的前提下,充分发挥资金的时间价值和投资效益;

(6)安排施工进度计划时,必须满足线下工程沉降、梁体收缩徐变、联调联试、运行试验的必要时间,无缝线路锁定应选择在满足锁定轨温要求的气温条件下进行,不宜采用拉伸的方式;

(7)铺轨后各工程占轨时间应有专项安排。

5. 设备配置原则

(1)适应工程所在地的施工条件和结构特点,符合设计要求,生产能力满足施工强度要求;

(2)设备通用性强,能在工程项目中持续使用;

(3)设备性能机动、灵活、高效、低耗、运行安全可靠,符合环境保护要求;

(4)应按各单项工程工作面、施工强度、施工方法进行设备配套选择,力求经济;

(5)设备购置及运行费用经济,易于获得零配件,便于维修、保养、管理和调度;

(6)新型施工设备应成套应用于工程,单一施工设备应用时,应与现有施工设备生产率相适应。

6. 施工区段划分原则

(1)考虑当前施工企业的管理水平和施工机械化程度以及沿线工程量分布情况,按规模适中的原则设置;

(2)考虑施工组织设计的工期安排、临时工程的设置情况及铺架范围等因素;

(3)考虑行政区划、设计分界、工程量分布、土石方调配、材料运输组织、控制工程的位置等因素;

(4)考虑复杂车站、困难隧道、特殊桥梁、四电集成等专业化施工的因素;

(5)考虑分段施工、分段投产的可能性;

(6)有利于工程质量、施工安全和进度的控制;
(7)有利于资源的合理配置和均衡利用。

7.2 编制方法

施工组织设计应根据工程分布和数量,选择和优化施工方案,合理划分施工区段和组织流水作业,拟定施工进度并计算各种资源需要量,按照均衡施工的原则对拟定进度计划进行修正,提出临时工程的设置意见,完成施工总平面布置等。施工组织设计中各主要环节的编写应根据控制因素展开。

不同的施工组织设计因其编制条件和使用目的均不相同,其编制方法和侧重点也各不相同,但也存在许多共同点,均应根据工程分布和数量,选择和优化施工方案,合理划分施工区段和组织流水作业,拟定施工进度并计算各种资源的需要量,按照均衡施工的原则对拟定进度计划进行修正,提出临时工程的设置意见,完成施工总平面布置等。

1. 施工组织设计的核心内容

施工方案、进度计划、资源需求、平面布置是施工组织的核心内容,而其表现形式通常通过"三图两表"表达。其中"三图"即施工平面布置图、施工进度计划图和网络计划图,主要表达平面布置和进度计划;"两表"则是指材料计划表、机械设备配备表,主要表达资源需求计划与安排。因此必须高度重视施工组织设计核心内容的编写,以确保施工组织设计文件质量。

(1)施工方案

施工方案是指工、料、机等生产要素的有效结合方式。确定一个合理的结合方式,也就是从若干方案中选择出一个切实可行的施工方案来。这个问题不解决,施工就根本不可能进行。它是编制施工组织设计首先要确定的问题,也是决定其他内容的基础。施工方案的优劣,在很大程度上决定了施工组织设计的质量和施工任务完成的好坏。

(2)进度计划

施工进度计划是施工组织设计在时间上的体现。进度计划是组织与控制整个工程进展的依据,是施工组织设计中关键的内容。因此,施工进度计划的编制要采用先进的组织方法(如立体交叉流水施工)和计划理论(如网络计划、横道图计划等)以及计算方法(如各项参数、资源量、评价指标计算等),综合平衡进度计划,规定施工的步骤和时间,以期达到各项资源在时间、空间上的合理利用,并满足既定的目标。

施工进度计划包括划分施工过程、计算工程量、计算劳动量、确定工作天数和工人人数或机械台班数,编排进度计划表及检查与调整等项工作。为了确保进度计划的实现,还必须编制与其适应的各项资源需要量计划。

(3)施工现场平面布置

施工现场平面布置是根据拟建项目各类工程的分布情况,对项目施工全过程所投入的各项资源(材料、构件、机械、运输、劳力等)和工人的生产、生活活动场地做出统筹安排。通过施工现场平面布置图或总布置图的形式表达出来,它是施工组织设计在空间上的体现。因为施工场地是施工生产的必要条件,合理安排施工现场,绘制施工现场平面布置图应遵循方便、经济、高效、安全的原则进行,以确保施工顺利进行。

(4)资源需要量及其供应

资源需要量是指项目施工过程中所必要消耗的各类资源的计划用量,它包括:劳动力、建筑材料、机械设备以及施工用水、电、动力、运输、仓储设施等的需要量。各类资源是施工生产的物质基础，必须根据施工进度计划，按质、按量、按品种规格、按工种、按型号有条不紊地进行准备和供应。

2. 施工组织设计的主要环节

(1)计算详细工程数量，拟定工程量清单

工程量计算准确，才能保证劳动力和资源需要量计算得正确和分层分段流水作业的合理的组织，故工程量必须根据图纸和定额资料进行准确的计算，并以此为基础提出拟定工程量清单。计算工程量时需要考虑不同的施工方法造成的工程数量不同，如工程的分层分段按流水作业方法施工时，工程量也应相应的分层分段计算。又如土方工程的施工由利用挡土板改为放坡以后，土方工程量即应增加，而支撑工料就将全部取消。这种修改可在施工方法确定后一次进行。

(2)分析重点、难点与特点，确定施工方案

施工方案必须认真研究每一单位工程具体的施工顺序安排和流水段的划分，尤其是主要或复杂的分部分项工程施工方法和施工机械的选择，包括保证质量与安全和缩短技术性中断的相应措施。

(3)资源需求分析与计算，排定进度计划

依据定额和工程量计算人工、材料及机械台班需要量。按照工期要求、工作面的情况、工程结构以及其他因素，在计算出劳动力和机械具体需要量的基础上，求算各工序的作业时间，编制与优化网络计划，并按工作日排出施工进度。

(4)统筹分析与平衡，完成平面设计

要使生产要素在空间上位置合理、互不干扰、加快施工进度，就必须进行平面设计或通过进度图对开竣工时间进行调整，同时根据材料物资和施工机械的需要量并修正进度计划。根据对劳动力和材料物资的计算就可绘制出相应的曲线以检查其平衡状况。如果发现有过大的高峰或低谷，即应将进度计划作适当的调整与修改，使其尽可能趋于平衡，以便使劳动力的利用和物资的供应更为合理。

7.3 编 制 程 序

1. 总体程序

不同的施工组织设计因其编制对象不同、深浅度不同，其编制程序也略有不同，但不论何种施工组织设计，总体可按下列程序进行。

(1)收集和熟悉编制施工组织总设计所需的有关资料和图纸，进行项目特点的施工条件的调查研究；

(2)计算主要工种工程的工程量；

(3)确定施工的总体部署；

(4)拟定施工方案；

(5)编制施工总进度计划；

(6)编制资源需求量计划；

(7)编制施工准备工作计划；

(8)施工总平面图设计；

(9)计算主要技术经济指标。

应该指出以上顺序中有些顺序必须固定,不可逆转,如拟定施工方案后才可编制施工总进度计划(因为进度的安排取决于施工的方案);编制施工总进度计划后才可编制资源需求量计划(因为资源需求量计划要反映各种资源在时间上的需求)。

但在具体的编制过程中是没有严格的程序可遵循的,也不可能通过某一固定程序完成施工组织设计,需要在编制时互为条件,互为补充,互相对比,互相完善,是一个复杂的系统过程,各主要环节的编制应根据其控制因素展开,如实施性施工组织设计主要编制步骤可见图7.1。

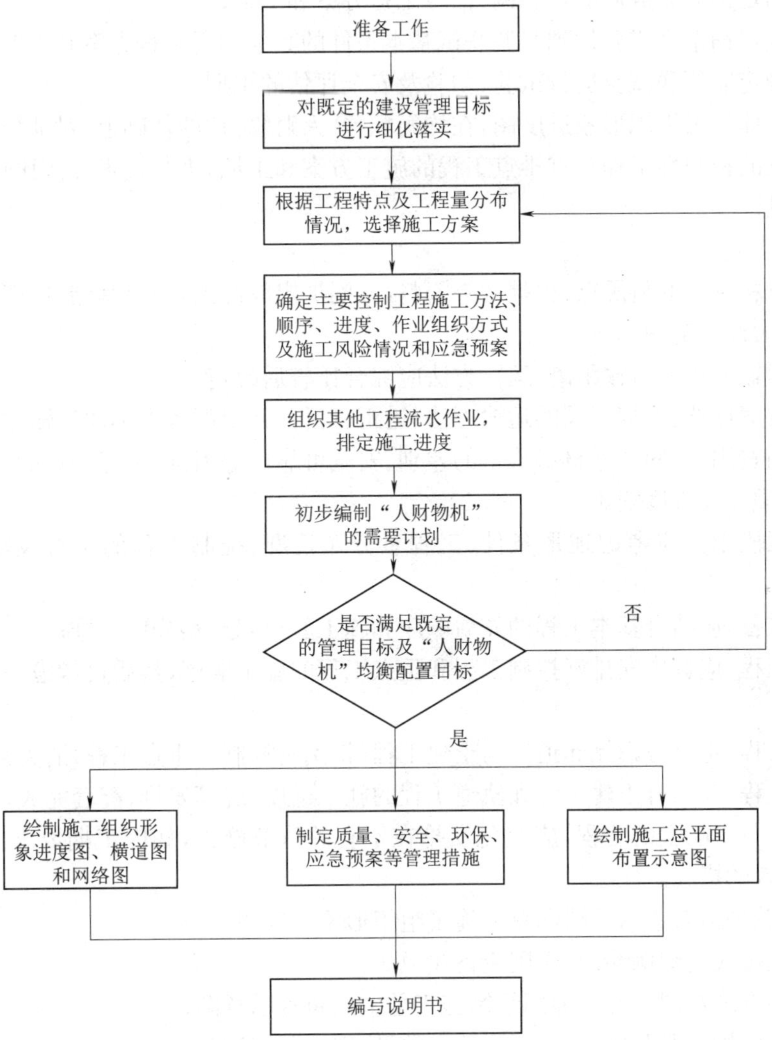

图7.1　实施性施工组织设计主要编制步骤

2. 基本步骤

对现场情况的了解与掌握,对数据资料的计算与估测,对施工方案的研究与比选,均会影响施工组织的编制程序,但只要按总的目标进行编制与完善,定能较好的完成全部编制内容,总体可按如下基本步骤进行。

(1)总工期的确定

①准备工作,包括收集、分析施工组织调查资料,了解项目的工程概况、地区特征,填写全

线工点一览表；

②初步确定控制性工程及重难点工程的施工方案和工期；

③初步确定铺轨基地的设置方案及铺轨方向；

④初步确定车站的施工顺序，盾构的掘进方向与方案；

⑤计算各区间、车站或单元工程工期；

⑥优化控制性工程及重难点工程的施工方案、临时工程布局方案和工期；

⑦初步确定复杂车站或复杂区间盾构施工方案和工期；

⑧初步确定铺架完成后的接触网、信号工程方案和工期；

⑨初步确定铺架完成后达到联调联试基本条件的其他站后工程方案和工期；

⑩初步确定联调联试及运行试验、初验及安全评估的工期；

⑪绘制总体施工组织形象进度图，在均衡配置“人财物机”的基础上，对铺架工程和联调联试两条主线下的控制性工程及重难点工程的施工方案和工期，进行技术经济比较，提出总工期或其推荐意见。

(2)材料供应方案

①拟定材料供应的料源点：根据调查资料，分别拟定料源点，如果其储量、产量不满足设计要求时，应扩大调查范围；

②拟定运输方法和运输距离：运输方法应综合比较后确定；

③运输方案比选：根据不同的运输方法、运距、运价，并全面考虑不同运输方案所引起的修建临时设施的费用，不同产地材料价格的差别、安全可靠性等因素，选择合理的运输方案。

(3)施工顺序及进度安排

①施工区段划分应考虑地形条件、工程量分布情况、控制工程的位置及项目总工期等因素；

②施工准备，应结合基本工程的先后顺序和施工要求，分段、分期安排；

③土建工程，应首先安排好控制工程和重点工程的施工顺序，然后再考虑一般工程的施工顺序；

④轨道工程，重点考虑无砟道床与土建工程(特别是控制和重点工程)的关系；

⑤装饰工程，应结合土建工程和轨道工程的施工进度，统筹安排，配套完成；

⑥对受季节影响大的工程，应避免安排在不利的季节施工，如因工期要求所限必须安排时，应提出有效的措施。

(4)施工总平面布置示意图和总体施工组织形象进度图

①尽可能按规定图例绘制，否则应备注说明；

②可借助百度地图或谷歌地图绘制施工总平面布置示意图；

③复杂的盾构地段及换乘站，可附放大的平(剖)面示意图；

④总体施工组织形象进度图主要表示在总工期范围内；

⑤施工特别复杂地段，由于工点密集，必要时，可另绘放大的局部示意图。

7.4 编制依据

不同的施工组织设计有不同的编制依据，但其共同点是必须尽可能的详细列出编制时占有的所有文件与资料，主要包括如下几个方面。

(1)建设要求文件,包括国家批准的基本建设计划文件、工程量清单、建设地点所在地区主管部门的批件及招标文件的要求、合同的约定等。

(2)设计文件,包括施工组织设计的拥有的最详细的设计文件与资料,如可行性研究报告、初步设计、施工图设计图纸,设计说明书,总概预算等。

(3)建设地区的调查资料,如水文、气象、地质、交通运输、当地建筑材料的分布、重点工程施工条件、大型临时工程及辅助设施修建条件以及水、电、燃料供应等资料。

(4)国家或业主对该建设项目的工期等要求。

(5)上一阶段批准的施工组织设计及鉴定意见。

(6)现行有关定额、指标及施工总结等资料,类似工程的经验资料等。

(7)施工单位既有的生产能力。如施工人数、技术装备、施工水平及机具数量、规格、性能等等。

(8)有关技术标准、施工规范、操作规程等资料。

(9)有关协议、中标通知书、合同、纪要及上级文件等资料。

(10)有关技术新成果等资料。

7.5　施工总体部署

施工总体部署是指战略性的施工程序及施工展开方式的总体构想策划,也可称为施工组织总体筹划或施工组织安排。施工总体部署包括的内容很多,但概括起来主要包括如下6个方面。

(1)施工管理目标。如工期、质量、安全、文明、环保、创优、科技应用等。

(2)组织机构建立。包括组织架构图。

(3)施工任务(管段)的划分。

(4)总体施工顺序。包括施工方案的比选,总体施工工艺及流程,主要施工阶段安排等。

(5)施工方法的确定。

(6)施工机具的选择。

前3项属于管理性部署,后3项属于技术性部署,目的是从总体或宏观上对施工组织管理的概括性描述,要求思路清晰,逻辑明确,言简意赅。

1. 施工管理目标

围绕达一流建设、创优质工程的目标,对拟建工程实行项目法施工与管理,推行全面质量管理。在施工过程中对施工进度、工程成本、质量、安全实行控制与管理,根据项目委托人或业主要求提出相应管理目标。

2. 组织机构建立

组织机构及施工队伍安排现场组织机构是总体施工方案中施工组织的指挥机构,明确各职能部门对工期、质量、投资控制的职能、职责;明确施工队伍的分工,包括供电、供水、供风、供暖、材料及构配件供应、生活供应、设备维修及场外材料运输等辅助施工的分工与安排。

总体负责按工期和工点分布配备相应的施工队伍,确定队伍人数,按里程或结构物明确各施工队的施工范围与施工任务内容,划分的依据是总工期、节点工期及分项工程量。项目组织是保证项目正常实施的组织保证体系,就项目这种一次性任务而言,项目组织建设包括从组织设计、组织运行、组织更新到组织终结这样一个生命周期。项目管理要在有限的时间、空间和预算范围内将大量物资、设备和人力组织在一起，按计划实施项目目标，必须建立合理的项目组织。

常见的项目组织结构类型有：直线式项目组织、直线职能式项目组织、(混合)工作队式项目组织、部门控制式项目组织、矩阵式项目组织、事业部式项目组织形式，需要根据工程特点合理选择。

不同项目组织结构形式都有各自的适用条件，对不同的项目，应根据项目具体目标、任务条件、项目环境等因素进行分析、比较，设计或选择最合适的组织结构形式。一般来说，部门控制式(职能式)的组织结构适用于项目规模小、专业面窄、以技术为重点的项目；如果一个组织经常有多个类似的、大型的、重要的、复杂的项目，应采用项目式的组织结构；如果一个组织经常有多个内容差别较大、技术复杂、要求利用多个职能部门资源时，比较适合选择矩阵式组织结构。

3. 施工任务(管段)划分

(1)划分的范围

对于设计单位施工组织设计，应着重施工期限、施工进度、流水作业的需要适当划分施工段落外，不必进行较细的区段划分，但需按业主要求提出标段划分建议，对于招标单位施工组织设计，则必须对标段进行明确划分或对既定的标段进行均衡检算；而施工单位的施工组织设计，因标段已定，主要是内部不同项目施工队之间区段或管段的划分。

标段划分，不但为概预算编制单元的主要依据，同时涉及到招标投标的系列工作，区段或管段划分，涉及施工单位的施工计划与任务的安排。因此，施工区段(标段)划分必须审慎、全面的进行调查研究和分析。

(2)划分的原则

①根据沿线工程分布，工程量大小，结合施工单位劳动力、机具配备情况来考虑；

②最好与地方行政区划分相结合，并与周边环境或邻近建筑物情况相结合；

③控制工期的重点工程及地段可单独划为一个区段；

④从全线及总工期全面考虑，各标(区)段的工作任务要平衡，工程量应饱满；

⑤考虑不同工资区的划分，便于概预算的编制与调整，成本分析，指标统计。

4. 总体施工顺序

一个建设项目及单项或单位工程，在施工过程中应遵循合理的施工顺序。总体施工顺序按照先地下、后地上；先结构、后围护；先主体、后装修；先土建、后专业的总施工顺序原则进行部署。专业分项工程与土建工程必须相互密切配合，根据工程特点通盘考虑，动态地确定合理的施工顺序，统一协调与指挥，确保工程顺利进行。

施工顺序是多种多样的，但它也有一定的规律可循。施工顺序，有空间上的顺序，也有时间上的顺序。这两种顺序的安排都受到多方面的影响，只有对具体工程和具体条件加以分析，掌握其变化规律才能安排得合理。

所谓空间顺序，是指同一工程内容(如同一分部、分项工程)的前后、左右、上下的施工顺序，即施工的方向或流向。任何工程的施工都得从某一个地方开始，然后向一定的方向推移。有时，这种顺序要受到工程结构或施工工艺的影响，常是比较固定的。

所谓时间顺序，是指不同工程内容(如单位工程中各不同分部分项工程)施工的先后顺序，在一个单位工程中，任何分部、分项工程同它相邻的分部、分项工程的施工总是有些宜于先施工，有些则宜于后施工，这中间，有一些是由于施工工艺的要求而经常固定不变的。

例如，任何建筑物或构筑物的施工都必须先处理地基基础，然后才能做上层建筑；就结构与装修来说则总是先做结构，然后再做装修。这是任何工程都必须遵守的不变的施工顺序。即使在实行立体交叉平行流水作业的情况下，从整个建筑对象看，在一特定时间各项工作是同时并进的，但从一个局部看，仍然没有改变先地基基础后上层建筑，先结构后装修的基本顺序。

但是，除了这类不变的顺序以外，还有一些施工的先后并不受工艺的限制而有很大的灵活性，从而可以有多种不同的考虑和不同的安排，这时需要考虑技术上可行、经济上合理、进度上快速、为后续工序创造施工条件。

(1)施工顺序确定的依据

①依据合同约定的施工顺序的安排，如重点工程、难点工程、控制工期的工程以及对后续影响较大的工程确定先开工；

②按设计图纸或设计资料的要求；

③按施工技术、施工规范与操作规程的要求；

④按施工项目整体的施工组织与管理的要求；

⑤结合施工机械情况和施工现场的实际情况；

⑥依据本地资源和外购资源状况；

⑦依据施工项目的地质、水文及本地气候变化，对施工项目的影响程度。

(2)施工顺序确定的因素

①遵循施工程序；

②符合施工工艺；

③与施工方法一致；

④按照施工组织的要求；

⑤考虑施工安全和质量；

⑥考虑当天气候条件。

(3)施工顺序确定的原则

①必须符合工艺的要求；工程项目各施工过程之间存在一定的工艺顺序关系，例如钻孔后必须尽快灌注水下混凝土，否则就要塌孔，所以两道工序必须紧密衔接；

②施工区段划分应考虑地形条件、工程量分布情况、控制工程的位置及项目总工期等因素；必须使施工顺序与施工方法、施工机具相协调；例如，现浇钢筋混凝土上部构造的施工顺序与采用架桥机进行装配化施工顺序就显然不相同，所以，施工方法不同，采用的机具设备不同，其施工顺序也必然不同；

③必须考虑施工质量的要求；在安排施工顺序时，要以确保施工质量作为前提条件，影响工程质量时，要重新安排或者采取必要的技术措施；

④必须考虑水文、地质、气候的影响；安排施工顺序时，必须充分考虑洪水、雨季、冬季、季风、不良地质地段等因素的影响；有的因素对施工顺序的安排起着决定作用；如桥梁下部工程一般应安排在汛期之前或之后完成；

⑤必须考虑影响全局的关键工程的合理施工顺序；

⑥必须遵从合理组织施工过程的基本原则；即符合施工过程的连续性、协调性、均衡性、经济性原则；

⑦必须考虑安全生产的要求；

⑧应能使工期最短。

5. 城市轨道交通工程施工的特点

(1)投资规模大、施工周期长。城市轨道交通工程建设成本较大,单公里综合建造费用约5亿元,如果是单条线路的造价成本也在上亿作用,由于投资压力大,建设时间长,通常是总体规划、分段建设。

(2)协调配合难度大。城市轨道交通工程往往位于城市的主干道和中心区域,施工场地比较小,施工线路比较长,会受到很多因素的影响。在进行交通疏解、管线迁改、绿化迁移、征地拆迁等工作中,会涉及很多的单位和工作,因此需要各部门做好配合工作。另外,主体土建工程建设后还需要协同做好设备安装、装饰装修、电力通信管线等,完成相关的协调与配合工作,从而确保工程的有效开展。

(3)施工工法复杂。城市轨道交通项目因为埋置非常深,地质条件比较复杂,因此在掘进的时候会使用很多的施工方法。车站施工有时会基本涵盖明挖法、暗挖法、盖挖逆作法、半盖挖法等,区间隧道涵盖 TBM、盾构、矿山法、明挖等施工方法。施工中还可能涉及锚索处理、桩基托换、房屋加固,下穿老旧建(构)筑物等特殊工法。

(4)管理要求严格。城市轨道交通工程建设项目涉及的范围非常广,如深基坑开挖、地下暗挖、爆破、高大模板、脚手架、大型起重吊装设备安拆等,这些工程许多属于危大工程,加之位于繁华地带,如果发生安全事故,往往产生很大的社会影响。需要采取有效的措施进行控制,进一步管控风险源,严格监控路面沉降、拱顶变形、地下管线及周边建筑物,做好人员培训和应急预案工作。

6. 城市轨道交通工程相关管理措施

(1)制定科学的工程质量管理体制。由于城市轨道交通工程所涉及的社会资本以及施工技术比较复杂,因此工程施工团队在施工阶段需要建立负责各种任务的部门,例如工程建设部门、地质勘察部门等。只有保证建筑施工单位各部之间的有效合作,才能确保城市轨道交通工程在规定时间内竣工。城市轨道交通工程又属于社会公共工程,因此,地方政府需要为工程投入一定的资金,制定相关政策,以保证工程的正常施工。同时,为了区分城市轨道交通工程与城市中其他工程之间的区别,需要建立一套科学合理的工程质量管理体制,并且提供相关的法律保障。

(2)运用先进的施工技术以及设备。因为城市轨道交通工程的施工需要进行深度作业,因此,需要使用吊机设备以及运输设备等,并且对机械设备的要求比较严格。工程施工准备阶段,需要选取一些具备较强的专业素质工作人员,能够操作先进的机械设备,逐渐将传统的人力施工转变为现代化机械设备的施工。通过这种施工方式,不仅能够提高工程的施工质量,也能够加快其施工进度。

(3)实现工程施工阶段的绿色施工。为保证城市轨道交通工程的绿色施工,施工单位在施工准备阶段需要对施工环境周边的环境进行全面的了解以及分析,掌握当地气候的变化规律,结合当地地质环境选择科学的施工方案以及机械设备。另外,在施工阶段,应当最大限度降低施工对于周边环境的影响程度。即工程施工前需要制定环境保护措施,确定环境管理方案。注意施工阶段噪声污染以及光污染的程度,使用节能材料以及能源进行施工,提高资源的利用效率。

(4)明确工程施工主体的相关职责。城市轨道交通工程的施工管理对象主要是针对施工阶段的各项施工工作进行全面的管理,例如工程的土木建设施工、电气施工、设备安装施工等。为保证工程质量能够达到预期的标准,需要施工单位制定完善的工程质量管理制度,同时根据工作的内容配置对应的工程施工人员，即确定每一位工作人员应当担负的责任，从而提高员工工作时的认真态度，保证工程的施工质量。

7.6　施工方案

7.6.1　施工方案的比选

施工方案的选择是施工组织设计中最重要的环节之一，是决定整个工程全局的关键。因为施工方案一经决定，则整个工程施工的进程、人力和机械的需要和布置、工程质量及施工安全、工程成本、现场的状况等也就随之被规定下来。施工组织的各个方面都无一不因与施工方案发生联系而受到重大影响。施工方案要求按照安全可靠、技术领先、切实可行、好中选优的原则进行。

1. 方案比选的要求

(1)切实可行。制订施工方案首先必须从实际出发，一定要能切合当前的实际情况，有实现的可能性。选定的方案在人力、物力、技术上所提出的要求，应该是当前已有的条件或在一定的时期内有可能争取到的条件所能满足的。否则，任何方案都是不可取的。这就要求在制订方案之前，深入细致地做好调查研究工作，掌握主客观情况，进行反复的分析比较。方案的优劣，并不首先取决于它在技术上是否最先进，或工期是否最短，而是首先取决于它是否切实可行，只能在切实的范围内尽量求其先进和快速。两者需统一起来，但"切实"应是主要的、决定的方面。

(2)满足工期。保证工期事关是否响应招标文件。因此，施工方案必须保证在竣工时间上招标文件要求，并争取提前完成。制订方案时，必须统筹安排，在照顾到均衡施工的同时，在技术上尽可能动用先进的施工经验和技术，力争提高机械化和装配化的程度。

(3)确保质量与安全。"百年大计质量第一"是基本建设的基本要求，确保质量与安全是企业生存的前提。因此，在制订施工方案时就要充分考虑到工程的质量和生产的安全，在提出施工方案的同时要提出保证工程质量和生产安全的技术组织措施，使方案完全符合技术规范与安全规程的要求。如果方案不能确保工程质量与生产安全，则其他方面再好也是不可取的。

(4)施工费用最低。施工方案在满足其他条件的同时，也必须使方案经济合理，以增加生产的盈利。这就要求在制订方案时，尽力采用降低施工费用的一切正当的、有效的措施，从人力、材料、机具和间接费等方面找出节约的因素，发掘节约的潜力，使工料消耗和施工费用降低到最低的限度。

2. 方案比选的重点

施工组织设计应积极采用先进成熟的施工技术，科学地确定施工方案。对下列工程的施工方案应作重点研究：

(1)控制工期的工程；

(2)需采取特殊施工安全或质量措施的工程；

(3)施工难度大或采用新技术的工程；

(4)深埋、多层立体交叉换乘车站工程；

(5)跨越大江、大河等深水复杂条件的盾构工程；

(6)冬季、夏季、雨季、潮汐、台风、风沙等特殊气候条件下施工的工程等。

3. 施工方案的确定

各个施工过程均可以采用各种不同的方法进行施工，而每一种方案都有其各自的优点和缺点，我们的任务在于从若干能实行的施工方法中，选择适于本工程的最先进、最合理、最经济的施工方案，从而达到降低工程成本和提高劳动生产率的预期效果。

确定施工方案主要是针对本工程的主导施工过程而言。在进行此项工作时，要注意突出重点，凡采用新技术、新工艺和对本工程的施工质量起关键作用的项目，或技术较为复杂，工人操作不够熟练的工序，在施工方案中均应详细说明施工方法和技术措施，必要时单独编制施工作业设计；对于常见的一般结构形式，工人已熟练掌握的常规做法，则可不必详述。在拟定施工方法的同时，还应明确指出该施工项目的质量标准及确保质量与安全的措施。

施工方案的确定取决于工程特点、工期要求、施工条件等因素，所以，各种不同类型工程的施工方案有很大差异。对于同一种工程，其施工作业方法也有多种可供选择，必须进行方案比选。方案确定的主要原则是：

(1)统筹兼顾，全面安排，突出重点，照顾一般，解决需要与可能的矛盾；

(2)合理利用顺序、平行、流水作业的优点，运用网络计划进行方案优化；

(3)合理调配劳动力、材料及机具设备，做到综合平衡，均衡生产；

(4)采用有效措施，做到常年不间断施工，避免因劳动力大上、大下、停工、窝工而造成的损失。

7.6.2 总体施工方案

总体方案是施工组织设计的核心，由总体负责人根据熟悉图纸和现场调查资料，拟出初步方案，全体人员参与讨论，必要时请单位领导、技术权威参与方案的研究，论证初步方案的可行性和先进性，一旦确定了总体方案，各分项工程以总体方案为依据编写分项工程，保持与总体方案的一致性，总体施工方案包括施工布置、临时工程、任务划分、队伍配置、施工顺序、施工方法等方面的内容。

对于大中型项目，施工内容多，由于受地形、气候条件、施工工艺条件限制，有些分项工程、工序可以平行交叉作业，但有些分项工程、工序必须分先后，不能违反施工程序，建议按控制与被控制的关系进行分析。控制工期、控制安全的项目先开工，并按照先场外后场内、先地下后地上，先水中后陆地，先重点后一般，先主体后附属、先路基及防护后路面或线上的原则安排施工顺序，施工顺序安排主要原则是：有利于施工展开，有利于安全施工，不影响工期。

本部分内容可与施工总体部署结合编写，如果不需要进行方案比选，则可将相关内容全部放入总体部署中一并叙述。

7.6.3 分部分项工程施工方法

分部分项工程施工方法是用文字和图表展示建筑产品实现的过程，由于施工方法不是唯一的，可以通过不同的施工方法生产，最终达到相同的产品，所以，总体方案确定后，对于主要的分部分项工程施工方法需要逐一明确。

例如，钻孔桩基础施工，摩擦桩施工应指明是采用正循环钻机，还是反循环钻机，或者是其他合适的钻机；对于构件模板，是采用木模还是小块钢模或者是厂制定型钢模；对于较高墩(柱)是用翻模、爬模还是滑模；在墩(柱)施工材料垂直提升中也应做出相应的规定，指明采用自制提升架、龙门吊、汽车吊或塔吊，还是用混凝土输送泵加起吊设备组合提升等。对于不同的施工方法能达到相同效果的应进行比较分析，确保方法先进，能加快施工进度、保证质量安全的方法。

1. 明挖法

(1)通常在地面条件允许的情况下，地铁区间隧道宜采用明挖法，但对社会环境影响很大。明挖法是指挖开地面，由上向下开挖土石方至设计标高后，自基底由下向上顺作施工，完成隧道主体结构，最后回填基坑或恢复地面的施工方法。

(2)明挖法是各国地下铁道施工的首选方法，在地面交通和环境允许的地方通常采用明挖法施工。浅埋地铁车站和区间隧道经常采用明挖法，明挖法施工属于深基坑工程技术。由于地铁工程一般位于建筑物密集的城区，因此深基坑工程的主要技术难点在于对基坑周围原状土的保护，防止地表沉降，减少对既有建筑物的影响。明挖法的优点是施工技术简单、快速、经济，常被用为首选方案。但其缺点也是明显的，如阻断交通时间较长，噪声与振动等对环境的影响。

(3)明挖法包括敞口明挖法、基坑设置支护结构的明挖法和盖挖法。

①敞口明挖法。在地面建筑物稀少、交通不繁忙、施工场地较大、结构物埋深较浅的地段及城市轨道交通出入地面的区段采用敞口明挖法。

②基坑设置支护结构的明挖法。在施工场地较小、土质自立性差、地下水丰富、建筑物密集、埋深大时采用明挖法时基坑要加设支护结构。

③盖挖法。埋深较浅、场地狭窄及地面交通不允许长期占道施工情况下可采用盖挖法施工。即在短期封闭地面交通期间，进行连续墙和钻孔灌注桩作业，开挖和修筑结构顶板，随即回填，恢复地面交通，然后转入地下作业，开挖基坑，修筑楼板和底板，利用隧道两侧的出入口和通风道出土、进料。

依据主体结构施工顺序分为盖挖顺作法、盖挖逆作法、盖挖半逆作法。该方法是在既有道路上先完成周边围护挡土结构及设置在挡土结构上代替原地表路面的纵横梁和路面板，在此遮盖下由上而下分层开挖基坑至设计标高，再依序由下而上施工结构物，最后覆土恢复为盖挖顺作法；反之先行构筑顶板并恢复交通、再由上而下施工结构物为盖挖逆作法。

(4)明挖法施工内容：

以明挖顺作法为例，其分部分项工程的主要施工方案、方法及工艺通常包括以下内容。

①基坑围护施工。包括地下连续墙、钻孔灌注桩、旋喷桩、三轴搅拌桩等。

②基坑降水案。包括降水井布置、降水井施工、降水井运行管理与监测等。

③基坑支护。包括钢筋混凝土支撑、钢支撑、混凝土板撑、桩间网喷等。

④基坑开挖。包括基坑开挖、土方外运、土方回填、路面恢复等。

⑤主体结构施工。包括施工部署、施工准备、接地网、垫层、底板、中立柱、顶板(中板)、侧墙等。

⑥出入口及通道施工。包括基坑开挖、结构施工等。

⑦防水施工。包括地下连续墙防水、主体及附属基坑开挖阶段防水、结构混凝土自防水、结构外防水层、特殊部位防水等。

⑧基坑监测。包括车站基坑监测、基准点、监测点的布设与保护等。

⑨沉降监测。包括车站监测、盾构区间监测、区间沉降监测、联络通道监测等。

2. 暗挖法

暗挖法是在特定条件下，不挖开地面，全部在地下进行开挖和修筑衬砌结构的隧道施工办法。暗挖法主要包括钻爆法、盾构法、掘进机法、浅埋暗挖法、顶管法、新奥法等。其中尤以浅埋暗挖法和盾构法应用较为广泛，目前我国的隧道施工当中以盾构法和浅埋暗挖法该两种方法居多。

(1)钻爆法

①我国地域广大、地质类型多样，重庆、青岛等城市处于坚硬岩石地层中，广州地铁也有部分区段处于坚硬岩石地层中，这种地质条件下修建地铁通常采用钻爆法开挖、喷锚支护(与通常的山岭隧道相当)。

②钻爆法施工的全过程可以概括为：钻爆、装运出渣，喷锚支护，灌注衬砌，再辅以通风、排水、供电等措施。在通过不良地质地段时，常采用注浆、钢架、管棚等一系列初期支护手段。根据隧道工程地质水文条件和断面尺寸，钻爆法隧道开挖可采用各种不同的开挖方法，例如：上导坑先拱后墙法、下导坑先墙后拱法、正台阶法、反台阶法、全断面开挖法、半断面开挖法、侧壁导坑法、CD 法、CRD 法等。对于爆破，有光面爆破、预裂爆破等技术。对于隧道初期支护，有锚杆、喷混凝土、挂网、钢拱架、管棚等支护方法。及时的测量和信息反馈常用来监测施工安全并验证岩石支护措施是否合理。

(2)盾构法

①在地铁线路穿越河道地段，围岩结构松散、饱水、呈流塑或软塑状态，工程地质条件较差的地段，采用盾构机施工。盾构(Shield)是一个既可以支承地层压力又可以在地层中推进的活动钢筒结构。钢筒的前端设置有支撑和开挖土体的装置，钢筒的中段安装有顶进所需的千斤顶；钢筒的尾部可以拼装预制或现浇隧道衬砌环。盾构每推进一环距离，就在盾尾支护下拼装(或现浇)一环衬砌，并向衬砌环外围的空隙中压注水泥砂浆，以防止隧道及地面下沉。盾构推进的反力由衬砌环承担。盾构施工前应先修建一竖井，在竖井内安装盾构，盾构开挖出的土体由竖井通道送出地面。

②我国应用盾构法修建隧道始于 20 世纪 50～60 年代的上海。最初是用于修建城市地下排水隧道，采用的是比较老式的盾构机(如网格式、压气式、插板式等)，80 年代末、90 年代初开始采用土压式、泥水式等现代盾构修筑地铁区间隧道。盾构法具有安全、可靠、快速、环保等优点，目前，该方法已经在我国的地铁建设中得到了迅速的发展。我国各城市地铁采用的盾构机大多是土压平衡盾构机型。

③随着盾构法研究的深入、工程应用的增多，盾构法施工技术以及盾构机修造配套技术也得到了发展提高。上海地铁隧道基本全部采用盾构法修建，除区间单圆盾构外，还使用双圆盾构一次施工两条平行的区间隧道，以及方形断面盾构修建地下通道。广州地铁采用具有土压平衡、气压平衡和半土压平衡模式的新型复合式盾构机成功应用于既有软土、又有坚硬岩石以及断裂破碎带的复杂地层的地铁区间隧道修筑，大大拓展了盾构法的应用范围。深圳、南京、北京、天津等城市虽然地质、水文条件各不相同，但采用盾构法修建区间隧道均取得了成功。

④盾构法的主要优点：除竖井施工外，施工作业均在地下进行，既不影响地面交通，又可减少对附近居民的噪声和振动影响；盾构推进、出土、拼装衬砌等主要工序循环进行，施工易于管理，施工人员也比较少；土方量少；穿越河道时不影响航运；施工不受风雨等气候条件的影响；在地质条件差、地下水位高的地方建设埋深较大的隧道，盾构法有较高的技术经济优越性。

以盾构为例，其分部分项工程的主要施工方案、方法及工艺通常包括以下内容：

①盾构机选型。包括工程特点及选型依据、选型及设计特点、盾构机主要参数、工程难点及盾构机的可靠性与适应性等。

②盾构进出洞施工。包括盾构进出洞端头加固方法的确定、端头加固施工、洞门加固效果

的检测、盾构机下井组装与调试等。

③盾构推进。包括盾构机始发与试验段掘进、正常掘进与主要施工工艺、盾构机到达施工、特殊地段盾构施工措施等。

(3)掘进机法

在埋深较浅、但场地狭窄和地面交通环境不允许爆破振动扰动，又不适合盾构法的松软破碎岩层情况下采用。该方法主要采用臂式掘进机开挖，受地质条件影响大。

(4)新奥法

①城市轨道交通线路穿越基岩地段时，围岩具有一定的自稳能力，一般采用新奥法施工，即以喷射混凝土和锚杆作为主要支护手段，同时发挥围岩的自身承载作用，使其和支护结构成为一个完整的隧道支护体系，并可采用信息设计，即根据施工监测的数据随时调整原设计，使设计更趋合理。

②新奥法即新奥地利隧道施工方法的简称，六十年代被介绍到我国，七十年代末八十年代初得到迅速发展。新奥法几乎成为在软弱破碎围岩地段修筑隧道的一种基本方法。

③在我国常把新奥法称为锚喷构筑法。用该方法修建地下隧道时，对地面干扰小，工程投资也相对较小，已经积累了比较成熟的施工经验，工程质量也可以得到较好的保证。使用此方法进行施工时，对于岩石地层，可采用分步或全断面一次开挖，锚喷支护和锚喷支护复合衬砌，必要时可做二次衬砌；对于土质地层，一般需对地层进行加固后再开挖支护、衬砌，在有地下水的条件下必须降水后方可施工。新奥法广泛应用于山岭隧道、城市地铁、地下贮库、地下厂房、矿山巷道等地下工程。

④在我国利用新奥法原理修建地铁已成为一种主要施工方法，尤其在施工场地受限制、地层条件复杂多变、地下工程结构形式复杂等情况下用新奥法施工尤为重要。

⑤新奥法的支护原则是：围岩不仅是载物体，而且是承载结构；围岩承载圈和支护体组成隧道的统一体，是一个力学体系；隧道的开挖和支护都是为保持改善与提高围岩的自身支撑能力服务。

⑥新奥法是以喷射混凝土、锚杆支护为主要支护手段，因锚杆喷射混凝土支护能够形成柔性薄层，与围岩紧密黏结的可缩性支护结构，允许围岩有一定的协调变形，而不使支护结构承受过大的压力。

⑦施工顺序可以概括为：开挖→初期支护→二次衬砌。

⑧开挖作业的内容依次包括：钻孔、装药、爆破、通风、出渣等。开挖作业与初期支护作业同时交叉进行。第一次支护作业包括初期喷射混凝土、打锚杆、联网、立钢拱架、复喷混凝土。初期支护后，在围岩变形趋于稳定时，进行第二次衬砌和封底，即永久性的支护(或是补喷射混凝土，或是浇筑混凝土内拱)，起到提高安全度和整个支护承载能力增强的作用，而此支护时机可以由监测结果得到。

(5)浅埋暗挖法

①针对我国城市地下工程的特点和地质条件，新奥法经过多年的完善与发展，又开发了浅埋暗挖法这一新方法。与明挖法、盾构法相比较，由于它可以避免明挖法对地表的干扰性，而又较盾构法具有对地层较强的适应性和高度灵活性，因此目前广泛应用于城市地铁区间隧道、车站、地下过街道、地下停车场等工程。

②用小导管注浆加固土层，分部开挖，架钢筋格栅拱、喷混凝土法施工初次衬砌，然后做防水层，最后用模注混凝土做二次衬砌。

③浅埋暗挖法又称矿山法,起源于1986年北京地铁复兴门折返线工程,是中国人自己创造的适合中国国情的一种隧道修建方法。该方法是在借鉴新奥法的某些理论基础上,针对中国的具体工程条件开发出来的一整套完善的地铁隧道修建理论和操作方法。与新奥法的不同之处在于,它是适合于城市地区松散土介质围岩条件下,隧道埋深小于或等于隧道直径,以很小的地表沉降修筑隧道的技术方法。它的突出优势在于不影响城市交通,无污染、无噪声,而且适合于各种尺寸与断面形式的隧道洞室。

④顾名思义,浅埋暗挖法是一项边开挖边浇筑的施工技术。其原理是:利用土层在开挖过程中短时间的自稳能力,采取适当的支护措施,使围岩或土层表面形成密贴型薄壁支护结构的不开槽施工方法,主要适用于黏性土层、砂层、砂卵层等地质。由于浅埋暗挖法省去了许多报批、拆迁、掘路等程序,现被施工单位普遍采纳。

⑤浅埋暗挖法的核心技术被概括为18字方针:管超前、严注浆、短开挖、强支护、快封闭、勤量测。其主要的技术特点为:动态设计、动态施工的信息化施工方法,建立了一整套变位、应力监测系统;强调小导管超前支护在稳定工作面中的作用;研究、创新了劈裂注浆方法加固地层;发展了复合式衬砌技术,并开创性地设计应用了钢筋网构拱架支护。

⑥由于该工法在有水条件的地层中可广泛运用,加之国内丰富的劳动力资源,在北京、广州、深圳、南京等地的地铁区间隧道修建中得到推广,已成功建成许多各具特点的地铁区间隧道,而且在大跨度车站的修筑中有相当的应用。此外,该方法也广泛应用于地下车库、过街人行道和城市道路隧道等工程的修筑。

⑦浅埋暗挖法是一种在离地表很近的地下进行各种类型地下洞室暗挖施工的方法。在明挖法、盾构法不适应的条件下,浅埋暗挖法显示了巨大的优越性。

⑧浅埋暗挖法施工步骤是:先将钢管打入地层,然后注入水泥或化学浆液,使地层加固。开挖面土体稳定是采用浅埋暗挖法的基本条件,地层加固后,进行短进尺开挖。一般每循环在0.5～1.0 m,随后即作初期支护。而后,施作防水层。开挖面的稳定性时刻受到水的威胁,严重时可导致塌方,处理好地下水是非常关键的环节。最后,完成二次支护。一般情况下,可注入混凝土,特殊情况下要进行钢筋设计。

⑨浅埋暗挖法作为建设部命名的国家级工法,不仅在地铁修建中显示了它的优越性,为国家取得重大经济、社会效益,它在地下停车场、地下街道、地下商业街及市政地下管网的建设中注入了前所未有的活力,为现代城市地下空间的开发作出了贡献。

(6)顶管法

是直接在松软土层或富水松软地层中敷设中小型管道的一种施工方法。适用于富水松软地层等特殊地层和地表环境中中小型管道工程的施工。主要由顶进设备、工具管、中继环、工程管、吸泥设备等组成。

(7)沉管法

①沉管法是将隧道管段分段预制,分段两端设临时止水头部,然后浮运至隧道轴线处,沉放在预先挖好的地槽内,完成管段间的水下连接,移去临时止水头部,回填基槽保护沉管,铺设隧道内部设施,从而形成一个完整的水下通道。

②沉管隧道对地基要求较低,特别适用于软土地基、河床或海岸较浅,易于水上疏浚设施进行基槽开外的工程特点。由于其埋深小,包括连接段在内的隧道线路总长较采用暗挖法和盾构法修建的隧道明显缩短。沉管断面形状可圆可方,选择灵活。基槽开挖、管段预制、浮运沉放和内部铺装等各工序可平行作业,彼此干扰相对较少,并且管段预制质量容易控制。基于

上述的优点，在大江、大河等宽阔水域下构筑隧道，沉管法称为最经济的水下穿越方案。

③按照管身材料，沉管隧道可分为2类：钢壳沉管隧道（有可分为单层钢壳隧道和双层钢壳隧道）和钢筋混凝土沉管隧道。钢壳沉管隧道在北美采用的较多，而钢筋混凝土沉管隧道则在欧亚采用较多。

④沉管隧道施工主要工序：管节预制→基槽开挖→管段浮运和沉放→对接作业→内部装饰。

3. 其他特殊施工方法

由于科技水平不断提高，设备不断完善，在一些特殊地段采用冻结法、化学注浆等方法加固围岩，当隧道穿过建筑物时采用基底托换等方法，为处理好地下水采用降水深层回灌等施工技术，在全国地铁施工中也得到应用，并取得了一定的效果。对于大跨度车站及折返线隧道工程，一般采用分部开挖法施工，分布开挖法包括双侧壁导坑法、中洞法、中隔壁法等，这些方法都取得了良好的施工效果。

7.7 平面图设计与绘制

7.7.1 绘制目的及作用

现场平面布置是总体方案中的一部分，它把与各分项工程的布置，纳入全局范围统一考虑，消除重复设置或设置不合理现象，是施工过程空间组织的具体成果，亦即根据施工过程空间组织的原则，对施工过程所需的工艺路线、施工设备、原材料堆放、动力供应、场内运输、半成品生产、仓库、料场、生活设施等进行空间的特别是平面的科学规划与设计，并以平面图的形式加以表达。

7.7.2 绘制依据、原则和步骤

1. 施工平面图绘制的依据

(1)工程平面设计图。

(2)施工进度计划和主要施工方案。

(3)各种材料、半成品的供应计划和运输方式。

(4)各类临时设施的性质、形式、面积和尺寸。

(5)各加工车间、场地规模和设备数量。

(6)水源、电源资料。

(7)有关设计资料。

2. 施工平面图绘制的原则

施工平面布置是一项综合性的规划课题，在很大程度上决定于施工现场的具体条件。它涉及的因素很广，不可能轻易获得令人满意的结果，必须通过方案的比较和必要的计算与分析才能决定。应遵循下列原则：

(1)在保证施工顺利的前提下，少占农田，并考虑洪水、风向等自然因素的影响，所有临时性建筑和运输线路的布置，必须便于工程本体施工。

(2)力求材料直达工地，减少二次搬运和场内的搬运距离，并将笨重的和大型的预制构件或材料设置在使用点附近，所有货物的运输量和起重量必须减至最小。

(3)加工等附属企业基地应尽可能设在原料产地或运输集汇点(如车站、码头)。

(4)附属企业内部的布置应以生产工艺流程为依据,并有利于生产的连续性。

(5)应符合保安和消防的要求,要慎重考虑避免自然灾害(如洪水、泥石流、山崩)的措施。

(6)施工管理机构的位置必须有利于全面指挥,生活设施要考虑工人的休息和文化生活。

(7)场地布置应与施工进度、施工方法、工艺流程和机械设备相适应。

(8)场地准备工作的投资最经济。

(9)尽可能使用标准图形与符号,图表位置安排均匀适当。

(10)图幅大小随线路长度及包括内容而定,以清晰匀称为度。

3. 施工平面图的设计步骤

(1)分析有关调查资料。

(2)合理确定起重、吊装、运输机械的布置。

(3)确定混凝土搅拌站的位置。

(4)考虑各种材料、半成品的合理堆放。

(5)布置水、电线路。

(6)确定各临时设施的布置和尺寸。

(7)决定临时道路位置、长度和标准。

7.7.3 绘制类型及主要内容

1. 施工总平面图

平面示意图是介绍工程概况的一种辅助手段,城市轨道交通工程通常借助于百度地图或谷歌地图进行平面示意图布置或设计。

施工总平面图是以整个工程为对象的施工平面布置方案,也可以只对某车站或区间进行略为详细的布置。通常应包括以下内容:

(1)线路平面缩图及主要建(构)筑物。

(2)车站工程的位置及其相关信息。

(3)区间隧道位置及其起讫里程。

(4)交通疏解线路方案。

(5)临时设施的位置;汽车运输便道的位置。

(6)施工区段划分及施工管理机构,如项目部、工区、作业队的驻地。

(7)周边管线及邻近建(构)筑物情况。

(8)砂石料场、构件场及管片堆放场等。

(9)复杂的盾构地段及换乘站,可附放大的平(剖)面示意图。

(10)图例、附注。

2. 单项工程、分部分项工程施工平面图

由于城市轨道交通工程属于线形工程,需要根据工程实际情况绘制局部的施工平面图,如车站、区间、出入口、附属工程等。该类平面图的布置有两种情况,一种是在施工总平面图的控制下进行布置;一种是以施工总平面图为依据,即基本上按照施工总平面有关内容进行布置,但不论哪一种,都应比施工总平面图更加深入、更加具体。

(1)重点工程施工场地布置图。应详细给出施工现场、辅助生产、生活等区域的布置情况,给出周边环境、临近建筑物等相关情况。本书末尾插页图为××车站工程的平面布置示意图。××车站工程的平面布置效果图如图7.2所示。

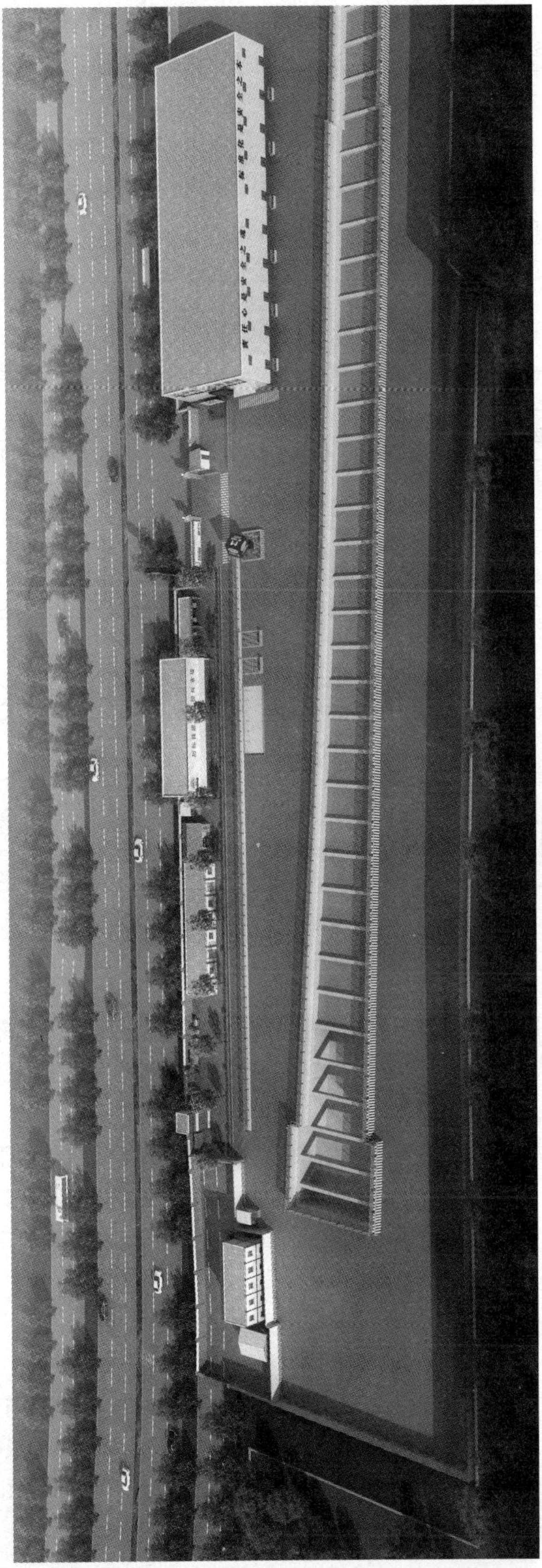

图 7.2　××车站工程的平面布置效果图

(2)其他单项局部平面布置图。对于大型项目,因施工周期长,管理工作量大,附属、辅助企业多,必要时应绘制其他的平面布置图。这类图主要有以下几种:

①沿线砂石料场平面布置图。

②大型附属企业如管片厂、预制构件厂、主要材料加工厂等平面布置图。

③端头井、车站出入口、地铁车站中的风亭、风井、泵房、联络通道等附属工程平面图。

④主要施工管理机构的平面布置示意图(图 7.3)。

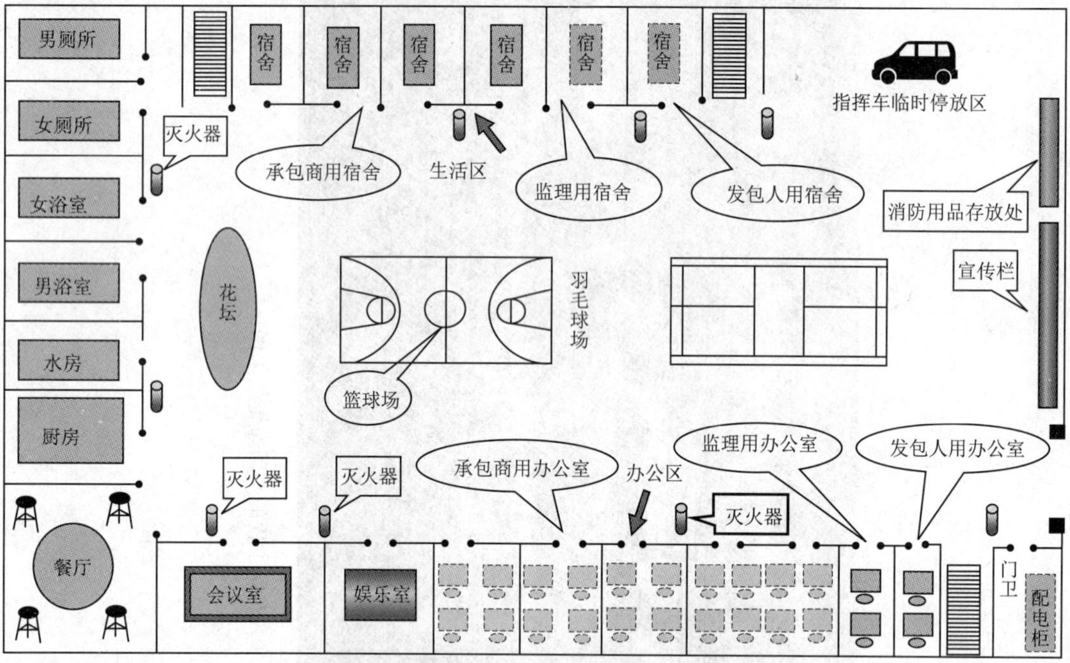

图 7.3 某项目经理部驻地平面布置示意图

3. 区间地质剖面与施工组织图

由于城市轨道交通工程属于线形工程,具地铁又通常位于地下,平面图有时难以表达工程的相关信息,施工组织相关要素的表达也存在一定困难,现场有时采用地质剖面图的形式进行表达。

从地质剖面图上可以清楚的看到岩土分层情、地层产状、不良地质、地下水位等地质成果还可能看到盾构掘进参数、施工组织计划、节点进度计划等信息,也可实时查看地下岩层、深度、地表建筑情况,甚至及时关注地下掘进动态等,图 7.4 为城市轨道交通工程××区间局部地质剖面示意图。

4. 现场布置的基本要求

(1)一般要求

①施工生产区、辅助生产区的布置应按工序有效衔接、布局紧凑等原则,根据工程地形地貌、城市周边环境及场地大小,规划施工现场平面布置,设计现场标牌、施工便道便桥、施工用水用电、临时房屋、钢筋棚、料场、泥浆池、弃土场等的具体位置及详细布置图。

②现场布局合理,环境整洁,物流有序,标识醒目。

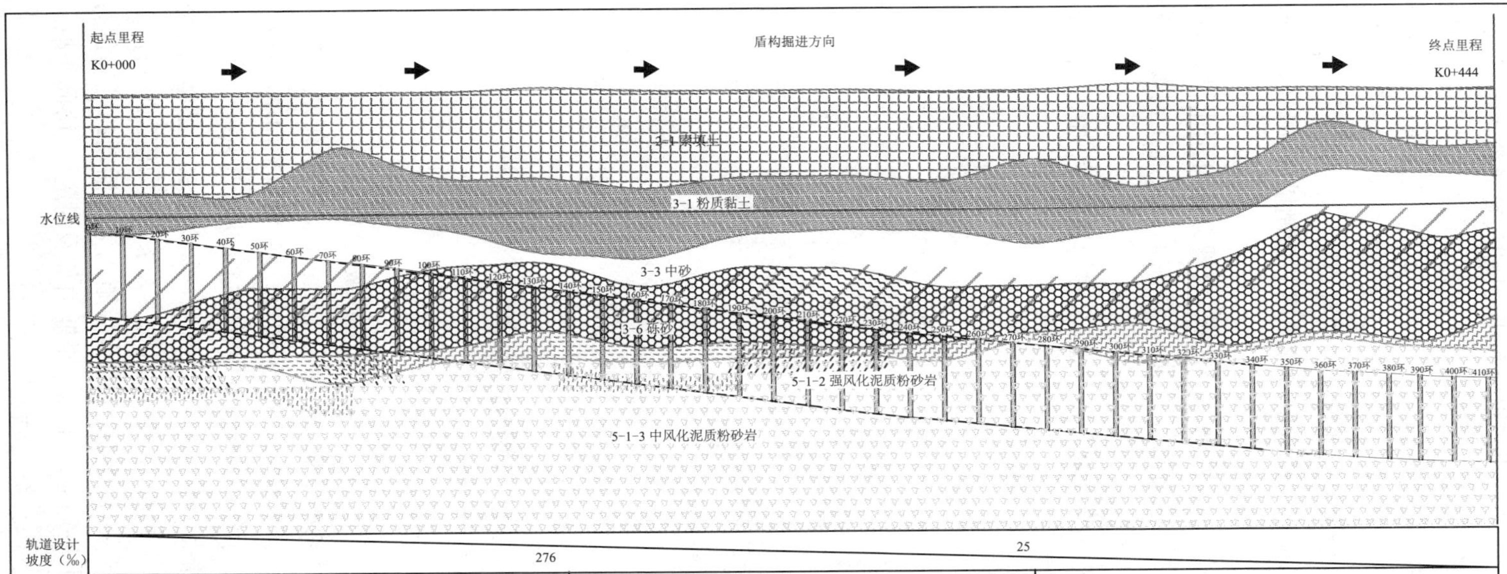

	全断面砂层				上软下硬地层				全断面岩层			
盾构掘进参数	土压	理论土压上下波动0.01 MPa	掘进速度	30~40 mm/min	土压	低于理论土压0.03~0.06 MPa	掘进速度	30~35 mm/min	土压	低于理论二压0.07~0.1 MPa	掘进速度	20~35 mm/min
	渣土改良	泡沫+膨润土	刀盘扭矩	2 500~3 500 kN·m	渣土改良	泡沫+水	刀盘扭矩	2 500~4 000 kN·m	渣土改良	泡沫+水	刀盘扭矩	2 500~3 500 kN·m
	掘进推力	1 500~2 200 kN	出渣量	46~48 m³	掘进推力	1 600~2 400 kN	出渣量	48~50 m³	掘进推力	1 500~2 400 kN	出渣量	49~51 m³

图例：
素填土　粉质黏土　中砂　中风化泥质粉砂岩
砾砂　强风化泥质粉砂岩　区间隧道

备注：1. 根据盾构区间周边水文地质资料、环境（包含管线、重要建构筑物）资料等综合条件考虑，本区间拟采用土压平衡盾构机；
2. 本区间盾构施工工期为××年××月××日~××年××月××日，其中：盾构机及后配套计划于××年××月××日进场，组装调试及场地布置1.5个月完成前期准备工作，盾构掘进施工按照200 m/月施工进度综合考虑，盾构掘进施工于6个月内完成（本区间长度为1 789 m，图示为该区间局部地质剖面图），盾构接收及盾构设备解体转运按1个月考虑；
3. 结合本区间地质情况，针对不同地层情况，拟采用盾构掘进参数如上表；
4. 盾构掘进施工过程中，根据地面沉降监测数据、渣土改良、出渣量等实时对盾构掘进参数进行调整。

图 7.4　××区间局部地质剖面图

(2)交通疏解

①施工范围现状情况及影响范围调查

了解区间段施工范围周边道路设施情况、两侧用地和建设情况、交通管理情况以及公共交通情况和站点设置情况。针对区间段的实际情况,确定施工围挡范围对机动车道、非机动车道以及人行道的影响情况、对公交车站和公交线路的影响以及对周边现状建筑进出的影响等。

②交通疏解方案

通过对施工期间的交通组织研究,最大限度地挖掘了现有道路的潜力,在一定程度上缓解地铁在施工期间对道路交通的影响,采取交通疏导的分流策略和控制措施,减轻相关道路及整个区域的交通压力。

依据对站点施工影响的道路的范围、等级及现状等情况,合理分配可利用设施的路权,并设置合理的交通指示标志,采用适当的引导措施等手段,尽可能地减小施工对城市交通的影响,为受影响的现状建筑解决出路。

结合组织方案,列出所需设置的交通指示标志和新建、改建的道路设施的数量,以及需要加强交通治理的道路设施的数量和范围。

(3)合理布置相关工程场地与设施

①施工便道及场地硬化。

②材料加工场、加工棚。

③材料库布置与材料堆放。

④试验室布置。

⑤喷射、注浆混凝土拌合站。

⑥车站工程布置。

⑦暗挖区间布置。

⑧盾构隧道施工现场布置。

⑨高架区间布置。

⑩现场围挡布置等。

7.8 施工进度安排

7.8.1 进度计划的作用

施工进度计划是根据施工部署,对整个工地上的各项工程做出时间上的安排;是控制工程施工进度和工程竣工期限等各项施工活动的依据;施工组织工作中的其他有关问题都要服从进度计划的要求,如计划部门提出月、旬作业计划,平衡劳动力计划,材料部门调配材料、构件,设备部门安排施工机具的调度,财务部门的用款计划等均需以施工进度为基础。

施工进度计划反映了工程从施工准备工作开始,直到工程竣工为止的全部施工过程;反映了工程建筑与安装的配合关系,各分部工程及工序之间的衔接关系,所以施工进度计划有助于领导部门抓住关键,统筹全局,合理布置人力、物力,正确指导施工生产活动的顺利进行;有利于工人群众明确目标,更好地发挥主动精神;有利于施工企业内部及时配合,协同作战。

7.8.2 施工计划的形式

施工进度计划通常用文字或图表进行表述,施工进度图主要形式有横道图、垂直图、网络图、形象进度图等。

1. 横道图

图7.5即是横道图的表示方式。它是由两大部分组成，左面是项目内容，右面是进度指示图表，用横向线条形象地表示子项目的施工进度，线的长短表示施工期限；线的位置表示施工过程。

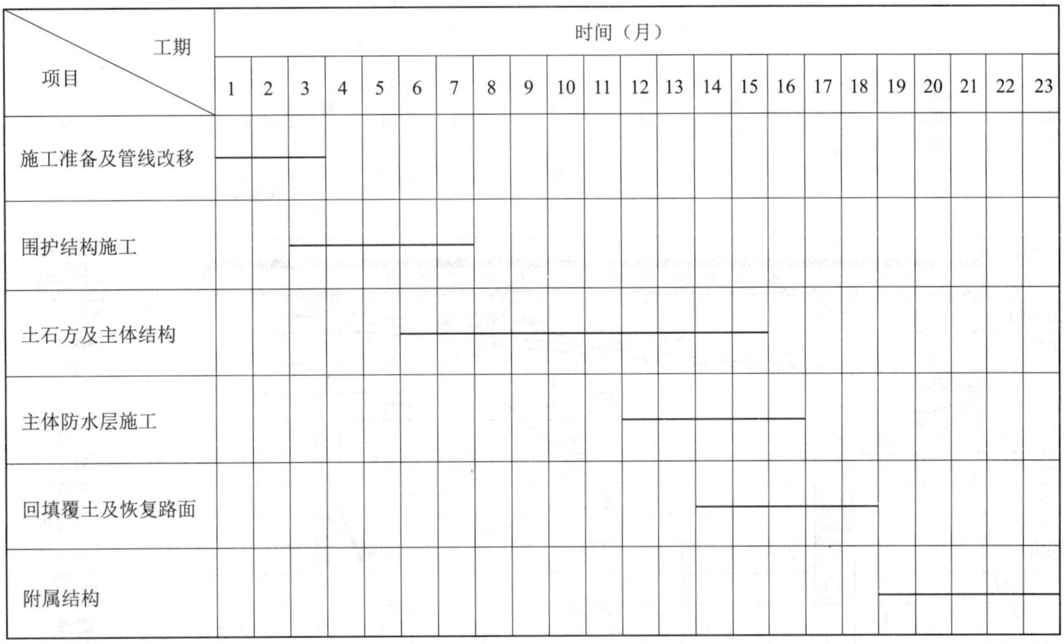

图7.5　某地铁车站结构施工进度横道图

这种表示方法比较简单、直观、易懂，容易编制，但有以下缺点：(1)各子项目的相互关系不明确；(2)施工日期和施工地点无法表示，只能用文字说明；(3)工程数量实际分布情况不具体；(4)仅反映出平均施工强度。它适用于绘制集中性工程进度图、材料供应计划图或作为辅助性的图示附在说明书内用来向施工单位下达任务。

2. 垂直(斜线)图

垂直图的表示特点是：以纵坐标表示施工日期，以横坐标表示里程或工程位置。而各分部分项工程的施工进度则相应地以不同的斜线表示。工程量在图表上方相应地表示，施工组织平面示意图可在图表的下方相应地表示，资源平衡可在图表右侧以曲线表示。

垂直图主要包括以下内容：①主要工程分布；②工程进度图示；③施工标（区）段划分；④节点或里程碑工期；⑤工法；⑥图例、附注等。某地铁 n 号线北延机场南至机场北段工程进度计划示意图如图7.6所示。

垂直(斜线)图的优点是消除了横道图的不足之处，工程项目的相互关系、施工的紧凑程度和施工速度都十分清楚，工程的分布情况和施工日期一目了然，从图中可以直接找出任何一天各施工队的施工地点和应完成的工程数量，特别适用于线型工程。但仍有一些不足之处：①不能反映某项工作提前(或推迟)完成对整个计划的影响程度；②不能反映哪些工程是主要的，不能明确表达出哪些是关键工作；③计划安排的优劣程度很难评价；④不能使用电子计算机，因而绘制和修改进度图的工作量很大。

3. 网络图

用网络图来表示施工进度，不但能反映施工进度，而且更能清楚地反映出各个工序、各施工项目之间错综复杂的相互联系、相互制约的生产和协作关系。不论是集中性工程，还是线型工程，都可以用网络图表示工程进度。因此，这是一种比较先进的工程进度图的表示形式，施工现场已大力推广使用。

序号	9	8	7	6	5	4	4	3	2	1	
工程名称／进度计划	站后折返线	机场北站	明挖段	顶管始发井	顶管段	顶管及暗挖工作井	顶管及暗挖工作井	暗挖段	机场南站站后折返线	机场南站	图例

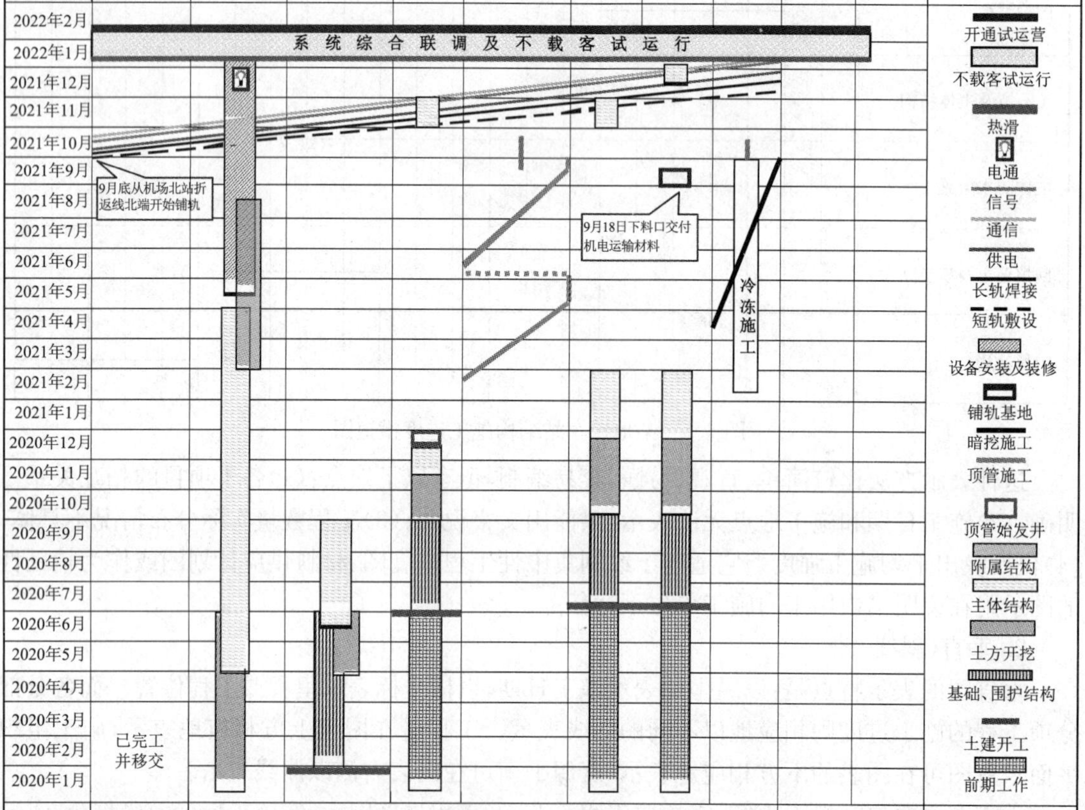

标段划分	施工14标	施工13标							已开通		
工法	明挖	明挖	明挖	明挖	顶管	明挖	明挖	暗挖			单位
长度(右线)	250	263	177	15	101	15	18	60			（延米）
长度(左线)	250	263	177	15	101	15	18	60			（延米）
土建工期		16	8	5.5	8	7	7	9.5			（月）
铺轨工期		2									（月）

图 7.6　某地铁 n 号线北延机场南至机场北段工程进度计划示意图

4. 形象进度图

工程的形象进度,一般指的是可以直观感觉到的进度。形象进度一般讲总体形象进度和分项工程形象进度,用图表表示,在图上标注分部分项工程,并实时更新涂色,以示工程完成情况,也可它用简图、文字或结合数字,简明扼要地反映工程实际达到的形象部位,借以表明该工程的总进度。

工程施工开始后每月应进行进度统计,此统计要反映两个意思,一是反映工程现在的完成情况(即百分比);二是与施工组织设计中编制的计划进行比较,检查进度是超前还是滞后,以指导领导对后续工作的安排。

形象进度是领导及时掌握工程完成情况最直观有效的信息。

【例 7.1】××地铁工程形象进度:自××年××月××日至××年××月××日完成全部基坑开挖施工。挖土期间共计完成钢支撑安装××根,挖土方量××万 m^3,历时××天,比原计划提前××天完成,基坑变形均控制在允许范围内。到目前为止已完成五块底板结构。

【例 7.2】××地铁工程形象进度表(表 7.1)。

表 7.1 ××地铁工程形象进度表

项目名称	建设单位	年度工作指标	计划建设时间	施工单位	形象进度
…	…	围护结构完成 80%	…	…	已完成交通疏解和围挡施工
…	…	围护结构全部完成,基坑开挖完成 40%	…	…	已完成全部施工准备,围护结构完成任务 0%
…	…	…	…	…	…

【例 7.3】××地铁工程形象进度图(图 7.7)。

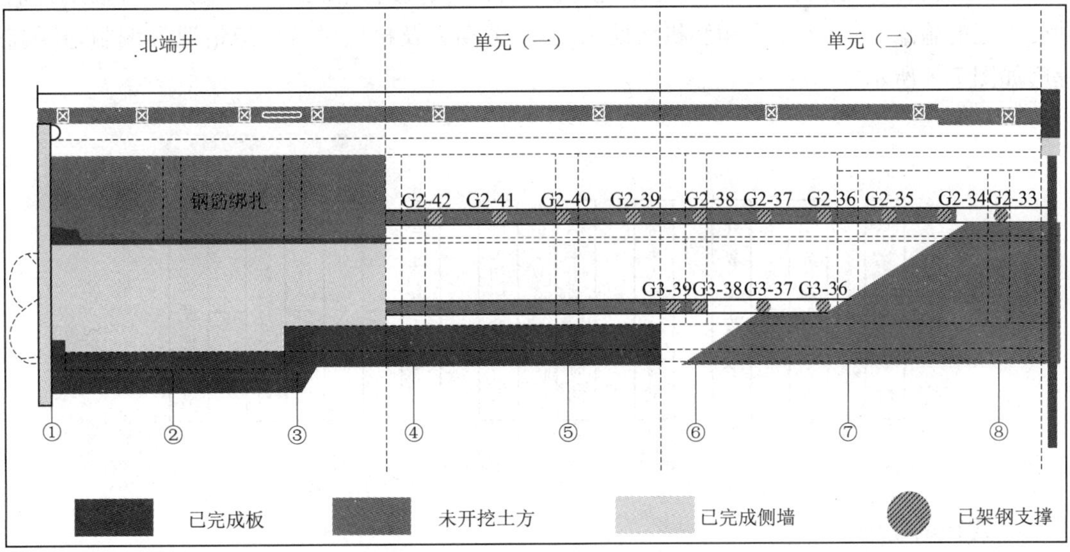

图 7.7 ××地铁工程形象进度图

7.8.3 总工期的确定

1. 总工期的计算模型

$$工程建设总工期=A+X+B+Y+C+D$$

其中，A：施工准备；X：土建工程；B：铺（架）轨施工；Y：四电施工；C、D：联调联试和运行试验。除X、Y为变量外，其余均为常量，X、Y可通过网络计划图和公式计算确定。

2. 详细分析与计算步骤

(1)准备工作，包括收集、分析施工组织调查资料，了解项目的工程概况、地区特征，填写全线工点一览表；

(2)初步确定控制性工程及重难点工程的施工方案和工期；

(3)初步确定铺轨基地的设置方案及铺轨方向；

(4)初步确定车站施工方案及盾构掘进方向；

(5)计算车站、区间相关工程工期；

(6)优化控制性工程及重难点工程的施工方案、临时工程布局和工期；

(7)初步确定附属工程及联络通道的方案和工期；

(8)初步确定铺架完成后的接触网、信号工程方案和工期；

(9)初步确定铺架完成后达到联调试基本条件的其他工程方案和工期；

(10)初步确定联调联试及运行试验、初验及安全评估的工期；

(11)绘制总体施工组织形象进度图，在均衡配置“人财物机”的基础上，对铺架工程和联调联试两条主线下的控制性工程及重难点工程的施工方案和工期，进行技术经济比较，提出总工期的推荐意见。

7.8.4 进度计划的编制方法

1. 编制的程序

施工进度计划通常根据工程的全部施工图纸及有关资料、上级或合同规定的开竣工日期、主要工程的施工方案、劳动定额和机械使用定额、劳动力及机械设备供应情况等编制，其编制程序如图7.8所示。

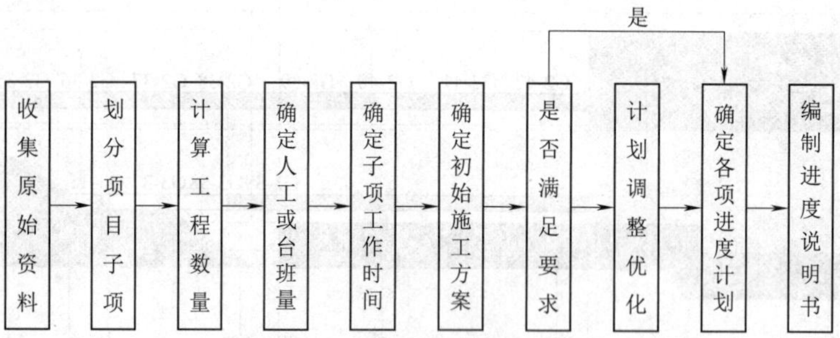

图7.8 进度计划编制程序

2. 遵循的原则

进度计划宜以项目网络图、估算时间、资源储备情况、项目日历和资源日历、强制日期、关键事件或主要节点工程等为依据安排。编制总体施工进度图最好是按照施工顺序进行，并在图内加入开工时间，完工时间及持续时间。遵循如下原则：

(1)严格遵守施工期限，合理安排，留有余地；

(2)分清工程主次，统筹兼顾，保证主体工程和关键工程按期完成，其他工程要为关键工程创造有利条件，并同步完成；

(3)按施工方案确定的施工顺序，均衡地安排好辅助工程的施工时间，做到人力、物力、财力合理利用，求取最大经济效益；

(4)重视各项准备工作，使施工进度建立在可行的基础上，确保安全生产、质量及费用目标；

(5)尽可能使各项工程在有利的条件下进行，避免冬季、雨季、夏季产生的不利于施工的影响因素，并采取措施全天作业。

2. 划分施工项目、确定施工方法

在编制单位工程施工进度计划时，首先要划分施工项目的细目，即划分为若干种工序、操作，并填入相应的栏内。划分时应注意：

(1)划分施工项目应与施工方法相一致，使进度计划能够完全符合施工实际进展情况，真正起到指导施工的作用；

(2)划分施工项目的粗细程度一般要按施工定额(施工图阶段按预算定额)的细目和子目来填列，这样即简明清晰，又便于查定额计算；

(3)施工项目在进度计划表内填写时，应按工程的施工顺序排列(指横道图)，而且应首先安排好主导工程；

(4)施工项目的划分一定要结合工程结构特点仔细分项填列，切不可漏填，以免影响进度计划的准确性。

选择施工方法首先要考虑工程的特点和机具的性能，其次要考虑施工单位所具有的机具条件和技术状况，最后还要考虑技术操作上的合理性。确定施工方法后，还应根据具体条件选择最先进的合理的施工组织方法。

3. 计算工程量与劳动量

根据编制对象的全部项目内容拟定工程数量清单，或核算已有工程量清单的工程量。子项目划分粗细，根据施工组织的种类决定，一般较施工组织设计对象深，但不宜太深太细，可按确定工程项目的开展程序排列，应突出主要项目，一些附属、辅助工程、小型工程及临时建筑物可以合并。

计算各子项目工程量的目的是为了正确选择施工方案和主要的施工、运输、安装机械；计算各项资源的需要量。因此工程量计算只需粗略计算，可按初步(或扩大初步)设计图纸并根据各种定额手册进行计算。常用的定额、资料有以下几种：

(1)概算指标和扩大结构定额。这两种定额分别按建筑物的结构类型、跨度、层数、高度等分类，给出相应的劳动力和主要材料消耗指标；

(2)万元、十万元投资工程量、劳动力及材料消耗扩大指标。这种定额规定了某一种结构类型建筑、每万元或十万元投资中劳动力、主要材料等消耗数量；

(3)标准设计或已建的同类型建筑物、构筑物的资料；在缺乏上述几种定额手册的情况下，可采用标准设计或已建成的类似工程实际所消耗的劳动力及材料，加以类推，按比例估算；但是，由于和在建工程完全相同的已建工程是没有的，因此在采用已建工程资料时，一般都要进行换算调整；这种消耗指标都是各单位多年积累的经验数字，实际工作中常用这种方法计算。

4. 确定施工期限

建筑物或构筑物的施工期限，应根据合同工期、施工单位的施工技术力量、管理水平、施工项目的建筑结构特征、建筑面积或体积大小、现场施工条件、资金与材料供应等情况综合确定。确定时，还应参考工期定额；工期定额是根据我国各部门多年来的施工经验，在调查统计的基础上，经分析对比后制定的。

5. 绘制进度计划

在施工部署中已确定了总的施工期限、总的展开程序，再通过上面对各建筑物或构筑物施工期限(即工期)进行分析确定后，就可以进一步安排各建筑物或构筑物的开竣工时间和相互搭接关系及时间。在安排各项工程搭接施工时间和开竣工时间时，应考虑下列因素：

①同一时间进行的项目不宜过多，避免人力物力分散；

②安排施工进度时，应尽量使各工种施工人员、施工机械在全工地内连续施工，尽量组织流水施工；从而实现人力、材料和施工机械的综合平衡；

③要考虑冬雨等季节影响，以减少施工措施费；如一般大规模土方和深基础施工应避开雨季；水中桥墩要避开洪水季节，大批量的现浇混凝土工程应避开冬季；

④结合网络图和进度垂直图进行，以使施工连续均衡。

6. 综合检查

施工总进度计划表绘制完后，应对其进行检查，主要从以下几个方面进行：

①是否满足项目总进度计划或施工总承包合同对总工期以及起止时间的要求；

②各施工项目之间的搭接是否合理；

③整个建设项目资源需要量动态曲线是否均衡；

④主体工程与辅助工程、配套工程之间是否平衡。

7.9 资源配置

临时工程计算及资源配置临时工程是总体方案的重要组成部分，是实现总体方案的依据。临时工程量及资源配置需通过计算分析后确定，不能估算。主要包括临时道路、生产生活房屋、供电、供风、供水预制场、拌和站、材料供应设施等。计算依据是工期、分项工程量及施工组织设计中相关规定，只有通过计算确定的临时工程量才能有效保证工期要求。有些临时工程量要满足阶段性高峰期要求，净施工时间要求或满足安排的施工单位个数要求。

7.9.1 资源配置的原则

资源配置的实质就是社会总劳动时间在各个部门之间的分配。资源配置合理与否，对一个国家经济发展的成败有着极其重要的影响。

1. 资源配置原则

(1)能级对应原则。合理的人力资源配置应使人力资源的整体功能强化，使人的能力与岗位要求相对应。企业岗位有层次和种类之分，它们占据着不同的位置，处于不同的能级水平。每个人也都具有不同水平的能力，在纵向上处于不同的能级位置。岗位人员的配置，应做到能级对应，就是说每一个人所具有的能级水平与所处的层次和岗位的能级要求相对应。

(2)优势定位原则。人的发展受先天素质的影响，更受后天实践的制约。后天形成的能力不仅与本人的努力程度有关，也与实践的环境有关，因此人的能力的发展是不平衡的，其个性也是多样化的。每个人都有自己的长处和短处，有其总体的能级水准，同时也有自己的专业特长及工作爱好。优势定位内容有两个方面：一是指人自身应根据自己的优势和岗位的要求，选择最有利于发挥自己优势的岗位；二是指管理者也应据此将人安置到最有利于发挥其优势的岗位上。

(3)动态调节原则。动态原则是指当人员或岗位要求发生变化的时候，要适时地对人员配备进行调整，以保证始终使合适的人工作在合适的岗位上。岗位或岗位要求是在不断变化的，人也是在不断变化的，人对岗位的适应也有一个实践与认识的过程，由于种种原因，使得能级不对应，用非所长等情形时常发生。能级对应，优势定位只有在不断调整的动态过程中才能实现。

(4)内部为主原则。一般来说，企业在使用人才，特别是高级人才时，总觉得人才不够。其实，每个单位都有自己的人才，关键是要在企业内部建立起人才资源的开发机制，使用人才的激励机制。这两个机制都很重要，如果只有人才开发机制，而没有激励机制，那么本企业的人才就有可能外流。从内部培养人才，给有能力的人提供机会与挑战，造成紧张与激励气氛，是促成公司发展的动力。但是，这也并非排斥引入必要的外部人才。

2. 资源配置要求

准确的资源需求计算，是高水平施工组织设计的基本要求，因为它是使施工方案和进度计划合理和恰当的依据，一般应满足下列要求：

(1)资源估测要最大限度地接近企业当时当地承揽工程之实际需要。

(2)可通过网络计划进行资源分配与平衡。

(3)要考虑本企业当时既有的机械化程度。

(4)参照企业历年的工作效率水平、工人的基本素质和最大可能发挥的操作水平。

(5)考虑工程自身的难易程度、工期要求、工程特点等。

(6)注重主要工程、关键工序，确保重点，兼顾一般。

(7)准确计算主要资源，合理估测一般资源。

(8)尽可能采用企业定额，尤其是企业施工定额。

3. 资源配置方法

(1)资源配置与施工方案相匹配，按拟定的施工方案和进度安排，计算主要材料、设备、关键施工机械的数量及分阶段消耗量，确定分阶段进料时间、储存及供应数量。

(2)大型机械配备按经济、高效原则进行，考虑：

①进场时间满足工期安排要求；

②选用顺序是先自有、再租用，后购买；

③按效率与经济比较进行组合。

(3)材料的配置满足生产需要，按甲供、自购材料的规格、数量、供应时间节点要求，制定相应的物质、设备招标采购计划。对于钢轨、道岔等特种物质，提供较准确的供应计划。

(4)人力资源的配置按工程规模、进度安排、专业类别等要求，以及“专业化、合理跨度、责权利相结合”的原则编制计划，按架子队模式进行组建和管理。

7.9.2　架子队管理模式

随着市场经济的不断发展，建设项目施工现场劳动用工模式已发生较大变化，架子队是一种经实践证明较好的施工生产组织方式，较为理想的劳动用工管理模式。

1. 架子队的概念

架子队是工程建设项目施工现场的基层施工作业队伍，是以施工企业管理、技术人员和生产骨干为施工作业管理与监控层，以劳务企业的劳务人员和与施工企业签订劳动合同的其他社会劳动者（统称劳务作业人员）为主要作业人员的工程队。

（1）架子队是隶属施工企业内部管理、参加施工企业内项目和社会施工承包的专业化施工作业队。

（2）组建架子队可以在既有专业工程队的基础上进行改造，每个队组建若干个施工工班，工班人员（施工人员）由专业工班长（领工员）在社会上招聘。也可由内部竞聘架子队队长，再由队长组建架子队。

2. 架子队组建及其管理

（1）架子队应按照“管理有效，监控有力，运作高效”的原则组建。架子队要设置专职队长、技术负责人，配置技术、质量、安全、试验、材料、领工员、工班长等架子队主要组成人员。各岗位要明确职责，落实责任。

（2）架子队主要组成人员应由施工企业正式职工担任，应具有相应的作业技能，并经过岗位培训合格后方可持证上岗。领工员、工班长同时必须具备相应的组织能力和丰富的施工实践经验，其人员数量应能满足施工现场生产管理、各施工环节和过程不间断监督的需要。

（3）施工现场所有劳务作业人员应纳入架子队统一集中管理，由架子队按照施工组织安排统筹劳务作业任务。班组作业人员应在领工员和工班长的带领下进行作业，确保每个工序和作业面有领工员、技术员、安全员跟班作业。

（4）架子队应建立和实行技术交底制度，技术负责人就工程作业工序和环节向领工员、工班长进行书面技术交底，书面技术交底资料要归类存档备查。领工员、工班长应在实施作业前对班组作业人员进行工作和安全交底。

（5）架子队主要组成人员在施工过程中应保持稳定和完整，应根据施工组织安排及工程进度，适时调整作业班组用工数量。

7.9.3 劳动力计算

劳动力数量，是安排施工，绘制施工进度图，计算出工人数；估算临时房屋，检算施工组织安排合理性的关键。该项计算工作较为繁杂，许多人在计算时或模糊处理，或粗略估算，心中无数，或过分依赖定额，无自己见解。要正确计算劳动力数，需从下列三个方面的着手。

1. 现场施工人员的组成

我国基建工程推行项目法管理，而项目法管理又有许多模式，如项目总承包、施工总承包、单项或阶段性项目管理，不同的管理模式，其现场人员的不仅组成不一样，而且所占比例也各不相同。但施工总承包单位通常设置项目部、工区和架子队等，其中架子队主要由：生产工人、管理人员、服务人员等组成。

2. 定额手册劳动定额包含的内容

劳动定额亦称人工定额、工时定额或工日定额。它蕴含着生产效益和劳动力合理运用的标准，反映的建筑安装工人劳动生产率的平均先进水平，不仅体现了劳动与产品的关系，还体现了劳动配备与组织的关系。它是计算完成单位合格产品或单位工程量所需人工的依据，但它仅指直接从事建筑安装工程施工（包括附属企业）的生产工人，而不包括：（1）材料采购及保管人员；（2）材料到达工地以前的搬运、装卸工人等人员；（3）驾驶施工机械、运输工具的工人；（4）由管理费支付工资的人员。

3. 正确处理定额的水平

定额水平是对定额的高低、松紧程度的描述，它是一个部门或一个企业在一定时期内，在一定的物质技术条件下，对管理水平、生产技术水平、劳动生产率水平和职工的思想觉悟水平的综合反映。要正确估测劳动力需求，就要正确处理定额水平的高低。

(1)定额不同水平不一

施工定额是在平均先进水平的原则下编制的，而预算定额则是在社会平均水平的原则下，在施工定额的基础上，综合施工定额工作细目为预算定额的工作细目并且纳入已经应用的新技术、新工艺，按照合理的施工组织和正常的施工条件编制的。概算定额虽然也是按社会必要劳动时间量确定，但它是在预算定额基础上的综合和扩大，还应考虑预算定额所没有考虑的一些因素，如因综合时权数确定的误差，重大事故处理和自然灾害造成的损失等，定额虽然水平一样，但精度不同，亦即不同定额存在幅度差。投标施组在进行劳动力计算时，要根据使用的定额，将定额水平统一到施工定额的平均先进水平标准。例如，采用概算定额计算劳动力时，要考虑概算定额到预算定额再到施工定额的幅度差。

(2)时间不同水平不同

由于定额具有时效性，时间不一样，就意味着形成定额的条件不一样，所以定额水平也不一样，一般随着时间的推移，定额水平向高的方向发展。所以，还要考虑编制期与定额基期的定额幅度差。

(3)单位不同水平有别

各地区和各部门建筑企业生产力的发展是不平衡的。有的是先进企业和先进生产者；有的是处于相对落后状态的后进企业和生产者；有的企业在这一方面是先进的，但在另一方面却又是相对落后的，正所谓“闻道有先后，术业有专攻”，而这正是市场竞争、招标投标的真正目的所在。所以如果采用统一定额编制施组，还要考虑本企业与统一定额之间的幅度差。

4. 劳动力计算

通过以上分析，在计算劳动力时，我们所依据的依然是定额，但要对所计算的结果进行校正、分析和处理，而最基本的是先计算各分部分项工程的基本劳动力。

(1)求算分部分项工程劳动力

分部分项工程劳动力是完成基本工程所需的劳动力(包括工地小搬运及备料、运输等劳动力)，除备料运输劳动力需另行计算外，其余均可根据定额计算，无论当时当地采用何种定额，都能较为准确的计算出劳动力，但应注意正确处理相关系数。

人力施工劳动力的需要量可按下式计算

$$P=\frac{W_r \times q}{T_z}\times S_1\times S_2\times S_3\times S_4(\text{人})$$

式中　P——相关工程劳动力；

W_r——工程数量；

q——工程劳动定额；

S_1——不同定额之间的幅度差；

S_2——不同时间的定额幅度差；

S_3——企业定额与定额统一定额的幅度差；

S_4——不可预见因素修正系数；

T_z——日历施工期内的实际工作天数(按 8 h 计)。它等于日历天数 T_e 乘以工作日系数 0.7[除去星期日和国家法定假日，即：(365－104－10)/12×30＝0.7]，再乘以气候影响系数 K、出勤率 c 及作业班次 n，即：$T_z=T_e\times 0.7\times K\times c\times n$。

【例 7.4】某高架桥桥墩为钻孔桩基础，桩长 10 m 计 4 根，地层为砂砾石，桩径为 1.25 m，C20 钢筋混凝土，施工组织计划采用三班制作业，要求 15 天完工，计算所需劳动力。

解：若使用概算定额，则查《概算定额》知该条件下完成 1 m 钻孔桩所需的劳动定额为 13.78 工日，通过调研和分析知本行业现行概算定额与预算定额、预算定额与施工定额之间的幅度差分别为 10%和 15%，当时与定额编制基期的幅度差为 5%，本企业与统一定额的幅度差约为 5%，不可预见因素按 1.2 考虑，当地气候影响系数为 0.9，出勤率按 90%计。则每班

$$P=\frac{4\times 10\times 13.78}{15\times 0.7\times 0.9\times 90\%\times 3}\times 90\%\times 85\%\times 95\%\times 95\%\times 1.2=18(\text{人})$$

(2)求算定额未包括人员

这类人员主要包括：①材料采购及保管人员；②材料到达工地以前的搬运、装卸工人等人员；③驾驶施工机械、运输工具的工人；④由管理费支付工资的人员。由于项目法管理的推行，以及施工队伍向知识密集型发展，其相关人员的计算可简化，具体方法如下。

a. 施工干扰增加劳动力。根据有干扰的工程及不同行车对数的劳动定额增加百分比，分别计算；可以把增加的劳动定额放大单项定额内，也可以使用统一定额计算后，另计增加部分。

b. 机械台班中的劳动力。该项劳动力及司机人数，随着机械化程度而变，可按各类机械台班总量，乘以台班劳动定额求得，也可以按机械配备数量，根据各种机械特点，配备司机人数。根据以往经验资料，该项劳动力约占基本劳动力的 4%～7%。

c. 备料、运输劳动力。此项劳动力，随圬工数量的多少而变化，并随着机械化，工厂化水平不断发展而减小。为了简化计算工作，各企业应自己统计历史约占基本工程劳动力百分比(如 20%～30%)，或根据项目特点，对外发包。

d. 管理及服务人员。由项目经理组阁，也可按项目定员估算，一般可按基本劳动力的 15%～25%，项目越大，比例越小。

5. 绘制时标网络计划，统计劳动力数量

当分部分项工程劳动力求出后，便对其分析统计，得出相应单位或单项工程的劳动力数量，进而再分析统计为工程项目所需劳动力数量。方法是根据施工组织设计所拟定的方案绘制时标网络计划，并按工期一定、资源均衡的原则进行优化与调整。即在工期不变的情况下，使劳动力分配尽量均衡，力求每天的劳动力需求量基本接近于平均值。只有按这种方法对劳动力进行配备，才不会造成现场的劳动力短缺，也不会形成窝工现象。现举例说明如下：

已知某工程项目按工期优化后的网络计划(一级网络计划)如图 7.9 所示，图中箭杆上方为该工作的劳动力需要人数[单位工程(二级网络)计划经统计后]，箭杆下方为该工作的持续时间(月)，求算该工程项目的劳动力需求总量。

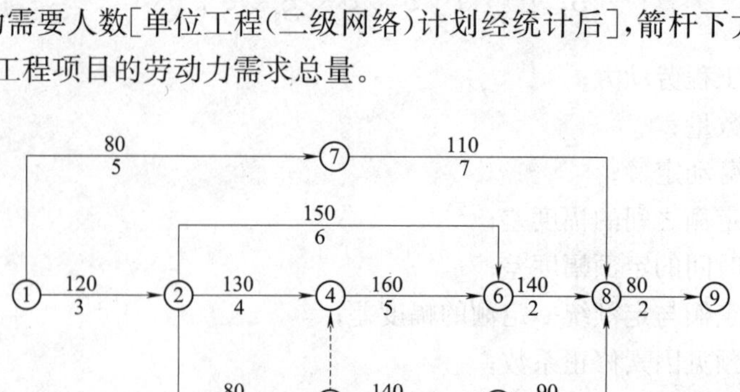

图 7.9 双代号网络计划

第一步，绘出相关时标网络计划，算出劳动力需要数量，注于网络计划的下方，如图 7.10 所示。

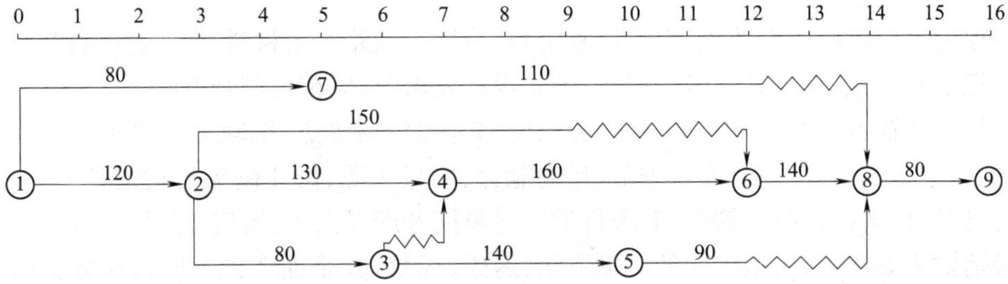

200	200	200	440	440	470	530	560	560	410	360	360	140	140	80	80

图 7.10　时标网络计划图

第二步，计算平均劳动力需要数量：

$$\overline{P}=\frac{1}{16}(3\times200+440\times2+470+530+560\times2+410+360\times2+140+140+80\times2)=323(人)$$

其中全面施工阶段的平均劳动力为

$$\widetilde{P}=\frac{1}{11}(440\times2+470+530+560\times2+410+360\times2+140+140)=400(人)$$

第三步，调整开竣工时间，按劳动力需求均衡的原则，对网络计划进行调整，使每一时间段的劳动力需求尽可能接近平均劳动力需要量，同时绘出劳动力需求曲线图，如图 7.11 所示，则每一时间段的基本劳动力总量即为所求。

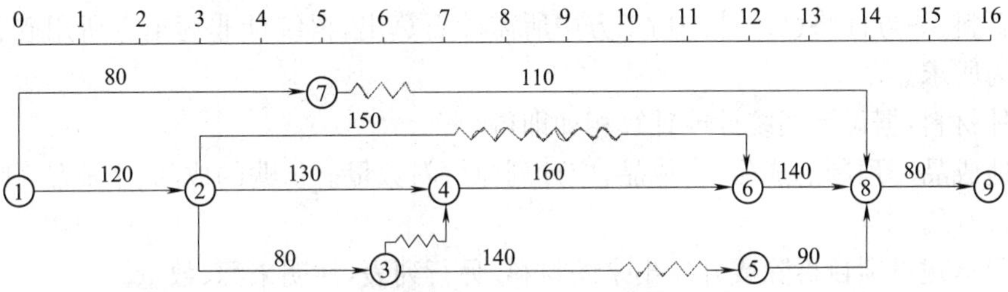

200	200	200	440	440	360	420	410	410	410	420	420	340	340	80	80

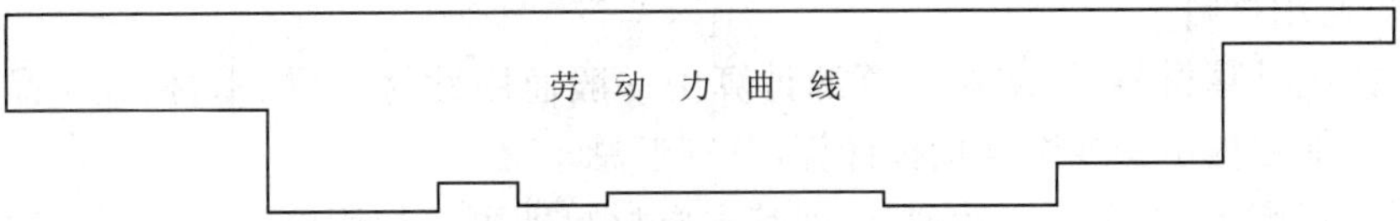

图 7.11　优化后的时标网络计划图及劳动力曲线图

6. 综合估算

直接参加施工的劳动力工天数(包括施工单位开采砂、石，工地预制成品、半成品所需的劳动力和临时工程所用的劳动力)，可按定额或综合指标估算。编制施工组织总设计，由于时间紧或要求不高时，也可采用劳动力指标进行估算，劳动力指标可在平时的施工组织设计中自行总结积累，也可根据定额计算后综合扩大，再结合本企业实践进行编写，或根据工程进度指标进行估算。

7.9.4 主要材料计算

1. 材料供应方案

(1)拟定材料供应的料源点:根据调查资料,分别按铁路专用材料、主要建筑材料和当地料三大类,拟定料源点,如果其储量、产量不满足设计要求时,应扩大调查范围。

(2)拟定运输方法和运输距离:运输方法应综合比较后确定,铺轨后应尽可能由工程列车运输。如有水运条件,应注意通航季节、运输能力、船只来源、修建码头的费用等因素,与陆地运输条件比较后选择。改建铁路,有条件的应尽可能考虑以火车、轨道车运输。

(3)运输方案比选,根据不同的运输方法、运距、运价,并全面考虑不同运输方案所引起的修建临时设施的费用,不同产地材料价格的差别、安全可靠性等因素,选择合理的运输方案。

2. 内容

包括各类工程(施工准备,基本工程,辅助工程等)的主要材料、成品、半成品等。

3. 计算方法:

(1)主要材料、特种材料

材料的计算可用定额估算,部分材料也可直接通过图纸进行统计,显然,计算工程所需材料,最准确的方法就是用设计图纸逐项进行计算,所以施工组织设计中有条件用设计图纸时,尽量通过图纸计算,至少三种主要材料(钢材、水泥、砂石料)和特种材料(如防水剂、铁路道砟等)不宜用定额估算,需要通过图纸计算得出。方法如下。

①钢材:数量大,单价高,是材料计算的重点,可据设计图纸所提供的数据逐项分类进行统计,至分类总数量得出后,再根据损耗定额计算损耗量。净用量加损耗量即为所需数量。

②水泥:可先按不同圬工统计圬工量,再按基本定额计算水泥用量。

③砂石料:一方面将已统计的圬工方中所需砂石算出,再统计非圬工方所用砂石数量,二者相加即为所求。

④特种材料:据设计图统计或计算相加即得。

⑤工地成品厂预制的成品、半成品,应计列原材料数量。价购的成品、半成品,则仅统计其品名、数量即可。

⑥利用本建设项目拆除或开挖出来的材料,另行列表,注明来源、数量。

⑦大型临时设施和过渡工程的用料,应考虑周转倒用等情况计列数量,并加以说明。

(2)一般通用材料

当无法按图计算材料时,或对于资源计算中一般通用性材料(如木材、火工品、工具用料等)的计算,只能根据定额或综合指标计算,分别汇总。

因材料项目繁多,不必逐一计列,仅列其主要材料即可。如用电算,可在计算出来的全部数量的基础上进行合并,或直接计算出主要材料;如用手算,可先将定额中同类材料进行合并后再计算,以节省时间。并应注意下列各点:

①工地成品厂预制的成品,半成品,应计列原材料数量,并注明预制品的品名、数量。价购的成品,半成品,则仅统计其品名、数量即可。

②利用本建设项目内拆除或开挖出来的材料,另行列表,并注明来源及数量。

③周转料(如脚手架、模型板等),按定额计算。

④大型临时辅助建筑物和过渡工程的用料,应考虑周转调用,折旧等情况计列数量,并应加注说明。

⑤临时房屋及小型临时设施，可按临时房屋及小型临时设施的概算总额以“万元三材指标”计算。如铁路工程“万元三材指标”约为：钢材 0.143 t，木材 0.176 m^3，水泥 0.209 t。

⑥采用定额时，同样要考虑不同定额、不同时间、不同企业的幅度差问题，方法与劳动力计算相似。

7.9.5 施工机具数量计算

1. 施工机具选择原则

根据工程特点来选择适宜的主导工程的施工机械；施工方法一经确定，机具的选择就应以满足它的需求为基本依据。但是，在现代化的施工条件下，许多时候是以选择施工机具为主而来确定施工方法的，所以施工机具的选择往往成为主要的问题。在选择施工机具时，应注意以下几点：

(1)考虑充分发挥施工单位现有机械能力，当不能满足时，方考虑租赁或购置所需新型机械或多用途机械。

(2)只能在现有的或可能获得的机械中进行选择。尽管某种机械在各方面都是适合的，但如不可能得到，就不能作为一个供选择的方案。

(3)所选择的机具必须满足施工的需要，但又要避免大机小用。

(4)选择辅助机械时，要考虑其与主导机械的合理组合，互相配套，充分发挥主导机械的效率；如在土方工程施工中，用自卸汽车运输配合单斗挖土机挖土时，自卸车的数量必须保证挖土机能连续不断地工作而不致因等车停歇。同时，汽车的容量也必须要与挖土机斗容量相匹配，以保证充分发挥挖土机的效力。

(5)考虑通用性，尽可能选择标准机械；在选择施工机具时，必须从全局出发，不仅要考虑到在本工程或某分部工程施工中使用，还要考虑到同一现场上其他工程或其他分部分项工程是否也可以使用。

(6)能耗和排放应满足国家相关标准。

2. 机械配置的方法

在施工组织设计中，机具数量的计算许多人往往依赖于定额，而实践证明，运用定额计算施工机械远较计算劳动力困难，因为工程机械并不都是处于满负荷工作状态，其用途也很专一，同时，机械的工作效率还取决于操作人员，因此，主要施工机具需要量的计算可由下列几种方法综合完成。

(1)按项目法管理定作业队

现在的工程施工，大多以项目法施工为主，而机械设备的管理往往以作业队为单位的配备，不同工种的作业队有其不同的配备，同样作业队因其任务不同，配备也有不同，在具体计算时，可按流水作业线的安排相应作业队并计算其队数，然后对各种作业队之各项目进行机械配备。我国基本建设施工，逐步向综合机械化发展，各类不同专业工程队成套机具的配备，亦随之向定型化发展。如一时尚不能定型化，施工组织设计亦可在同类工程中按不同等级专业队的配备考虑。根据施工进度图的安排，分不同工程统计共有多少单位流水作业队，或不作流水考虑的重点工程专业机具数量，然后汇总即为全线总配备量。

(2)以工程项目定机械种类

当作业队及各作业队所承担的工程项目确定之后，便可据工程项目确定相应的机械类型，这时的机械配备还只是进行种类的配备，例如路基土石方需要推土机、挖掘机、自卸汽车、铲运机等；桥涵施工需要拌合机、捣固机、抽水机、卷扬机、电焊机等；隧道施工需要空压机、锻钎机、装砟机、电瓶车等。这些机械设备的配备由施工方案确定，但配备情况反过来又制约施工方案，因为机械的配备除考虑工程需要外，还要考虑与本单位既有情况，即尽可能用既有机械解决工程问题，确实需要时才考虑新购。

(3)以工程数量定机械数量

机械数量的确定一般通过下列两种方法完成，但施工机具全线汇总后，为了考虑专业队间的相互调拨、拆装、运转等因素，一般可考虑增加10%以上的备用量。

方法一：按使用需要直接配备。有的施工机械按定额计算需要量很少，但施工工艺要求或局部工点需要，例如，隧道施工用的通风机、空压机，基础施工用的抽水机，路基施工用的压路机、平地机等，都必须根据工程实际需要配备，而不可以简单的套用定额计算。即按工程需要确定台数，据局部计算确定大小，这就要求施组编制者要有一定的工程知识与经验。

方法二：按定额计算配备数量。有的施工机械需要数量多，如路基土石方作业机械，混凝土机械等。可用定额计算配备的数量。

①根据施工组织安排的各项工程数量、工期及施工方法，按机械台班作业生产率或定额计算。台班需要量的计算为

$$Q=\frac{W}{\gamma}$$

式中 Q——机械台班需要量(台班)；

W——设计工程数量(m^3 或其他单位)；

γ——机械每台班的作业生产率(m^3/台班)。

Q 值的计算为

$$Q=Wq$$

式中 q——单位数量所需的机械台班数；可查相关定额，但要考虑各种幅度差，方法同前。

其余符号同上。

②根据机械台班数量计算机械需要量为

$$N=\frac{Q}{Tb}$$

式中 N——机械配备量(台)；

T——工期(即工作天数，由日历天扣除休息天而得)；

b——每昼夜工作班数，采用机械施工一般按每昼夜两班或三班计。

7.9.6 资源的表达方式

当资源需求计算完成后，需要通过适当的方式在施工组织设计中表达，以便阅读。通常人工数量可通过文字叙述、列表明确或在进度图的劳动力曲线中表达，而机具设备表及材料表是施工组织设计“三图两表”中的主要内容，要求按不同用途、不同规格型号、不同来源列表表达清楚。

7.10 轨道交通工程考虑的重点

城市轨道交通工程施工组织设计从工程技术、施工管理、施工工序、各专业之间的协调与

配合，施工现场的整体布置、材料和机具堆放的有条不紊等等，是至关重要和不容忽视的，尤其是关键技术方面更是施工组织设计中的重中之重。

1. 工程特点

工程特点主要包括周边环境、施工制约因素、地层状况等，工程特点对工程能否顺利进行有着重要的影响，在进行施工组织设计时候要充分考虑。

2. 安全问题

地铁工程施工较其他作业条件要差，所以在编制施工组织时安全问题尤为重要，施工中如何控制开挖支撑进度，确保基坑的施工安全及控制，对邻近建筑的影响等，是需要考虑的重点问题。

严格控制维护工程施工质量，严密监控，发现问题及时处理，合理设置基坑排水沟及集水井，及时抽排基坑内积水；基坑开挖时加强监测，处理好开挖和支撑的关系，严格按照“时空效应原理”组织施工；做到随挖随撑，先撑后挖；及时做垫层及防水层，尽快进行结构底板施工，及时对基坑进行封底。

3. 沉降控制问题

(1)补充地质钻探及盾构施工过程中必要时的超前钻探，加强对地层变化的预测预控，及时掌握前方地层变化情况，如土质、地下水情况，调整制泥材料的加入量、同步注浆量，掘进推力及速度，出土量，以达到维持开挖面稳定是沉降控制的关键。

(2)地层加固及监测监控，加强重点地段的地层加固以及监测监控，及时反馈监测数据，监测数据按沉降分析理论分析处理后及时调整盾构施工参数，从而对地表沉降进行有效控制。

(3)采用同步注浆方式，并严格控制注浆压力和注浆量，注浆压力的大小和注浆量是直接影响地面沉降的关键因素，在施工中要严格按规定程序和施工指令进行操作，精确控制注浆压力，根据不同地质情况及时调整注浆量。

(4)严格控制盾构机械的姿态，在盾构掘进施工过程中，盾构姿态变幅越大，盾构机越难控制，对地面沉降的影响也越大，要坚持“勤监测、勤纠偏、小纠偏”的原则，尽量实现盾构平缓推进；严禁一次性大幅度纠偏，造成过大超挖和对周围土层的扰动。

4. 结构防水问题

结构防水施工要严格按照设计要求进行，在混凝土自防水，外包防水层的铺设与保护，施工缝与沉降缝的防水处理工序施工前，均要编制详细的作业指导书并对操作人员进行技术交底与岗前培训，在施工中严格执行“三检”制度，每道工序只有在取得专职质检工程师的认可后，方能进行下道工序施工，确保结构防水质量。

尤其是采用盾构法施工时，盾构机穿越淤泥质粉质黏土、粉土及粉砂地层时，将采取向作业面注入泡沫或膨润土浆等改良地层的措施，同时，合理设定土仓压力及盾构掘进参数，确保同步注浆压力值及浆液质量，使盾构机在土压平衡状态下顺利通过不良地质地段，具体的防水措施主要有以下几个方面。

(1)管片自身防水

根据相关文件的要求，管片的抗渗水平要满足相应的抗渗等级，管片混凝土采用密实级配，且应加入适当的外加剂，同时要采用高强度的钢模板，提高管片的精度。

(2)接缝防水

采取沿管片肋面四周设置密封垫的方法进行接缝防水，密封垫应采用符合标准的三元乙丙橡胶材料，采用获批后的粘合剂并按操作方法进行接缝防水，并提高管片接头处密封垫的操作精度。

(3)螺栓防水

管片螺栓接头设置止水垫圈，在螺栓与螺栓孔的缝隙中插入垫圈和密封环等用合成橡胶和合成树脂制作的衬垫,用垫板将该衬垫挤紧进行防水。

(4)管片外围防水

盾尾空隙注浆选用适宜的配比及材料并精心施工以形成稳定均匀的管片外围防水层,形成第一道防水防线。

(5)施工方面措施

提高管片拼装精度,检查管片是否损坏、破裂,杜绝使用不合格管片,管片上的弹性密封垫要粘贴牢固,并且材料的种类和位置符合设计要求,尤其要注意管片角部,材料黏结要紧密和牢固,在管片吊运过程中要避免触碰密封垫,发现脱落时要及时粘贴上去,在管片安装时,要安排一道检查程序,盾构操作要均衡,避免盾构机方向变化中角度较大,导致管片出现较大的错台,从而影响密封垫搭接和密贴。在紧固管片螺栓时,要确认止水圈的完好性,加强施工测量,提高盾构掘进质量,减小隧道轴线的偏差及纠偏力度,给管片的吊装创造一个良好的前提。

5. 节约建设造价

地下铁道工程建设是解决城市交通的根本之路,如何降低地铁的建设造价,在土建和设备的费用比上,根据国际惯例,一般土建费与设备费为 6∶4 的比例比较合理。土建工程是百年大计,尤其地下工程是不可逆工程,修好后再进行改造成本很高,而且使用寿命通常为 100 年。因此,土建工程的真正寿命是 200～300 年,这样才能满足安全、可靠的使用 100 年。所以,设备一般 5～10 年就要更新换代,车辆寿命可能长些,也超不过 20 年;因此正确处理好土建和设备费用的比例关系非常重要。地铁建设要遵守的第一原则就是“安全,可靠,适用,经济,先进”的十字方针,而且先后次序不允许改变。遵守的第二原则应是设备低投入、运营高产出,因设备投入大、寿命短,每年折旧费就很高,这样就提高了今后地铁的运营成本,造成很难盈利的局面,而土建的寿命很长,折旧费低,对运营的影响不大,这正是现在强调车辆、信号系统、盾构机械等应尽快实现国产化,而不应追求过高的先进设备。事实上,设备投入越大,运营成本就越高,经济风险就越大。

6. 选择合理的辅助工法

在具体施工中,为了稳定工作面及减少对地面的扰动,通常采用小导管注浆、深孔注浆、长管棚法、水平旋喷法、水平搅拌法等辅助工法。

地下工程首先遏制的难题是水的处理,有降水和堵水两大类,当地层为砂砾石层时,可以考虑在施工中采用以降水为主、堵水为辅的方案,这样可以降低工程造价,地表也不会因降水而产生大的沉陷;但对软塑、含水、流沙地层等降水则会带来大的沉降,为此可采用以堵为主、排降为辅的方案,这样造价要高于前者。

在堵的方面,明挖法选择的次序应为垂直单液注浆、垂直双液注浆、垂直粉喷桩、垂直搅拌桩、单管高压旋喷桩、垂直冻结法 6 种方式。暗挖法有小导管周边注浆法、水平搅拌、水平旋喷、全断面浅孔(6～8 m)围幕注浆法、全断面深孔(18～20 m)帷幕注浆法、水平冻结法等。

7.11 工程接口

城市轨道交通工程由土建、供电、通信、信号、环境控制、防灾报警、车站设备、车辆、车辆段等十多个子系统构成,轨道工程接口管理是由多家单位以及多专业所构成的系统工程项目。由此接口的管理涉及工程项目的各个单位,其建设贯穿于整个工程项目建设的可行性、施工、设计、安装以及运营等过程。城市轨道交通建设项目接口的数量较多、影响较大,接口管理能有效提高管理的效率，实现对工程项目质量的控制，实现对工程项目变更的规范，减少了资源的浪费，同时通过协调和统筹规划，建立了各方面的沟通和交流体系。

1. 专业接口管理的作用与意义

(1)保证工期。通过工程接口管理，超前协调管理各承包、承建方接口方面的任务，使各参与工程建设单位责任明确，边界清楚。在总的工期策划要求下，分解各自的任务目标期限，通过工程接口管理，形成优化合理的系统工程实施的网络规划。

(2)提高管理效率，控制系统质量。工程接口管理作为独立于各服务商的一项系统服务，经业主授权，协调管理各工程参与方的技术接口问题，并指导督促工程接口的实施。科学的工程接口管理程序和高效的工程接口管理的实施有利于控制系统质量。

(3)规范设计变更、减少投资浪费。涉及工程接口问题的设计变更，通过工程接口管理，协调考察各动议方的超前动议，可避免不必要的重复工程，选择优化的接口处理方法，工程接口实施前，审查并批准设计变更，使投资浪费减到最低程度。

(4)统筹规划，明确责任和任务。工程接口管理依托于技术接口管理，但不限于工程本身，接口的出现很多情况下产生于管理模式、管理方法和管理水平，如设备的运输组织。这类动态接口，必须未雨绸缪，通过统筹规划，制定规则和任务计划督促承包承建商按计划履行职责。

(5)提供科学决策的客观环境。工程接口管理的专业化服务，使各参与方处于平等的地位，利于工程接口实施方案的科学决策，形成和谐、协调，“工程利益第一”的共同目标，作到各工程接口的动议方、监督方、执行方及审查验收方责任、任务明确。此外，决策的时效性也能够加强。当然，有些接口问题，由于其任务的重要性和艰巨性，如各类外部接口，必须由业主参与指挥协调决策。

2. 工程接口的管理应考虑的因素

(1)市场化的招投标体系，决定了工程接口的管理应通过确定了设备承包商(尤其是与安装关系较大的系统安装承包商)后的施工图设计体现，即土建/设备接口管理相对滞后，要协调处理好施工期间的设备与土建配合问题。

(2)相对于设计总包方和业主方，要有接口服务承包方履行工程接口管理的专业服务，代表并协助业主协调管理各服务商和承包、承建商履行工程接口任务。

(3)建立合理的解决各类工程接口问题的管理程序体系，使接口管理制度化、规范化、科学化。

(4)确认工程接口实施过程中各参与方的责任、权力和义务。

(5)针对具体工程特点的工程接口的技术功能要求，形成各参建方共同执行的工程接口任务手册。

3. 接口的分类

城市轨道交通(地铁)系统通用的接口定义有两种：一种从客观事物考虑，认为接口是一个系统与另一个系统连接的物理部件；另一种从信息管理角度考虑，认为接口是项目参加方(专业或系统)为进行其设计和制造、施工任务时所需的信息资料。接口的分类主要有以下5种方式。

(1)按系统划分，可分为土建/土建系统的接口、土建/设备系统的接口、设备/设备系统的接口、设备系统/运营模式的接口。在这四大系统内，还可以划分成若干分系统，如土建的结构工程、装修装饰工程，设备系统又可分为运营设备系统和运行设备系统。

(2)按阶段划分。一是设计阶段，由设计接口文件确定各系统的接口任务，宏观管理各系统之间接口协调，定义技术接口关系。二是招投标和评标阶段，由招标文件描述的各系统的接口技术要求确定承包、承建商必须处理解决的技术接口关系，并建立组织与技术保障体系，形成保证各项接口任务完成的条件。三是施工、安装和调试阶段，按工程接口管理程序和管理手册的要求，由工程接口管理服务承包商代表业主协调管理各承包、承建商对技术接口任务的完成与新的接口任务的确认、设计更改和接口任务的履行。四是试运营阶段，各项技术接口任务完成情况的再评价。

(3)按性质划分。一是物理接口，包括实体接口、连接接口、信息接口等。二是管理接口，包括工程各参加方之间的管理流程，相互约束关系，各方的责任、权力、义务的确认等。三是合同接口，各合同之间的包容连接性、覆盖性，防止存在矛盾和责任真空或重叠责任等。四是技术接口，为完成使用功能的各系统之间应相互遵守的共同的技术要求、条件、规则等，这类接口是解决各种各类接口的基础。

(4)按范围划分，可分为内部接口和外部接口两大类。内部接口可按系统划分的方法进一步细化；外部接口主要是指与城管、规划、市政、土地、电力、环保、防灾、物价、供水等一系列支撑城市轨道交通（地铁）建设和运营的政府部门的接口关系，这类接口只能由城市轨道交通（地铁）公司与政府部门协调。

(5)按时空划分，可分为静态与动态接口。前者以技术接口形成的工程接口问题为主，后者指涉及时间和空间要求的工程接口，如运输组织、施工顺序、调试与试验程序等，也包括各系统工程的网络规划等。

4. 子系统与工程接口

各设备和土建子系统的划分受自身系统性质和各合同包分解 2 个因素制约，合同包越大，子系统相对减少，则工程接口问题也相应减少。子系统内部问题不应扩充外延为接口问题。在工程实施阶段，通过合同划分，主合同和分包合同的划分，可以简化和减少工程接口问题。通过严密的合同约定，利用承包商的经验、业绩与实力，在其内部来解决工程技术接口。这并不意味着接口问题的消失和简化，而是意味着接口问题的转移和分解，意味着不是由专业工程接口服务承包商来解决所有的技术接口问题。但各专业与各系统之间的接口问题，还应该在业丰的直接监控下，由专业工程接口服务承包商履行职责。

5. 工程阶段与工程接口

各工程阶段及相应的工程接口管理各参与方的作用、需要解决的问题和各执行方，见表 7.2。

表 7.2　工程接口管理在各工程阶段的任务与作用

工程阶段	任务	各参建商：设计	各参建商：工程接口管理服务商	各参建商：监理	各参建商：承包、承建商	业主
设计	定义技术接口关系，按设计接口要求进行各系统设计	执行	← 协调	← 监督		批准
招投标和评标及合同签约	确定技术接口关系和工程接口管理程序	动议 →	协调 ← 编制 ← 组织指示 ↔	← 动议	← 动议 ↔ 执行	合同约束
		设计变更 ↔				
施工安装	工程接口管理		执行			合同约束
	工程接口实施	设计变更 ↔	指示监控 ↔	监督 ↔	执行 → 执行	检查验收
调试	工程接口验收	配合 ←	组织 →	监督 →	执行	核准

6. 工程接口管理实施关键

城市轨道交通工程接口管理实施，应着重协调土建/设备接口方面的问题，重视以下工作的开展，使工程接口管理的起步阶段落在实处。

(1)业主主持协调。形成高效的决策系统，加快机电设备招标投标进程，以解决设备/土建施工中常见的重要设备安装图滞后的问题。

(2)加强合同管理。在合同上，明确承建、承包商是接口实施工作的执行主体，承建、承包商应在组织、技术、设备、人员上予以保证。

(3)设计总体控制。技术接口文件是开展工程接口管理的基础，应确认哪些接口是必须在初步设计阶段解决的；哪些是在确定承包承建商后，通过沟通协调，灵活设计方法可以稍后再确认的；哪些是需要在招标文件上明确，由投标人做出实质响应的。

(4)尽早确定服务商。尽早确定工程接口管理服务商，以配合业主针对具体工程着手制定并批准工程接口管理程序。

(5)明确接口任务。由工程接口管理服务商负责，组织工程参与各方编制工程接口管理手册，编制并明确各系统间的接口任务。

(6)加强动态管理。由业主组织，确定设备内部运输组织的接口管理方式、方法，重视并加强动态接口的管理。

7. 协调配合

地铁施工中每个车站都包括通风空调、给排水及消防、低压配电与照明等系统、设备监控、火灾报警、气体灭火、门禁系统及建筑装修工程，每个工程都含有关键工序，由于地上结构复杂、空间狭窄，各系统管线及设备比较集中，其工期及开工先后顺序的不同，部分工序之间存在着交叉施工的矛盾，为了解决这些矛盾，保证各系统各工序的顺利施工，避免返工，必须拟订各系统主要工序间的施工流程，它们之间工期相互制约，需要制定相应协调配合措施。

(1)技术上的协调

工程开工前，召开各专业的协调会议，对综合管线图进行充分讨论、消化。绘制专业间共用区间的综合管线实测安装草图。协调后的综合管线图是各专业的施工指导，施工时严格遵循“先上后下、先大后小”的原则，对于局部位置有限的区域采取组合支架，并在施工中考虑其他专业的支架固定和管线敷设空间。编制进度计划，确保关键线路的实现。

(2)工序间的安排

积极作好工序间的衔接工作。如设备房装修专业在墙体砌筑前，安装专业应及时提供管线预埋图及预留空洞图。墙体砌筑完成后安装专业应及时进行墙上设备器具安装，然后装修专业再进行墙面处理。在吊顶内敷设的管线应在吊顶前完毕，若器具要嵌装在天花上，应和装修专业同步施工。进一步明确各安装专业间的施工界面，严格按界面施工。低压配电专业需积极配合通风空调专业、给排水与消防专业、防灾报警专业、车站监控专业进行单机调试及系统调试。

(3)站内专业间的协调配合

①施工协调的原则：按标高“先上后下、先大后小，先难后易、先干管后支管”的原则进行施工，在管线密布区，从上到下，严格控制标高。

②确定站内管线的施工顺序：按网络进度计划所确定的关键线路循序施工。

③设备管理用房走道内桥架、消防水管、风管及冷冻水管相互交叉，应根据标高、位置，确定施工顺序。

④风管安装与其他系统的关系:由于结构形式的不同,风管与其他系统的管线布局也不一致,但都有一个共同的特点,在车站设备房及管理用房区域,其各系统管线布置集中、拥挤。为尽量避免各系统之间施工交叉矛盾,减少不必要的返工,做到系统之间的成品保护,必须处理和协调好各系统间施工的先后顺序。

(4)与其他系统承包商间的协调配合

①工程开工后,结合招标文件与合同再次明确与各系统承包商的施工界面,严格依施工界面施工。

②轨行区作业包括牵引供电、接触网、通信信号、轨道敷设、通风空调、消防管道敷设以及电器管线敷设,同时也是大件设备运输通道,因此必须做好轨行区施工安排,维护轨行区的安全和畅通。我方将保证施工出入口的畅通,为所有进场施工的系统商提供人员、设备、材料出入提供方便。

③明确专门单位在施工期间负责督促其他系统承包商对各自系统的穿墙管线的孔洞进行防火防烟的封堵,并对车站的消防验收负责。

④装修专业在施工牵引供电设备室的地面垫层时,注意与牵引供电承包商施工的设备基础相符。

8. 联调联试及运行实验条件

(1)联调联试大纲已经有关部门批准,实施组织方案已编制完成。

(2)联调联试组织机构成立,各项测试、实验用仪器、设备已准备妥当,相关运营规章、办法、安全保障和应急预案、故障处理措施已制定并颁布。

(3)全部主体工程完成,相关工程竣工图纸和牵引供电、电力供电、通信、信号系统技术文件、运用维护手册齐全,承包商或集成商对工程质量和系统功能自检合格,并提供测试报告。

(4)完成静态验收,确认合格。

(5)试验用动车组的开行条件满足相关规定。

7.12 盾构选型

盾构机是由动力机构、切削刀盘、液压顶进机构、岩土排运机构及检测导向机构等多个相互配合的部分组成的一种隧道掘进机械。它较适用于砾石、软土、硬岩等不同地质构造的隧道暗挖,具有较好的施工稳定性和掘进性能。盾构机在一个可以有效支撑地层压力,并且可以在地层中推进的圆形、矩形或马蹄形等特殊形状的钢筒结构的掩护下,完成挖掘、出土、隧道支护等工作。这种施工方式具有施工速度快、自动化程度高、节省人力、经济合理、减少对地面建筑物的影响和不影响地面交通等特点。

1. 盾构机类型的选择

地铁隧道施工时,盾构机的选型及配置是极为关键的环节。特定的施工环境中隧道地质状况的不同,决定了盾构机选型的不同。采用盾构施工的地层通常是复杂多变的,在选定盾构机型时,地质条件是最重要的参考因素。盾构机选型有以下两方面的内容一是对盾构机出土方式与工作面的平衡方式的选择二是对盾构机保持工作面稳定时对盾构机密封仓状态的选择。对于复合地层的盾构施工其主要考虑的因素则是施工地层的地质情况。

2. 盾构机选型影响因素

盾构机的选型应当根据施工工期、施工地点的地质水文情况、经济效益、环境状况、安全状况等综合考虑。综合起来，影响盾构施工的因素较多，主要有地层条件、隧道长度与线形、地下水的含量及水压、后续设备与盾构机的配套能力等。盾构机经过土层的流动性、可塑性、渗透性等情况，是盾构选型最基本的依据盾构机掘进过程中，对地上建筑物、地下建筑会带来不同程度的影响。因此，对施工周围环境的保护，也是影响盾构型式选择的因素之一随着我国城市现代化建设步伐的加快城市对各种施工影响的承受力会逐步降低。综合效益较理想但造价较昂贵的盾构施工法会成为各有关单位不得不仔细研究的问题。

7.13 投标施工组织设计的编制策略与技巧

投标文件除了要有较强竞争力的报价外，其技术部分在投标文件的评审中也同样具有举足轻重的地位。投标文件的技术部分即投标工程的施工组织设计，它是投标文件的重要组成部分，因为建设管理单位不仅要听取企业的自我介绍，更重要的是通过施工组织设计了解企业的素质，倘若施工组织设计质量低劣，无法满足招标文件规定的要求，则企业的自我介绍只能是自吹自擂。可见，施工组织设计是评标、定标的重要因素，是投标单位整体实力、技术水平和管理水平的具体体现。

7.13.1 投标施工组织设计的编制特点

与设计单位或施工单位在相关阶段编制的相应施工组织设计相比，投标施工组织设计有其特殊性，主要体现在以下几个方面。

1. 应用目的不同

设计单位的施工组织设计是设计文件的组成部分，主要供业主或监理审查和决策，是编制概预算的依据；施工单位的施工组织设计是围绕一个工程项目或一个单项工程，规划整个施工进程、各施工环节相互关系的战略性或战术性部署。而投标施工组织则是投标书的组成部分，是编制投标报价的依据，目的是使招标单位了解投标单位的整体实力以及在本工程中的与众不同之处，进而得以中标。

2. 编制条件不同

设计单位编制的施工组织设计是在初步设计（或技术设计）阶段，在对现场进行充分调查的基础上编制而成的，施工单位的施工组织设计则更是对各项工程进行深入调研后所作出的周密的施工安排。而投标施工组织则在时间上、方案上都有特殊的要求，时间紧、调查现场有限，尤其是在工程招标阶段，不同项目的发包方采取的招标方式不同。有的聘请专业的招标代理公司进行；有的自行组织招标；也有的聘请设计单位组织招标文件编制。因此，各个工程项目招标文件的编写程度深浅不一，提供的工程设计图纸资料的详尽程度也各不相同，这就要求投标企业的投标文件编制人员通过标前答疑、现场踏勘等各种渠道，尽可能地对工程有一个较全面、准确的了解，排除在投标过程中的不确定因素，使编制出的投标文件有的放矢。

3. 阅读对象不同

设计单位的施工组织设计主要供设计人员、施工人员阅读及上级有关部门审阅；施工单位的施工组织是供上下左右全方位的相关人员阅读。而投标施工组织则是供招标单位及相关人员评标、定标的投标文件，阅读者基本上是高水平的专业人员或领导，因此要求施工组织设计要有较高的水准。由于评标时间一般不会太长，对于评委而言，要使其在很短的时间内对所有投标单位的投标文件进行详尽的评阅，所编写的文字必须有理有据、条理分明，使其在评阅文件时能用尽可能少的时间，对本企业的投标文件有一个完整的了解。对本企业在该项目施工中计划采取的施工方案、管理体制以及人员、设备的投入，满足工程质量、工期、安全、环保等方面的能力有尽可能地全面理解和认同。

4. 内容幅度不同

由于投标施工组织设计是投标书的组成部分，而不像其他施工组织设计自成一体，加之其阅读对象的特殊性，可不必对所设计的工程对象进行全面交待，如工程概况、主要工程数量等内容，招标部门相关人员都比较清楚，不必作详细交待。因此，投标施工组织设计条理分明的文字是首要条件，而图纸则能起到画龙点睛的作用。如总平面布置图、各部位施工方法示意图等，都能把文字所要表达的意思更直观、准确地表达出来，让阅读者一目了然、事半功倍。在计算机模拟技术不断发展的今天，很多单位已将计算机三维模拟技术应用在标书的制作中，在投标阶段即可把施工中的实际场景真实地显现，让发包方和评标专家们看到施工中、竣工后的工程及周边环境。

5. 责任水平不同

设计阶段施工组织设计是编制概预算的依据，而概算是工程项目投资的最高限额，可见施工组织设计要对工程造价负责；施工阶段的施工组织设计是在施工阶段中实施并不断加以完善的过程，其施工组织设计必须具有实施性。而投标施工组织设计仅用于工程投标，工程中标后，对后续施工组织设计具有一定的指导意义，若没有中标，则完成了其使命。所以，投标施工组织设计可具有一定的先进性，若有关方案一时还未研究成熟，但中标后有能力解决，也可以先进行安排，以求竞争取胜。

7.13.2 投标施工组织设计的编制要求

1. 合法性

投标施工组织设计是投标单位向招标单位发出的具有法律效力的承诺，因此，要求投标单位盖上公章，有法人代表的签字，并进行密封递交招标单位或代理单位。

2. 技术性

投标施工组织设计是投标企业各专业工程师组织大家讨论、编写、审核，总工最后审批的技术性文件。因此应有编制人、审核人、审批人的签名。否则，只能证明该企业在施工技术上处于失控状态。

3. 针对性

每个工程都具有其使用功能、结构类型、地质条件、环境社会因素的特征，施工组织设计应抓住其特点，重点进行描述，应对未来施工具有预见性，对于极有可能产生的困难，无法保证的，应针对具体问题提出解决办法，即可体现出企业的较高水平。

4. 对应性

招标文件中对施工单位投标都提出了一些具体要求，要仔细阅读招标文件，并逐一给予对方满意的答复。

5. 动态性

投标施工组织设计在实施过程中是依据实际变化了的情况不断修改和完善的过程。因此，在招、投标阶段的施工组织设计一般只提出大致的方略。中标以后再进一步细化，切记不要急于把所有的问题一次性全部解决。

6. 相关性

投标施工组织设计既然是各专业的互相配合，就要处理好各专业之间程序和关系。比如模板的安装与拆除，在方案设计时，既要考虑安装还要考虑拆除。

7. 原创性

施工组织设计是企业技术人员通过自己脑力劳动，对各方素材进行加工的过程，并非是照着教材、规范抄写一遍，也并非只是空洞的口号，关键提出如何保证的措施。达到什么标准、规范清清楚楚，以及采用什么方法去接近、达到甚至超过这个标准。

8. 严肃性

文字要简明扼要、图表要整洁、内容要齐全、装帧精美大方。表示投标人对招标人的尊重。

7.13.3　投标施工组织设计的编制要点

投标方案与一般施工组织设计不同，因为投标方案首先要作为投标文件的一部分，参与投标竞争，接受评标专家的评判；同时，一旦工程中标，又是编制工程实施方案指导施工的基础和依据。因此，投标方案比之实施方案，包括的内容不尽相同，编制的重点也不同。既要突出重点、简明扼要、可操作性强，又要主次分明、有理有据、图文并茂、文档整洁、装订实用美观，标书内容覆盖投标工程的方方面面，并遵循技术规律和主客观条件。同时展现公司实力，体现编标技术水平，力争高分、争取中标。

1. 编制要点

(1)目录：按照招标文件要求，结合评分办法，制订有效的施工组织文本目录，目录相当于纲领性标题，同时目录响应评标办法，突出评分点。

(2)工程概况：包括项目概况、工程特点、重难点、结构特征、地下管线、地理位置、施工条件、自然气候等内容。

(3)施工总体部署：包括项目组织机构，质量、安全、工期、成本、文明施工等管理目标，重难点分析及对策，施工总体方案，分项工程施工方案方法，工期计划，施工总平面布置等。

(4)施工准备：包括工程施工项目组织准备、技术准备、物资设备准备、现场准备、施工队伍准备等。

(5)资源配置：包括工程项目管理人员、施工队伍及劳动力计划、主要施工机械设备计划，测量及试验检测仪器计划、主要材料计划等内容。投入的大型机具设备必须满足招标文件的要求，如盾构机，其选型及相关资料必须严谨真实。

(6)施工方案、方法：包括施工测量、交通疏解、车站工程、区间盾构、铺轨工程、路面附属等内容。

(7)施工平面布置图：包括驻地建设、施工围挡、施工便道、施工用电用水、加工场、堆放场、施工便道等。

(8)工程进度计划：包括网络图和横道图，响应招标文件工期要求。

(9)主要施工技术措施：包括质量、安全、文明、环保、水土保持、文物保护等保证体系及保证措施等。

(10)项目风险管控及应急预案：针对项目特点，进行风险辨识，编制《危险源辨识及风险评价表》和《高、中度危险源清单》。根据风险预测，制订风险防范措施，成立应急救援组织机构，制订应急救援预案和措施，确保突发事件时能够迅速启动应急预案程序。

(11)其他:如冬雨季施工保证措施,质量保证措施、安全保证措施、文明施工环境措施、环境保护措施、水土保持措施、廉政建设措施、施工后期的场地恢复措施、工程回访等。

(12)附表:除施工组织设计文字表述外,一般有多个图表需附后,如主要机械设备表、主要材料计划表、劳动力计划表、施工进度网络图或横道图、施工总平面布置图、临时用地计划表等。

2. 重难点

工程重难点和主要风险分析及应对措施工组织中必不可少的,也是技术标的重难点,通过多次轨道交通项目的投标总结,对于车站+盾构区间的标段其重难点和主要风险分析及应对措施如下。

(1)重难点:①车站深基坑开挖施工;②车站防水施工;③交通疏解;④盾构机结始发及到达施工;⑤盾构在曲线地段掘进中的地层变形控制:⑥盾构掘进中的地表沉降控制。

主要应对措施:①控制围护结构与内支撑施工质量。确保基坑降、排水通畅;②组织有资质的专业施工队伍施工,确保结构自身混凝土质量,强化防水施工管理;③交通疏解方案在设计基础上,重新对现场交通进行调查,达成书面的交通组织方案;④总结原盾构施工端头土体加固经验,在端头地层加固施工完毕之后,对加固区域进行垂直取芯以及在洞门处均匀布置数个水平探孔;⑤保持盾构开挖面的稳定通过优化掘进参数来控制,注意盾构在曲线上推进及盾构纠偏;⑥保持盾构开挖面的稳定,同步注浆与二次注浆。

(2)主要风险:①车站深基坑开挖;②车站采用半盖挖顺做法施工;③光缆和管网;④既有建筑物;⑤盾构掘进:⑥盾构下穿建筑物。

主要应对措施:①第一道支撑设为混凝土撑加强支撑刚度,分层开挖、及时支撑、严禁超挖、做好监测;②围护结构采用刚度较大、止水效果较好的地连墙,基坑开挖前进行坑内降水,做好基坑的监测和防水处理;③既有管线的处理方式通常可以采用永久改迁、临时改移、临时支吊等若干措施:④对基坑边建筑物、地表和维护结构的变形进行监测,基坑边建筑处预留注浆孔;⑤根据盾构机选型要求合理配置;⑥在进入构筑物密集群之前需对盾构机进行全面检修,使盾构机的任何零部件都能正常运行,以便盾构机快速通过该区段。

3. 重视答辩

许多城市轨道交通项目投标中,对项目经理和总工有现场答辩要求,且所占分值较高,在投标组织中,要认真准备。提前组织项目经理和总工介入项目,了解工程概况、重难点及施工总体组织,争取答辩成绩优良。通常可能涉及的重点内容如下:

(1)对项目的认识工程项目概况、重难点、技术特点等。

(2)对项目的组织组建一个精干高效的项目经理部,对本工程全面实行项目法管理。抽调我单位长期从事城市轨道交通工程施工,具有丰富施工经验的专业队伍承担本项目工程的施工。

(3)车站防水施工应组织有资质的专业施工队伍施工,确保结构自身混凝土质量,强化防水施工管理,对车站接口等特殊部位防水加强处理。

(4)车站防水标准与要求:包括区间隧道及连接通道等附属的隧道结构防水等级、管片设计与制造等。

(5)盾构机始发及到达施工:总结原盾构施工端头土体加固经验,保证加固后土体的强度、抗渗性、匀质性均满足设计要求,在端头地层加固施工完毕之后,对加固区域进行垂直取芯以及在洞门处均匀布置数个水平探孔,用以检测加固效果,做好洞口防水密封,始发前必要时从刀盘的开口向盾构土仓内填塞土坯。

(6)盾构下穿建筑物施工措施：盾构设备对于安全掘进是至关重要的。在进入构筑物密集群之前需对盾构机进行全面检修，使盾构机的任何零部件都能正常运行，采用土压平衡模式掘进，严禁出现过大的压力波动，推进过程必须保持盾构机有良好的姿态，尽量减少蛇形和超挖，严格进行同步注浆，保证注浆压力和注浆密实，加强监控量测，做到信息化施工。

(7)盾构掘进中地表沉降控制：盾构推进过程中引起地面沉降原因较多，主要可归纳为土体损失和土体固结两方面，盾构正面对土体的推应力大于原始侧向地应力时会引起地表隆起，此时根据地表隆起情况，实时监测，调整推力，盾构通过时会不可避免产生地表沉降，减缓应力释放速度，从而达到控制地层的弹塑性变形的目的。盾构通过后，地层会发生固结沉降，此时可根据监测情况，是否在管片衬砌背后实施跟踪回填与固结注浆，尤其是隧道顶部，盾构在曲线推进、纠偏、抬头或叩头推进过程中，可调整掘进速度与正面土压，防止盾构后退措施，并对开挖面及盾尾采取封闭措施，盾构隧道施工引起的地表沉降量过大，会直接造成地陷、地面坍塌事故，造成重大的交通安全事故的发生，引起巨大的社会影响和经济损失等。

7.13.4　投标施工组织设计的行文方法

1. 编制要求

投标施工组织的编制应做到内容丰富、技术精准、行文畅达、图文并茂、规范有序。要求做到以下方面：

(1)认真阅读招标文件，完全响应其要求。

(2)对不同地铁工程的特点、重点、技术难点及主要对策应给以充分阐述。

(3)必须反映拟采用的重要施工技术，如信息化监控量测，穿越地面、地下建筑物的特殊保护等。

(4)对地铁工程中的重要工况最好有模拟仿真计算，分列计算内容和程序，并示例说明。

(5)应论述分析地铁工程风险管理。

(6)应开列最新出版现行的有关地铁工程国家、行业、地方标准。

(7)如有条件，最好能制作相关的三维动画、效果图等，使直观效果更好。

2. 行文方法

由于投标施工组织设计的阅读对象、使用目的都很特别，因此，在编写时要注意行文方法，主要体现在以下各方面：

(1)摆正作者与读者的关系，切忌采用指令性语句，可多采用假设(虚拟)语句，如"若本单位中标，我们将……"等等。

(2)在编写过程中，要始终注意维系双边关系，不要掺杂对第三者有褒贬的内容，实事求是的描述本单位的有关情况。

(3)重点突出，针对性强，文体明快。

(4)行文流畅，图文并茂，装帧工整。

(5)不采用仅在本行业或本单位内部使用的语汇；如混凝土、钢筋混凝土等，不要写成砼、铨或钢筋砼等，以免产生误会。

(6)与投标书中其他部分的内容协调一致，不出现差异甚至矛盾。

(7)进度表、平面图要用醒目的线型与图例绘制,其内容要以图面清爽为原则,既项目齐全,又整洁美观。

(8)使用规范性的图文编号、排序和法定计量单位。

(9)注意招标书中的特殊要求,如“里程碑工期”“节点工期”等。

(10)注意对招标文件中的具体要求逐一做出实质性响应。

7.13.5 投标施工组织设计与报价的配合

投标工作是一项相当复杂的“价值工程”,其中投标报价是其最基本、最关键的要素,在投标中,报价=预算造价±内部因素±市场信息。施工组织设计是投标报价工作的纲要,有了这个纲要才能确定预算造价所涉及的施工方法、工艺流程、劳动组织、临时设施、工期安排、进度要求等,同时,施工组织设计又是对企业的施工技术、后备物资的来源及供应情况,机械规格和总的数量等内部因素的综合反映,只有有了先进、合理、可行的施工组织设计的准确完整的工程数量,才能有合理适度的报价。因此,二者要密切配合,浑然一体,主要做好如下工作:

(1)充分认识施工组织设计与报价不可分割的密切关系,二者之间既有分工又有协作,若能由具有丰富经验且一专多能的人进行主持,则更为理想。

(2)克服重施工轻经济的思想,加强协作配合,共同参加调查,共同研究施工组织设计与报价的有关问题。

(3)不断积累资料,不断更新数据,以提高工作效率,增强竞争能力。

(4)针对工程的关键,采用新技术,开发新成果,进行集中讨论,集体攻关。

7.14 专项施工方案与安全专项施工方案

为进一步规范和加强对危险性较大的分部分项工程安全管理,积极防范和遏制建筑施工生产安全事故的发生,住建部建质〔2009〕87 号及建办质〔2018〕31 号“关于印发《危险性较大的分部分项工程安全管理办法》的通知”中又规定了危险性较大工程及超过一定规模的危险性较大的分部分项工程范围及编写、审核、论证程序。

7.14.1 不同施工方案的区别与联系

1. 相关概念

施工方案是施工组织文件的内容之一,通常可以理解为施工方法、施工工艺、施工顺序、施工流程等及其相应措施的总体。

专项施工方案是施工组织设计的基础上,以其中的重点或难点工程为编制对象,另行编制的子项施工组织设计。

安全专项施工方案(建办质〔2018〕31 号统称“专项施工方案”),是在编制施工组织设计的基础上,针对危险性较大的分部分项工程单独编制的安全技术措施文件。内容包括施工组织的部分内容,但重点是安全措施、风险辨识与应急预案。

2. 区别与联系

施工方案、专项施工方案、安全专项施工方案是完全不同的技术文件,其编制与使用存在较大区别,不可将其混淆,其区别与联系列举见表 7.3。

表 7.3　施工方案、专项施工方案与安全专项施工方案的对比分析

区别之处	施工方案	专项施工方案	安全专项施工方案
概念含义不同	是施工组织的组成内容之一	类似于子项工程施工组织设计	针对危险性较大的分部分项工程以安全为重点的施工方案
所起作用不同	构成施工组织主体内容	剖析工程项目中的重点与难点	剖析工程项目中的危险因素，提出应对措施
编制对象不同	与施工组织编制对象一致	常针对“长大重”工程的分部分项工程	危险性较大的分部分项工程
责任编者不同	施工组织编制者	现场主管技术人员	现场主管技术人员
交底对象不同	项目部管理层及相关人员	项目分部管理层及作业人员	相关参与人员及作业人员
编制内容不同	拟建工程在合同控制下总体规划与统筹	针对具体工程在施组总设计控制下规划与统筹	针对相关工程经安全控制为重点的详细安排
审批程序不同	施工单位编制并上报审批	施工单位编制并上报审批，可选择性专家评审	施工单位编制并上报审批，对超过一定规模的必须进行专家评审
联系之处	均应统筹安排、指导施工、确保安全生产。编制方法、编制思路、编制要求基本相似		

施工方案是施工组织设计的核心内容，专项施工方案就是将其中的重点难点部分进一步细化，而安全专项施工方案按《危险性较大的分部分项工程安全管理办法》中规定内容进行细化，除上表中所列比较内容外，安全专项施工方案还的许多独特的特点，主要体现在如下几方面。

(1)使用目的不同

施工方案是施工组织的内容之一，施工组织具有战略部署和战术安排的双重作用。目的是针对整个拟建工程进行时间、空间和资源组织，从整体或宏观上协调与统筹。

专项施工方案的目的是对重难点工程进行分解与剖析，协调安排，使相关工程顺利实施。

安全专项施工方案的目的是对拟建工程在施工过程中存在的、可能导致作业人员群死群伤或造成重大不良社会影响的分部分项工程加强安全生产监督管理，保障人民群众生命财产安全。

(2)编制范围不同

施工方案根据涉及编制对象的方方面面，具体根据拟建工程情况而定；专项施工方案则对选取其中的重点和难点工程另行编制单独的施组，其编制范围由编制单位自行决定，是否进行论证也可由施工单位自行决定，也可由业主或监理根据情况指定。

安全专项施工方案的编制范围是由业主或《危险性较大分部分项工程管理办法》规定的。分为两个层次。

(3)编制范围不同

①危险性较大的分部分项工程：需要编写专项方案，但不强求评审，其范围包括：基坑支护、降水工程，土方开挖工程，模板工程及支撑体系，起重吊装及安装拆卸工程，脚手架工程，拆除、爆破工程，建筑幕墙安装工程，钢结构、网架和索膜结构安装工程，人工挖扩孔桩、地下暗挖及顶管作业，水下作业、预应力工程等。在实际工作中有时业主或监理认为存在较大危险的，也需要编制专项方案。

②超过一定规模的危险性较大的分部分项工程:需要编写专项方案,且必须进行评审论证,其范围包括与前者类似,但规模更多大一些,风险更高,涉及面更广。

(4)编制深度不同

施组中施工方案的编制深度根据施工组织设计的级别不同而不同,而专项方案则只是针对具体的分部分项工程编制。技术专项方案偏重于技术,安全方面更多注重相关措施。

对于安全不同确定的分部分项工程还需要进行理论检算或数值模拟分析,并附具计算书和安全验算结果,并对风险源进行分析,提出相应的应急预案等。

(5)原则要求不同

施组中施工方案的编制原则根据施组编制单位或编制阶段不同而存在差异,其侧重点与施组目的相联系,主要是从实际出发,积极而可靠的采用新技术、新工艺,满足工期要求、控制工程成本、确保质量与安全。

专项方案的主要作用是在既定的施工方案前提下,为保证工程安全实施而编制的以防范和预防措施为主的方案,要求突出以下几点。

①安全性:根据具体工程特点、现场环境,确定拟定与方法的安全性,并由此配备资源条件。

②可行性:针对实际条件和资源,采取切实可行的措施和方法,确保可操作性。

③及时性:根据工程实际进展情况,适时编制,确保实施。

(6)审查程序不同

施组编完后,由项目部组织自审后上报企业主管公司审核,再报监理审核,总监签字后生效,一经审定,不可随意改变。

而安全专项施工方案除在完成上述审查程序的基础上,还需组织不少于 5 人的专家组评审,相关参建单位、主管部门参加论证会。

专家组对专项施工方案的内容完整性、检算资料依据的合法性、时效性,计算结果正确性等进行评审,评审意见作为方案附件存档。即

①专项施工方案内容是否完整、可行;

②专项施工方案计算书和验算依据、施工图是否符合有关标准规范;

③专项施工方案是否满足现场实际情况,并能够确保施工安全。

施工企业按评审意见修改完善签字后实施;专家组认为要做重大修改的需要重新论证。

7.14.2 专项施工方案的编制

专项施工方案分为两种,一种是工程项目中承建人认为有一定难度的单项、单位工程或分部分项工程,原有施工组织设计对其没有特别考虑或考虑不到位时重新编制的方案,类似于施工组织设计,其编制与管理与前面所述基本相似;另一种是《危险性较大的分部分项工程安全管理办法》中规定的分部分项工程,因其需要编写安全专业施工方案,则必然也要编写专项施工方案,其编制方法需要按安全专项方案编制要求编写,也可先编制以方案为主的专项施工方案后,再编制安全专项施工方案。

专项施工方案强调的是方案,是以方案优化与比选为重点方面的施工组织设计,主要包括以下内容。

(1)编制目的。

(2)工程概况：

①针对该方案的工程概况。

②有关资料，周边环境、施工条件。

(3)编制依据。

(4)方案总体部署、相关材料、设备要求。

(5)方案比选。

(6)方案详细流程、做法、构造要求、人员配备、机械设备配置。

(7)重点、难点及保证措施。

(8)必要的计算、验算过程。

(9)检测、检验、应急预案、应急人员、应急材料。

(10)方案必要的施工附图。

7.14.3　安全专项施工方案的编制

根据建办质[2018]31号规定，专项施工方案可默认为安全专项施工方案，相关内容要求按安全专项施工方案考虑。

1. 编制原则和要求

(1)编制原则：安全第一，预防为主。

(2)编制要求：针对性、可行性、及时性。

①针对性。针对工程特点、针对工程特点、施工现场环境、施工方法、劳动组织、作业方法、使用的机械、动力设备、变配电设施、架设工具等确定采取的安全措施。

②可行性。针对实际的条件和所投入的资源，采取切实可行的措施和方法，切实保证施工安全，具有可操作性。

③及时性。要在该项工程施工前，一般在工程投标时，就要对方案有所考虑。编制完成后，施工中加以贯彻实施。

2. 方案的结构及主要内容

(1)工程概况：危大工程概况和特点、施工平面布置、施工要求和技术保证条件。

(2)编制依据：相关法律、法规、规范性文件、标准、规范及施工图设计文件、施工组织设计等。

(3)施工计划：包括施工进度计划、材料与设备计划。

(4)施工工艺技术：技术参数、工艺流程、施工方法、操作要求、检查要求等。

(5)施工安全保证措施：组织保障措施、技术措施、监测监控措施等。

(6)施工管理及作业人员配备和分工：施工管理人员、专职安全生产管理人员、特种作业人员、其他作业人员等。

(7)验收要求：验收标准、验收程序、验收内容、验收人员等。

(8)应急处置措施。

(9)计算书及相关施工图纸。

3. 危险性较大的分部分项工程范围

危大工程，即危险性较大的分部分项工程，是指房屋建筑和市政基础设施工程在施工过程中，容易导致人员群死群伤或者造成重大经济损失的分部分项工程。危大工程及超过一定规模的危大工程范围是由国务院住房城乡建设主管部门制定的(表7.4)。

表 7.4 危大工程及超过一定规模的危大工程范围

	危险性较大的分部分项工程范围	超过一定规模的危险性较大的分部分项工程范围
(一) 基坑工程	1. 开挖深度超过 3 m(含 3 m)的基坑(槽)的土方开挖、支护、降水工程。 2. 开挖深度虽未超过 3 m,但地质条件、周围环境和地下管线复杂,或影响毗邻建、构筑物安全的基坑(槽)的土方开挖、支护、降水工程	开挖深度超过5 m(含5 m)的基坑(槽)的土方开挖、支护、降水工程
(二) 模板工程及支撑体系	1. 各类工具式模板工程:包括滑模、爬模、飞模、隧道模等工程。 2. 混凝土模板支撑工程:搭设高度 5 m 及以上,或搭设跨度 10 m 及以上,或施工总荷载(荷载效应基本组合的设计值,以下简称设计值)10 kN/m² 及以上,或集中线荷载(设计值)15 kN/m 及以上,或高度大于支撑水平投影宽度且相对独立无联系构件的混凝土模板支撑工程。 3. 称重支撑体系:用于钢结构安装等满堂支撑体系	1. 各类工具式模板工程:包括滑模、爬模、飞模、隧道模等工程。 2. 混凝土模板支撑工程:搭设高度 8 m 及以上,或搭设跨度 18 m 及以上,或施工总荷载(设计值)15 kN/m² 及以上,或集中线荷载(设计值)20 kN/m 及以上。 3. 承重支撑体系:用于钢结构安装等满堂支撑体系,承受单点集中荷载 7 kN 及以上
(三) 起重吊装及起重机械安装拆卸工程	1. 采用非常规起重设备、方法,且单件起吊重量在 10 kN 及以上的起重吊装工程。 2. 采用起重机械进行安装的工程。 3. 起重机械安装和拆卸工程	1. 采用非常规起重设备、方法,且单件起吊重量在 100 kN 及以上的起重吊装工程。 2. 起重量 300 kN 及以上,或搭设总高度 200 m 及以上,或搭设基础标高在 200 m 及以上的起重机械安装和拆卸工程
(四) 脚手架工程	1. 搭设高度 24 m 及以上的落地式钢管脚手架工程(包括采光井、电梯井脚手架)。 2. 附着式升降脚手架工程。 3. 悬挑式脚手架工程。 4. 高处作业吊篮。 5. 卸料平台、操作平台工程。 6. 异形脚手架工程	1. 搭设高度 50 m 及以上的落地式钢管脚手架工程。 2. 提升高度在 150 m 及以上的附着式升降脚手架工程或附着式升降操作平台工程。 3. 分段架体搭设高度 20 m 及以上的悬挑式脚手架工程
(五) 拆除工程	可能影响行人、交通、电力设施、通信设施或其他建、构筑物安全的拆除工程	1. 码头、桥梁、高架、烟囱、水塔或拆除中容易引起有毒有害气(液)体或粉尘扩散、易燃易爆事故发生的特殊建、构筑物的拆除工程。 2. 文物保护建筑、优秀历史建筑或历史文化风貌区影响范围内的拆除工程
(六) 暗挖工程	采用矿山法、盾构法、顶管法施工的隧道、洞室工程	采用矿山法、盾构法、顶管法施工的隧道、洞室工程
(七) 其他	1. 建筑幕墙安装工程。 2. 钢结构、网架和索膜结构安装工程。 3. 人工挖孔桩工程。 4. 水下作业工程。 5. 装配式建筑混凝土预制构件安装工程。 6. 采用新技术、新工艺、新材料、新设备可能影响工程施工安全,尚无国家、行业及地方技术标准的分部分项工程	1. 施工高度 50 m 及以上的建筑幕墙安装工程。 2. 跨度 36 m 及以上的钢结构安装工程,或跨度 60 m 及以上的网架和索膜结构安装工程。 3. 开挖深度 16 m 及以上的人工挖孔桩工程。 4. 水下作业工程。 5. 重量 1 000 kN 及以上的大型结构整体顶升、平移、转体等施工工艺。 6. 采用新技术、新工艺、新材料、新设备可能影响工程施工安全,尚无国家、行业及地方技术标准的分部分项工程

4. 专项施工方案的编写技巧

专项施工方案内容多而杂、涉及面广,范围窄而细,编写方案时往往不知如何下手,或详略不当,或不知所云,或与施工组织无异,需要掌握一定的技巧,并注意内容齐全、详略得当、行文简洁流畅。

编写前结合现场实际,精选施工方法并进行必要的试验验证。选择施工方法应"深入、具体、现实、可行",拟定多个方案进行比较,注意将传统施工工艺和"四新成果"相结合。注意沟通,除应征得建设管理单位、设计单位和监理单位同意外,还应征得相关领域主管部门的认可。方案中凡采用了新技术、新材时,由于对材料性能、工艺参数、施工方法掌握不到位,需要进行必要的试验验证或借鉴相关行业的标准。

(1)工程概况

要求明确要点,突出主题。此部分编写的目的是介绍施工工程项目的基本情况,但不同的分部分项工程级别编写侧重点不同,编写时根据读者对象的不同掌握其编写深度,不可将设计文件的介绍直接进行复制。

专项施工方案的读者对象除工程直接参与相关人员外,还包括业主领导,政府监管人员,评审专家等,对工程有关的各个方面均需要交待,如参建相关单位、工程地点及周边情况、地质水文情况、设计情况、开竣工日期等。

涉及方案制定依据的相关情况也需介绍,如工程特点、重点难点、风险点等,必要时配以相关图表。

(2)编制依据

要求完整齐全,针对性强。此部分编写的目的是让读者了解此专项方案是如何编制出来的,因而要求将与专项施工方案紧密相关内容全部列出,包括现场实际条件、合同、上一级施组、施工企业的现有生产能力、机具设备状况、技术水平等。

但切忌将没有用到的或已过时的依据进行罗列,造成方案结论不可靠甚至错误。

工具书、手册、文献等只是参考文献,不能确定为编制依据。

(3)施工部署

此部分是对相关工程全局性的统筹规划或总体安排,不同的项目或不同的级别,其内容和侧重点略有差别,重点体现安排与组织,对时间与空间的利用等方面逐一交待。

如施工顺序、施工方法、任务划分、组织安排、进度计划、资源配置等。与施工组织设计相比,内容更深入、具体,根据现场条件,强调可行性和可操作性。

(4)施工方法

要求全面、可行,并与单位工程施工计划相衔接,强调总体性。以专项施工方案具体工程为对象,以工艺为核心,根据现场的实际情况,在施工部署的基础上,对具体施工方法进行优化与细化,力求时间与空间相结合,施工技术与现场管理相结合。

(5)施工工艺

包括技术参数、工艺流程、施工方法、检查验收。是工程本身结构存在的必须遵循的先后次序,是经过多年的施工实践而得到的客观规律。主要包括工艺流程、操作要点和质量标准。编写时除对相关工程施工工艺描述清楚外,还需要明确材料要求、作业条件、技术指标等,并附以必要的图表。

(6)监控及应急预案

专项施工方案要求对施工中可能出现的突发事件事先提出应急管理、指挥、救援计划等。

是建立在对施工环境危险源的分析、识别上；可利用管理技术 5M1E 的方法进行分析和判断，5M1E 即人(Man)、机器(Machine)、材料(Material)、方法(Means)、措施、测量(Measure)、环境、外界(Environment)，简称人、机、料、法、测、环。

通过危险源的辨识与分析，指出危险源的部位和种类、可能出现的危害及产生的后果，风险规避与预防措施及救援方案。

(7)技术组织措施

方案要点主要通过对施工措施的介绍反映施工设计的结果，确保方案正常实施提出的相应对策与安排，尤其是对重点难点部位的具体施工措施，是安全施工专项方案的重点。

(8)计算书

对方案中存在安全风险的结构进行安全性能验算或计算，保证技术措施既经济又安全。

对相关结构进行检算时，严格按标准选择方案、确定参数、明确构造，并附以简图，必要时还需运用软件进行数值模拟分析。

计算书要求内容完整、规范引用与计算正确，同时相应的计算内容处配相关计算简图，说明计算原理、算法和程序，并考虑相应安全系数。

当遇到复杂的空间结构，进行内力和位移计算时，还必须进行计算模型的简化，引入不同程度的计算假定。简化的程度视所用的计算工具按必要和合理的原则决定。

最后需给出是否可行的结论以及改进建议、注意事项等。

(9)危险源识别与分析

对相关工程进行危险源识别、分析、评级，提出针对性防患对策与措施，不可直接套用通用性措施了事。

(10)管理体系与措施

各种措施的落实、应急预案的启动均需通过相关保障体系完成与实现，因此，专项方案中需要有完整的安全管理和应急预案体系，并从内控要求、启动程序和针对性管理方面有较详尽的交待。

内容包括：质量保证体系与措施、安全保证体系与措施、文明施工及环境保护体系与措施、应急预案、应急组织机构、应急响应程序、应急救援措施等。

(11)应急资源配置

应急资源包括人、财、物、信息、技术诸多方面，应急救援资源调度问题的实质即确定各应急救援点是否参与救援以及参与救援的具体时间和能力。

专项施工方案中应针对风险源分析，配备足够的应急资源，确保工程施工安全和应急响应启动的可能性，使相应的目标最优化。

5. 注意事项

(1)行文语气确定：专项施工方案是实施性方案，直接针对作业层，行文语气需要肯定，文字用词规范，语言表述标准。避免使用"应""宜"等字样，必要时可以采用指令性语气。

(2)内容详略合理：技术方案和施工工艺是施工方案的核心，应是方案的主体部分，需占40%以上的分量。

(3)概念逻辑清晰：方案层次清晰，突出重点、简明扼要，标题宜在 15 字以内，名词术语全文统一，尽可能按国家标准、行业标准表述，标题编号层次分明。

(4)依据的法律、法规、文件和标准应写出全称、文件号和发布日期。

(5)图表设计合理、清晰，图表均编列编号与名称，格式全文统一。

(6)用文件或标准的有关内容替代方案相关内容时，注明该内容在文件或标准中的位置。

(7)计算以规范为标准,计算公式、单位等要准确、简洁,思路清晰。

(8)施工组织中相关内容如进度安排、资源配置、总体施工方案、总体平纵面情况也应进行简要描述,使专项方案自成一体。

(9)应急预案要做到“三个明确”,即:明确职责、明确程序、明确能力和资源。

(10)应急救援明确设施设备的数量及其分布位置;明确应急救援能力及外部救援资源(如医院、消防单位及通信联络方式)。

(11)监测监控:明确监测目的、监测要求、监测仪器及方法等,并有相应的图示及说明。

(12)涉及淘汰或禁止使用的施工技术措施时,禁止使用。

(13)要特别注意周边环境调查及影响范围。

思考题

1. 城市轨道交通工程建设的内容和特点是什么?
2. 什么是施工组织设计?
3. 施工组织设计资料的收集有哪些内容?
4. 简述施工组织总设计的编制程序。
5. 施工组织设计的编制原则有哪些?
6. 为什么进行工程施工中要编制施工组织设计?
7. 城市轨道交通工程施工程序一般包括哪几个阶段?
8. 如何对施工组织设计进行分类?
9. 不同阶段的施工组织设计的编制依据有何区别?
10. 单位工程施工组织设计的基本内容?
11. 施工平面图设计的原则?
12. 如何进行施工组织的进度计划?
13. 如何进行施工组织设计的资源数量计算?
14. 如何进行施工方案的比选?
15. 投标施工组织设计有哪些特点,与其他施工组织设计的主要差别有哪些?
16. 施工方案、专项施工方案、(安全)专项施工方案有哪些区别与联系?
17. 简述专项施工方案的主要内容与审查特点。

第3篇 工程概预算

第8章 工程定额

8.1 定额的概念及作用

1. 定额的概念

定额是指在一定的技术和正常的组织条件下，生产质量合格的单位产品所消耗的人力、物力、财力和时间等的数量标准。即在合理的劳动组织和合理地使用材料和机械的条件下，预先规定完成单位合格产品所消耗的资源数量的标准，它反映一定时期的社会生产力水平的高低。

定额是从总体的生产工作过程来考查，规定出社会平均必需的消耗数量标准，这种标准就称为定额。在社会生产中，为了生产某一合格产品或完成某一工作成果，都要消耗一定数量的人力、物力和资金。从个别的生产过程来考查，这种消耗数量因受各种生产条件的限制，是各不相同的。

2. 定额的特性

(1)定额的科学性

定额的科学性是指制定定额有其科学理论基础和科学技术方法。定额的制定是在充分考虑了客观施工生产技术和管理的条件，在分析各种影响工程施工生产消耗因素的基础上力求定额水平与生产力发展水平相适应，反映出工程建设中生产消费的客观规律。

工程建设定额的科学性，首先表现在用科学的态度制定定额，尊重客观实际，力求定额水平合理；其次表现在制定定额的技术方法上，利用现代科学管理的成就，形成一套系统的、完整的、在实践中行之有效的方法；最后表现在定额制定和贯彻的一体化。

(2)定额的权威性(法令性)

定额是国家或授权部门通过一定程序审批颁发的，是在一定范围内有效的统一施工生产的消费指标，它同工程建设中的其他规范、规程、标准一样，具有很强的权威性。这种权威性在一般情况下具有经济法规的性质，因此其执行过程中带有强制性的特点。凡是属于执行范围内的建设、设计、施工、生产、建设银行等单位，都必须严格遵照执行。虽然定额是反映生产消费的客观规律，但在市场经济条件下，要涉及到各有关方面的经济关系和利益关系。赋予定额以权威性，使其具有强制性的特点，有利于理顺工程建设有关各方的经济关系和利益关系。

(3)定额的群众性

定额的制定过程由定额技术管理人员(具有理论和技术的专门人员)主持，有熟练工人和技术人员参加，以科学手段和方法进行分析、测定和实验，消除资源(包括人力和时间)的浪费和不合理的现象，确立合理的操作方法及其新的标准时间、新的材料和机具消耗指标——新的定额。由于新的定额是在工人群众的参与下产生，群众易于掌握和推广；同时，定额的执行也离不开工人群众。因此说，定额具有广泛的群众性。

(4)定额的时效性(相对稳定性)

每个时期的定额都代表着这一期间的施工技术和施工管理的水平，在时间上是相对稳定的。随着施工技术的发展和管理水平的提高，定额的内容也不断地更新和充实，即定额的水平也不断提高。但社会生产力的发展有一个量变到质变的过程，而且定额的执行也有一个时间过程，所以每一次制定的定额必须是相对稳定的，决不可朝订夕改，否则会伤害群众的积极性，也不利于定额的执行和管理。其相对稳定性一般保持在5～10年。

(5)定额的系统性

工程建设定额是相对独立的系统。它是由多种定额结合而成的有机的整体。它的结构复杂，有鲜明的层次，有明确的目标。

工程建设定额的系统性是由工程建设的特点决定的。按照系统论的观点，工程建设就是庞大的实体系统。工程建设定额是为这个实体系统服务的。因而工程建设本身的多种类、多层次就决定了以它为服务对象的工程建设定额的多种类、多层次。

(6)定额的统一性

工程建设定额的统一性，主要是由国家对经济发展的有计划的宏观调控职能决定的。为了使国民经济按照既定的目标发展，就需要借助于某些标准、定额、参数等，对工程建设进行规划、组织、调节、控制。而这些标准、定额、参数必须在一定的范围内是一种统一的尺度，才能实现上述职能，才能利用它对项目的决策、设计方案、投标报价、成本控制进行比选和评价。

工程建设定额的统一性按照其影响力和执行范围来看，有全国统一定额，地区统一定额和行业统一定额等；按照定额的制定、颁布和贯彻使用来看，有统一的程序、统一的原则、统一的要求和统一的用途。

3. 定额的作用

定额是管理科学的基础，也是现代管理科学中的重要内容和基本环节。我国要实现工业化和生产的社会化、现代化，就必须积极地吸收和借鉴世界上各发达国家的先进管理方法，必须充分认识定额在社会主义经济管理中的地位。首先，定额是节约社会劳动、提高劳动生产率的重要手段，其次是组织和协调社会化大生产的工具，同时是宏观调控的依据以及在实现分配、兼顾效率与社会公平方面有巨大的作用。

具体来说，定额具有以下几方面的作用：

(1)是编制计划的基本依据

在工程施工的计划管理中需编制施工进度计划、年度计划、月旬作业计划以及下达生产任务单等，都要按照定额，合理地平衡调配人力、物力、财力等各项资源，以保证提高经济效益，把计划落到实处。

(2)是确定工程造价的依据

建筑工程的造价是由设计内容决定的，而设计内容又是由它的工程所需要的劳动力、材料、机械设备等的消耗来决定的。这里的劳动力、材料和机械设备等，都是根据定额计算出来的。因此，从设计的角度看，定额是确定基本建设投资和建筑工程造价的依据。

(3)是提高生产效率的工具

企业以定额作为促使工人节约社会劳动(工作时间、原材料等)和提高劳动效率、加快工作进度的手段，把社会劳动的消耗控制在合理的限度范围内，同时定额使项目投资者合理而有效地利用和分配社会劳动，从而节约社会劳动和优化资源配置，提高生产效率。

(4)是国家宏观调控和管理的手段

市场经济并不排斥宏观调控，即使在资本主义国家，政府也要利用各种手段影响和调控经济的发展。利用定额对工程建设进行宏观调控和管理主要表现在：对工程造价进行管理和调控；对资源配置和流向进行预测和平衡；对经济结构，包括企业结构和所有制结构进行合理的调控，也包括对技术结构和产品结构的调整。

(5)是对市场行为的规范

定额既是投资决策的依据，又是价格决策的依据。对投资者来说，可以利用定额来权衡自己的财务状况和支付能力、预测资金投入和预期回报，还可以充分利用有关定额的大量信息，有效提高其项目决策的科学性，优化其投资行为。对于建筑企业来说，由于有关定额在一定程度上制约着工程中人工、物资的消耗，因此会影响到建筑产品的价格水平。企业在投标报价时，只有充分考虑定额的要求，做出正确的价格决策，才能占有市场竞争优势，才能获得更多的工程合同。

(6)有利于推广先进的施工技术和工艺

定额水平中包含着某些已成熟的先进的施工技术和经验，工人要达到和超过定额，就必须掌握和应用这些先进技术；如果工人要大幅度超过定额水平，他就必须创造性的劳动。第一，在自己的工作中注意改进工具和改进技术操作方法，注意原材料的节约，避免原材料和能源的浪费。第二，企业或主管部门为了推行施工工具和施工方法，所以贯彻定额也就意味着推广先进技术。第三，企业或主管部门为了推行定额，往往要组织技术培训，以帮助工人能达到或超过定额。这样，新技术、新工艺、新材料、新经验就很容易推广而大大提高全社会的劳动生产效率。

(7)是编制工程量计算规则、项目划分、计量单位的依据

定额制定出以后，它的使用必须遵循一定的规则，在众多规则中，工程量计算规则是一项很重要的规则。而工程量计算规则的编制，必须依据定额进行。工程量计算规则的确定、项目划分、计量单位，以及计算方法都必须依据定额。

8.2 定额的发展历程

定额是进行生产经营活动时，在人力、物力、财力消耗方面所应遵守或达到的数量标准。19世纪末至20世纪初，在技术最发达、资本主义发展最快的美国，形成了系统的经济管理理论。定额的产生就是与管理科学的形成和发展紧密的联系在一起的，它的代表人物有美国人泰勒和吉尔布雷斯夫妇等。

定额和企业管理成为科学是从泰勒制开始的，它的创始人是美国工程师泰勒。泰勒制的核心内容包括两方面，第一，科学的工时定额。第二，工时定额与有差别的计件工资制度相结合。泰勒制的产生和推行，在提高劳动生产率方面取得了显著的效果，也给资本主义企业管理带来了根本性的改革和深远的影响。

定额伴随着管理科学的产生而产生，伴随着管理科学的发展而发展。定额是管理科学的基础，它在西方企业的现代化管理中一直占有重要地位。

我国的工程造价在改革开放以前，新中国刚刚成立后的一段时间，为满足国内大规模的恢复重建工作，我国工程造价模式开始采用苏联模式，也就是基本建设概预算制度，所有的工程

建设均是按照先期编制好的国家统一工程建设定额标准进行计价。改革开放后，工程造价管理先是在计划经济时期采用概预算管理，接着是“量价统一”模式下的工程定额计价模式，然后发展为“量价分离”工程造价模式，目前逐步过渡到成为定额计价和工程量清单计价共存的双轨制造价模式，在造价管理过程中以市场为主导、由政府部门进行监督协调、并与国际惯例接轨。

中华人民共和国成立以来，我国的工程造价管理经历了以下几个阶段：

第一阶段，从建国初期到20世纪50年代中期，这段时间没有统一的预算定额与单价，计算工程量也没有统一的规则，主要是根据企业累计资料和工作经验，通过设计图来计算工程量，再结合市场进行工程报价，然后以工程量为基础确定最终工程造价。

第二阶段，从20世纪50年代至90年代初期，是有政府统一预算定额与单价情况下的工程造价计价模式，基本属于政府决定造价。这一阶段延续的时间最长，并且影响最为深远。当时的工程计价基本上是在统一预算定额与单价情况下进行的，因此工程造价的确定主要是按设计图及统一的工程量计算规则计算工程量，并套用统一的预算定额与单价，计算出工程直接费，再按规定计算间接费及有关费用，最终确定工程的概算造价或预算造价，并在竣工后编制决算，经审核后的决算即为工程的最终造价。

第三阶段，从20世纪90年代至2003年，这段时间是我国工程造价管理全面改革的质变阶段，承接着以前的造价模式，为了更加适应我国市场经济的发展，我国传统定额计价模式以“控制量、放开价、引入竞争”作为基本思路进行了改革。在这个过渡时期各地编制了新的预算定额，并规定了定额单价中有关人工、材料、机械价格作为编制期的基期价，还对当月市场价格信息定期进行动态指导，在合适的范围内予以调整，同时引入竞争机制进行新的尝试。

第四阶段，2003年我国颁布了《建设工程工程量清单计价规范》，并在2003年7月1日起全国实施，工程量清单计价模式开始在建设工程项目中建立并发展起来，强制性规定国有投资项目实行清单计价模式。2008年对该规范进一步进行了修编完善，规范对清单计价的适用范围、清单计价的原则、清单计价的依据、格式作出明确规定，对分部分项工程项目的编码、项目名称、项目特征、计量单位、工程量计算规则实行五统一。2013年新修编的清单计价规范与计量规范进行了分离，其内容更趋完善。为深入推进工程造价“放管服”改革，又制定了2018年工程造价计价依据编制计划和2018年工程造价管理工作计划。

8.3　定额的种类

工程定额的形式与内容，是根据生产需要决定的。因此，工程定额的分类也是多样化，这里简要介绍如下(图8.1)。

1. 按定额反映的物资消耗量分类

(1)劳动消耗定额：简称劳动定额，指在正常的生产技术和生产组织条件下，为完成单位合格产品规定活劳动消耗的数量标准。

(2)材料消耗定额：简称材料定额，是在节约和合理使用材料的条件下，生产单位合格产品所必需消耗一定品种规格的材料、半成品、配件和水、电、燃料等的数量标准。包括材料的净用量和必要的工艺性损耗及废料数量。

(3)机械台班消耗定额：简称机械定额，它规定了在正常施工条件下，合理的组织生产与合理的利用何种机型完成单位合格产品所必需的机械台班消耗标准，或在单位时间内机械完成的产品数量。

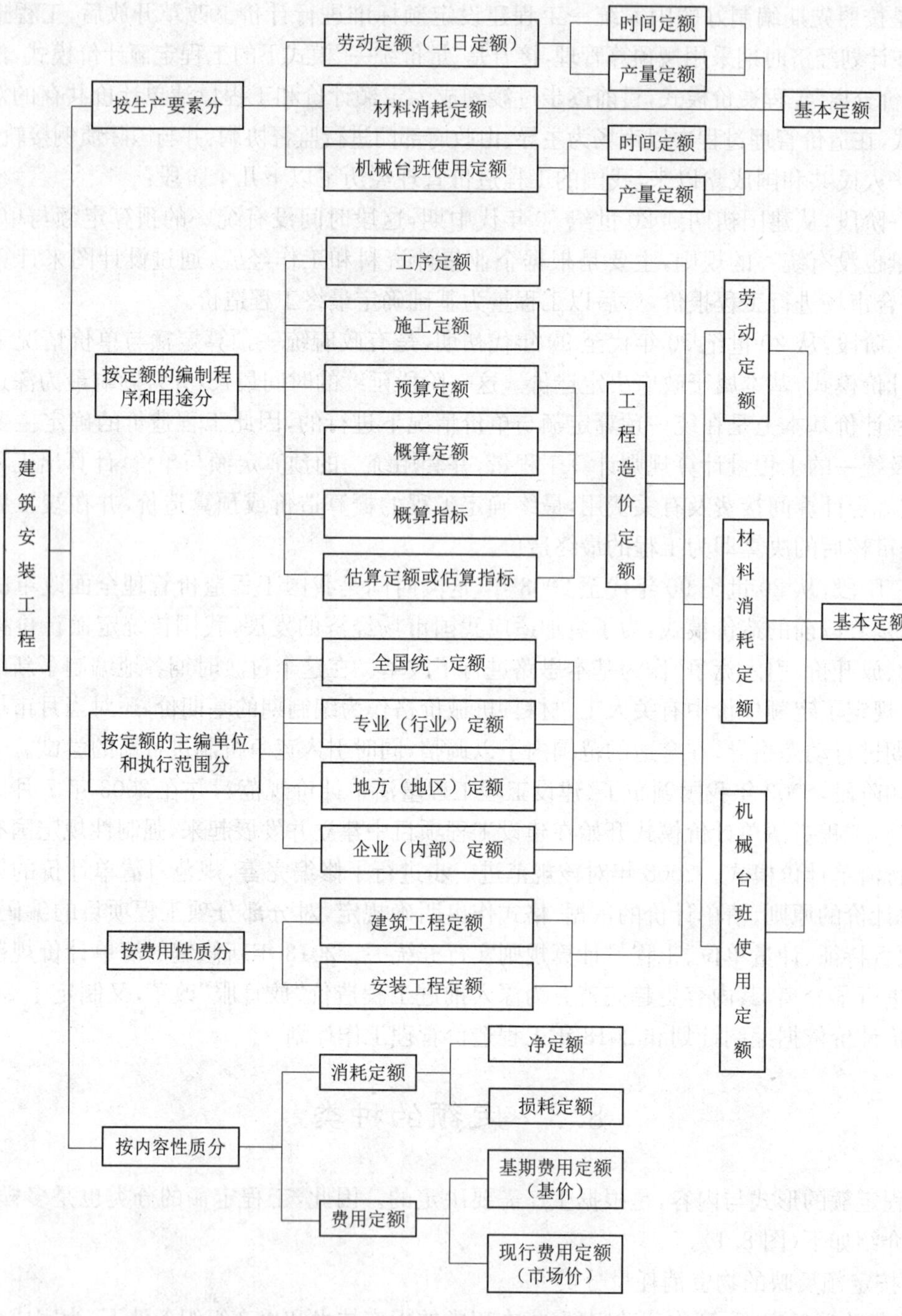

图 8.1　工程定额分类

2．按定额的编制程序和作用分类

(1)工序定额：以个别工序为测定的对象，它是组成一切工程定额的基本元素，在施工中除了为计算个别工序的用工量外很少采用，但确是劳动定额形成的基础。

(2)施工定额：施工定额是以同一性质的施工过程为标定对象，并以工序定额为基础，由工序定额综合成工作过程定额和复合过程定额，表示某一施工过程中的人工、主要材料和机械消耗量。可直接用于施工生产中。而工序定额是以个别工序(或操作)为标定对象，比较细碎，除用作编制个别工序的施工任务单外，一般不再直接用于施工生产，也不出现在施工定额中。例如，石方开挖施工定额的标定对象包括钻眼、爆破、清理等工作过程。因此石方开挖施工定额是一个由钻眼工作过程定额，爆破工作过程定额、清理工作过程定额综合而成的复合过程定额。而每一工作过程是由若干工序组成，如钻眼工作过程包括选炮位，检查钻具、接、拆、收风及水管、钻眼、取送钢钎等工序，并由这些工序定额综合成钻眼工作过程定额。

施工定额由企业或地方定额主管机构根据当地生产力发展水平负责制定和修订。施工定额是施工企业管理工作的基础，也是工程定额体系中的基础性定额。它在施工企业生产管理和内部经济核算工作中发挥着重要作用。

①是施工单位编制施工组织设计和施工作业计划的依据；

②是组织和指挥施工生产的有效工具；

③是计算工人劳动报酬的根据，也是激励工人的条件；

④有利于推广先进技术；

⑤是编制施工预算，加强成本管理和经济核算的基础；

⑥是投标报价的基础。

(3)预算定额：是在编制施工图预算或投资检算时，计算工程造价和计算工程中劳动量、机械台班、材料需要量而使用的一种计价性定额。从编制程序看，施工定额是预算定额的编制基础，而预算定额则是概算定额或估算指标的编制基础。可以说预算定额在计价定额中是基础性定额。

①是编制施工图预算，确定和控制项目投资、建筑安装工程造价的基础；

②是对设计方案进行技术经济比较，进行技术经济分析的依据；

③是编制施工组织设计的依据；

④是工程结算的依据；

⑤是施工企业进行经济活动分析的依据；

⑥是编制概算定额和估算指标的基础；

⑦是合理编制标底、投标的基础。

(4)概算定额：它是在预算定额基础上，依据现行标准设计图或选择有代表性的设计图纸、施工详图，以主体结构分部工程为主，适当综合有关项目，扩大计量单位编制而成。

①是初步设计阶段编制设计概算和技术设计阶段编制修正概算的依据；

②是对设计项目进行技术经济分析和比较的基础资料之一；

③是编制建设项目主要材料计划的参考依据；

④是编制概算指标或估算指标的依据；

⑤在不具备施工图和详细施工组织时，是编制招标控制价和投标报价的依据。

(5)投资估算指标：是在项目建议书可行性研究和编制设计任务书阶段编制投资估算、计算投资需要量时使用的一种定额。它非常概略，往往以独立的单项工程和完整的工程项目为计算对象。它的概略程度与可行性研究阶段相适应，主要作用是为项目决算和投资控制提供依据。

投资估算指标虽然往往根据历史决算资料和价格变动等资料编制，但其编制基础同样离不开预算定额、概算定额。上述各种定额间的关系可参见表8.1。

表 8.1 各种定额间的关系比较

	施工定额	预算定额	概算定额	概算指标	投资估算指标
对象	工序	分项工程	扩大的分项工程	整个建筑物或构筑物	独立的单项工程或完整的工程项目
用途	编制施工预算	编制施工图预算	编制设计概算	编制初步设计概算	编制投资估算
项目划分	最细	细	较粗	粗	很粗
定额水平	平均先进	平均	平均	平均	平均
定额性质	生产性定额	计划性定额			

3. 按投资的费用性质分类

(1)建筑工程定额:建筑工程一般理解为房屋和构筑物工程。具体包括一般土建工程、电气照明工程、卫生技术(水、暖、通风)工程、工业管道工程、特殊构筑物工程等。广义上也被理解为其他各类工程,如道路、铁路、桥梁、隧道、运河、堤坝、港口、电站、机场等所有土木工程。

(2)设备安装工程定额:设备安装工程是对于需要安装的设备进行定位、组合、校正、调试等工作的工程。

4. 按主管部门及执行的范围分类

(1)全国统一定额:是由国务院有关部门制定和颁发的定额。

(2)地方统一定额:是由各省、自治区、直辖市在全国统一指导下,结合本地区特点编制的定额,只在本地区范围内执行。

(3)行业统一定额:考虑到各行业部门专业工程技术特点,已经施工生产和管理水平编制的,如公路工程定额,铁路工程定额等。

(4)企业定额:是由企业自行编制,只限于本企业内部使用的定额。

(5)补充定额:是指设计、施工技术大发展,现行定额不能满足需要的情况下,为了补充缺项所编制的定额。

8.4 施工过程分析与定额测定

8.4.1 施工过程分析

1. 施工过程概念

(1)施工过程分类

①按使用工具、设备和机械化程度可分为:a. 人工施工过程,如人力挖土;b. 机械施工过程,如铲运机运土;c. 人工与机械并有施工过程,如人力挖土、卷扬机提升土。

②按生产特点及组织的复杂程度可分为工序、工作过程和复合过程,如钢筋混凝土构件施工过程可分解成表 8.2 所列工作过程及工序等项目。

a. 工序——是指在组织上不可分开,而在操作上属于同一类的施工过程。工序的基本特点是劳动者、工具和使用的材料不变,若其中一项有了变更,即表明已由一个工序转入到另一个工序。例如钢筋制作与绑扎过程中,当钢筋调直后便开始除锈,这时钢筋工放下调直工具,拿起钢丝刷,就表示已由调直钢筋工序转入除锈工序。

工序是定额制定过程中的主要研究对象。从施工操作的组织观点看,工序是最简单的操作过程；从劳动过程的特点看，工序还可分解为更小的由若干操作过程组成的作业。而每一操作本身又是由各种工作动作组成。动作是指劳动者在完成某一操作时的一举一动，这是工序中最小的一次性的活动。

表 8.2　工作过程及工序

工程名称	复合过程	工作过程	工序	操作	动作
钢筋混凝土构件	钢筋混凝土构件施工过程	1. 钢筋制作、绑扎 2. 模板制、立、拆 3. 混凝土拌和、运送及灌注	(1)整直 (2)除锈 (3)切断 (4)弯曲 (5)成品运到堆放点(绑扎点) (6)绑扎钢筋	①在工作台上号样 ②把钢筋放在工作台上 ③对准位置 ④靠近支点 ⑤扳动扳手 ⑥弯好钢筋 ⑦放回扳手 ⑧将弯好的钢筋取出 ⑨放在指定地点	a. 工人走到调直、除锈并切断好的钢筋堆放处 b. 拿起钢筋 c. 走向工作台 d. 把钢筋放在工作台上

b. 工作过程——是由同一工人或同一小组所完成的在技术操作上互有联系的工序所组成。如钢筋制作与绑扎这一工作过程，是由在技术操作上互有联系的钢筋调直、除锈、切断、弯曲、成品运到堆放点(绑扎点)、绑扎钢筋等工序组成，并由同一小组依次完成。

由一名工人完成的称为个人工作过程，如筛砂子。由小组工人共同完成的称为小组工作过程，如灌注混凝土。

c. 复合过程——为了同一目的(或同一建筑产品)，将组织上彼此有直接关联并先后或交叉或同时进行的几个工作过程结合起来，称为复合过程(亦称综合工作过程)，如钢筋混凝土构件施工过程，包括钢筋制作、绑扎、模板制、立、拆、混凝土拌和、运送、混凝土灌注等工作过程，都是先后或交叉或同时进行，在组织上彼此有直接关联，缺一不可，最终产品是钢筋混凝土构件。

(2)研究施工过程的目的

①研究复合过程是为了判断复合过程的各有关工作过程在生产组织上是否合理，质量是否符合标准，找出各工作过程之间的矛盾和解决矛盾的方法，以便加强协作，确保产品质量。

②研究工作过程是为了找出工序间在更换工具、材料、工作地点以及劳动者在生产过程中的工作方法、路线、劳动组合与分工、机具配备数量是否恰当合理。研究组成工作过程的各工序，哪些可以取消，哪些可以合并，哪些复杂笨重的工序可以用简单的方法代替，以达到工作过程严密紧凑，提高劳动生产率的目的。

③研究工序是为了看组成各工序的操作是否必要和合理，能否用更加简单的操作代替，以便找到整个工作过程中施工生产的特点和影响生产效率的因素，以达到提高劳动生产率、降低消耗的目的。

④研究操作是为了研究先进操作方法，看操作中哪些动作是多余的，应该取消；哪些动作是必要的，能否合并或用更简单轻巧的动作，以达到合理安排操作次序，提高工效，减轻劳动强度的目的。为制定操作规程和定额提供基础资料。

根据确定的必要和合理的工序、操作和动作，测定出完成每一个动作、操作和工序所需的时间消耗及每个工作过程的材料消耗，经过分析、研究、计算、综合，就可得出整个工序和整个施工过程的时间、材料消耗量，再加上其他必要的消费时间和材料消耗，便可制定出该工序或该施工过程的定额。

2. 工作时间分析

(1)工人的工作时间分析(图 8.2)

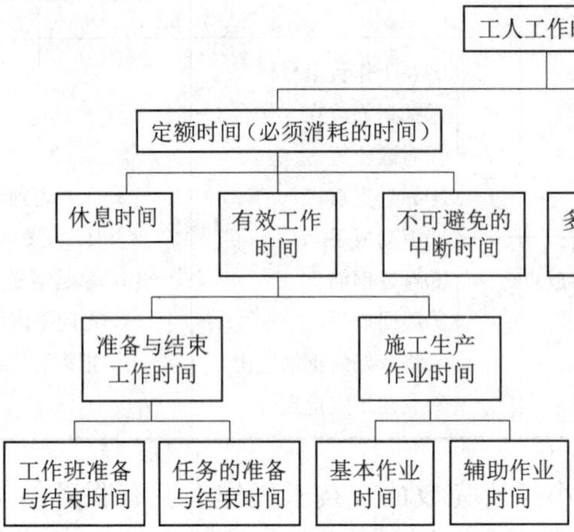

图 8.2　工人工作时间

定额时间(亦称必须消耗的时间)，指为完成所接收的工作任务而必需消耗的时间，包括工人有效工作时间、正常休息时间和不可避免的中断时间。

要完成或超额完成劳动定额，尽量减少不可避免的中断时间，将损失时间压缩为零。

有效工作时间，是指工人用在完成各种任务所需消耗的时间。包括：①准备与结束工作时间，指工人在执行任务前对施工地点、劳动机具和劳动对象的准备工作和完成任务后的结束整备工作所消耗的时间；②施工生产作业时间，指直接用于完成生产任务的时间。其中有基本作业时间，指完成施工生产工艺过程中规定的各项工序操作所消耗的时间(如搭脚手架，制作、绑扎钢筋，灌注混凝土等)以及为保证基本作业顺序进行需做的辅助工作作业时间(如修磨工具，工地修架子车、手推车等)。

不可避免的中断时间，指在施工生产中，工人由一个工作地点转移到所规定的另一个工作地点，或因某建筑过程的工艺特点所造成的中断时间，如抹水泥砂浆面层、压光需等待收水的时间。

非定额时间(亦称损失时间)，是指在施工过程中浪费的时间，包括在正常施工条件下，干不应有的和偶然工作时间(如扶起推倒的小车、干返工活、多干规定以外无效工作的时间)；停工损失时间(如指挥失误、组织不周、工作马虎，造成人员调配、技工与普工配合不当，施工中等待材料、工具、图纸，测量错误等，而导致误工和停工，或因客观原因，如遇暴风、雨、雪、洪水及断水、断电等造成的停工时间)；违反劳动纪律损失的时间(如迟到、早退、旷工、工作时间擅离职守、干私事、闲谈等)。

(2)机械工作时间

机械工作时间分析如图 8.3 所示。要完成或超额完成机械产量定额，必须提高机械有效工作时间的利用，尽量缩短不可避免的空转时间和中断时间，将损失时间压缩为零。

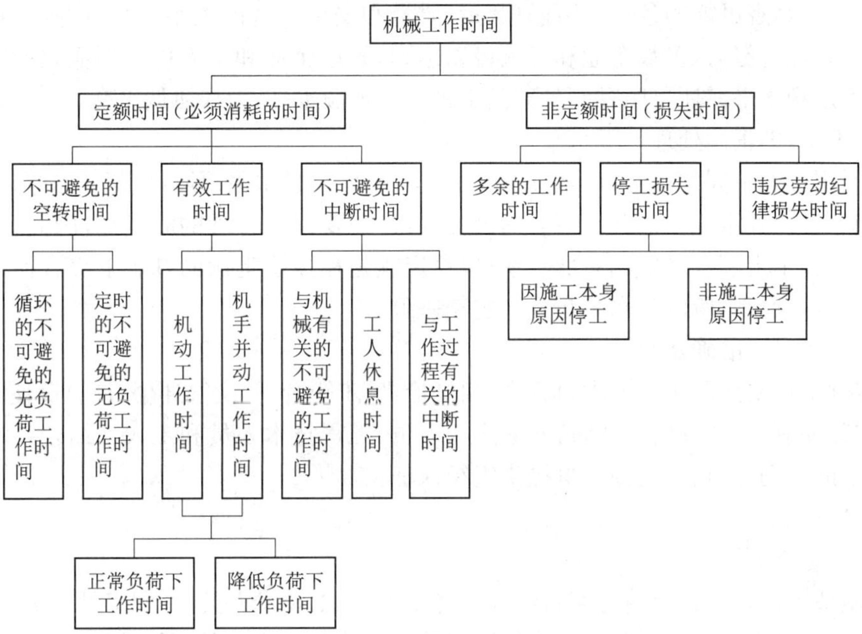

图 8.3 机械工作时间

有效工作时间分：①机动工作时间，指由于机械工作的自动化和办公自动化，工人只需开动机器，关闭机器，并对机器进行观察和保养维修，而在机器工作时，工人不直接参加体力劳动（如有机械化送料的混凝土搅拌机、碎石机、混凝土输送泵等）；②机手并动工作时间，指工人利用机器工作，本身又直接参加体力劳动（如开推土机、铲运机、汽车等）。

不可避免的空转时间，是因施工过程的特点，机器在循环作业中无负荷空转（如自卸汽车运土无负荷返回），施工机械作业前往工地，收工后开回及转移工地的无负荷运转，以及在工作中难免发生的无负荷时间（如挖掘机配合汽车运土，当一辆车满载开，另一辆开到挖掘机旁，在这个空当挖掘机处于无负荷状态）。

不可避免的中断时间，指机械起动前与结束运转时工人进行准备与结束的工作时间（如机械加油，加水）；为了维护和保养机械，在作业中间令其停歇时间（如机械运转时间过长或外界气温高，机器内部温度过高，需停机降温）；与机械工程过程有关的中断时间（如装卸材料时汽车停驶；石方爆破时，凿岩机停用；每喷完一段混凝土需移动机器作业地点的中断）；操纵机器的工人因需休息而中断机械工作的时间。

损失时间包括无效使用机械工作时间（如搅拌机搅拌混凝土超过了规定的时间）；停工损失时间及违反劳动纪律的损失时间（与前同）。

对工人或机械工作时间的组成和性质加以分析，是为了确定在施工过程中，哪些是必需消耗的时间，哪些是损失时间，从而在制定劳动定额或机械台班使用定额时，将所有的损失时间剔除，以提高定额的质量，使定额具有先进性。

8.4.2 定额制定简介

1. 制定定额的原则

制定定额是一项细致而复杂的工作，必须遵循以下原则。

(1)正确控制定额水平。制定定额既要考虑新技术的应用与先进操作方法的推广，又要从实际出发，考虑客观可能的条件，处理好数量、质量和安全三者的关系，兼顾国家、企业和个人三者利益。并经过努力，多数企业和工人可以达到，先进企业和工人可以超额，少数企业和工人能够接近定额水平。还要照顾到各部门工种间的定额水平，力求协调平衡，避免出现明显的差距，苦乐不均，即正确处理定额水平。

不同的定额有不同的水平，通常施工定额具有平均先进水平；预算定额的水平以施工定额水平为基础，且预算定额中包含了更多的可变因素，需要保留合理的幅度差，因此预算定额是平均水平，较施工定额水平要相对低一些；概算定额是在预算定额的基础上综合而成，同样贯彻社会平均水平原则，所以其水平与预算定额一致。

(2)定额制定要准确及时。

(3)定额结构要简明实用。项目齐全，粗细恰当，步距合理，文字通俗，计算简便。

(4)定额编制要专群结合。坚持专职定额人员、工程技术人员和工人三结合，并以专职定额人员为主的原则，这是对定额质量提供组织保证。

2. 基本定额制定

(1)劳动定额的制定

①经验估工法。通过邀请有实践经验的老工人、施工技术人员、专职定额员等进行座谈讨论，并参照有关的技术资料来制定。为使制定的定额符合实际情况，还应根据同类的现行定额和工时消耗的资料进行比较分析，并广泛吸取有经验的老工人和管理人员的意见，进一步研究确定。这种方法的特点是制定的工作过程较短，其简便易行。但其准确程度主要取决于参加估工的人员，其经验有一定的局限性。

②统计分析法。根据一定时期内，实际生产中消耗的工作时间与所完成产品数量的统计资料(如施工任务单、定额完成统计表、考勤表等)以及其他有关的原始记录(如小组日报、工班核算日报等)和原始凭证(如零星用工派工单、停工单等)，经过整理，并结合当前的施工组织、技术水平和生产条件，进行分析对比来制定定额。这种方法简便易行，比较常用。为了提高利用这种方法制定定额的准确性，必须加强企业管理，加强定额的基础工作，采取有效措施，健全定额完成统计台账，提高定额资料统计及分析工作的质量，提高原始记录和凭证的准确性。

③技术测定法(又称计时观察法)。它是在比较先进合理的技术条件和组织条件下，对施工过程中各工序工作时间的各个组成部分进行工作日写实和测时观察，详细地记录每一工序工人和机械的工作时间消耗、完成产品的数量及有关影响因素，然后将记录结果予以整理、分析、计算，并研究各种因素的影响，剔除损失时间，通过测定，直接获得制定定额的工作时间消耗和完成产品数量的全部资料，确定出定额数量标准。这种方法是一种典型调查的工作法。其根据充分，准确性高，是一种比较科学的方法，但费时费事。运用这种方法测定定额，应注意密切结合企业的生产特点、设备情况及工人的技术水平和熟练程度，充分做好发动工作，在依靠工人对提高劳动生产效率的自觉性和广泛听取群众意见的基础上进行，防止单纯的计算和测定。要求测定人员做到：测定工作真实严密，测定资料完整准确，结论意见先进合理。

④比较类推法(又称典型定额法)。它是以生产同类型产品或工序的定额为依据，经过对比分析，推导出另一种产品或工序定额的方法。例如，隧道导坑开挖，导坑断面大小不同，但几何形状相似，围岩相同，施工方法一样，都用同类型凿岩机开挖，同样的作业程序施工。只要确定出某种断面开挖的劳动定额，然后考虑断面大小的支撑和施工难易程度就可以推导出开挖不同断面导坑的劳动定额。

此法简单易行，工作量小，只有准确选择对比依据，经过比较细致的分析对比，定额的质量比采用经验估工和统计方法要高。但这种方法不能对定额的时间组成进行很好的全面分析，对挖掘潜力，提高劳动生产率的可能性估计不足，或因选择的典型件不够恰当，影响定额的质量。

上述制定劳动定额的方法，在实际工作中可根据具体情况，相互结合，灵活运用。

(2)材料消耗定额的制定

①主要材料和一次性材料消耗定额的制定。材料消耗定额是在施工过程，通过对建筑材料消耗的观察、试验室试验以及根据技术资料的统计和计算方法，并考虑合理的损耗综合制订的。

a. 观察法。它是在平均先进水平原则下，选择典型的施工项目作为观测对象，其施工技术与组织要符合技术规范要求；材料的品种、型号、质量要符合设计要求；操作工人要合理使用材料；产品检验必须合格。观测前要充分做好准备工作，如选用标准的计量器具和运输工具，采用减少材料损耗的措施等。观测中要区分不可避免地材料损耗和可以避免的材料损耗，而后者不能包括在损耗定额内。对观测取得的单位产品材料消耗量，必须经过科学地分析研究和计算后，确定消耗标准，列入材料消耗定额。用这种方法能比较准确的确定施工过程中难以避免的损耗数量，而这种损耗量用统计和计算方法是不可能得到的。如测定100号砂浆砌筑10 m^3 片石基础或墩台身，水泥、砂子和其他材料的消耗，以及不可避免的损耗(如落地灰、运输损耗等)均可通过实地观察测定。

b. 试验法。它是通过专门的仪器设备进行试验来确定材料消耗定额。这种方法只适用在实验室条件下测定。如根据实验室测定的不同标号混凝土配合比，计算出1 m^3 混凝土的水泥、砂子、石子、水的用量。但是试验法不能取得在施工现场条件下，各种客观因素对材料消耗量的影响值，因此，实际消耗量还要进行具体分析，如将理论配合比换算成施工配合比。

c. 统计法。根据长期积累的分部分项工程所需材料的发、退料及库存数量和完成产品的数量，来进行统计分析和计算、制定材料消耗定额。这种方法比较简单，但其准确性受统计资料质量的影响，有一定的片面性。采用此法，必须注意材料的耗用与耗用该材料的部位是否一致，各个不同部位的数量以及材料消耗统计资料的准确性，才能得到有效的统计数据。

d. 计算法。它是通过施工图纸，对结构构件以及所用建筑材料的研究，用理论公式计算，或直接数数，或样板裁截，或统筹下料，并考虑材料的合理耗用和周转性材料的摊销量来确定材料消耗限额。

②周转性材料消耗定额的制定。周转性材料也是施工作业用料，常称为施工手段用料。它是指在施工中多次使用的各种工具性材料，如模板、支撑、拱架、脚手架、步行板等。它们在每次使用中会受到一些损耗，经常修理可供下次施工继续使用。

周转性材料消耗定额的制定，主要是测定其周转次数。周转次数的多少，是根据不同的工程，不同的周转材料，用统计分析方法确定。周转性材料每使用一次后的消耗量(或摊销量)是以设计周转性材料需要量(即一次使用量)为准，考虑每使用一次后的补充量，使用次数和返还量，通过计算来确定。

(3)机械台班使用定额的制定

依据机械写实、测时和统计资料，以及机械工时分类标准、机械说明书和有关机械效能参考资料，制定机械台班使用定额。而机械写实、测时及统计资料可通过技术测定、经验座谈和统计分析等方法取得，与劳动定额的制定方法基本相同。

8.5 定额的基本内容

从定额的分类可以看出，无论何种定额的内容都包含着“三要素”，即劳动定额、材料消耗定额和机械台班使用定额，这三种定额要求也是制定其他各种定额的基础，因此，称其为基本定额。

1. 劳动定额

劳动定额亦称人工定额、工时定额或工日定额。它蕴含着生产效益和劳动力合理运用的标准，反映的建筑安装工人劳动生产率的平均先进水平，不仅体现了劳动与产品的关系，还体现了劳动配备与组织的关系。它是计算完成单位合格产品或单位工程量所需人工的依据。

(1)劳动定额的表现形式

劳动定额是以时间定额或产量定额表示(参见表 8.3)。

①时间定额。它是指某种专业、某种技术等级工人班组或个人，在正常施工条件下，完成单位合格产品或单位工程量所必需的工作时间。它包括准备工作与结束工作时间、基本生产时间、辅助生产时间和生产工人必须的休息时间。时间定额的计算方法如下：

$$\text{单位产品时间定额(工日定额)}=\frac{\text{必须消耗的工日数}}{\text{生产量或工程量}}$$

$$\text{班组单位产品时间定额}=\frac{\text{必须消耗的班组成员工日数总和}}{\text{班组产量}}$$

$$\text{时间定额}=\frac{\text{工作人数}\times\text{工作时间}}{\text{工作时间内完成的产量或工程量}}$$

或

$$=\frac{\text{劳动时间}}{\text{工作时间内完成的产量或工程量}}$$

式中 工作人数——单位为人工(工或人)；

工作时间——单位为 s、min、h、d；

劳动时间——单位为工秒、工分、工时、工日(工天)。

我国现行工作制度，每一工日(工天)按 8 h 计算，即 1 工日(工天)＝8 工时＝8×60 工分＝8×60×60 工秒。

生产量或工程量的单位，以单位产品或工程量的计量单位计算，如 m^3、m^2、m、t、块、根等。

时间定额的计量单位以每单位产品或工程量所消耗的工日数表示，如工日/m^3、工日/m^2、工日/t、工日/块等。

②产量定额。它是指在正常使用条件下，某种专业、某种技术等级工人班组或个人，在单位时间内所完成的合作产品数量和工程量。产量定额的计量单位是以单位工日完成合格产品或工程量的计量单位表示，如 m^3/工日、m^2/工日、t/工日、块/工日等。其计算方法如下：

$$\text{单位时间产量定额(每工日定额)}=\frac{\text{生产量或工程量}}{\text{必须消耗的工日数}}$$

$$\text{班组单位时间产量定额}=\frac{\text{班组产量}}{\text{必须消耗的班组成员工日数总和}}$$

$$\text{产量定额}=\frac{\text{工作时间内完成的产量或工程量}}{\text{工作人数}\times\text{工作时间}}$$

或

$$=\frac{\text{工作时间内完成的产量或工程量}}{\text{劳动时间}}$$

$$班组产量=\frac{必须消耗的班组成员工日数总和}{班组单位产品时间定额}$$

(2)劳动定额的应用

①时间定额的应用

表 8.3 为砖墙砌筑时间定额表，其工作内容包括砌墙面艺术形式、墙垛、平碹及安装平碹模板，梁板头砌砖，梁板下塞砖，楼梯间砌砖，留楼梯踏步斜槽，留孔洞，砌各种凹进水、山墙泛水槽，安放木砖、铁件，安装 60 kg 以内的预制混凝土门窗过梁、隔板、垫块以及调整立好后的门窗框等。

表 8.3 时间定额示例数据 （单位：工日/m³）

项目		双面清水			单面清水					序号
		1砖	1.5砖	2砖及2砖以外	0.5砖	0.75砖	1砖	1.5砖	2砖及2砖以外	
综合	塔吊	1.27	1.2	1.12	1.52	1.48	1.23	1.14	1.07	一
	机吊	1.48	1.41	1.33	1.73	1.69	1.44	1.35	1.28	二
砌砖		0.726	0.653	0.568	1.00	0.956	0.684	0.593	0.52	三
运输	塔吊	0.44	0.44	0.44	0.434	0.437	0.44	0.44	0.44	四
	机吊	0.652	0.652	0.652	0.642	0.645	0.652	0.652	0.652	五
调制砂浆		0.101	0.106	0.107	0.085	0.089	0.101	0.106	0.107	六
编号		4	5	6	7	8	9	10	11	

项目		混水内墙				混水外墙					序号
		0.5砖	0.75砖	1砖	1.5砖及1.5砖以外	0.5砖	0.75砖	1砖	1.5砖	2砖及2砖以外	
综合	塔吊	1.38	1.34	1.02	0.994	1.5	1.44	1.09	1.04	1.01	一
	机吊	1.59	1.55	1.24	1.21	1.71	1.65	1.3	1.25	1.22	二
砌砖		0.865	0.815	0.482	0.448	0.98	0.915	0.549	0.491	0.458	三
运输	塔吊	0.434	0.437	0.44	0.44	0.434	0.437	0.44	0.44	0.44	四
	机吊	0.642	0.645	0.654	0.654	0.642	0.645	0.652	0.652	0.652	五
调制砂浆		0.085	0.089	0.101	0.106	0.085	0.089	0.101	0.106	0.107	六
编号		12	13	14	15	16	17	18	19	20	

【例 8.1】某工程砌筑 2 砖墙厚混水外墙，工程量 150 m³，每天有 22 名工人在现场施工，试计算完成该项工程的施工天数(塔吊运输)。

解：表 8.3 中查出，砌筑 2 砖厚混水外墙的综合时间定额为 1.01 工日/m³。

该工程所需的劳动量=1.01×150=151.5(工日)，完成该工程的施工天数=151.5/22=6.89=7(天)。

②产量定额的应用

【例 8.2】某办公楼内墙抹灰工程，计划施工 25 天完成，抹灰班安排 13 名工人施工，产量定额为 9.52 m²/工日，计算抹灰班应完成的抹灰面积。

解：总工日数=25×13=325(工日)，应完成的抹灰面积=9.52×325=3 094(m²)。

(3)时间定额与产量定额的关系

①从上述看出，时间定额与产量定额互为倒数。它们的关系如下：

$$时间定额\times产量定额=1$$

$$时间定额=\frac{1}{产量定额}\quad 或\quad 产量定额=\frac{1}{时间定额}$$

由此可见，知道了时间定额就很容易求出产量定额。

②时间定额与产量定额成反比关系。时间定额降低，产量定额相应增加，反之亦然。它们的关系如下：

$$时间定额降低百分率(\%)=\frac{产量定额增加百分率}{1+产量定额增加百分率}$$

$$产量定额提高百分率(\%)=\frac{时间定额降低百分率}{1-时间定额降低百分率}$$

例如，人力挖运松土，时间定额降低 10%，则产量定额提高 $\frac{0.1}{1-0.1}\times100\%=11.1\%$。

那么，每工日应多挖运松土 0.703 m^3。也就是说，人力挖松土由于时间定额降低了 10%，每工日产量定额由 6.33(1 m^3/工日)提高到 7.033(1 m^3/工日)。

时间定额的降级或产量定额的提高，对劳动生产率的提高有重大影响，这需要通过加强企业管理，采用先进的施工组织和技术措施来实现。

2. 材料消耗定额

(1)材料消耗定额的组成

材料消耗定额是指在合理使用材料的条件下，完成单位产品或单位工程量所必需消耗的一定规模的建筑材料、半成品或构配件的数量标准。所谓合格产品或工程量是指质量、规格等方面要符合国家标准、部颁标准或省、自治区、直辖市的标准。材料消耗定额的计量单位是以生产单位产品或工程量所需材料的计量单位表示，如片石混凝土所需水泥、砂子、石子、片石的计量单位分别为“t”和“m^3”。

材料消耗定额包括直接用于产品生产或工程施工的材料净用量及不可避免的工艺和非工艺性的材料损耗(包括料头、装卸车散失)。前者称为材料的净消耗定额(D_j)，亦称净定额。这是生产某产品或完成某一施工过程的有效消耗量。后者称为材料的损耗定额(D_s)，但不包括可以避免的浪费和损失的材料。这是非有效消耗量。二者之和称为材料消耗总定额(D_z)，也叫材料消耗定额，用公式 $D_z=D_j+D_s$ 表示。

例如，浇筑混凝土构件，所需混凝土材料在搅拌、运输、浇筑过程中产生不可避免的零星损耗，以及振动体积变得密实，凝固后体积发生收缩等，因此，每立方米混凝土产品实际需耗用 1.01～1.02 m^3 的混凝土材料。

(2)材料损耗量

①材料损耗分类

a. 运输损耗。指材料在运输过程中所发生的自然损耗。这种从生产厂或供料基地运输到工地料库所发生的损耗不包括在材料消耗定额中，应列入材料采购保管费内。

b. 保管损耗。指材料在保管过程中所发生的自然损耗。这种损耗也不包括在材料消耗定额中，应列入材料采购保管费内。

c. 施工损耗。指在施工过程中，现场搬运、堆存及施工操作中不可避免的材料损耗以及残余材料和废料损耗等，这些损耗应包括在材料消耗定额内。

②材料损耗量

③施工过程中材料损耗一般用损耗率表示。材料损耗率有两种计算方法：

$$材料损耗率\ K_{总}=\frac{材料损耗量\ D_s}{材料总消耗量\ D_z}\times100\%$$

$$材料损耗率\ K_{净}=\frac{材料损耗量\ D_s}{材料净用量\ D_j}\times100\%$$

因此，材料损耗量也有两种计算方法：

$$D_S=D_Z\cdot K_{总}$$

$$D_S=D_j\cdot K_{净}$$

两种计算方法的损耗量相等。

实际上，$K_{总}$和$K_{净}$相差甚微，可以认为$K_{总}=K_{净}=K$，则K称为材料损耗率，可从预算定额或材料消耗定额中查出。

(3)材料总消耗量

根据结构物或构筑物施工图纸计算出或根据实验确定出材料净用量D_j，再按公式$D_z=(1+K)D_j$计算材料总消耗量D_z。

建筑材料种类繁多，数量庞大。基本建设中，材料费在建筑工程造价中约占35%～40%左右。材料消耗量是节约或是浪费，对产品价值和工程造价有决定性影响。在一定的产品数量和材料质量的情况下，材料的需用量和供应量主要取决于材料消耗定额。先进合理的材料消耗定额，可以起到对物质消耗的控制和监督，保证材料的合理供应和使用。减少材料积压，使限额领料卡真正起到限额的作用。同时材料消耗定额还是制定概、预算定额中材料数量及其费用的基础数据。

3. 机械台班使用定额

机械台班使用定额亦称机械设备使用定额。它标志着机械生产率的水平，用它可计算出完成合格产品或工程量所需用的机械台班数量。

(1)机械台班使用定额的表示形式

机械台班使用定额以机械时间定额和机械产量定额两种形式表示(表8.4)。

表8.4为某机械定额示例。

表8.4　装载机装土方每100 m^3的机械定额

工作内容： 铲土、20 m内装车或弃土，调位，清理工作面。

项目	装载机斗容量(m^3)			序号
	1以内	2以内	3以内	
时间定额 台班产量	0.216 4.63	0.14 7.143	0.108 9.259	—
编号	1	2	3	

注：①推土机配合推松集土时，推土机的时间定额按推土机推挖土方运距20 m的定额乘以0.8系数计。

②本表取自2009年度《公路工程施工定额》。

①机械时间定额(也称机械台班时间定额)是指在正常施工条件下，规定某种机械设备完成质量合格的单位产品或单位工程量所需消耗的机械工作时间，包括有效工作时间，不可避免的空转时间和不可避免的中断时间。其计算公式如下：

$$机械时间定额=\frac{机械台数\times机械工作时间}{工作时间内完成的产品数量或工程量}$$

式中　机械台数——计量单位为台或机组；

机械工作时间——计量单位为班、h、min、s。

机械台数与机械工作时间相乘之积为机械工作时间消耗量，计量单位为台班、机组班、台时、台分、台秒。一个台班表示一台机器工作一个工作班(8 h)，一个机组班表示一组机械工作一个工作班(8 h)，一个台时表示一台机器工作 1 h，其余类推。

$$1\text{台班}=8\text{台时}=8\times60\text{台分}=8\times60\times60\text{台秒}$$

产品数量或工程量的计量单位应能具体正确的表示产品或工程量的形体特征，如 m^3、m^2、km、t 等。

机械时间定额一般以台班(或台时)/产品或工程的计量单位表示，如台班/m^3、台时/m^3、台班/km 等。

②机械产量定额(也称机械台班产量定额)是指在正常施工条件下，规定某种机械设备在单位时间(台班或台时)内应完成质量合格的产品数量或工程量。其计算方法如下：

$$\text{机械产量定额}=\frac{\text{工作时间内完成的产品数量或工作量}}{\text{机械台数}\times\text{机械工作时间}}$$

机械产量定额的计量单位，以产品或工程的计量单位/台班(或台时)表示。例如，挖掘机挖土产量定额的计量单位为 m^3/台班或 m^3/台时。

(2)机械时间定额与机械产量定额两者的关系

机械时间定额与机械产量定额两者的关系互为倒数，即

$$\text{机械时间定额}\times\text{机械产量定额}=1$$

【例 8.3】用 6 t 塔式起重机吊装某种混凝土构件，由一名吊车司机、7 名安装起重机工、2 名电焊工组成的小组共同完成。已知机械台班产量定额为 40 块。试求吊装每一块构件的机械时间定额和人工时间定额。

解：(1)分工种计算

吊车司机时间定额＝1×0.025 工日＝0.025(工日)

安装起重工时间定额＝7×0.025 工日＝0.175(工日)

电焊工时间定额＝2×0.025 工日＝0.050(工日)

(2)按综合小组计算

人工时间定额＝(1＋7＋2)×0.025 工日＝0.25(工日)

或　　人工时间定额＝(1＋7＋2)/40 工日＝0.025(工日)

【例 8.4】用一台 20 t 平板拖车运输钢结构，由 1 名司机和 5 名起重工组成的工人小组共同完成。已知装载系数为 0.55，台班车次为 4.4 次/台班。试计算：

(1)平板拖车台班运输量和运输 10 t 钢结构的时间定额。

(2)吊车司机和起重工的人工时间定额。

解：(1)计算平板拖车的台班运输量

台班运输量＝台班车次×额定装载量×装载系数＝4.4×20×0.55＝48.4(t)

(2)计算运输 10 t 钢结构的时间定额

机械时间定额＝1/机械产量定额＝10/48.4 台班/10 t＝0.21(台班/10 t)

(3)计算司机和起重工的人工时间定额

司机时间定额＝1×0.21 工日/10 t＝0.21(工日/10 t)

起重工的时间定额＝5×0.21 工日/10 t＝1.05(工日/10 t)

8.6 定额及其内容构成

8.6.1 预算定额

预算定额是在正常的施工条件下，完成一定计量单位合格分项工程和结构构件所需消耗的人工、材料、机械台班数量及相应费用标准。预算定额是工程建设中重要的技术经济文件，是编制施工图预算的主要依据，是确定和控制工程造价的基础。

1. 预算定额的编制原则

(1)按社会平均水平确定预算定额的原则

预算定额是确定和控制建筑安装工程造价的主要依据。因此，必须遵照价值规律的客观要求，即按生产过程中所消耗的社会必要劳动时间确定定额水平。所以预算定额的平均水平，是在正常的施工条件下，合理的施工组织和工艺条件、平均劳动熟练程度和劳动强度下，完成单位分项工程基本构造要素所需要的劳动时间。

(2)简明适用原则

①编制预算定额时，对于那些主要的、常用的、价值量大的项目，分项工程划分宜详细，次要的、不常用的、价值量相对较小的项目则可以粗略一些。

②预算定额要注重项目齐全，要注意补充因采用新技术、新结构、新材料而出现的新的定额项目。如果项目不全面，缺项较多，会导致计价工作缺少充足的可靠依据。

③要求合理确定预算定额的计算单位，简化工程量的计算，尽可能的避免同一种材料用不同的计量单位和“一量多用”，尽量减少定额附注和换算系数。

2. 城市轨道交通工程预算定额手册的组成

城市轨道交通工程预算定额包括：第 1 册　路基、围护结构及地基处理工程；第 2 册　桥涵工程；第 3 册　隧道工程；第 4 册　地下结构工程；第 5 册　轨道工程；第 6 册　通信工程；第 7 册　信号工程；第 8 册　供电工程；第 9 册　智能与控制系统安装工程；第 10 册　机电设备安装工程。

预算定额是完成规定计量单位分部分项工程所需的人工、材料、施工机械台班的消耗量标准，是制定城市轨道交通工程地区单位估价表、工程量清单综合单价、招标标底和投标报价的基础。是依据国家有关产品标准、设计规范和施工验收规范编制的，参考了现行国家、行业和地方定额，以及有代表性的工程设计、施工资料和其他资料，按照正常施工条件、目前多数施工企业的施工机械装备程度，施工中常用的施工方法、施工工艺、劳动组织以及合理工期进行编制的。适用于新建、扩建的城市轨道交通工程。定额中包括了材料、成品、半成品从工地仓库，现场集中堆放点或现场加工点至操作或安装地点的水平运输和垂直运输所需的人工和机械消耗量。如发生再次搬运，应在费用定额中二次搬运费项下列支。施工用水、电是按现场有水、电考虑的。工作内容已说明了主要施工工序，次要工序虽未说明，均已考虑在定额内。凡本定额包含的项目，按本定额项目执行；预算定额缺项部分，可执行其他全国统一定额。预算定额消耗量的确定如下。

(1)人工工日消耗量。人工工日不分工种、技术等级均以综合工日表示。内容包括基本用工、超运距用工、人工幅度差和辅助用工。

(2)材料消耗量。

①材料选用符合国家质量标准和相应设计要求的合格产品。

②材料消耗包括主要材料、辅助材料、零星材料，凡能计量的材料、成品、半成品均按品种、规格逐一列出数量并计入相应的损耗，其内容和范围包括：从工地仓库，现场集中堆放地点或现场加工地点至操作或安装地点的运输损耗、施工操作损耗、施工现场堆放损耗。

③混凝土均按预拌混凝土考虑。

④周转性材料按不同施工方法、不同材质按规定的周转次数摊销计入定额内。

⑤用量少、价值小的材料合并为其他材料费，以占材料费的百分数表示。

(3)施工机械和仪器仪表台班消耗量。

①施工机械和仪器仪表台班消耗量是按正常合理的施工配备和施工工效测算确定台班使用量。

②凡单位价值在 2 000 元以上的施工机械和仪器仪表按台班列入定额：单位价值在 2 000 元以下的列入费用定额工具使用费项下。

定额通常由法定批文、总说明、册说明、章说明和定额项目表组成。以预算定额为例，具体组成如下。

(1)法定批文

预算定额为具有经济立法性质的技术规定，它必须经过授权审批机关的确认。扉页通常刊印有关批文，宣布定额的作用，开始执行时间，以及发现问题之后，归口上报的单位。

(2)总说明

包括预算定额的分册数量及名称，编制预算定额的原则、依据、大致内容、适用范围等，定额消耗量的方法，有关共同性问题的处理意见和预算定额的使用方法。

《城市轨道交通工程预算定额》(GCG 103—2008)是完成规定计量单位分部分项工程所需的人工、材料、施工机械台班的消耗量标准，是制定城市轨道交通工程地区单位估价表、工程量清单综合单价、招标标底和投标报价的基础。适用于新建、扩建的城市轨道交通工程。

(3)册说明

主要包括预算定额的主要内容、适用范围、编制依据、工程量计算规定、预算定额使用方法、调整方法及其他说明和注意事项等。

(4)章说明

本章包括的节及子目数量，定额划分方法、系数使用方法、定额包含与不含内容和预算定额的使用方法等，工程量计算规则。

(5)项目表结构

各项目以分部工程为章，以分项工程为节，按工程结构、性质为项目，并进一步划分子目，以项目排序号。表中内容除表头外，由四部分组成。

①工作内容与计量单位：对定额表中数据所包含的内容进行描述，查定额时需认真阅读与理解。

②定额编号：为方便定额查阅而进行的统一编号。

③项目：定额的数据条件或标准依据，查阅定额时需要根据设计或现场状况逐一对应查阅定额，确保数据的准确性。

④工料机消耗标准：一定计量单位的分部分项工程或结构构件的人工、材料和机械台班数量标准。

例如，《城市轨道交通工程预算定额第 1 册：路基、围护结构及地基处理工程》中盖挖车站土方预算定额，见表 8.5。

表 8.5 盖挖车站土方预算定额表(计量单位:m^3)

工作内容:人工挖土方、淤泥、流砂、挖湿土(含水率≥20%),装运至洞口,由洞口提升至地面及地面人工配合等。

定额编号			4-001	4-002	4-003	4-004	4-005
项目			盖挖土方(人工开挖)				
			一、二类土	三类土	四类土	挖淤泥、流砂	挖湿土(含水率≥20%)
名称		单位	数量				
人工	综合工日	工日	0.695	0.915	1.135	2.505	1.771
材料	竖井龙门架(钢构件)	kg	0.331	0.331	0.331	0.661	0.595
	其他材料费	%	1.000	1.000	1.000	1.000	1.000
机械	电动卷扬机 双筒慢速 5 t	台班	0.025	0.025	0.025	0.040	0.038

注:本表取自《城市轨道交通工程预算定额》第一册(GCG 103—2008)。

从表 8.4 可以看出,《城市轨道交通工程预算定额》(GCG 103—2008)没有列出基价和重量,需要结合各地方政府出台的相应取费标准使用定额,并由此进行概预算编制。这里仅对其相关概念进行解析。

①基价:一定计量单位的分部分项工程或结构构件指按基期单价计算的人工费、材料费和机械使用费的合计。

基价意即基期合计价格,是指在定额编制时,以某一年为基期年,以该年某一地区(如北京)工、料、机单价为基础计算的完成定额计量单位的合格产品所需要的人工费、材料费、机械使用费的合计价值。定额使用一定时期后,由定额编制单位发行更新的《基价表》配合原定额使用,以确保定额的相对稳定性。

②重量:一定计量单位的分部分项工程或结构构件所消耗的主要材料的重量。

重量说明完成某一定计量单位合格产品所需要的全部建安材料重量,但不包括列入其他材料费的材料、水及施工机械的动力消耗(油料及燃料)的重量,以"t"为计量单位,主要用于计算材料运杂费。

城市轨道交通工程共涉及 26 个领域(系统),根据工程性质和类别可分为:车站、区间、运营控制中心、车辆段与综合基地等土建工程;变电所、环网电缆、接触网(轨)、电力监控、杂散电流防护、动力照明等强电工程;通信、信号、综合监控、防灾报警、环境与设备监控等弱电工程;轨道、自动售检票、屏蔽门和安全门等大系统工程;车站区间通风、空调与采暖、给排水及消防、气体灭火、安防及门禁、自动扶梯及电梯等小系统工程。城市轨道交通概预算编制既要体现城市市政工程特点,又要体现城市轨道系统繁多、不同专业的特点。在没有统一的城市轨道交通预算定额前,只能借助市政、铁路、其他行业 3 种定额编制概预算体系,这是最现实也是目前普遍解决问题的办法。各省市根据全国统一市政、建筑与装饰、安装等定额编制相应的市政计价表。如江苏省以《全国统一市政工程预算定额》(简称《全统定额》)为基础,颁发了《江苏省市政工程计价表》;广州市颁布了《2001 年广州地铁工程主要项目综合成本指导价》;江苏省颁发了《江苏省城市轨道交通工程计价表》;北京市颁发了《北京市建设工程计价依据一概算定额》。主变电所和人防工程是城市轨道交通概预算编制的 2 个特殊专业,主变电所需与地方电网规划相结合,一般由地方电力院设计;人防工程编制概预算时,使用与其对应行业定额。

3. 预算定额总说明要点

(1)《城市轨道交通工程预算定额》共分 10 册,包括:第一册 路基、围护结构及地基处理工程;第二册 桥涵工程;第三册 隧道工程;第四册 地下结构工程;第五册 轨道工程;

第六册　通信工程;第七册　信号工程;第八册　供电工程;第九册　智能与控制系统安装工程;第十册　机电设备安装工程。

(2)适用于新建、扩建的城市轨道交通工程。

(3)定额是按照正常施工条件、目前多数施工企业的施工机械装备程度,施工中常用的施工方法、施工工艺、劳动组织以及合理工期进行编制的。

(4)是依据国家有关产品标准、设计规范和施工验收规范编制的,参考了现行国家、行业和地方定额,以及有代表性的工程设计、施工资料和其他资料。

(5)消耗量的确定①人工工日不分工种、技术等级均以综合工日表示。内容包括基本用工、超运距用工、人工幅度差和辅助用工。②材料选用符合国家质量标准和相应设计要求的合格产品。③材料消耗包括主要材料、辅助材料、零星材料,凡能计量的材料、成品、半成品均按品种、规格逐一列出数量并计入相应的损耗,其内容和范围包括:从工地仓库,现场集中堆放地点或现场加工地点至操作或安装地点的运输损耗、施工操作损耗、施工现场堆放损耗。④混凝土均按预拌混凝土考虑。⑤周转性材料按不同施工方法、不同材质按规定的周转次数摊销计入定额内。⑥用量少、价值小的材料合并为其他材料费,以占材料费的百分数表示。⑦施工机械和仪器仪表台班消耗量是按正常合理的施工配备和施工工效测算,确定台班使用量。⑧凡单位价值在 2 000 元以上的施工机械和仪器仪表按台班列入定额:单位价值在 2 000 元以下的列入费用定额工具使用费项下。

(6)定额中包括了材料、成品、半成品从工地仓库,现场集中堆放点或现场加工点至操作或安装地点的水平运输和垂直运输所需的人工和机械消耗量。如发生再次搬运,应在费用定额中二次搬运费项下列支。

(7)施工用水、电是按现场有水、电考虑的。

(8)工作内容已说明了主要施工工序,次要工序虽未说明,均已考虑在定额内。

(9)本定额中注有"××以内"或"××以下"者均包括××本身,"××以外"或"××以上"者则不包括××本身。

8.6.2　概算定额

概算定额是在预算定额基础上,确定完成合格的单位扩大分项工程或单位扩大结构构件所需消耗的人工、材料和施工机械台班的数量标准及其费用标准。是在预算定额基础上根据有代表性的通用设计图和标准图等资料,以主要工序为准,综合相关工序,进行综合、扩大和合并而成的定额。

1. 概算定额的编制原则

概算定额应贯彻"社会平均水平"和"简明适用"的原则。由于概算定额和预算定额都是工程计价依据,所以应符合价值规律和反映现阶段大多数企业的设计、生产及施工管理水平。但在概、预算定额水平之间应保留必要的幅度差。概算定额的内容和深度是以预算定额为基础的综合和扩大。在合并中不得遗漏或增及项目,需保证其严密和正确性。概算定额务必达到简化、准确和适用。

2. 概算定额的编制依据

(1)现行的预算定额。

(2)过去的预算定额。

(3)有关施工图的预算和结算资料。

(4)选择的具有代表性的标准设计图纸和其他设计资料。

(5)人工工资标准、材料预算价格和机械台班预算价格。

3. 概算定额的编制要求

概算定额的编制深度要适应设计深度的要求,概算定额是在初步设计阶段使用的,受设计深度的限制;定额水平的确定应与基础定额,预算定额的水平一致。

4. 概算定额的编制方法

概算定额是在预算定额基础上综合而成的,每一项概算定额项目都包括了数项预算定额的项目;是直接利用综合预算定额,在预算定额基础上再合并其他次要项目,改变计量单位或简化工程量计算而成。

5. 与预算定额的区别

概算定额的结构和形式与预算定额基本一样。概算定额是以预算定额为基础,适当的将预算定额中分部分项工程或结构构件中有关的几个项目,综合扩大成一个项目。概算定额的内容组成与预算定额类似。

概算定额与预算定额的相同之处在于它们都是以建(构)筑物各个结构部分和分部分项工程为单位表示的,内容也包括人工、材料和机械台班使用量定额三个基本部分,并列有基价。概算定额表达的主要内容、主要方式及基本使用方法都与预算定额相近。

概算定额与预算定额的不同之处在于项目划分和综合扩大程度上的差异,同时,概算定额主要用于估算或设计概算的编制。由于概算定额综合了若干分项工程的预算定额,因此使概算工程量计算和概算表的编制,都比编制施工图预算简化一些。

例如,《城市轨道交通工程概算定额第2册:车站、区间工程》中盖挖、暗挖土石方及支护工程定额举例见表8.6。

表8.6 盖挖、暗挖土石方工程(计量单位:m^3)

工作内容:1. 盖挖土方——人机配合挖土方,平整基底,修理拱墙,装运至洞口,由洞口提升至地面堆放点等。

2. 盖挖石方——凿石、基底平整、修理边坡;装运至洞口,由洞口提升至地面堆放点等。

定额编号				2-1	2-2	2-3
项目				盖挖土方	盖挖石方	
					松石、次坚石	普坚石、特坚石
基价(元)				38.74	69.48	93.83
其中	人工费(元)			13.81	17.60	27.06
	材料费(元)			8.55	8.55	8.55
	机械费(元)			16.38	43.33	58.22
名称		单位	单价(元)	数量		
人工	综合工1	工日	55.00	0.251	0.320	0.492
材料	竖井龙门架(钢构件)	kg	4.07	2.000	2.000	2.000
	其他材料费	元	1.00	0.41	0.41	0.41
机械	履带式单斗挖掘机(液压) 斗容量0.3 m^3	台班	559.53	0.008	0.010	0.011
	机动翻斗车 装载质量1 t	台班	130.33	0.067	0.008	0.080
	电动卷扬机双筒慢速 牵引力50 kN	台班	126.95	0.025	0.035	0.040
	履带式液压岩石破碎机 105 km	台班	1 077.09	—	0.020	0.022
	电动空气压缩机 排气量10 m^3/min	台班	428.53	—	0.025	0.030

注:本表取自《城市轨道交通工程概算定额》(GCG 102—2011)。

6. 城市轨道交通工程概算定额要点解析

城市轨道交通工程概算定额共 7 册，包括：《路基、桥涵工程》《车站、区间工程》《轨道、车辆段工程》《通信、信号工程》《供电工程》《智能与控制系统安装工程》《机电设备安装工程》。它是城市轨道交通工程建设项目初步设计阶段编制概算、进行设计方案比选、确定工程造价的依据，是编制估算指标、概算指标的基础。适用于新建、扩建的城市轨道交通工程，不适用于海拔 2 000 m 以上的城市轨道交通工程。

限于篇幅，此处只针对第 2 册车站、区间工程，第 3 册轨道、车辆段工程进行解析。

(1)车站、区间工程

《城市轨道交通工程概算定额第 2 册：车站、区间工程》，包括盖挖、暗挖土石方及支护工程，明挖、盖挖、暗挖结构工程，盾构工程，降水工程，监测量控工程，其他工程共七章 271 个子目。

盖挖、暗挖土石方及支护工程，包括土石方分部位划分：盖挖车站、暗挖车站、暗挖区间。明挖车站和区间土石方及围护结构执行第 1 册《路基、桥涵工程》相应项目。

明挖结构工程，包括明挖车站和区间的钢筋混凝土、钢筋和防水工程；按概算编制要求钢筋包含在混凝土结构中，按每立方米含钢量考虑，若钢筋含量不同，执行钢筋增减子目；混凝土项目合并原来的混凝土、模板和钢筋 3 章子目的内容。

盖挖、暗挖结构工程，包括盖挖和暗挖车站和区间的钢筋混凝土、钢筋和防水工程，其中钢筋包含在混凝土结构中，按每立方米含钢量考虑，若钢筋含量不同，执行钢筋增减子目。

盾构工程，包括合并盾构机安装和拆除子目，两者是必然发生的逻辑关系；另外混凝土管片根据市场价计算(包括模板、钢筋、混凝土及预埋件等成品构件费用)。根据调查，盾构基座做法基本相同，在初步设计图纸中不体现，一般根据投标方案自行考虑，故综合折算，按座考虑。

监测量控工程、降水工程、其他工程内容详见册说明。以下重点介绍盖挖、暗挖土石方及支护工程。

盖挖和暗挖是因为地铁车站位于交通流量较大的路段或地下管线复杂不具备明挖条件区域；盖挖介于明挖和暗挖工法之间，在顶板完成回填覆土恢复路面之后进行，土石方开挖既可采用人工开挖，也可以采用机械开挖，其中需要注意的是顶板部位及上部土石方执行第 1 册 1-1 子目，回填根据设计要求填料执行 1-26～1-29 其中一项子目；暗挖则需要通过施工竖井和联络通道进行，其中竖井圈梁执行第 1 册 1-103 现浇钢筋混凝土圈梁子目，围护结构目前有多种方式，常见的有桩＋钢支撑和井壁倒挂格栅两种，前一种与明挖基坑围护桩相似，执行第 1 册钻孔灌注桩相关子目，后一种执行本册钢格栅和竖井喷射混凝土子目，开挖执行第一册带支撑基坑土石方相关子目。

盖挖土石方按设计结构外围断面面积乘以设计长度以 m^3 计算，其设计结构外围断面面积为结构衬墙外侧之间的宽度乘以设计顶板底至底板(或垫层)底的高度。顶板底以上的土方应执行明挖车站土石方相应子目及计算规则。暗挖车站土方按设计初支结构面积乘以设计长度以 m^3 计算，其初支结构面积除底板外，按设计图示外围尺寸外放 100 mm 计算。另盖挖、暗挖土土石方工程的洞内水平及垂直运输已综合在子目中。

暗挖土石方按分项与盖挖基本一致，其中人机配合开挖土方项目中人工凿石按人工挖土 90%、机械挖土 10%合并为一个子目以 m^3 计。

关于盾构工程，定额包括：盾构机吊装吊拆、车架安装拆除、盾构掘进、盾构机过站、衬砌压浆、柔性接缝环、洞口混凝土环圈、预制混凝土管片、其他项目等共 9 节 40 个子目。盾构机装拆是一个完整项目，根据概算特点定额项目予以合并，包括已运输到现场的盾构机部件一次性吊入始发井安装并完成试运行，以及盾构机到达接收井拆除吊出各部件到地面的全部费用。

目前全国地铁盾构没有使用单洞双线的范例，大直径盾构基本用于过江的公路隧道，铁路的地下联络线，南水北调的穿黄隧道等。因此本定额仅列出 ϕ7000 的土压平衡盾构和泥水平衡盾构子目。另外，盾构机在穿越密集建筑群、古文物建筑及堤防江河、重要管线的基础、桩群等对地表沉降有特殊要求者，相关措施费用应另行计算。

本册概算定额以国家城市轨道文通事业发展的产业政策为导向，适应初步设计编制概算要求，结合城市轨道交通工程概算编制特点和深度要求，目的用于科学合理地控制轨道交通工程概算投资。概算定额内容简明适用、有基价便于动态管理和信息化应用。

(2)轨道、车辆段工程

本册概算定额内容包括铺轨、铺道岔、铺道床、轨道加强设备及护轮轨、线路有关车辆段设备等。其项目划分与初步设计阶段工程数量计算所能达到的深细度相适应，各子目工、料、机消耗量由所需预算定额相应工程内容的数量计算确定。

根据轨道工程的特点，除铺道床工程按综合工 1 计价以外，其余各章均按综合工 2 计价。本册定额使用中，人工材料、机械台班消耗量一般不做调整，单价可根据有关规定调整；采用的钢轨、道岔、轨枕、岔枕、扣件等主要材料不同时，可进行抽换。

本册定额中线路长度按单线铺轨长度计算，站线包括折返线、存车线、渡线辆段及综合基地库内外线、出入段线。

①铺轨：将无缝线路铺轨分为地下线、高架线、地面线分别编制，有缝线路铺轨仅保留地面线铺轨子目。铺设无缝线路轨道中采用铺设 25 m 标准轨，再进行工地钢轨焊接的施工工艺，取消了焊长钢轨的工作内容。

②铺道岔：本章定额共 3 节 28 个子目。概算定额综合了铺道岔、道岔水平垂直运输。道岔内已综合扣件、非金属件(如橡胶垫板)等材料。结合城市轨道交通轨道工程特点，本章铺道岔按人工铺设编制，未考虑机械铺设。

③铺道床：本章包括整体道床、浮置板减振道床、粒料道床 3 节共 13 个子目。

整体道床采用换轨铺设法施工时，先铺设工具轨，在隧道外用钢轨支撑架将工具轨组装成轨排，安装扣件，悬挂短轨枕。绑扎道床底部钢筋后将轨排运入隧道内，调整轨道方向、轨距及水平等，最后灌筑道床混凝土。待道床混凝土达到一定强度后，拆除钢轨支撑架，以利钢轨周转。待道床混凝土达到设计强度后，再换铺永久轨，工具轨采用与永久轨相同的新轨，永久轨在隧道外焊接成长轨节，再运至隧道内换铺。

浮置板道床，有特殊轨道减振结构，即采用浮置板整体道床或其他特殊减振轨道结构形式。主要有钢弹簧浮置板道床和橡胶浮置板道床两种轨道结构形式。

④轨道加强设备及护轮轨：内容包括轨道加强设备、钢轨伸缩调节器、安装防脱护轨 3 节共 33 个子目。

⑤线路有关工程：包括线路及信号标志、平交道口、其他 4 节共 58 个子目。

⑥车辆段设备安装工程：内容为新增内容，包括联合检修库、空压机检修间、工务车间程节共 12 个子目。车辆段设备安装不包括管路安装、设备基础等内容。梯形轨枕施工方法主要有机械铺设法和散铺法两种，未纳入定额。

8.6.3 概算指标

概算指标是以整个建筑或整个分部工程为单位而规定的人工、材料和机械台班消耗指标及其基数费用标准。它是在概算定额和预算定额的基础上编制的。

概算指标是基本建设管理部门编制投资估算和编制基本建设计划，估算主要材料用量计划的依据，是设计单位编制初步设计概算、选择设计方案的依据，也是考核基本建设投资效果的依据。

概算指标按平均水平确定概算指标的原则，其内容和表现形式，要贯彻简明适用的原则，其编制依据也必须具有代表性。

概算指标可以作为编制投资估算的参考；其指标中的主要材料指标可作为框算主要材料用量的依据；是设计单位进行设计方案比较，建设管理单位选址的一种依据；是编制固定资产投资计划，确定投资额的主要依据。

城市轨道交通工程因为投资大，各城市或各城市各条轨道交通线路情况差异较大，投资比例差别也较大，目前，尚未发布相关概算指标。表 8.7 为部分城市轨道交通工程概算指标统计，可供参考。

表 8.7 部分城市轨道交通工程概算指标统计

地区	工程名称	批准总概算（万元）	线路长度（正线公里）	站数（座）	建安工程概算（万元）	建安工程单位概算（万元/正线公里）	建安工程概算占总概算比例％
北京	北京××轨道交通工程	1 276 000.00	27.60	23.00	817 982.58	29 637.05	64.11
上海	上海××轨道交通工程(一)	1 780 700.00	58.96	11.00	1 005 269.77	17 050.03	56.45
	上海××轨道交通工程(二)	1 241 661.83	16.44	14.00	624 155.45	37 965.66	50.27
	上海××轨道交通工程(三)	996 574.00	14.47	10.00	364 406.55	25 183.59	36.57
重庆	重庆××轨道交通工程(一)	811 500.00	16.50	14.00	589 860.81	35 749.14	72.69
	重庆××轨道交通工程(二)	702 400.00	20.20	18.00	441 125.98	21 837.92	62.80
辽宁	沈阳××轨道交通工程	1 564 155.00	27.92	22.00	751 397.56	26 912.52	48.04
黑龙江	哈尔滨××轨道交通工程	871 000.00	17.48	18.00	405 608.02	23 204.12	46.57
江苏	南京××轨道交通工程	1 061 871.73	21.60	13.00	724 707.43	33 551.27	68.25
浙江	杭州××轨道交通工程	2 207 578.00	47.97	30.00	1 271 616.10	26 508.57	57.60
山东	青岛××轨道交通工程	1 591 855.00	24.78	22.00	980 892.76	39 584.05	61.62
广东	广州××轨道交通工程	1 111 120.00	32.00	24.00	933 296.96	29 165.53	84.00
四川	成都××轨道交通工程	698 700.00	18.52	16.00	520 556.64	28 107.81	74.50
云南	昆明××轨道交通工程	2 313 692.00	42.00	31.00	1 324 799.70	31 542.85	57.26

注：正线公里是指载客列车运营的贯通线路的长度。

8.6.4 估算指标

估算指标亦称投资估算指标，估算指标是在项目建议书可行性和编制设计任务书阶段编制投资估算，计算投资需要使用的一种定额。

投资估算指标，是在编制项目建议书可行性研究报告和编制设计任务书阶段进行投资估算、计算投资需要量时使用的一种定额。

它具有较强的综合性、概括性，往往以独立的单项工程或完整的工程项目为计算对象。它的概略程度与可行性研究阶段相适应。它的主要作用是为项目决策和投资控制提供依据，是一种扩大的技术经济指标。投资估算指标虽然往往根据历史的预、决算资料和价格变动等资料编制，但其编制基础仍离不开预算定额、概算定额。

投资估算指标是确定和控制建设项目全过程各项投资支出的技术经济指标。其范围涉及建设前期、建设实施期和竣工验收交付使用期等各个阶段的费用支出，内容因行业不同而各异，一般可分为建设项目综合指标、单项工程指标和单位工程指标3个层次。建设项目综合指标一般以项目的综合生产能力单位投资表示。单项工程指标一般以单项工程生产能力单位投资表示。单位工程指标按专业性质的不同采用不同的方法表示。

1. 投资估算指标的编制原则

由于投资估算指标属于项目建设前期进行估算投资的技术经济指标，它不但要反映实施阶段的静态投资，还必须反映项目建设前期和交付使用期内发生的动态投资，以投资估算指标为依据编制的投资估算，包含项目建设的全部投资额。这就要求投资估算指标比其他各种计价定额具有更大的综合性和概括性。因此，投资估算指标的编制工作除应遵循一般定额的编制原则外，还必须坚持下述原则：

(1)投资估算指标项目的确定，应考虑以后几年编制建设项目建议书和可行性研究资估算的需要。

(2)投资估算指标的分类、项目划分、项目内容、表现形式等要结合各专业的特点，并且要与项目建议书、可行性研究报告的编制深度相适应。

(3)投资估算指标的编制内容，典型工程的选择，必须遵循国家的有关建设方针政策，符合国家技术发展方向，贯彻国家高科技政策和发展方向原则，使指标的编制既能反映现实的高科技成果，反映正常建设条件下的造价水平，也能适应今后若干年的科技发展水平。坚持技术上先进、可行和经济上的合理，力争以较少的投入求得最大的投资效益。

(4)投资估算指标的编制要反映不同行业、不同项目和不同工程的特点，投资估算指标要适应项目前期工作深度的需要，而且具有更大的综合性。投资估算指标要密切结合行业特点，项目建设的特定条件，在内容上既要贯彻指导性、准确性和可调性的原则，又要有一定的深度和广度。

(5)投资估算指标的编制要体现国家对固定资产投资实施间接调控作用的特点。要贯彻能分能合、有粗有细、细算粗编的原则。使投资估算指标能满足项目建议书和可行性研究各阶段的要求，既能有反映一个建设项目的全部投资及其构成，又要有组成建设项目投资的各个单项工程投资。做到既能综合使用，又能个别分解使用。

(6)投资估算指标的编制要贯彻静态和动态相结合的原则。要充分考虑到在市场经济条件下，由于建设条件、实施时间、建设期限等因素的不同，考虑到建设期的动态因素，即价格、建设期利息、固定资产投资方向调节税及涉外工程的汇率等因素的变动，导致指标的量差、价差、利息差、费用差等“动态”因素对投资估算的影响，对上述动态因素给予必要的调整办法和调整参数，尽可能减少这些动态因素对投资估算准确度的影响，使指标具有较强的实用性和可操作性。

2. 估算指标的编制方法

投资估算指标的编制工作，涉及建设项目的产品规模、产品方案、工艺流程、设备选型、工程设计和技术经济等各个方面,既要考虑到现阶段技术状况,又要展望近期技术发展趋势和设计动向,从而可以指导以后建设项目的实践。投资估算指标的编制应当成立专业齐全的编制小组,编制人员应具备较高的专业素质,并应制定一个包括编制原则、编制内容、指标的层次相互衔接、项目划分、表现形式、计量单位、计算、复核、审查程序等内容的编制方案或编制细则,以便编制工作有章可循。投资估算指标的编制一般分为3个阶段进行。

(1)收集整理资料阶段

收集整理已建成或正在建设的,符合现行技术政策和技术发展方向、有可能重复采用的、有代表性的工程设计施工图、标准设计以及相应的竣工决算或施工图预算资料等,这些资料是编制工作的基础,资料收集得越广泛,反映出的问题越多,编制工作考虑得越全面,就越有利于提高投资估算指标的实用性和覆盖面。同时,对调查收集到的资料要选择占投资比例大、相互关联多的项目进行认真的分析整理,由于已建成或正在建设的工程的设计意图、建设时间和地点、资料的基础等不同,相互之间的差异很大,需要去粗取精、去伪存真地加以整理,才能重复利用。将整理后的数据资料按项目划分栏目加以归类,按照编制年度的现行定额、费用标准和价格,调整成编制年度的造价水平及相互比例。

(2)平衡调整阶段

由于调查收集的资料来源不同,虽然经过一定的分析整理,但难免会由于设计方案、建设条件和建设时间上的差异带来某些影响,使数据失准或漏项等,必须对有关资料进行综合平衡调整。

(3)测算审查阶段

测算是将新编的指标和选定工程的概预算,在同一价格条件下进行比较,检验其"量差"的偏离程度是否在允许偏差的范围之内,如偏差过大,则要查找原因,进行修正,以保证指标的确切、实用。测算同时也是对指标编制质量进行的一次系统检查,应由专人进行,以保持测算口径的统一,在此基础上组织有关专业人员予以全面审查定稿。

由于投资估算指标的计算工作量非常大,在现阶段计算机已经广泛普及的条件下,应尽可能应用电子计算机进行投资估算指标的编制工作。

3. 城市轨道交通工程估算指标

《城市轨道交通工程投资估算指标》是根据国家轨道交通工程设计规范、施工验收规范,以及现行有关国家产品标准、质量评定标准、安全操作规程,并参考行业、地方标准及有代表性的工程设计、施工和其他资料,结合全国主要城市和部分地区近年来轨道交通工程有代表性的典型施工图和施工组织方案等有关数据,经分析测算后进行编制的。适用于全国行政区域内城市轨道交通(不含磁悬浮和单轨)的新建、扩建工程,不适用于城市轨道交通工程的维修和局部改造工程。是建设项目建议书、可行性研究报告阶段编制投资估算的依据,是多方案比选、优化设计、合理确定投资的基础;是开展项目评价、控制初步设计概算、推行限额设计的参考。

(1)指标分综合指标(表8.8)和分项指标(表8.9),包括建筑安装工程费、设备购置费。指标中不含工程建设其他费用和基本预备费,使用时可根据国家及项目所在地有关规定计取。

建筑安装工程费由直接费和综合费组成。直接费由人工费、材料费、机械费组成。将《建筑安装工程费用项目组成》中的措施费(环境保护、文明施工、安全施工、临时设施、夜间施工的内容)按比例分别摊入人工费、材料费和机械费。二次搬运、大型机械设备进出场及安装拆除、混凝土和钢筋混凝土模板及支架、脚手架编入直接工程费。综合费用由间接费、利润和税金组成。

设备购置费依据设计文件规定，其价格由设备原价＋设备运杂费组成。设备运杂费指除设备原价之外的设备采购、运输、包装及仓库保管等方面支出费用的总和。

(2)指标编制的范围包括城市轨道交通工程的土建及设备系统安装等内容，具体分为车站土建，区间土建，轨道，通信，信号，供电，综合监控系统，防灾报警、环境与设备监控，办公自动化、乘客信息及门禁系统，通风空调系统，给排水与消防系统，自动售检票系统，车站辅助设备，车辆段与综合基地等共14章。

(3)地下车站人防工程的土建部分并入车站土建指标中，人防门的费用根据各地人防等级的要求单独计列。

(4)指标中不含对既有线路改造、与国有铁路联络线等内容，发生时可根据实际情况计列。

(5)根据编制项目建议书及可行性研究投资估算深度的要求，车站土建、区间土建、轨道、通信、信号包括综合指标和分项指标：其他设备系统只计列综合指标：车辆段与综合基地的编制范围主要为车辆段工艺设备，其内容以参考指标的形式体现。

(6)设备系统指标中选用的主要设备材料为国产设备及材料。如实际项目与指标测定采用的基准情况不同，可参考本指标水平作相应调整。

表8.8 综合指标示例——地下工程综合指标(车站主体)(单位：m^2)

工作内容：土方及支撑、地基加固、内容混凝土结构、围护结构等。

指标编号				1Z-001	
项目			单位	明挖 连续墙围护	
				二层三跨	占指标基价(%)
指标基价			元	7 793	100.00
一、建筑安装工程费			元	7 793	100.00
二、设备购置费			元	—	—
建筑安装工程费					
直接费	人工费	人工	工日	19.85	—
		措施费分摊	元	20	—
		人工费小计	元	636	8.16
	材料费	预拌混凝土C20	m^3	0.15	—
		预拌混凝土C25	m^3	0.03	—
		预拌混凝土C30	m^3	0.38	—
		预拌混凝土C40	m^3	0.04	—
		预拌抗渗混凝土C30	m^3	2.61	—
		钢筋 ϕ10以内	kg	99.09	—
		钢筋 ϕ10以外	kg	446.33	—
		……	……	……	—
		其他材料费	元	643	—
		措施费分摊	元	213	—
		材料费小计	元	4 475	57.42
	机械费	履带式单斗挖土机1.0 m^3	台班	0.05	—
		自卸汽车15 t	台班	0.36	—

续上表

指标编号			单位	1Z-001	
项　目				明挖　连续墙围护	
				二层三跨	占指标基价(%)
直接费	机械费	履带式起重机 15 t	台班	0.13	—
		履带式起重机 25 t	台班	0.06	—
		……	……	……	—
		其他机械费	元	316	—
		措施费分摊	元	12	—
		机械费小计	元	1 305	16.75
	直接费小计		元	6 416	82.32
综合费用			元	1 377	17.68
合计			元	7 793	100.00

表 8.9　分项指标示例——明挖车站分项指标(单位:m^2)

工作内容:导墙、连续墙、冠梁、泥浆外运等。

指标编号			单位	1F-001	
项　目				地下连续墙	
				深 25 m 以内	占指标基价(%)
指标基价			元	2 342	100.00
一、建筑安装工程费			元	2 342	100.00
二、设备购置费			元	—	—
建筑安装工程费					
直接费	人工费	人工	工日	5.56	—
		措施费分摊	元	6	—
		人工费小计	元	179	7.64
	材料费	预拌混凝土 C20	m^3	0.05	—
		预拌混凝土 C25	m^3	0.05	—
		预拌抗渗混凝土 C30	m^3	1.15	—
		钢筋 ϕ10 以内	kg	3.97	—
		钢筋 ϕ10 以外	kg	175.37	—
		……	……	……	—
		其他材料费	元	94	—
		措施费分摊	元	64	—
		材料费小计	元	1 359	58.03
	机械费	履带式液压抓斗成槽机	台班	0.06	—
		泥浆输罐车　4 000 L	台班	0.07	—
		泥浆制作循环设备	台班	0.06	—
		履带式起重机　1.5 t	台班	0.08	—

续上表

指标编号				1F-001	
项　目			单位	地下连续墙	
				深25 m以内	占指标基价(%)
直接费	机械费	……	……	……	—
		其他机械费	元	86	—
		措施费分摊	元	4	—
		机械费小计	元	390	16.65
	直接费小计		元	1 928	82.32
综合费用			元	414	17.68
合计			元	2 342	100.00

8.7 定额的应用

8.7.1 应用技巧

要使定额在基本建设中发挥作用,除定额本身先进合理外,还必须正确应用定额,决不可忽视。定额的查用步骤是:确定定额种类→确定定额编号→阅读说明→定额抽换。

(1)首先要学习和理解定额的总说明和分部工程说明及附注、附录、附表的规定。这是定额的核心部分。因为它指出了定额编制的指导思想、原则、依据、适用范围、使用方法、调整换算、已考虑和未考虑的因素,以及其他有关问题。对因客观条件需据实调整换算也作了规定。

熟悉定额说明、工程内容及备注是提高定额套用准确性的前提,各章节定额说明对各分项工程定额的抽换、系数换乘、工程量计算规则等均有明确的规定,是定额的总体说明;而定额工程内容的了解可避免工作内容的重复或遗漏;定额的备注则是各分项工程定额的补充说明,对定额的抽换和调整进行补充说明。

(2)掌握分部分项工程定额所包括的工作内容和计量单位。在使用定额前,必须弄清一个工程由哪些工作项目组成,每个项目的工作内容是否与定额的工作内容一致,定额的计量单位是否采用扩大计量单位,如10 m^3、100 m^3 等,只有当每个项目的工作内容与定额包含的工作内容一致,才能直接使用相应定额。

(3)弄清定额项目表中各子目栏工作条目的名称、内容和步距划分。然后以定额的计量单位为标准,将该工程各个项目按定额子目栏的工作条目逐项列出,做到完整齐全,不重不漏。

例如,路基工程预算定额中,推土机推运土通常是按≤60 kW、≤75 kW、≤90 kW、≤105 kW、≤135 kW、≤165 kW推土机推运松土、普通土、硬土,运距≤20 m,增运10 m划分的。施工土方工程应按使用推土机功率、土质、运距列项。

(4)了解定额项目表中人工、材料、机械台班名称、耗用量、单价和计量单位。

(5)熟悉工程量计算规定及适用范围。按规定和适用范围计算工程数量,有利于统一口径。

例如,土石方工程定额的单位均为施工方,石方开挖分为“槽外石方”“槽内石方”两种,其划分办法是按通过横断面地面线的最低点划一水平线，水平线以上部分为槽外石方，以下部分为槽内石方。槽内石方适用于单线铁路路堑石方开挖或类似于单线路堑断面的沟渠，如为双线路堑或站场石方，不论断面形状如何，均按槽外石方定额办理。

在计算工作数量时，工作条目与定额条目要对口，计量单位要一致，以保证正确使用定额，避免计算错误。

(6)对于分项工程的内容，应通过深入施工现场和工作实践，理解其实际含义，只有对定额内容了解深透了，在确定工程条目，套用、换算定额或编制补充定额时，才会快而准确。

(7)详细了解设计文件内容是提高定额套用准确性。必须要对设计文件内容进行充分的了解，并根据项目的实际情况制定科学、合理、安全的施工方案，如预制场、拌合场的设置地点，土石方的借弃方量及地点，构造物的施工安排，大型机械的投入情况等均要在定额套用前基本拟定，可避免定额套用的盲目性，提高其针对性。

(8)定额运用要点如下：

①正确选择子目，不重不漏；

②子目名称简练直观；

③核对工作内容，防止漏列、重列；

④看清计量单位；

⑤详细阅读说明和小注；

⑥图纸要求与定额子目或序号项目要一致，否则可能要抽换；

⑦施工方法要依施工组织设计而定；

⑧多实践，多练习，熟能生巧。

8.7.2 定额套用

当设计要求与定额条件相符时，可直接套用定额(即直接查找定额)。套用时应注意以下几点。

(1)不同的专业同一名称的分项工程套用定额不同。

(2)了解定额所含工作内容和施工工艺，避免不合理套项。

(3)深入施工现场，积累实际经验，正确套项。

(4)了解定额适用范围，合理选择定额。

(5)正确选用定额条目。是根据设计图纸要求及说明，选择与工作项目内容相符的定额条目、并对其工作内容、技术特点和施工方法仔细核对，做到内容不漏、不重、不错。

(6)核对计量单位。条目选后，核对并调整所列工程项目的计量单位，使之与定额条目的计量单位相一致。

(7)明确定额中的用语、符号及定额表中数据的意义，区分“以内”“以外”和“以上”“以下”的含义。

(8)注意定额的换算。当工程设计与定额内容部分不相符，而定额允许换算时，要先对套用的定额进行必要的换算后才能使用。

8.7.3 定额的换算(抽换)

定额按照合理的施工组织和正常的施工条件编制，定额中所采用的施工方法和质量标准，是根据现行的铁路设计规范、施工规范、技术安全规则、质量评定验收标准等确定的。除另有说明外，一般不得对定额进行调整或换算。但在概预算中所用定额的单位或内容往往与实际工程施工中所用的单位或流程不一致，为达到定额造价与实际造价相符，必须进行合理的抽换。

定额中的材料消耗量，均已包括工地搬运及施工操作损耗。其中周转性材料（如模板、支撑、脚手杆、脚手板、挡土板等）的消耗量，均按其正常摊销次数摊入定额内，使用时不得因实际摊销次数不同而调整。

定额中混凝土和水泥砂浆的数量（表中圆括号内的数字），仅用于根据混凝土和砂浆配合比计算水泥、砂子、碎石的消耗量，使用时不得重复计算。其水泥消耗量系按中粗砂编制，当设计采用细砂时，应按基本定额有关项目进行调整。当其设计强度等级与定额不同时，应按基本定额有关配合比用料表调整消耗量。

混凝土和水泥砂浆的砂子消耗量，系按天然湿度砂编制，已考虑了其膨胀率。

定额中的施工机械类型、规格型号，系按正常情况综合选定。如施工实际采用的类型、规格型号与定额不同时，除另有说明外，均不得调整。

当工作项目与定额内容部分不相符时，则不能直接套用定额，应在定额规定的范围内根据不同情况加以换算。

1. 设计的规格、品种与定额不相符的换算

当设计要求的规格、品种与定额规定不同时，需先换算使用量，再按其单价换算价值。由此看来，预、概算定额的换算实际上是预、概算价格的换算。

（1）砂浆或混凝土标号，设计与规定不符时，应根据砂浆或混凝土设计标号在《基本定额》“混凝土、钢筋混凝土、水泥砂浆用料表”中，查出应换入的用料数，并考虑工地搬运、操作损耗量及混凝土凝固后体积收缩等。或在《预算定额》中，查与设计标号相同项目的混凝土、钢筋混凝土、水泥砂浆的用料数（已考虑了损耗量等）。应换出的用料数为定额表中的数量，然后进行换算。

换算后砂浆或混凝土预、概算定额单价＝原预、概算定额基价－[∑（应换出的用料数×相对应的材料单价）]＋[∑（应换入的用料数×相对应的材料价格）]

（2）砂浆或混凝土的骨料粒径，设计与定额规定不符时，需按砂浆或混凝土标号调整水泥用量。例如，铁路工程预、概算定额中，混凝土、钢筋混凝土、浆砌石及砂浆的水泥用量，系按中粗砂编制的，如实际使用细砂时，应按基本定额调整水泥用量。

（3）钢筋混凝土定额中的钢筋数量、规格，当设计与定额规定不符，使实际钢筋含量与定额中钢筋含量相差超过±5%，应先按设计要求调整定额钢筋数量，再用钢筋制作及绑扎定额调整定额工日、有关材料、机械台班数，并用定额单价计算其价值。不是因设计原因造成不符，如钢筋由粗代细，螺纹钢筋代替圆钢铁或型号改变，因此而增加的钢筋费用，不能编入定额价值内。

2. 体积与面积单位调整

计算中应该特别留神面积与体积的不一致，这一点很容易被疏忽。在预算定额中有很多这样的情况。如人工挖土质台阶，定额单位 1 000 m^3，设计图纸或施工图工程量一般都以 m^3 为单位列出。要换算为统一的面积单位，先把设计图纸上的开挖深度、宽度分析统计出来，计算平均开挖深度（或加权平均深度），然后用设计体积除以平均深度，从而求得平均面积。当然，当挖台阶的工程量较小，而且开挖地点集中于 1～2 处时，就不必如此计算了。与此类似的还有填前夯实土的回填；清除场地的砍树挖根、回填等都存在换算问题。

3. 体积与个数的调整

在编制概预文件时，如果遇到个数与体积的不一致，其换算不是简单的数学计算，必须在

手头上准备大量计算方面的基础资料。而这些基础资料的获得必须与厂商、政府管理部门取得联系。如支座与伸缩缝。设计者一般提供各种型号及对应的个数(包括固定支座、滑动式支座),而定额单位却是 t 或 m^3。伸缩缝的单位多变,设计者一般提供桥梁宽度数据(即伸缩缝长度),但如伸缩缝定额单位则是 t 或 m^3。还有些伸缩缝的补充定额的单位是 m^3 等。例如这一类定额的单位及工程量有很多,在桥梁工程部分,如锚具、钢护筒、金属设备等工程数量的计算就应该注意换算,并且,注意收集有关的基础数据。

4. 工程数量的自定方法

一个工程项目所牵涉的定额不是都能在设计图上反映的,换句话说,一个完整项目的概预算造价除包括施工图纸上的工程数量外,还应考虑与施工方案及施工组织措施相关的其他工程内容涉及的定额。

(1)临时工程范围。临时电力、电讯线路、临时便道的里程,按实际需要确定(现场调查)。这一部分工程量原则上一般不超过总长度的 1/3,但也要充分考虑各种构造物运输不便、引用地方电网不便所造成的临时工程的增加。临时用电中构造物的动力用电如果没有临时工程项目,则应在自发的电价中考虑。临时道路考虑仓库、加工厂、预制场、弃土及借土的便道距离。另一方面,临时仓库、加工场地、临时建筑物等在筹建过程中的一系列的相关工程内容的工程量必须考虑进去。

(2)量大易漏内容。很容易遗忘但涉及工程量较大的一部分内容通常在土石方工程上。清除场地后回填土石方体积,填前夯实后的土石方体积,自然沉降引起的增加的土石方体积,都是与地基有关但必须增补计算的工程量。而这部分工程量既无图纸,又无规范可查,只有造价人员根据地基及施工组织的详细资料具体问题具体分析,按现场实际情况作具体计算。

5. 工程量与定额单位相同,但存在一定的换算关系

定额单位与工程量一致,但有时不能直接使用,必须提供一定的换算关系后才能正确使用。这种情况发生在如路基土石方体积单位的天然密实方与压实方之间的差值,及混凝土、砂浆考虑损耗的体积。

(1)土石方工程数量与定额单位。除定额中另有说明外,土方挖方按天然密实体积计算,填方按压(夯)实后的体积计算;石方爆破按天然密实体积计算。当以填方压实体积为工程量,采用的定额应乘以规定的系数。

(2)混凝土及砂浆在体积计算上,要特别注意成品的混凝土体积与搅拌混凝土体积含义不同;砌体中的砂浆与搅拌中的砂浆含义不同。因为搅拌中的混凝土、砂浆要包括正常的损耗数量,但配比调整时,应按搅拌时的混凝土、砂浆计算,而成品混凝土、砂浆则不能直接参与调整计算,这在抽换计算中应区分清楚。

6. 运距换算

主要注意两个方面,一是运距超过定额项目表中子项目基本运距后,应根据增运定额进行换算。如定额中基本运距为 10 m,而实际运距为 50 km,则必须进行抽换。二是运距超过定额项目表中工作内容规定的运距。

7. 断面换算

定额中确定的构件断面,是根据选择有代表性的不同设计标准,经分析、研究、综合、加权计算确定的,称为定额断面。如实际设计断面与定额断面不符实时,应按定额规定进行换算。

8. 周转次数换算

当材料的实际周转次数达不到规定的周转次数时,定额表中周转材料的定额用量应予抽

换,即按照实际的周转次数重新计算其实际定额用量。即

$$实际定额用量=\frac{规定的周转次数}{实际的周转次数}\times规定的定额用量$$

如防护层的厚度(沥青混凝土、沥青砂浆的厚度),抹灰层厚度,道砟桥面人行道宽,有的定额表中划分为基本厚度或宽度和增减厚度或宽度定额,但设计厚度或宽度与定额不符时,可按设计要求和增减定额对基本厚度或宽度的定额基价进行调整换算。

9. 系数换算

当实际施工条件与定额规定不符时,应按定额规定的系数进行调整。

例如,桥涵工程定额规定:定额中的提升高度(指单跨内原地面至梁底的纵向平均高度)按8 m以内编制,超过8 m时,陆上安装梁需要按相应系数调整定额中的人工及起重机械的规格及人工、起重机械台班的消耗量。

10. 条件换算

实际施工的条件与定额中的施工条件不一样时,需要进行换算,如:定额中如桥梁施工中,定额河道水深取定为3 m,若水深大于3 m时,则需按实际水深进行抽换。又如:定额中的打桩工程均为打直桩,如打斜桩(包括俯打、仰打)斜率在1∶6以内时,人工消耗量乘以系数1.33,机械消耗量乘以系数1.43。

总之,定额换算,必须在定额规定的条件下进行。如果定额规定不允许换算时,不得强调本部门的特点,任意进行换算。例如,在定额总说明中规定,周转性的材料、模板、支撑、脚手杆、脚手板和挡土板等的数量,按其正常周转次数,已摊入定额内,不得因实际周转次数不同调整定额消耗量。又如,定额中各项目的施工机械种类、规格型号系按一般情况综合选定,如施工中实际采用的种类、规格与定额不一致时,除定额另有说明者外,均不得换算。

8.7.4 补充定额

随着基本建设事业的不断发展,新结构、新技术、新工艺、新材料、新设备不断出现,设计不断更新,因此会出现设计要求与定额条件不一致或完全不符或缺项的情况,这就需要制定补充定额,即补充单价分析,并随同设计文件一并送审。

制定补充定额的方法有两种,一种是按前面讲的定额制定原则,用测定或综合分析等方法制定。通常材料用量是按设计图纸的构造、做法及相应的计算公式进行计算,并加入规定的材料损耗;人工工天是按劳动定额或类似定额计算,并合理考虑劳动定额中未包括而在一般正常施工情况下又不可避免的影响因素和零星用工等;机械台班数量是按机械台班使用定额或类似定额计算,并考虑定额中未包括而在合理的施工组织条件下,尚存在的机械停歇因素所造成的机械台班损失。经有关技术、定额人员和工人分析讨论,确定其工作项目的工、料、机耗用量,然后分别乘以人工工资标准、材料预算价格及机械台班单价,即得到补充定额基价。另一种方法是套用或换算相近的定额项目。一般人工和机械台班数量及费用和其他材料费可套相近的项目,而材料消耗量可按设计图纸进行计算,再加入规定的材料损耗,或通过测定确定。

8.8 企业定额

1. 企业定额的概念与作用

企业定额是企业按照国家有关政策、法规以及相应的施工技术标准、验收规范、施工方法

的资料，根据现行自身的机械装备状况、生产工人技术操作水平、企业生产(施工)组织能力、管理水平、机构的设置形式和运作效率以及可能挖掘的潜力情况，自行编制、审查、批准、颁发，并在本企业贯彻执行的，供企业内部进行经营管理、成本核算和投标报价的企业内部文件。

企业定额不仅能反映企业的劳动生产率和技术装备水平，同时也是衡量企业管理水平的标尺，是企业加强集约经营、精细管理的前提和主要手段，其主要作用有：

(1)是编制施工组织设计和施工作业计划的依据。

(2)是企业内部编制施工预算的统一标准，也是加强项目成本管理和主要经济指标考核的基础。

(3)是施工队和施工班组下达施工任务书和限额领料、计算施工工时和工人劳动报酬的依据。

(4)是企业走向市场参与竞争，加强工程成本管理，进行投标报价的主要依据。

(5)是工程量清单计价的必然产物，建立和应用企业定额可以促进企业的发展，提高其企业的管理水平。

2. 制定企业定额的必要性

(1)每个企业的施工条件与统一定额中所考虑的施工条件差别较大，例如，各企业的施工班组所在地区、工种、要求、素质不尽相同，如执行统一定额，会出现苦乐不均和分配上的不合理。

(2)定额起着经济杠杆的作用，如企业受统一定额的限制，不能灵活调整定额水平，也就不能很好的发生其经济杠杆作用。定额中偏高的项目，其任务往往很难布置下达，偏低的项目不利于企业劳动生产率的提高，这就需要有企业的定额来协调。

(3)统一定额的使用周期一般很长，不能及时适应客观形势变化的需要，尤其是新技术、新工艺、新材料、新设备的不断开发采用，统一定额难以满足施工需要。

(4)实行招标承包制后，如果各企业都以统一定额为基础来投标报价，则报价水平无大差别，就失去了投标竞争和招标择优的意义。

可见，虽然有国家统一定额和地方统一定额，但为了提高经营管理水平，适应招投标及工程管理的需要，企业依据自身的特点、条件，编制企业定额是十分必要的。

3. 企业定额的种类

凡是由企业制定的供企业内部使用的定额均为企业定额。如《企业施工定额》《企业物资消耗定额》《企业预算定额》《企业概算定额》《企业概算指标》等。

(1)企业施工定额。是根据企业的具体施工条件和工人技术熟练程度，按工种，分工序或工作过程或复合过程制定的劳动定额、机械作业定额和材料消耗定额的总称。

(2)企业预算定额。

①企业设计预算定额由符合本企业条件的统一预算定额和企业补充设计预算定额两部分组成。它是编制预算单价的定额，作为施工企业向银行结算工程价款和经济核算的依据。

②企业内部核算预算定额(简称内部核算定额)。是企业补充的内部扣除一定比例后的核算预算定额和符合本企业条件的统一定额。它是工程公司对下承包作为预算单价，也是对各工程公司下达计划，实行经济承包责任制及工程公司经济核算的依据。

(3)企业现行定额。是企业在基期(一年)内，日常施工生产中执行的定额，是企业当前生产、技术、管理水平的综合反映，它随着生产的发展、工人技术熟练程度的提高而改变，可分现行施工定额和现行预算定额。

(4)企业不变定额。指企业现行预算定额保持一定时期(3～5年)不变,主要用于编制工程(或产品)不变价格(基价)、计算建筑安装工作量(或产值),是衡量企业历年劳动生产率增长程度的依据。

(5)企业目标定额。包括:①在正常的施工生产、技术组织条件下,制定本企业某分部分项工程(或产品),在今后一段时间内(3～5年)要求达到的人力、物力、财力消耗指标或生产能力指标,作为本企业奋斗目标。②施工生产劳动竞赛中提出的奋斗目标。

(6)企业设计定额。是企业编制施工组织设计所使用的定额。

(7)企业投标定额。是企业根据历年来,本企业已达到的平均水平,并参考国家预算定额编制,作为投标报价用的预算定额。投标定额不是固定不变的,随投标项目的变化而变化。随行就市,以提高工程的中标率。

4. 企业定额的编制

(1)编制企业定额的意义

①提高定额的适用性。全国地域辽阔,施工条件各不相同,只有因地制宜,结合本企业、本工程的具体情况制定企业定额,才能使各专业公司之间、工程之间的定额趋于合理,保持相对平衡。

②充分发挥定额的能动作用。企业可视情况需要,用企业定额来调节施工进程,调剂分配,探索更好的施工方法、劳动组织,使定额发挥最大的能动作用。

③提高定额的适时性。定额的修订要及时,不能过快、过早,也不能过慢、过晚。当企业认为定额需要修订时,可以组织力量及时编制,按期颁发。这比修编统一定额快得多。

④提高投标竞争力。要使企业定额的投标报价富有竞争力,必须以企业自己的定额为计算基础进行编制,反映本企业独特的能力,这样能使中标率提高。

⑤促使企业内部管理。企业内部各管理层实行经济承包责任制时,需以定额指标为准,层层分解下达,进行考核,各业务部门也要用定额进行指标计算和业务核算。

⑥能加强和促进定额的建设工作。以往各企业多注重定额的贯彻执行、考核与管理工作,而放松定额的技术测定、资料积累、分析研究、编制修订等建设工作,通过制定企业定额,促进和提高了企业对定额的管理,定额的建设工作也随之得到充实和提高,有利于全国和地方统一定额的修编工作。

(2)编制企业定额的原则

作为企业定额,必须体现以下特点:

①企业定额各单项的平均造价要比社会平均价低,体现企业定额的先进合理性,至少要基本持平,否则,就失去企业定额的实际意义。

②企业定额要体现本企业在某方面的技术优势,以及本企业的局部管理或全面管理方面的优势。

③企业定额的所有单价都必须实行动态管理,定期调查市场,定期总结本企业各方面业绩与资料,不断完善,及时调整,与建设市场紧密联系,不断提高竞争力。

④企业定额要紧紧联系施工方案、施工工艺并与其能全面接轨。

⑤独立自主编制。主要是自主地确定定额水平,自主划分定额项目,自主地根据需要增加新的定额项目。但是企业定额仅是一定时期内企业生产力水平的反映,它是动态的,它不可能也不应该与历史割断,因此企业定额在工程量计算规则、项目划分规定和计量单位等应与国家规定的保持一致。

企业定额不是简单的把传统定额或行业定额的编制手段用于编制施工企业的内部定额，它的形成和发展同样要经历从实践到理论、由不成熟到成熟的多次反复检验、滚动、积累，在这个过程中，企业的技术水平在不断发展，管理水平和管理手段、管理体制也在不断更新提高。可以这样说，企业定额产生的过程，就是一个快速互动的内部自我完善的进程。

(3)编制企业定额应注意事项

①有一定的立法手续。企业内部必须制定定额管理办法、规定定额的编制、审查、批准、颁发的程序和权限，维护企业定额的法律性和严肃性。企业所属的单位和个人不得擅自制定和修改。

②掌握好定额的水平。企业定额水平既要考虑到调动职工积极性，又要考虑严格控制着国家和地方统一定额内，以此为前提制定出企业平均先进的定额。

③项目划分要有粗有细，简明适用。企业定额既要适应投标承包和经济责任制的实行，又要满足签发工程任务单、进行班组核算等基层管理的需要。其项目划分既要有综合的施工定额，以满足公司对项目队按分部、分项工程承包考核之用，又要有工序或工作过程定额，以满足项目队对班组实行计件工资或班组内部分配使用。

④内容和形式多种多样。不仅有直接施工中人工、机械、材料消耗定额，还应有其他各种时间、人力、物力、财力的消耗定额。如工期定额、生产能力定额、定员定额、固定资产利用定额、资金利用定额等。达到凡能实行定量控制的，都制定有定额，加以控制。

⑤及时制定。企业定额必须及时，如果不及时，有可能出现定额制定下来，工程已基本完成，甚至结束的情况。就失去了制定企业定额的意义。

⑥注意保密。企业定额的编制应根据情况做好保密工作，特别是投标定额，这是为了在投标竞争中保持本企业优势的需要。

8.9 城市轨道交通定额体系与建设

8.9.1 城市轨道交通工程定额体系

1. 暂行定额体系

(1)简介

城市轨道交通工程共涉及 26 个领域(系统)，根据工程性质和类别可分为：车站、区间、运营控制中心、车辆段与综合基地等土建工程；变电所、环网电缆、接触网(轨)、电力监控、杂散电流防护、动力照明等强电工程；通信、信号、综合监控、防灾报警、环境与设备监控等弱电工程；轨道、自动售检票、屏蔽门和安全门等大系统工程；车站区间通风、空调与采暖、给排水及消防、气体灭火、安防及门禁、自动扶梯及电梯等小系统工程。城市轨道交通概预算编制既要体现城市市政工程特点，又要体现城市轨道系统繁多、不同专业的特点。在没有统一的城市轨道交通预算定额前，只能借助市政、铁路、其他行业 3 种定额编制概预算体系。这是最现实也是目前遍解决问题的办法。

各省市根据全国统一市政、建筑与装饰、安装等定额编制相应的市政计价表。如江苏省以《全国统一市政工程预算定额》(简称《全统定额》)为基础，颁发了苏建定〔2003〕371 号《江苏省市政工程计价表》；广州市颁布了穗建筑〔2001〕444 号《2001 年广州地铁工程主要项目综合成本指导价》；江苏省建设厅颁发了苏建价〔2005〕114 号《南京地铁工程计价表》；北京市颁发了京建市〔2006〕197号《北京市建设工程概算定额》第十三册地铁工程。主变电所和人防工程是城市轨道交通概预算编制的2个特殊专业，主变电所需与地方电网规划相结合，一般由地方电力院设计；人防工程编制概预算时，使用与其对应行业定额。

(2)差异

①定额差异。按相同的工程量和工料机单价计算工程费用，工料机费用差异是定额差异。如果以《全统定额》计算结果为1，地下明挖车站工料机比值为0.823～0.997，矿山法区间为0.699～1.019，盾构法区间为0.905～1.033，高架区间为0.967～1.05。以上结果表明各城市的市政估价表均修改了定额工料机的含量，变化最大的是矿山法区间，变化最小的是高架区间。地下明挖车站定额费用各城市基本下降，盾构法区间定额费用大部分下降。

②费率差异。如剔除定额差异，以各城市工料机结果为基准100.00%，总费用与工料机相比简化为综合费率。综合费率包含措施费、规费(含养老保险费、失业保险费、医疗保险费等社会保障费)、企业管理费、利润和税金。比值结果显示各城市地下明挖车站综合费率为15.1%～30.5%，矿山法区间为16.5%～58.3%，盾构法区间为15.1%～32.6%，高架区间为11.9%～36.2%。费率差异太大表明，各城市将单一的市政工程费率套用到城市轨道交通工程不太合理，因为市政工程费率没有涵盖大型市政地下施工项目。如果利用市政定额，各城市应对地铁工程费率进行专门测算。

③总费用差异。如果以《全统定额》计算出的总费用为100.00%，各城市各工程总费用与其对应相比，总费用差异地下明挖车站为75.2%～101.3%，矿山法区间为67.3%～122.3%，盾构法区间为92.1%～112.8%，高架车站为101.3%～120.3%。总费用差异是由定额差异和综合费率差异叠加导致的结果。这说明如果按暂行定额体系分析城市轨道交通丁程费用，将在一定程度上产生偏差，必须对定额和费率做必要的修订完善。

2. 统一定额体系

上海市是全国城市轨道交通建设发展最快的城市之一。2006年4月，上海市建设和交通委员会发布了沪建交〔2006〕237号《上海市轨道交通工程预算定额》，包括土建、轨道、电力牵引、通信、信号、电气安装、环控及给排水、消防及自动控制、其他运营设备安装工程等9册文件，这是我国最早的城市轨道交通统一定额体系。2008年10月，国家住房和城乡建设部(简称住建部)发布建标〔2008〕193号《城市轨道交通工程预算定额》(GCG-103—2008)(简称《城轨定额》)，同时废止2001年发布的《全国统一市政工程预算定额》(简称《市政定额》)第九册地铁工程。这是首次制定全同性的城市轨道交通统一定额体系。

(1)简介

《城轨定额》包括路基围护结构及地基处理、桥涵、隧道、地下结构、轨道、通信、信号、供电、智能与控制系统安装、机电设备安装工程等10册文件，未包含主变电所和人防工程行业定额。这套定额只有定额含量，没有参考的工料机单价。如果要达到能在各城市项目中使用，各城市必须依据《城轨定额》，结合具体情况，进行大量的分析调查补充工作，增加工料机单价，编制单位估价表。如湖南省建设厅经过1年调查补充工作，发布了湘建价〔2009〕179号《长株潭城市轨道交通工程单位估价表》，目前已在长沙市轨道交通一号线设计中使用。此外，南京、武汉等城市也通过内部评审将在2011年发布市政估价表。

《城轨定额》的优点是与《市政定额》相配套，较全面系统地编制了城市轨道交通各专业预算定额，结束了有“办法”无“定额”的局面。但由于受编制时间、人力等诸多因素的制约，《城轨定额》很难按照定额编制规律，从编制土建、各机电系统等26个专业最基本的劳动定额开始编制预算定额，只能参考有关专业成熟的行业定额成果，并根据城市轨道交通特点加以修订和完善，形成预算定额。《城轨定额》还没有经过多个项目的运用、修订的循环过程，到成为成熟的预算定额还有一个过程。

(2)差异原因

《城轨定额》尽管需要完善，但在宏观上能在轨道交通概预算编制中使用，达到控制投资的目的。产生费用差异的原因如下：

①工费差异。定额体系消耗量与工费标准相匹配，由于不同的行业工费标准不同，其人工消耗量也与之匹配。如果存同一时间，修改了工费标准，必须修改人工消耗量才能保证总的工费不变。编制《城轨定额》时参考了不同行业定额的人工消耗量，而采用量价分离方式，《城轨定额》统一人工单价后没有也不能调整定额含量，必然导致定额人工费用差异。

②料费差异。对土建工程相同或类似定额材料消耗量区别不大，但对轨道、通信、信号、供电等专业性强的系统工程需建立统一的新材料信息平台，及时更新和补充，才能合理确定材料价格，目前建立信息平台尚需时日。

③机械使用费差异。由于施工技术进步和新的施工组织模式及工艺工法，机械台班应体现“机械化、工厂化、专业化、信息化”等特点。《城轨定额》需全面测定和更新机械台班价，才能适应新形势的发展。

④综合费率差异。由于《城市轨道交通工程设计概预算编制办法》规定的费率在先，《城轨定额》发布在后，导致不配，必须重新修订费率。

(3)建议

①《城轨定额》的修订不采用量价分离方式，人工和砂石地方材料、水泥、小材、钢材、给水排水管材等价格按各城市发布的信息价调整；钢轨、道岔、轨枕、电杆、接触网及电力线材、光电缆线等专用材料价格，由住建部统一建立价格信息平台管理。定额中的辅助材料，由住建部统一发布调整系数，定时调整。全面测定和更新机械台班单价，保证《城轨定额》工料机单价的稳定和更新。

②各省市定额暂不能修改定额消耗量，但发现不合理的地方可以上报住建部统一修订管理。综合费率可以体现各城市差异，特别是施工措施费可以分工程项目和地划分。综合费率与一般市政工程区别，应由住建部分若干地区统一制定，突出轨道交通项目由国家统一规划审批监控的特点。通过“统一量、参考价、不同费”的方式，充分发挥《城轨定额》的作用，达到国家严控项目投资加强宏观调控的目的。

8.9.2 城市轨道交通工程定额建设

1. 建设的目的

(1)统一责任成本预算编制标准。统一责任成本预算编制标准，充分体现了公平的原则，尤其对同地区多个项目而言就更为重要。另外，从公司管理层角度考虑，制定合适的成本计划，也有利于从源头上控制项目的成本，后期考核项目的收益。

(2)统一规范项目劳务招标行为。各地区分包市场成熟度不一样，地质条件、施工场地条件、地方政策也各有不同，但地铁工序都是类似的，所以在进行劳务招标时，也应有统一的工序清单、统一的工作内容、统一的工程量计量规则，针对地质条件的不同之处通过划分不同的清单予以区分，针对施工场地、地方政策等条件限制的，通过增加特定清单的形式予以补足。

(3)用于企业投标测算。历来的投标成本测算主要依据当地的市场价水平进行测定，统一使用企业定额后，将建立统一尺度，更为客观地指导测算水平，为投标决策提供依据。

2. 研制过程

(1)理清研制思路，建立框架，适合地铁工程需要。

①通过整合地铁工程量清单，划分章节，制定更适合地铁工程的工序清单。

②规范、统一项目本级管理费、措施费等标准，统一成本预算编制流程、模板，确定成本预算编制办法。

③通过剖析现行行业定额中人工、机械、材料等所占比重，重新归集单价组成，提效降耗，确定各工序成本消耗量，编制消耗定额。

(2)根据地铁工程专业特点划分定额结构。

按地铁工程专业划分章节，为使其简明适用，按分部分项工程整合定额结构。

(3)深入调研，制定合适的成本指标水平。

合适的劳务成本价格水平对成本管理有导向性的作用，在编制地铁定额的过程中，按工程量清单对不同地区重点工序的劳务价格水平进行摸底调查，针对各地区的价格差异，用土质类别进行细化。制定完成后，为进一步检验成本指标水平，详细进行调研，从不同地区选择具有代表性的项目，主要从重点工序施工组织方案、劳务成本指标、主要材料的操作损耗率、安全文明施工费、临时设施费、监控量测费、检验试验费、项目本级管理费等方面进行详细调研，形成调研资料。调研结束后，对统计资料进行分析比对，形成统计资料和初步结果，再通过会议讨论与修正，最终形成劳务指导价及工程量清单综合成本指标表。

(4)根据工程量清单综合成本指标制定企业消耗定额。

根据工程量清单综合成本指标，推导企业定额消耗量，以定额编制期价格作为定额基价，最终形成企业定额。

3. 研制方法

(1)整合地铁行业清单，制定具有地铁工程特色的工序清单。

①土石方工程：是指土建项目中土方及石方的开挖、装卸、运输、填筑，含石方爆破、填料拌合、填料改良、填料的摊铺与压实等相关辅助措施的全部工作总称。主要包括一般土石方、沟槽土方、明挖土石方、盖挖土石方、填方、基坑及盾构土石方外运、泥浆外运等。

②支护工程：是指为使地基的天然条件满足设计及施工要求而采取的永久、临时措施的总称。主要包括地下连续墙、钻孔桩、工法桩、旋喷桩止水、喷锚混凝土、圈梁、挡墙、支撑、临时钢支撑、钢围檩、格构柱。

③结构工程：是指按照设计要求用来承受各种荷载、作用的主体受力体系，构成永久工程的总称。主要包括明挖车站结构及防水、植筋等。

④盾构工程：是指区间盾构掘进工作的总称。主要包括盾构吊装、吊拆、过站、调头、盾构掘进、换刀、盾构管片等。

⑤矿山法隧道工程：是指用钻眼爆破方法开挖断面而修筑隧道及地下工程等工作的总称。主要包括竖井挖土方、超前支护、初期支护、暗挖车站结构及防水、洞内钻孔桩等。

⑥其他工程：是指地基加固、井点降水等工程的总称。主要包括地基加固、地基处理、井点降水等。

(2)确定工、料、机消耗的指标。

①人工消耗量的标准确定。包括常规标准和新技术、新工法、新工艺两个方面，主要按现场实际测定，参照国家和地方劳动定额标准确定。

②材料消耗量的标准确定。常规材料消耗量按实际消耗测定损耗系数;对采用新工艺、新材料因素的考虑,以调查其他专业施工队伍的含量作为标准,待完工核算盈亏,调整含量标准。

③机械台班量的标准确定。主要包括4个方面:机械维修费的测定,确定大修和经常维修费的含量;机械操作工费参照国家定额标准;机械能源含量根据机械技术参数测算出新、旧机械的消耗含量;进出场费用含量根据所在地和到达地标准的不同,参照国家铁路、公路运输价格制定。

(3)根据成本模式,统一成本预算费用构成。

(4)结合现场劳务模式,工程难易程度划分劳务价格水平。

(5)结合项目管理应用,统一措施费用标准。

(6)以项目管理人员及工期为主线,统一项目管理费标准。

(7)根据项目投资规模确定各类管理人员数量。

思考题

1. 名词解释:

(1)定额;(2)工程定额;(3)定额水平;(4)施工过程;(5)消耗量定额;(6)概算定额;(7)指标;(8)投资估算指标。

2. 简述工程定额的特点、作用。

3. 何谓定额水平?不同定额对应何种定额水平?

4. 施工过程具备的条件是什么?影响施工过程的因素有哪些?

5. 简述定额的分类方法,列举定额种类。

6. 概算定额与预算定额的作用有哪些区别?

7. 简述现行城市轨道交通工程定额体系组成。

8. 什么是企业定额?为什么要编制企业定额?

9. 什么是基本定额?主要包括哪些内容?

10. 什么是定额换算?为什么要进行定额换算?

第 9 章 概预算概述

9.1 基本建设投资与投资额测算体系

9.1.1 工程投资与概预算

投资控制就是为尽可能好地实现建设项目既定的投资目标而进行的一系列工作，其基本要求是使投资目标不被突破，或在已不可避免的情况下，使投资目标突破的幅度尽可能小。我国基本建设投资的管理和控制基本上分为三个层次。

第一个层次是国家。国家通过基本建设计划和有关政策、法律从宏观上对基本建设投资进行管理和控制。如制定基本建设程序，要求每一个基本建设项目严格遵守基本建设程序。计划部门代表国家根据建设项目可行性研究报告的评审意见来进行项目审批，并按项目的设计概算来控制投资总额。

第二个层次是项目申报单位，即项目建设管理单位（业主）。项目建设管理单位（业主）具体对建设项目的造价进行控制，他自己或委托设计单位编制可行性研究报告，提出项目建议书，并根据批准的可行性研究报告组织设计，根据批准的设计概算（或施工图预算）编制标底组织施工招标，确定施工单位或委托监理单位。在施工过程中，委托监理工程师对工程费用进行严格管理。通过这一系列工作对建设成本（或造价）进行控制。

第三个层次是施工单位（或承包单位）。建设项目由施工单位具体实施，并在施工前编制施工预算，对工程成本进行严格控制。

以上三个层次涉及计划、建设、设计、监理和施工各部门，他们都必须以维护国家利益为原则，从各自的工作和需要出发，对基本建设项目进行严格和科学的管理，为国家把好经济关。要达到上述目的，其基本手段就是制定概（预）算定额。

基本建设项目要实行全过程、全方位的投资管理，按项目立项决策、勘察设计、工程实施和竣工验收四个阶段进行投资控制。

目标值的确定是控制的一个关键工作。投资本身是一个逐步开展和不断深化的过程，因此，在其运动过程的不同阶段便有不同的测算工作，形成不同的投资额和不同的测算种类。随着投资活动的不断深化，要求对投资额进行不同深度和精度的测算，相应的形成了一个完整的反映投资在数量变化上的投资额测算体系。即从项目决策到竣工交付使用的整个过程中，根据在不同阶段投资额的作用和精度要求的不同，形成了投资估算、设计概算、施工图预算（投资检算）、施工预算、标底、投标报价、结算和决算等多种测算方式，并由此构成了建设项目投资额的测算体系。

在各种测算方式中，工程概（预）算具有特别重要的意义和作用，是基本建设工程投资管理的基本环节。概（预）算是编制建设工程经济文件的主要依据，也是其他测算方式（投资估算除外）的基础。

基本建设工程(或简称建设项目)设计概算和施工图预算，是指在执行基本建设程序过程中，根据不同设计阶段设计文件的具体内容和国家规定的定额、指标及各项费用的取费标准，预先计算和确定每项新建、扩建、改建和迁建工程所需要的全部投资额的文件，它是从经济上反映建设项目在不同建设阶段的特点，是按照国家规定的特殊计划程序，预先计算和确定基本建设工程价格的计划文件，是基本建设程序的重要组成部分。由于概(预)算的重要性，故在投资额测算体系中居于主导地位。

9.1.2 我国工程造价管理的历史

20世纪50年代起，我国借鉴苏联经验，逐步建立起适应当时计划经济需要的概预算定额制度，人工、材料、机械等价格均由国家统一规定，传统的概预算定额作为建设工程造价定价依据，对我国加强计划管理，减少投资浪费，多、快、好、省地建设国家起到了积极的作用。进入90年代，我国逐步由计划经济向市场经济过渡，经济发展水平不断提高，经济结构也日益复杂，原有的计价方式已不能满足市场经济发展的需要，为此，我国对建设工程造价定价办法进行了一系列的改革，如调整工程价格的费用项目，修订有关的费用、利润、税金计算标准，取费改按工程类别计取等等。所有这些改革，使建设工程造价逐步反映出其内在的商品属性，但随着社会主义市场经济的不断发展，建设工程造价定价方法仍存在许多问题，也说明仍需要进行深化改革。

我国工程造价早在唐朝就有记载，但发展缓慢。自新中国成立后，有很大的发展，但未形成一个独立的系。20世纪50～70年代，我国的建设工程造价管理制度是政府的计划模式。建设产品价格是通过计划分配建设工程任务而形成的计划价格，概预算定额基价是量价合一的价格。1984年，建设工程招标制开始施行，建筑工程造价管理体制开始突破传统模式，但形式虽变，内容实质照旧。概预算定额的法定地位没有改变。1985年成立了中国工程建设概预算定额委员会，1990年成立了中国建设工程造价管理协会，1996年国家人事部和建设部已确定并行文建立注册造价工程师制度，对学科的建设与发展起了重要作用标志着该学科已发展成为一个独立的、完整的学科体系。90年代初，国家建设主管部门提出“政府宏观指导，企业自主报价，竞争形成价格，加强动态管理”和“控制量、指导价、竞争费”的改革思路，但改革进程十分缓慢，改革也迟迟不见成效。90年代中后期以来，《建筑法》《合同法》《招标投标法》的相继出台，定额体系开始出现一系列变化。部分材料价格渐渐放开，工程结算时的材料价格调整已经允许，但仍不能满足场经济发展的要求。2001年初，国家宣布年内国有建筑施工企业将逐渐改制，面向市场，全国大多数省市的定额管理模式将出现历史性的改变，量价分离，单项报价提上日程，使材料价格有走向市场化，定额的法定性地位也将降低，变为指导性。

长期以来，我国造价管理的重点往往只放在建设项目实施阶段，只重视建设项目的承包价、实施过程的变更造价及结算价，对投资决策阶段的造价管理没有给予足够的重视，往往涉足很少或根本不涉及，产生这种现象的原因，细究起来，根源就是我国工程造价管理人员在思想观念上存在错误的认识，即项目可行性研究阶段的投资估算和初步设计阶段的设计概算是虚拟资金，也是准现实的，而在建设项目实施阶段所发生的资金才是真实的。

工程造价管理一直重视造价的控制，轻视造价的合理确定，难以处理好二者的关系，造成了在建筑材料价格不稳定时，把工程造价的失控归根于材料价格上涨，在材料价格较平稳时又把工程造价的失控归根于没有足够重视设计阶段工程造价的有效控制。而很少有人提到工程造价失控的一个重要原因就是没有足够重视项目前期投资决策阶段工程造价的合理确定。工程造价咨询机构是建设市场主体之一，是在建设市场中为业主、承包商及有关各方提供工程造价控制和管理专业服务的中介机构组织。工程造价咨询业要成为社会化、重信誉的专业服务组织。

总之，无论是国外还是国内，概(预)算制度都是随着商品经济发展而逐步形成与不断完善的，概(预)算制度也肯定会进一步得到加强和完善。

国家通过颁发《基本建设工程设计概预算编制办法》和相关定额等法律文件来实现对工程概预算工作的指导和管理。由《编制办法》体现国家在某一时期的经济政策和有关法规的要求，而定额则反映某一时期我国工程施工生产的管理水平，因而《编制办法》与定额两者都应随时代的发展而变化，从而促使概(预)算工作不断完善。

9.1.3　投资额测算体系

为了对基本建设工程进行全面而有效的工程经济管理，在项目建设的各阶段都必须编制有关的经济文件，这些不同经济文件的投资额则要根据其主要内容要求，由不同测算工作来完成。投资额按工程的建设程序进行分类，有如下几种。

1. 投资估算

投资估算，一般是指在投资前期(预可行性研究报告、可行性研究报告)阶段，建设管理单位(业主)向国家申请拟定项目或国家对拟定项目进行决策时，确定建设项目在规划、项目建议书、可行性研究报告等不同阶段的相应投资额而编制的经济问题。

国家对任何一个拟建项目，都要通过对可行性研究报告的全面评审后，才能确定是否正式立项。在可行性研究中，除考虑国家经济发展的需要和技术上的可行性外，还要考虑经济上的合理性。投资估算为投资决策提供数量依据，也是建设项目经济效益分析中确定成本的主要依据，因此，它是建设项目在初步设计前各阶段工作中，作为论证拟建项目在经济上是否合理的重要文件，它具有如下几个方面的作用：

(1)它是国家决定拟建项目是否继续进行研究的依据。

(2)它是国家审批项目建议书的依据。

(3)它是国家审批项目建议书可行性研究报告的依据。可行性研究报告被批准后，投资估算就作为控制初步设计概算、预算的依据，也是国家对建设项目所下达的投资限额，并作为资金筹措计划的依据。

(4)它是国家编制中长期规划和保持合理投资结构的依据。

根据投资估算的作用不同，其内容的深浅程度也各不相同。

2. 总概算

总概算又分为设计概算和修正概算两种。设计概算和修正概算是指在初步设计或技术阶段(按三阶段设计时)，由设计单位根据设计图纸、概算定额、各类费用定额、建设地区的自然条件和经济条件的资料，预先计算和确定建设项目从筹建至竣工验收的全部建设费用的经济文件。实施招投标后，设计阶段一般实行两阶段设计，即初步设计和施工图设计，概算在初步设计阶段编制，它具有如下几个方面的作用：

(1)它是编制建设项目投资计划、确定和控制建设项目投资的依据。

经批准的建设项目设计总概算的投资额，是该工程建设投资的最高限额，是签订建设工程合同和贷款合同的依据，是银行拨款或签订贷款合同的最高限额，建设项目的全部拨款或贷款以及各单项工程的拨款或贷款的累计总额，不能超过设计概算。

(2)它是控制施工图设计和施工图预算的依据。

(3)它是衡量设计方案经济合理性和选择最佳设计方案的依据。

(4)它是工程造价管理及编制招标标底和投标报价的依据。

(5)它是考核建设项目投资效果的依据。

3. 施工图预算

在施工图设计阶段,设计单位根据施工图设计计算工程量,结合施工组织设计、预算定额、现行编制办法等编制反映工程造价的优化施工图设计的经济文件。所采用的编制依据、原则、编制范围及单元等,应与批准的总概算相一致,它是考核施工图设计经济合理性的依据,对于按施工图预算承包的工程它又是签订工程合同,实行建设管理单位和施工单位投资包干和办理工程结算的依据。值得注意的是这一阶段所编制的预算文件在不同的行业或不同的阶段会有不同的名称,如铁路工程在 2018 年以前叫“投资检算”,现在叫“总预算”。

4. 标底(控制价)编制

实行招标的工程项目,一般由招标单位对发包的工程,按发包工程的工程内容(通常由工程量清单来明确)、设计文件、合同条件以及技术规范和有关定额等资料进行编制。标底(控制价)是一项重要的投资额测算,是评标的一个基本依据,也是衡量投标人报价水平高低的基本指标,在招投标工作的起着关键作用。其编制一方面应遵守国家的有关规定和要求,另一方面应力求准确。

5. 报价

报价是由投标单位根据招标文件及有关定额(有时往往是投标单位根据自身的施工经验与管理水平所制定的企业定额),并根据招标项目所在地区的自然、社会和经济条件及施工组织方案、投标单位的自身条件,计算完成招标工程所需各项费用的经济文件。报价是投标文件最重要的组成部分,是投标工作的关键和核心,也是决定能否中标的主要依据。报价过高,中标率就会降低;报价过低,尽管中标率增大,但可能无利可图,甚至承担工程亏本的风险,因此,能否准确计算和合理确定工程报价,是施工企业在投标竞争中能否获胜的前提条件。中标单位的报价,将直接成为工程承包合同价的主要基础,并对将来的施工过程起着严格的制约作用。承包单位和业主均不能随意更改报价。

报价与标底有着极为密切的关系,标底同概(预)算的性质很相近,编制方式也相同,都有较为严格的要求。报价则比标底编制要灵活,虽然二者有着很明显的差别,并且从不同角度来对同一工程的价值进行预测,计算结果很难相同,但又有极密切的相关关系。

报价同施工预算虽然比较接近,但不同于施工预算。报价的费用组成和计算方法同概(预)算类似,对其编制体系和要求均不同于概(预)算。尤其是目前招投标工作中,一般采用单价合同,因而使报价时的费用分摊同概(预)算的费用计算方式有很大的差别。

总的看来,报价和概(预)算的差别主要体现在如下几个方面:

(1)项目划分不同

概预算的项目划分是按规定的项目表的形式划分。而报价(或标底)的项目划分是按招标文件中的工程量清单。

(2)编制依据不同

概预算编制是根据国家、地区颁发的定额、价格表、编制办法及各种政策编制的,数据取用具有一定强制性,是一种计划行为。而报价则是投标人按着“统一量、市场价、竞争费”的原则,根据对招标文件的理解,依据工程量清单、技术规范的要求,结合本单位具体情况、市场价格,灵活套用定额、取费办法进行编制，是一种市场行为。报价强调的是合理性，概预算强调的是合法性。

(3)编制程序和方法不同

概预算中根据费用划分原则，先计算出各分项工程的直接工程费、定额直接工程费，据此逐步计算出其他各项费用，最后汇总得概预算总金额。而报价则是将直接工程费与各项费用捆在一起，先计算出综合单价，最后汇总各综合单价与工程数量乘积得出总报价。

(4)编制内容不同

概预算除了按规定计算建筑安装工程费外，还要计算设备、工具、器具及家具购置费、工程建设其他费用、预留费用和回收金额，进而计算出工程的总造价。而报价则主要计算建安费另考虑保险费(工程险和第三者责任险)、工程造价增长费、预备费中的施工图预算包干费及其他风险因素增加费。

(5)审批程序不同

概预算必须经过上级主管部门审核批准。而报价不需上级批准，只要本企业领导同意即可。标底也不需上级主管部门审批，但要控制在审批的预算限额内。

(6)费用项目的归属不同

①标底或报价中，工人的各种津贴、奖金可列入工人工资单价中去，进入直接工程费中的直接费。而概、预算中只列国家规定的津贴和补贴，其他津贴和奖金则不能列入。

②概预算中将新购置的机械列入施工技术装备费中，而标底或报价中则将机械购置费按施工年限摊销，本工程该摊销的部分进入综合单价之中。

③编制标底或报价的指导思想是：施工方案拟定要技术上先进，经济上合理；施工计划要切实可行；估算工程成本要准确，且包含各种不可预见因素。而编制概、预算时，根据设计图纸和施工方案，按照规定的定额、取费标准、工资单价、材料预算价格和机械台班单价，依"概预算编制办法"进行程序式编制。

6. 施工预算

施工预算是施工单位在投标时或其基层单位在合同签订后，按企业实际定额水平编制的预算，在施工图预算的控制下，根据施工图计算分项工程量、施工定额、实施性施工组织设计或分部分项工程施工过程的设计及其他有关技术资料，通过工料机分析，计算和确定完成一个工程项目或一个单位工程或其中的分部分项工程所需的人工、材料、机械台班消耗量及其他相应费用的经济文件。施工预算所采用的定额为企业定额，取费依据为投标策略或内容管理水平或实际项目赢利期望值。是施工企业对具体项目测算的实际成本，是施工企业进行成本控制与成本核算的依据，也是进行劳动组织与安排，以及进行材料和机械管理的依据，对施工组织和施工生产有着极其重要的作用。

7. 工程结算

工程项目的建设是一个复杂的过程，涉及的单位都是一些相对独立的经济实体，有着各自的经济利益，在项目建设过程中承担着不同的工程内容，因此，无论工程项目采用何种方式进行建设，在建设过程中，各经济实体之间必然会发生货币收支行为。这种在项目建设过程中由于器材采购、劳务供应、施工单位已完工程点的移交和可行性研究、设计任务的完成等经济活动而引起的货币收支行为，就是项目结算。在社会主义商品经济条件下，基本建设项目的建设过程也是一种商品的生产过程，其间所发生的一系列工作和活动最后都要通过结算来作最后评价。因此，正确而及时地组织项目结算，全面做好项目结算的各项工作，对于加速资金周转，加强经济核算，促进建设任务的完成，保证建设项目的顺利进行以及加强对项目建设过程的财政信用监督等方面都有着十分重要的意义。

项目的结算过程，实际上也是组织基本建设活动，实行基本建设拨、贷款的投资过程，也是及时掌握项目投资活动中的动态及其变化情况的过程。项目结算是国家组织基本建设经济活动，及时掌握经济活动信息，实现固定资产再生产任务的重要手段。同时，通过结算，可以协助建设管理单位有计划的组织一切货币收支活动，使各企业、各单位的劳动耗能及时得到补偿。

项目结算的主要内容包括货物结算、劳务供应结算、工程(费用)结算及其他货币资金的结算等。货物结算是指建设管理单位同其他经济建设管理单位之间，由于物资的采购和转移而发生的结算；劳务供应结算是指建设管理单位同其他单位之间，由于互相提供劳务而发生的结算；工程费用结算指建设管理单位同施工单位之间，由于拨付各种预付款和支付已完工程等费用而发生的结算；其他货币资金结算是指基本建设各部门、各企业和各单位之间由于资金往来以及它们同建设银行之间，因存、贷款业务而发生的结算。

工程费用结算习惯上又称为工程价款结算即验工计价，是项目结算中最重要和最关键的部分，是项目结算的主体内容，占整个项目结算额的75%～80%。工程价款结算，一般以实际完成的工程量和有关合同单价以及施工过程中现场实际情况的变化资料(如工程变更通知，计日工使用记录等)计算当月应付的工程价款。施工单位将实际完成的工作内容、工程量填入各种报表，按月送交驻地监理工程师验收签认，然后向建设管理单位提交当月工程价款结算。根据结算应付的工程价款经总监理工程师签认的支付证书，财务部门才能转账。目前，由于各地区施工单位流动资金供应方式的差别和具体工程项目的不同，工程价款的结算方法有多种形式。建设银行1990年实行的《建设工程价款结算办法》第五条规定：建设工程价款结算可以根据不同情况采取多种方式：①按月计算；②竣工后一起结算；③分段结算；④约定的其他方式结算方式。而实行FIDIC条款的合同，则明确规定了计量支付条款，对结算内容、结算方式、结算时间、结算程序给了明确规定，一般是按月申报，其中支付，分段结算，最终清算。

8. 竣工决算

竣工决算是在建设项目完工后竣工验收阶段，由建设管理单位编制的建设项目从筹建到建成投产或使用的全部实际成本的技术经济文件。它是工程建设投资管理的重要环节，是工程竣工验收、交付使用的重要依据。也是进行建设项目财务总结，银行对其实行监督的必要手段。其内容由文字说明和计算报表两部分组成。文字说明主要包括：工程概况；设计概算和基本建设规划执行情况；各项技术经济指标完成情况；各项拨款(或贷款)使用情况；建设成本和投资效果的分析以及建设过程中的主要经验，存在的问题和解决意见。

应当注意，施工单位往往也是根据工程结算结果，编制单位工程竣工成本决算，核算单位工程的预算成本、实际成本和成本降低额。工程结算作为企业内部成本分析、反映经营效果、总结经验、提高经营管理水平的手段，它与建设项目的竣工决算在概念上是不同的。

投资活动的进展顺序及相关工作内容和投资额测算的相互关系如图9.1所示。

从图9.1可以看出，估算，概算、预算、标底、报价和结算以及决算都是以价值形态贯穿整个投资过程中，从申请建设项目，确定和控制基本建设投资额，进行基建经济管理和施工单位进行经济核算，到最后以决算形成企(事)业单位的固定资产，构成了一个有机的整体，缺一不可。因此，在一定意义上说，它们是基本建设投资活动的血液，也是联结参预项目建设活动各经济实体的纽带。申报项目要编制投资估算，设计要编总概算和施工图预算，招标要编标底，投标要编报价，施工前要编施工预算，施工过程中要进行结算，施工完成要编决算，并且一般还要求决算不能超过预算，预算不能超过概算，概算则不能超出估算所容许的幅度范围，合同价不能偏离报价与标底太多，而报价(指中标价)则不能超出标底规定幅度范围，并且标底不允许超概算。总之，各种测算环环相扣，紧密联系，共同对投资额进行有效控制。

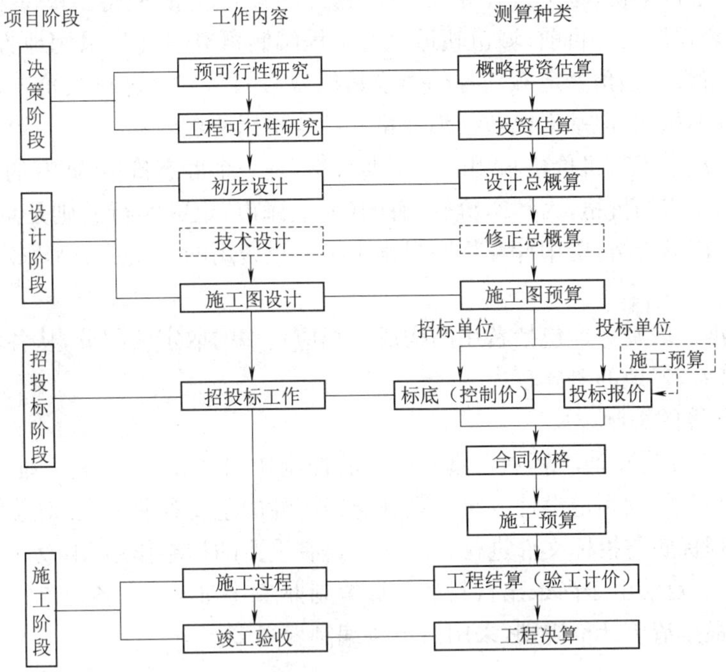

图 9.1　投资进程与投资额测算关系图

9.1.4　城市轨道交通工程概预算编制现状

目前，住建部以建标〔2017〕89 号《城市轨道交通工程设计概算编制办法》制订了统一的概算编制办法，预算编制办法仍然沿用(建标〔2011〕159 号)《城市轨道交通建筑安装工程费用标准编制规则》。由于没有完整的国家统一定额体系，因而概算编制办法的应用还存在进一步完善的空间，一般是由总体设计单位编写一套初步设计概算编制原则(或技术要求)，其中对概算编制单元的划分、定额的采用、工料机价格的取定及各项费用的取费标准都有明确的规定。各参加单位依据此规定编制工点或系统概算(均含单项概算、综合概算及总概算)，最后由总体单位作全线汇总。因此，综合概算及单项概算的编制存在各地不统一的问题。

1. 综合概算的编制

综合概算是依据总体设计单位编制的综合概算章节表中的细目划分进行编制。目前各地区有很大差异，主要表现在以下几个方面：

(1)概算编制单元的划分和编制深度不同。

(2)对于施工准备费的处理，在章节划分上有两种作法，一种是放在工程费用中，在计算工程建设其他费用时作为取费基数，另一种是放在工程建设其他费用中，不作为计算工程建设其他费用的取费基数。

(3)对于工程建设其他费用的取定，各地区编制概算时是结合地方有关规定和已建地铁实施状况综合考虑，所以造成工程建设其他费用所包括的内容和取费标准有些不同。

2. 单项概算的编制

目前城市轨道交通工程单项概算的编制主要采用了定额法和概算指标法。除一些附属工程如出入口地面厅、风亭等地面建筑、车站路引标志及建筑装修等采用了概算指标法，其余全部采用了定额法。定额法即根据初步设计图纸资料和概预算定额的项目划分计算出工程量，然后套用概预算定额单价（基价），计算汇总后，再计取有关费用，便得出单位工程概算造价。

(1)定额的表现形式。目前，城市轨道交通工程编制概算时优先采用地方定额，缺项定额采用《全国统一市政工程预算定额》、各部委或其他城市相关定额进行换价。各城市相关定额的表现形式也各不相同，但基本以包括消耗量和综合费用两项内容的综合价格的形式出现，有的（如天津市）定额中工料机价格采用的是基期价格，是一个静态价格，而有的（如深圳市）定额中工料机采用的是市场价格，为动态价格，有的（如上海市）定额实行的则是量价分离的模式，工料机采用的是市场价格，费用计算规则只规定了工程费用的组成及费率取定方式，费率随行就市。

(2)取费标准。取费标准包括费用的构成及相应费率的取定两部分，从各城市相关定额的工程费用构成来看，各地的差异较大。

3. 施工图预算的编制

施工图预算对轨道交通工程项目具有一定的控制作用，同时还有利于推动工程项目投资效益的提高，它是分析和判定设计方案合理性与经济性的重要参照依据；对总体工程造价进行最终确定、对工程标底与投标文件进行合理编制具有重要的指导作用，由设计单位在施工图设计阶段进行编制。目前由于尚未出台新的预算编制办法，因而各省、各地市的预算编制方法存在较大差异，而根据清单计价规则，采用清单法编制者居多。

9.2 概预算的概念及文件组成

9.2.1 概预算概念

工程概预算，是根据工程各个阶段的设计内容，具体计算其全部建设费用的文件，是国家或业主对基本建设实行科学管理和监督的一种重要手段。

1. 总概算

建设项目总概算是为完成工程项目建设并达到使用要求或生产条件，从筹建到竣工验收以及试运行结束的整个建设期内预计或实际投入的全部费用总和。即概算是在投资估算控制下，由设计单位根据初步设计图纸及说明，利用国家或地区颁布的概算、预算定额、概算指标、各项费用定额或取费标准，建设地区自然、技术经济条件和设备，设备材料价格等资料，按照设计要求对建设项目从筹建至竣工交付使用所需全部费用进行的预计。

(1)概算的调整

概算的编制内容包括静态投资和动态投资。静态投资作为考核工程设计和施工图预算的依据，动态投资作为项目筹措、供应和控制资金使用的限额。概算经批准后，一般不得调整，如果需要调整概算，建设单位应调查分析变更原因，报主管部门审批同意后，由原设计单位核实编制调整概算，并按照有关审批程序报批。当查明影响概算的主要因素，且建设项目完成了一定的工程量后，方可对概算进行调整。一个工程只允许调整一次，允许调整概算的原因如下：

①超出原设计范围的重大变更。

②超出基本预备费规定范围，因不可抗拒的重大自然灾害引起的工程变动和费用增加。

③超出工程造价调整预备费的国家重大政策性的调整。

(2)概算的作用

概算是工程造价在初步设计阶段的表现形式,但其不具备价格属性。因为概算不是在市场竞争中形成的,而是设计单位根据工程建设计算出来的预期费用,用于衡量建设投资是否超过估算和控制下一阶段费用的支出。概算的主要作用是控制以后各阶段的投资。

①概算是编制固定资产投资计划、确定和控制项目投资的依据。按照国家有关规定,编制年度固定资产投资计划,确定计划投资总额及其构成数额,应以批准的初步设计概算为依据,没有批准的初步设计文件及其概算,建设工程不能列入年度固定资产投资计划。概算一经批准,将作为控制建设项目投资的最高限额。

②概算是控制施工图设计和施工图预算的依据。建设工程项目概算投资最高限额批准后,设计单位必须按照批准的初步设计和总概算进行施工图设计,施工图预算不得突破概算。

③概算是衡量设计方案技术经济合理性和选择最佳设计方案的依据。设计单位在初步设计阶段选择最佳的设计方案,概算是从经济角度衡量设计方案经济合理性的重要依据。

④概算是编制招标控制价和投标报价的依据。概算招标的工程,招标单位以概算作为编制招标控制价及评标定标的依据。承包单位也必须以概算为依据,编制投标报价,以合适的投标报价在竞标中取胜。

⑤概算是签订建设工程合同和贷款合同的依据。中华人民共和国合同法中明确规定,建设工程合同价款是以概、预算价为依据,且总承包合同不得超过总概算。

⑥概算是考核建设项目投资效果的依据。通过概算与竣工决算的对比,可分析和考核建设工程项目投资效果的好坏,同时还可验证概算的准确性,有利于概算的管理和建设项目的造价管理。

近年来涉及到的一些第三方投资项目,如BT、BOT、PPP等模式的项目,多数是以批准的初步设计概算为基数,下浮一定比例作为合同额,其概算合理性和准确性直接影响到合同额。此时的概算不但具备上述作用,同时具备价格属性,这对概算的合理性和准确性提出了更高要求。编制此类项目初步设计概算应满足以下要求:一是方案设计深度满足初步设计深度要求,有满足深度要求的相关图纸、能准确计算其工程量;二是有详尽合理的概算编制办法,应经业主与相关部门认可,投资方在初步设计阶段介入项目设计,概算编制办法投资方必须认可。

(3)城市轨道交通工程设计概算

城市轨道交通工程设计概算是初步设计文件的重要组成部分,是全面反映建设项目投资规模和投资构成的主要文件。概算编制应完整反映设计范围内工程项目建设全过程所需的全部费用,符合城市轨道交通工程项目建设、投资构成和工程造价管理的要求,有利于合理确定和有效控制城市轨道交通工程造价。

概算应控制在不超过批准的建设项目可行性研究报告投资估算10%的范围内。概算经批准后是建设项目投资最高限额,是编制建设项目投资计划、确定和控制投资的依据,是考核设计方案经济合理性和选择最佳方案的依据,是考核建设项目投资效果的依据。

设计概算的编制单位应对概算编制质量全面负责。当由两个以上单位共同编制概算时,总体设计单位应负责统一制定编制原则和依据,并汇编总概算,其他单位负责编制各自所承担设计范围的概算。

城市轨道交通工程设计概算应按《城市轨道交通工程设计概算编制办法》的规定进行编制。同时必须严格执行国家和项目所在地基本建设有关方针、政策和工程造价管理规定,在调查研究的基础上,如实反映工程项目建设规模、标准、工程筹划、建设条件和所需投资,合理确定和严格控制工程造价。

各省、自治区、直辖市建设主管部门，可在《城市轨道交通工程设计概算编制办法》的基础上，结合当地实际情况制定补充规定，并报住房和城乡建设部备案。

2. 施工图预算

是拟建工程设计概算的具体化文件，也是单项工程综合预算的基础文件。施工图预算的编制对象为单位工程，因此也称单位工程预算。是由设计单位根据施工图设计的工程量和施工方案，按预算定额和各种费用定额，编制的反映工程造价的具体文件。

施工图设计阶段编制施工图预算。施工图预算应使项目总投资控制在已批准的初步设计概算范围内使考核施工图设计技术经济合理性的主要依据。

施工图预算是考核施工图设计经济合理性的依据。施工图设计应控制在批准的初步设计及其概算范围之内。如单位工程预算突破相应概算时，应分析原因，对施工图设计中不合理部分进行修改，对其合理部分应在总概算投资范围内调整解决。

3. 施工预算

是施工企业在工程投标时或工程开工之前，根据施工图、施工定额、实施性施工组织设计、降低工程成本的技术组织措施，并结合施工现场的实际情况，在施工图预算的控制下，编制的经济文件。施工预算通常以单位工程为编制对象。

施工预算可作为施工企业尤其是其基层单位进行企业内部经济核算，实行内部经济承包责任制，进一步组织生产，编制施工作业计划，准备现场材料、签发施工任务书和限额领料卡；考核生产工人工效，计算超额奖，审评奖励的依据。

9.2.2 概算和预算的区别与联系

概算和预算是两个不同的概念，它们有区别也有联系，具体见表9.1。

表9.1 概算和预算的区别与联系

序号	(一)不同之处	总概算	施工图预算	施工预算
1	编制单位不同	设计单位编	设计单位编	施工单位编
2	编制阶段不同	初步设计或一阶段设计时编制	施工图设计阶段编制	投标时或其基层单位(如项目经理部)合同签订后编制
3	主要作用不同	作为国家确定和控制建设规模，编制基本建设计划，实行建设项目投资包干，签订承包合同和招标项目编制标底以及建设银行拨贷款的依据，也是控制施工图预算，考核设计经济合理性和建设成本的依据	作为签订施工合同，进行价款结算的依据，也是施工企业下达施工计划，内部财务拨款，考核工程成本，进行经济核算的依据，还是控制施工预算的依据	是确定投标报价的依据；是项目经理部组织生产，编制施工组织，签发施工任务书和限额领料卡，考核工效，计算超额奖和计件工资，进行班组核算的依据；是施工企业基本的成本计划文件
4	依据的定额不同	概算定额(但铁路站前工程用预算定额)	预算定额	施工定额
5	依据的图纸资料不同	初步设计图纸及施工组织设计方案意见	施工图设计资料及施工组织设计(合适的施工方法，周密的技术措施)	详细的施工图纸和工程数量及周密合适的施工组织设计，施工单位自身能力，施工现场实际情况

续上表

序号	(一)不同之处	总概算	施工图预算	施工预算
6	编制的范围不同	建设项目的全部内容，即从筹建开始到竣工验交所需的一切费用	只编制单位工程或单项工程预算和综合预算建安工程费	根据施工单位的不同目的有不同深度，投标时根据招标文件确定，项目管理时，根据不同需要确定
	(二)联系之处			
1	都不能突破控制额	经批准的概算是建设项目投资的最高限额	控制在概算总额之内	在合同价的控制下
2	费用组成、采用的费率，使用的表格、编制的步骤方法	基本相似		

9.2.3　城市轨道交通工程概预算文件的组成

为进一步满足城市轨道交通工程建设需要，规范城市轨道交通工程设计概算编制方法及相关费用标准，提高设计概算编制质量，根据住房城乡建设部、财政部发布的《建筑安装工程费用项目组成》(建标〔2013〕44 号)规定，并在认真总结和调研已运营城市轨道交通建设项目设计概算编制经验的基础上，对原《城市轨道交通工程设计概预算编制办法》(建标〔2006〕279 号)进行了全面修订，于 2017 年 4 月 13 日以建标〔2017〕89 号文下发了修订的《城市轨道交通工程设计概算编制办法》，自 2017 年 6 月 1 日起执行。该办法可以作为城市轨道交通工程初步设计阶段编制概算的规定、费用开项、计费费率、计价依据等，合理确定工程投资。

由于编制初步设计阶段概算和编制施工图设计阶段预算的深度不同。而目前绝大多数城市的城轨交通工程尚未开展施工图预算编制工作，只出台了《城市轨道交通工程设计概算编制办法》，适用于新建、改建和扩建工程项目初步设计概算文件的编制。故本节只对概算文件的组成进行叙述，预算文件需要参看各地相关文件或编制办法。

按建标〔2017〕89 号《城市轨道交通工程设计概算编制办法》规定，概算文件由总概算文件和分册概算文件组成。

1. 总概算文件

总概算文件由封面、扉页、签署页、目录、编制说明、总概算表和综合概算表等组成。

1)封面、扉页、签署页、目录

封面、扉页、签署页组成：封面有项目名称、第几篇、第几册、编制单位、单位资质证书及编号、编制日期、编制地点；扉页在封面的基础上增加企业负责人、企业技术负责人、总体设计负责人签署；签署页有编制、审核、专业负责人、审定人签署。

目录应按编制办法中有关概算文件的规定顺序编排。

2)编制说明

(1)工程概况。

①建设规模、工程总量、线路起讫点及里程、线路敷设方式(包括地下线、地面线以及高架线长度及所占比例)。

②车站、区间、车辆段与综合基地、主变电站、运营控制中心的分布状况。

③重点工程介绍。

④车辆及主要设备的配置情况。

(2)编制范围。

投资范围的不同直接影响投资总额,某条地铁全线工程的投资概算一般包括土建工程、轨道工程、设备系统、车辆段与综合基地、工程建设其他费用、预备费及专项费用,即从工程前期准备直到交付运营,包括静态投资和动态投资的全部内容。即包括本项目全线的建筑工程费、安装工程费、设备购置费、工程建设其他费用、预备费、车辆购置费、建设期贷款利息和铺地流动资金,不包括沿线物业开发的费用和同步实施但应由其他项目分担的费用。物业开发和同步实施的其他项目及民用通信工程单独编制概算。

民用通信引入系统概算根据各城市项目不同管理情况,可汇入总概算。

(3)编制单元划分。

①车站工程:

每座车站为一个册概算编制单元。包括车站土建结构(含人防)、建筑装饰、附属设施,以及设备系统预留孔洞、沟、槽、安装预埋件的费用:其中土建结构包括车站和车站两端折返线、停车线、渡线、存车线的主体结构、附属结构、施工监测、降水、建(构)筑物加固保护等;附属设施包括标识导向、站内外附属设施(包括站前广场、自行车停车场、环保绿化、隔离设施及其他配套建筑)、交通接驳和应列入车站的其他工程费用。

动力与照明,通风、空调与供暖,给水与排水、消防等工程费用。根据各城市项目管理不同方式,分为下列三种情况:

a. 车站概算编制单元中不包括动力与照明,通风、空调与供暖、给水与排水、消防等工程费用。系统专业概算单独成册。

b. 车站概算编制单元中包括车站动力与照明,通风、空调与供暖、给水与排水、消防等工程费用。

c. 车站概算编制单元中包括车站及车站两端相邻的各半个区间的动力与照明、通风、空调与供暖,给水与排水、消防等工程费用。

车站概算编制单元中不包括车站物业开发及换乘车站同步实施但应由其他项目分担的费用。物业开发及换乘车站同步实施但应由其他项目分担的费用,另外单独编制概算。其中换乘车站同步实施但不属于本线的工程,按不同线别分别编制概算。

主变电站、运营控制中心、车辆基地的室内动力与照明,通风、空调与供暖,给水与排水、消防等工程费用,单独编制概算列入相应房屋建筑设备及安装工程费用中。

②区间工程:

每相邻两座车站之间的区间为一个册概算编制单元。联络线及车辆基地每个出入段线分别为一个册概算编制单元。每个单元包括区间正线和其他土建工程(包括区间人防、防淹门、主变电站出线电缆通道、疏散平台、声屏障等),以及环保绿化、景观、隔离设施和设备系统预留孔洞及预埋件等工程费用。

③轨道工程:

全线轨道工程为一个册概算编制单元,包括正线、辅助线(折返线、停车线、渡线、存车线等)、出入段线、联络线、车辆基地库内(外)线、线路有关工程、线路备料和铺轨基地等工程费用。

④通信工程:

全线通信系统为一个册概算编制单元,分专用通信系统[含乘客信息系统(PIS)]、民用通信引入系统、公安通信系统三部分。包括全线正线、车辆基地及运营控制中心设备及安装工程费用。按正线、车辆基地、运营控制中心三部分分别编制后汇总。民用通信引入系统单独编制概算。

⑤信号系统:

全线信号系统为一个册概算编制单元,按正线、运营控制中心、车辆基地、试车线、车载设备、维修与培训中心等分别编制概算。

⑥主变电站:

全线主变电站为一个册概算编制单元,每座主变电站分别编制后汇总(含相应的高压电源线路),包括主变电站的房屋建筑与装饰、电力进线(含通道)、变电设备及安装等工程费用。

⑦供电系统:

全线供电系统为一个册概算编制单元,包括全线牵引降压混合变电所、降压变电所、跟随所、环网电缆(含通道)、牵引网(架空接触网或接触轨)、杂散电流防护、电力监控系统(SCADA)、车站整合不间断电源系统(UPS),再生制动能量利用系统、电能质量管理系统、光伏发电系统、供电生产管理系统、综合接地及供电车间等工程费用。

⑧综合监控系统(ISCS):

全线综合监控系统为一个册概算编制单元,包括全线车站、运营控制中心、车辆基地等综合监控系统的设备及安装工程费用。按车站、运营控制中心、车辆段、停车场分别编制概算。

⑨火灾自动报警系统(FAS):

防灾报警系统(FAS)为一个册概算编制单元,包括全线车站、运营控制中心、车辆段、停车场、主变电站等防灾与报警系统(FAS)的设备及安装工程费用。按车站、运营控制中心、车辆段、停车场、主变电站分别编制单项概算。

⑩环境与设备监控(BAS):

全线环境与设备监控(BAS)为一个册概算编制单元,包括全线车站、运营控制中心、车辆基地等环境与设备监控系统(BAS)的设备及安装工程费用。按车站、运营控制中心、车辆段、停车场分别编制单项概算。

⑪安防与门禁系统(ACS):

全线安防(含安检系统)与门禁系统(ACS)为一个册概算编制单元,包括全线车站、运营控制中心、车辆基地、主变电站、变电所等安防(含安检系统)与门禁系统(ACS)的设备及安装工程费用。按车站、运营控制中心、车辆段、停车场、主变电站、变电所分别编制概算。安检系统一般采用X射线技术进行安全检查。

⑫自动售检票系统(AFC):

全线自动售检票系统为一个册概算编制单元,包括全线车站、运营控制中心等自动售检票系统(AFC)的设备及安装工程费用。

⑬站内客运设备、站台门:

全线车站自动扶梯和自动人行道、电梯、轮椅升降机、站台门为一个册概算编制单元,按车站分别编制概算。

站内客运设备概算中不含运营控制中心、车辆基地等房屋电梯工程,其列入相应房屋建筑设备及安装工程费用中。

⑭运营控制中心(OCC):

运营控制中心(OCC)为一个册概算编制单元,包括运营控制中心(OCC)的房屋建筑与装饰等工程，室内动力与照明，通风、空调与供暖，给水与排水、消防，电梯，楼宇自动化等设备及安装工程，以及室外道路、围墙、景观、绿化等工程费用。

⑮车辆基地：

车辆段与停车场分别为一个册概算编制单元，包括场、段内的路基土石方、地基处理、桥涵、房屋建(构)筑物、构筑物、道路、围墙、绿化等工程，室内动力与照明，通风、空调与供暖，给水与排水、消防，电梯，工艺设备等设备及安装工程，以及室外水、电、供暖、燃气管沟等工程费用。

⑯人防工程：

全线人防工程为一个册概算编制单元，包括全线各设防地下车站、地下区间内所有人防防护设备及安装工程费用。按平战结合，以车站和区间分别编制概算。人防段的土建工程费用，计入相应的车站和区间。防淹门和防淹设备及安装工程费用列入人防工程册概算编制单元，其土建工程列入相应区间。

⑰前期工程：

全线前期工程为一个册概算编制单元，包括全线范围的土地征用及补偿费，临时占地费，建(构)筑物拆迁补偿费(房屋补偿费、商业补偿费、构筑物补偿费)，树木及绿化赔偿费，道路恢复费，道路破复费，管线迁改费，交通疏解费等。按车站、区间、主变电站、运营控制中心、车辆段、停车场分别编制概算。

编制单元划分详见附录一：概算文件编制单元划分基本规定表。

(4)编制依据。

①《城市轨道交通工程项目建设标准》(建标〔2008〕57号)。

②《城市轨道交通工程设计概算编制办法》。

③国家及当地政府相关部门发布的有关文件及规定。

④可行性研究报告批准文件、有关文件及纪要等。

⑤初步设计技术接口文件。

⑥初步设计技术要求。

⑦初步设计文件组成与内容。

⑧初步设计文件编制统一规定。

⑨初步设计图纸及工程数量。

(5)采用定额。

(6)工、料、机单价取定的依据或来源。

(7)设备购置费的取定或来源。

(8)企业管理费、利润、规费和增值税的计算方法及依据。

(9)土地征用及补偿，临时占地，建(构)筑物拆迁补偿，树木及绿化赔偿，道路恢复，道路破复，管线迁改，交通疏解等单价的依据。

(10)工程建设其他费用计算方法及依据。

(11)预备费(基本预备费和价差预备费)计算方法及依据。

(12)专项费用(建设期投资贷款利息、车辆购置费和铺底流动资金)计算方法及依据。

(13)概算总额及技术经济指标。

(14)初步设计概算与可研批复估算对照分析。

(15)其他有关说明。

①与本工程同步实施工程(换乘车站,共线区间,共用主变电站、运营控制中心、车辆基地等)及物业开发投资分劈原则及概算,概算为全费用投资(含工程建设其他费用、预备费、建设期贷款利息)。

②对概算编制过程中需要特别说明的内容加以阐述,如概算编制中未落实的内容(如下穿铁路配合费等),以及其他与概算有关但不能在概算表中反映的事项和其他需要说明的问题。

3)基本表格及附件

(1)基本表格主要包括:

①总概算表。

②综合概算表。

③概算与估算对照表。

④项目信息及主要工程数量表。

⑤人工及主要材料单价和数量汇总表。

⑥投资分劈汇总表。

各项目根据设计和建设管理需要,可增加必要的表格,如册概算表、单项概算表、补充单价表、主要工程数量表等。

(2)附件,包括有关协议、纪要、公文及其有关分析计算资料等。

2. 分册概算文件

分册概算文件由封面、扉页、签署页、编制说明、册概算表和单项概算表等组成。

1)封面、扉页、签署页、目录

封面、扉页、签署页组成:封面有项目名称、第几篇、第几册、编制单位、单位资质证书级别及编号、编制日期、编制地点;扉页在封面的基础上增加企业负责人、企业技术负责人、项目负责人签署;签署页有编制、审核、专业负责人、审定人签署。

目录应按编制办法有关概算文件的顺序编排。

2)编制说明

(1)工程概况:包括工程范围(土建工程的起讫里程、结构长度等,设备系统工程的系统组成等)、工程规模(土建工程结构形式及主要尺寸、基坑深度、覆土厚度、出入口、风亭设置情况、车站主体面积、出入口通道面积、风道风井面积及车站总建筑面积,区间联络通道、区间风井、区间盾构井设置情况等)、工法及工期安排等。

(2)编制范围:

分册概算包含的工程范围及内容。

(3)编制依据:

①《城市轨道交通工程项目建设标准》(建标〔2008〕57号)。

②《城市轨道交通工程设计概算编制办法》。

③国家及当地政府相关部门发布的有关文件及规定。

④可行性研究报告批准文件、有关文件及纪要等。

⑤初步设计技术接口文件。

⑥初步设计技术要求。

⑦初步设计文件组成与内容。

⑧初步设计文件编制统一规定。

⑨初步设计图纸及工程数量。

(4)采用定额。

(5)工、料、机单价取定的依据或来源。

(6)设备购置费的取定或来源。

(7)企业管理费、利润、规费和增值税的计算方法及依据。

(8)土地征用及补偿、临时占地,建(构)筑物拆迁补偿、树木及绿化补偿、道路恢复、道路破复、管线迁改、交通疏解等单价的依据。

(9)概算总额及技术经济指标。

(10)其他有关问题的说明

①与本工程同步实施工程(换乘车站,共线区间,共用主变电站、运营控制中心、车辆基地等)及物业开发投资分劈原则及概算,概算为全费用投资(含工程建设其他费用、预备费、建设期贷款利息)。

②对概算编制过程中需要特别说明的内容加以阐述,如概算编制中未落实的内容(如下穿铁路配合费等),以及其他与概算有关但不能在概算表中反映的事项和其他需要说明的问题。

3)基本表格(各项目根据设计和建设管理需要,可增加必要的表格)及附件。

(1)基本表格主要包括:

①册综合概算表。

②建筑工程单项概算表。

③安装工程单项概算表。

④设备购置费工程单项概算表。

⑤补充单价分析表。

⑥工程概况表及主要工程数量表。

⑦人工及主要材料单价和数量汇总表。

⑧投资分劈汇总表。

(2)附件

包括有关协议、纪要、公文及其有关分析计算资料等。

思考题

1. 简述我国工程造价管理的历史。
2. 简述我国工程投资额的测算体系。
3. 简述概算、施工图预算及施工预算的区别与联系。
4. 简述城市轨道交通工程总概算和分册概算文件的组成。

第 10 章

城市轨道交通工程概预算费用内容与计算

由于建标〔2017〕89 号文下《城市轨道交通工程设计概算编制办法》只对建标〔2006〕279 号《城市轨道交通工程设计概预算编制办法》中的概算进行了全面修订，而预算部分还未进行修订，故本章以建标〔2017〕89 号文为主，结合建标〔2006〕279 号文及建标〔2011〕159 号《城市轨道交通建筑安装工程费用标准编制规则》对概预算费用内容与标准进行叙述，在编制预算文件时，还需要参看当地相关要求文件或编制办法等资料。

10.1 概算费用项目组成

建标〔2017〕89 号《城市轨道交通工程设计概算编制办法》规定，建设项目总概算是指为完成工程项目建设并达到使用要求或生产条件，从筹建到竣工验收以及试运行结束的整个建设期内预计或实际投入的全部费用总和。建设项目概算费用项目组成见图 10.1。

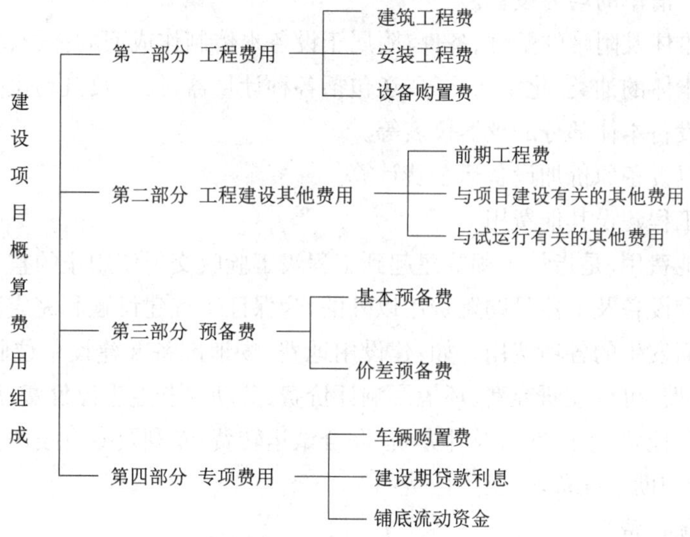

图 10.1 概算费用项目组成

10.2 概算费用种类

建标〔2017〕89 号《城市轨道交通工程设计概算编制办法》规定，概算费用按投资构成划分，分属下列四个部分：

第一部分　工程费用

工程费用包括：

1. 建筑工程费

它是指建设工程涉及范围内的车站、区间、轨道、房屋等建(构)筑物、道路、室外管道铺设、大型土石方工程费用等。

2. 安装工程费

它是指主要生产、辅助生产、公用工程等单项工程中需要安装的机械设备、电器设备、专用设备、仪器仪表等的安装及配件工程费用,与设备相连的工作台、梯子、栏杆等设施的装设工程费用,附属于被安装设备的管线敷设、绝缘、防腐、刷油、保温、调整和试验工程费用,工艺、供热、供水等各种管道、配件、闸门和供电外线安装等工程费用,为测定安装工程质量,对单台设备进行单机试运转、对系统设备进行系统联动无负荷试运转工作的调试费,以及其他采用安装工程定额的费用统称安装工程费。如:通信,信号,供电,综合监控,火灾自动报警,环境与设备监控,安防(含安检)与门禁,通风,空调与采暖,给水与排水、消防,自动售检票,站内客运设备、站台门,运营控制中心,车辆基地,人防防护等采用安装工程定额的费用。

3. 设备购置费

它是指为建设工程项目购置或自制的达到固定资产标准的设备、工具、器具的费用。由多种材料或经加工为零部件,并按各自用途组成的具有功能、容量、动能传递或转换的机器、容量、成套装置成为设备。设备可分为标准设备和非标准设备;按安装方法又可分为需要安装和不需要安装的设备。构成固定资产标准的设备(包括备品备件),虽低于固定资产标准,但属于设计明确列入设备清单的均为设备。

设备应包括本体及附带的配件、备件,附属于设备本体制作成型的梯子、平台、栏杆、管道,以及附属于设备本体的油类、化学药品等;还包括各种计量器、仪表及自动化控制装置、实验室内的仪器及属于设备本体部分的仪器仪表等。

设备购置费以设备原价加设备运杂费计算。

第二部分　工程建设其他费用

工程建设其他费用,是指从工程筹建起到工程竣工验收交付使用止的整个建设期间,除建筑安装工程费用和设备及工器具购置费用以外的,为保证工程建设顺利完成和交付使用后,能够正常发挥效用而发生的各项费用。如:建设用地费、场地准备及建设单位临时设施费、建设管理费、研究试验费、可行性研究费、环境影响评价费、劳动安全卫生评价费、勘察设计费、引进技术和引进设备其他费、生产准备及开办费、联合试运转费、专利及专有技术使用费、市政公用设施建设费、配合辅助工程费,以及其他费用。

第三部分　预备费

预备费包括基本预备费和价差预备费。

基本预备费是指针对项目实施过程中可能发生难以预料的支出而事先预留的费用;

价差预备费是指为在建设期内利率、汇率或价格等因素的变化而预留的可能增加的费用。

第四部分　专项费用

专项费用包括车辆购置费(含车辆监造费)、建设期投资贷款利息和铺底流动资金。

10.3　建设工程和安装工程费

根据《城市轨道交通工程设计概预算编制办法》建标〔2006〕279号，建筑工程和安装工程费包括直接费、间接费、利润和税金。直接费包括直接工程费和措施费。直接工程费是指施工过程中耗费的构成工程实体的各项费用，包括人工费、材料费（含运杂费）和施工机械使用费。

根据《建筑安装工程费用项目组成》建标〔2013〕44号和《城市轨道交通工程设计概算编制办法》建标〔2017〕89号，建筑安装工程费用项目按两种不同的形式划分，即按费用构成要素划分和按造价形成划分，按费用构成要素组成划分为人工费、材料费、施工机具使用费、企业管理费、利润、规费和税金；按工程造价形成顺序划分为分部分项工程费、措施项目费、其他项目费、规费和税金，其具体构成如图10.2所示。

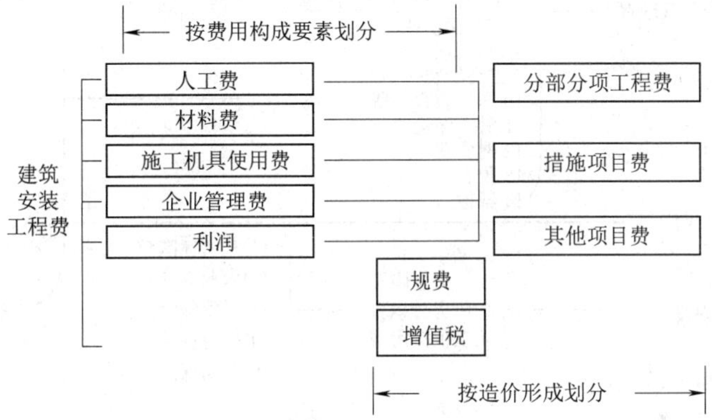

图10.2　建筑安装工程费用的组成

10.3.1　按费用构成要素划分

建筑安装工程费按照费用构成要素划分：由人工费、材料费、施工机具使用费、企业管理费、利润、规费和增值税组成。其中人工费、材料费、施工机具使用费、企业管理费和利润包含在分部分项工程费、措施项目费、其他项目费中（图10.3）。

1. 人工费

人工费是指按工资总额构成规定，支付给从事建筑安装工程施工的生产工人和附属生产单位工人的各项费用。内容包括以下几点。

（1）计时工资或计件工资：是指按计时工资标准和工作时间或对已做工作按计件单价支付给个人的劳动报酬。

（2）奖金：是指对超额劳动和增收节支支付给个人的劳动报酬。如节约奖、劳动竞赛奖等。

（3）津贴、补贴：是指为了补偿职工特殊或额外的劳动消耗和因其他特殊原因支付给个人的津贴，以及为了保证职工工资水平不受物价影响支付给个人的物价补贴。如流动施工津贴、特殊地区施工津贴、高温（寒）作业临时津贴、高空津贴等。

（4）加班加点工资：是指按规定支付的在法定节假日工作的加班工资和在法定日工作时间外延时工作的加点工资。

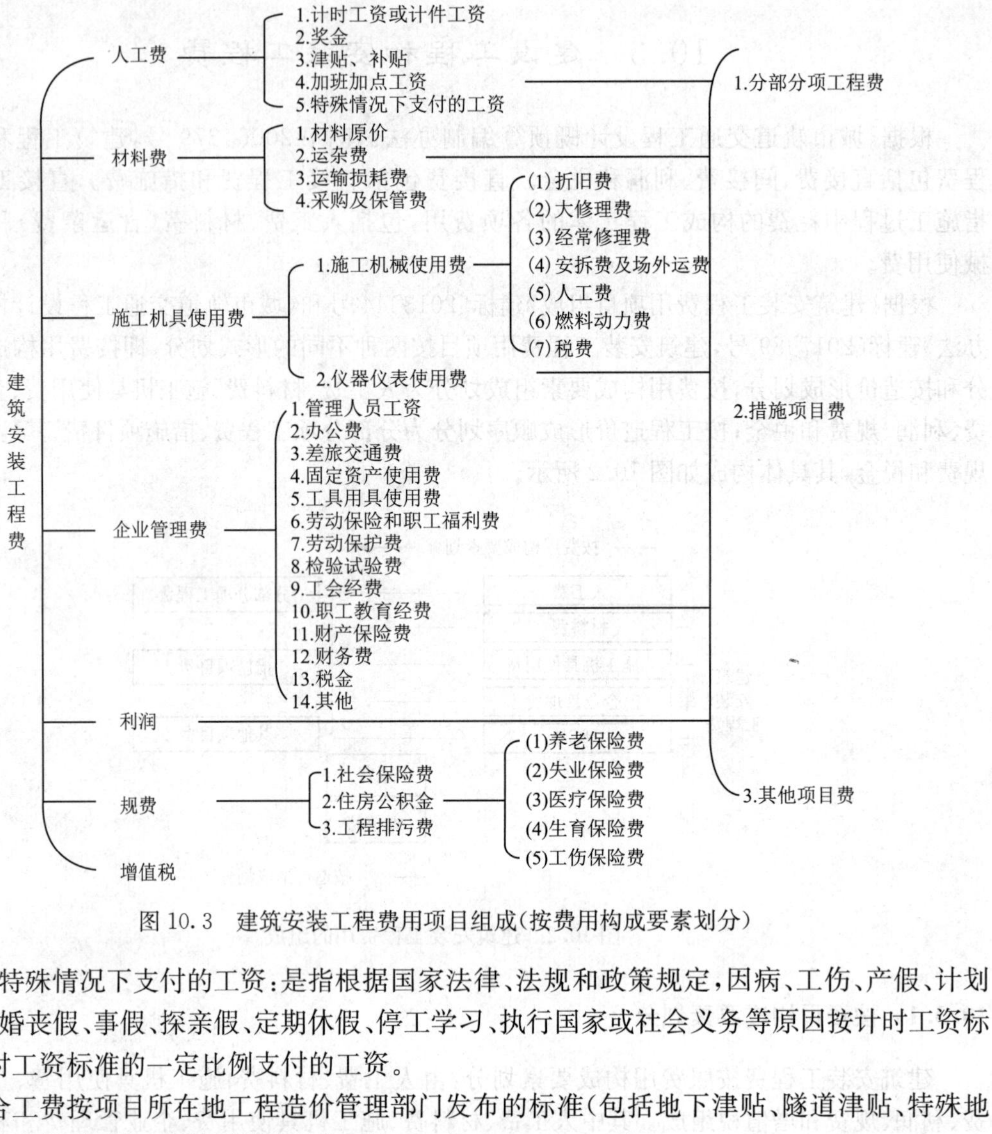

图 10.3 建筑安装工程费用项目组成(按费用构成要素划分)

(5)特殊情况下支付的工资：是指根据国家法律、法规和政策规定，因病、工伤、产假、计划生育假、婚丧假、事假、探亲假、定期休假、停工学习、执行国家或社会义务等原因按计时工资标准或计时工资标准的一定比例支付的工资。

综合工费按项目所在地工程造价管理部门发布的标准(包括地下津贴、隧道津贴、特殊地区津贴补贴等)计算。具体计算方法如下：

$$人工费=\sum(工日消耗量\times日工资单价)$$

$$日工资单价=\frac{生产工人平均月工资(计时、计件)+平均月(奖金+津贴补贴+特殊情况下支付的工资)}{年平均每月法定工作日} \tag{10.1}$$

注：式(10.1)主要适用于施工企业投标报价时自主确定人工费也是工程造价管理机构编制计价定额确定定额人工单价或发布人工成本信息的参考依据。

$$人工费=\sum(工程工日消耗量\times日工资单价) \tag{10.2}$$

注：式(10.2)适用于工程造价管理机构编制计价定额时确定定额人工费是施工企业投标报价的参考依据。

日工资单价是指施工企业平均技术熟练程度的生产工人在每工作日(国家法定工作时间内)按规定从事施工作业应得的日工资总额。

工程造价管理机构确定日工资单价应通过市场调查、根据工程项目的技术要求参考实物工程量人工单价综合分析确定，最低日工资单价不得低于工程所在地人力资源和社会保障部门所发布的最低工资标准的：普工1.3倍、一般技工2倍、高级技工3倍。

工程计价定额不可只列一个综合工日单价，应根据工程项目技术要求和工种差别适当划分多种日人工单价，确保各分部工程人工费的合理构成。

2. 材料费

材料费是指施工过程中耗费的原材料、辅助材料、构配件、零件、半成品或成品的费用。内容包括：

(1)材料原价：是指材料的出厂价格或商家供应价格。

(2)运杂费：是指材料自来源地运至工地仓库或指定堆放地点所发生的全部费用。当采用调查价及信息价(材料费中含运杂费)时，单价内所含供应范围不能到达工地时，应计算运至工地所发生的运杂费。

计算后的运杂费应根据项目管理的需要，单独计列或摊入相关材料费中。

(3)运输损耗费：是指材料在运输装卸过程中不可避免的损耗。

(4)采购及保管费：是指为组织采购、供应和保管材料、工程设备的过程中所需要的各项费用。包括采购费、仓储费、工地保管费、仓储损耗。

价格的取定：采用调查价或当地工程造价管理部门公布的信息价，应明确供应范围和所含运杂费内容等，当运距超过单价所含供应范围时应增加运费。铁路专用器材采用建设部城市轨道交通工程造价管理部门发布的信息价。具体计算方法如下：

①材料费

材料费$=\sum$(材料消耗量×材料单价)

材料单价=(材料原价+运杂费)×〔1+运输损耗率(%)〕×〔1+采购保管费率(%)〕

②工程设备费

工程设备费$=\sum$(工程设备量×工程设备单价)

工程设备单价=(设备原价+运杂费)×〔1+采购保管费率(%)〕

3. 施工机具使用费

施工机具使用费是指施工作业所发生的施工机械、仪器仪表使用费或其租赁费。

(1)施工机械使用费：以施工机械台班耗用量乘以施工机械台班单价表示，施工机械台班单价应由下列七项费用组成。

①折旧费：指施工机械在规定的使用年限内，陆续收回其原值的费用。

②大修理费：指施工机械按规定的大修理间隔台班进行必要的大修理，以恢复其正常功能所需的费用。

③经常修理费：指施工机械除大修理以外的各级保养和临时故障排除所需的费用。包括为保障机械正常运转所需替换设备与随机配备工具附具的摊销和维护费用，机械运转中日常保养所需润滑与擦拭的材料费用及机械停滞期间的维护和保养费用等。

④安拆费及场外运费：a. 安拆费指施工机械(大型机械除外)在现场进行安装与拆卸所需的人工、材料、机械和试运转费用以及机械辅助设施的折旧、搭设、拆除等费用；b. 场外运费指施工机械整体或分体自停放地点运至施工现场或由一施工地点运至另一施工地点的运输、装卸、辅助材料及架线等费用。

⑤人工费：指机上司机(司炉)和其他操作人员的人工费。

⑥燃料动力费：指施工机械在运转作业中所消耗的各种燃料及水、电等。

⑦税费:指施工机械按照国家规定应缴纳的车船使用税、保险费及年检费等。施工机械使用费的计算方法如下:

$$施工机械使用费=\sum(施工机械台班消耗量\times机械台班单价)$$

机械台班单价=台班折旧费+台班大修费+台班经常修理费+台班安拆费及场外运费+台班人工费+台班燃料动力费+台班车船税费

注:工程造价管理机构在确定计价定额中的施工机械使用费时应根据《建筑施工机械台班费用计算规则》结合市场调查编制施工机械台班单价。施工企业可以参考工程造价管理机构发布的台班单价自主确定施工机械使用费的报价如租赁施工机械公式为:施工机械使用费=Σ(施工机械台班消耗量×机械台班租赁单价)

(2)仪器仪表使用费:是指工程施工所需使用的仪器仪表的摊销及维修费用。仪器仪表使用费的计算方法如下:

$$仪器仪表使用费=工程使用的仪器仪表摊销费+维修费$$

施工机械台班单价的取定:以现行的《全国统一施工机械台班费用定额》作为计算施工机械台班单价的依据。

4. 企业管理费

企业管理费是指建筑安装企业组织施工生产和经营管理所需的费用。内容包括以下几点。

(1)管理人员工资:是指按规定支付给管理人员的计时工资、奖金、津贴补贴、加班加点工资及特殊情况下支付的工资等。

管理人员的基本工资、工资性补贴按平均工资计算:以近三个年度各地方城镇在岗职工平均工资薪金为基础,并考虑建筑业平均工资高于当地平均工资10%因素确定平均工资水平。

(2)办公费:是指企业管理办公用的文具、纸张、账表、印刷、邮电、书报、办公软件、现场监控、会议、水电、烧水和集体取暖降温(包括现场临时宿舍取暖降温)等费用。

该项费用按企业近三年调研数据综合测算或以实际统计数据进行计算。

(3)差旅交通费:是指职工因公出差、调动工作的差旅费、住勤补助费,市内交通费和误餐补助费,职工探亲路费,劳动力招募费,职工退休、退职一次性路费,工伤人员就医路费,工地转移费以及管理部门使用的交通工具的油料、燃料等费用。

差旅交通费按企业近三年调研数据综合测算或以实际统计数据进行计算。

(4)固定资产使用费:是指管理和试验部门及附属生产单位使用的属于固定资产的房屋、设备、仪器等的折旧、大修、维修或租赁费。

该项费用以企业管理和实验部门及附属生产单位使用的属于固定资产的房屋、设备仪器等固定资产原值减掉残值为基础,根据《企业会计准则》(中华人民共和国财政部令第33号)及2008年1月实施的《中华人民共和国企业所得税法实施条例》(中华人民共和国国务院令第512号)规定,计算折旧、大修、维修或租赁。以综合折旧率进行计算。

①折旧方法:采用直线法。

②折旧年限:根据2008年1月1日实施的《中华人民共和国企业所得税法实施条例》确定:房屋、建筑物20年,机器、机械和其他生产设备10年,与生产经营活动有关的器具、工具、家具5年,构成固定资产的运输工具4年,电子设备3年。

(5)工具用具使用费:是指企业施工生产和管理使用的不属于固定资产的工具、器具、家具、交通工具和检验、试验、测绘、消防用具等的购置、维修和摊销费。

该项费用按企业近三年调研数据综合测算。

(6)劳动保险和职工福利费:是指由企业支付的职工退职金、按规定支付给离休干部的经费，集体福利费、夏季防暑降温、冬季取暖补贴、上下班交通补贴等。

劳动保险费根据企业实际情况，参照地方标准计算确定。职工福利费根据财政部《关于企业加强职工福利费财务管理的通知》(财企〔2009〕242号)精神，区别具体情况按不超过工资薪金的14%部分进入成本，不含规费中开支内容。费用内容包括：①职工福利费开支范围内的传统项目，如因公外地就医费、没有实行统筹的医疗费、职工供养的直系亲属医疗补贴等。②离退休统筹外费用、职工疗养费、企业未分离的福利设施的折旧和保养费用，符合国家规定的供暖补贴费。③未实行货币改革的住房、交通、通信等补贴。

(7)劳动保护费：是企业按规定发放的劳动保护用品的支出。如工作服、手套、防暑降温饮料以及在有碍身体健康的环境中施工的保健费用等。

按企业近三年调研数据综合测算，包括：防暑降温费、工作服、手套、肥皂、防寒服、雨衣、雨鞋等。

(8)检验试验费：是指施工企业按照有关标准规定，对建筑以及材料、构件和建筑安装物进行一般鉴定、检查所发生的费用，包括自设试验室进行试验所耗用的材料等费用。不包括新结构、新材料的试验费，对构件做破坏性试验及其他特殊要求检验试验的费用和建设单位委托检测机构进行检测的费用，对此类检测发生的费用，由建设单位在工程建设其他费用中列支。但对施工企业提供的具有合格证明的材料进行检测不合格的，该检测费用由施工企业支付。

(9)工会经费：是指企业按《工会法》规定的全部职工工资总额比例计提的工会经费。

该项费用按企业职工工资总额分别计算。①管理人员计提工会经费：根据规定按平均工资薪金的2%计算。②生产工人计提工会经费：根据规定按直接费中人工费的2%计算。

(10)职工教育经费：是指按职工工资总额的规定比例计提，企业为职工进行专业技术和职业技能培训，专业技术人员继续教育、职工职业技能鉴定、职业资格认定以及根据需要对职工进行各类文化教育所发生的费用。

该项费用根据《企业财务通则》(中华人民共和国财政部令第41号)和《中华人民共和国企业所得税法实施条例》规定，按职工工资总额的2.5%提取。①管理人员计提职工教育经费：根据规定按平均工资薪金的2.5%计算。②生产工人计提职工教育经费：根据规定按直接费中人工费的2.5%计算。

(11)财产保险费：是指施工管理用财产、车辆等的保险费用。

财产保险按全部财产的商业保险费率计算。车辆保险按车辆数量及相应的保险费率计算。

(12)财务费：是指企业为施工生产筹集资金或提供预付款担保、履约担保、职工工资支付担保等所发生的各种费用。

该项费用按企业年度完成产值，考虑工程预付款比例、企业流动资金周转次数及利率综合确定流动资金贷款和融资费用。

(13)税金：是指企业按规定缴纳的城市维护建设税、教育费附加、地方教育附加、房产税、车船使用税、土地使用税、印花税等。

①房产税：按房产原值一次扣除30%，税率为1.2%计算。②车船使用税：按吨位征收计算。③土地使用税：按管理人员平均占用土地面积计算。④印花税：主要按证账、合同正本的印花税计算。

(14)其他：包括技术转让费、技术开发费、投标费、业务招待费、绿化费、广告费、公证费、法律顾问费、审计费、咨询费、保险费等。

该项费用按各地相关规定结合企业实际发生费用计算。

企业管理费编制规则：以建设部、财政部《关于印发〈建筑安装工程费用项目组成〉的通知》（建标〔2003〕206 号）文件、《城市轨道交通工程预算定额》及相关政策为依据，结合城市轨道交通工程建设施工企业的实际状况，对企业发生的各项管理费用进行综合，以费率的形式体现。具体方法按以下步骤进行。

(1)设置标准模型企业：以设定标准模型企业的全员人数作为基础。企业人员分类如下。

①管理人员：包括干部、勤杂人员和其他无产值用工人员（包括外包队伍中的非生产人员）。

②生产工人：包括自有生产工人、劳务输入生产工人、对外分包生产工人。

③材料管理人员：材料保管费开支的材料管理人员。

④福利人员：福利费开支的人员。

企业人员分类可参照表 10.1 比例确定：

表 10.1　企业人员分类比例参考

序号	人员	占全员比例(%)
1	管理人员	20
2	材料人员	2
3	福利人员	1
4	生产工人（含包工队伍人员）	77

(2)全年日历工作天数：按照《关于职工全年月平均工作时间和工资折算问题的通知》（劳社部发〔2008〕3 号）规定，全年日历工作天数 250 d；月日历工作天数 20.83 d。

(3)企业管理费费率计算公式：

①以直接费或分部分项工程费为计算基础的费率

$$企业管理费率(\%)=\frac{生产工人年平均管理费}{年有效施工天数\times 人工单价}\times 人工费占直接费比例(\%)$$

②以人工费为计算基础的费率

$$企业管理费率(\%)=\frac{生产工人年平均管理费}{年有效施工天数\times 人工单价}\times 100\%$$

③以人工费和机械费合计为计算基础的费率

$$企业管理费率(\%)=\frac{生产工人年平均管理费}{年有效施工天数\times(人工单价+每一工日机械使用费)}\times 100\%$$

注：上述公式适用于施工企业投标报价时自主确定管理费是工程造价管理机构编制计价定额确定企业管理费的参考依据。工程造价管理机构在确定计价定额中企业管理费时应以定额人工费或（定额人工费定额机械费）作为计算基数其费率根据历年工程造价积累的资料辅以调查数据确定列入分部分项工程和措施项目中。

5. 利润

利润是指施工企业完成所承包工程获得的盈利。利润编制规则：利润根据统计公报公布的建筑行业产值利润率指标，参照相关行业平均利润水平，结合城市轨道交通工程的特点以及施工企业的实际状况综合确定，以费率的形式体现。

施工企业根据企业自身需求并结合建筑市场实际自主确定列入报价中。工程造价管理机构在确定计价定额中利润时应以定额人工费（或定额人工费＋定额机械费）作为计算基数，其费率根据历年工程造价积累的资料并结合建筑市场实际确定，以单位（单项）工程测算利润，在税前建筑安装工程费的比重可按不低于 5%，且不高于 7%的费率计算。利润应列入分部分项工程和措施项目中。

6. 规费

规费是指按国家法律、法规规定，由省级政府和省级有关权力部门规定必须缴纳或计取的费用。主要包括以下几种。

(1)社会保险费。

①养老保险费：是指企业按照规定标准为职工缴纳的基本养老保险费。按各地政府和社保部门规定计算。一般以职工上一年度平均工资为基数。

②失业保险费：是指企业按照规定标准为职工缴纳的失业保险费。基数同养老保险费。

③医疗保险费：是指企业按照规定标准为职工缴纳的基本医疗保险费。基数同养老保险费。

④生育保险费：是指企业按照规定标准为职工缴纳的生育保险费。按各地政府规定的为城镇职工缴纳的保险标准计算。

⑤工伤保险费：是指企业按照规定标准为职工缴纳的工伤保险费。按各地政府规定标准计算。

(2)住房公积金：是指企业按规定标准为职工缴纳的住房公积金。企业为城镇职工按规定标准缴纳的住房公积金，计取基数为职工上一年度平均工资。

社会保险费和住房公积金的计算方法如下：社会保险费和住房公积金应以定额人工费为计算基础根据工程所在地省、自治区、直辖市或行业建设主管部门规定费率计算。

社会保险费和住房公积金$=\sum$(工程定额人工费×社会保险费和住房公积金费率)

其中，社会保险费和住房公积金费率可以每万元发承包价的生产工人人工费和管理人员工资含量与工程所在地规定的缴纳标准综合分析取定。

(3)工程排污费：是指按规定缴纳的施工现场工程排污费。该项费用按各地区相关规定与标准计算。

工程排污费的计算方法：工程排污费等其他应列而未列入的规费应按工程所在地环境保护等部门规定的标准缴纳按实计取列入。

规费的编制规则：以建设部、财政部《关于印发〈建筑安装工程费用项目组成〉的通知》(建标〔2003〕206 号)、各地区规费相关政策为依据，结合城市轨道交通工程建设的施工企业实际状况，对企业发生的规费进行综合，以费率的形式体现。具体方法按以下步骤进行。

(1)设置标准模型企业：同企业管理费标准模型企业。

(2)全年日历工作天数：同企业管理费天数。

(3)规费标准公式。

以人工费为计取基数的费率：

$$\text{规费费率}(\%)=\frac{\sum \text{规费缴费标准}\times\text{每万元发承包价计算基数}}{\text{每万元发承包价中的人工费含量}}\times 100\%$$

其他应列而未列入的规费，按实际发生计取。

建设单位和施工企业均应按照省、自治区、直辖市或行业建设主管部门发布标准计算规费和税金，不得作为竞争性费用。

7. 增值税

增值税是按照财政部、国家税务总局“关于全面推开营业税改征增值税试点的通知”(财税

〔2016〕36 号)附件一《营业税改征增值税试点实施办法》:“提供交通运输、邮政、基础电信、建筑、不动产租赁服务,销售不动产,转让土地使用权,税率为 11%”的规定,必须缴纳或计取的费用。

根据“住房和城乡建设部办公厅关于做好建筑业营改增建设工程计价依据的调整工作的通知”(建办标〔2016〕4 号)要求,工程造价=税前工程造价×(1+增值税率);税前工程造价为人工费、材料费、施工机具使用费、企业管理费、利润和规费之和,各项费用项目均以不包含增值税可抵扣的进项税额的价格计算。

10.3.2 按造价形成划分

建筑安装工程费按照工程造价形成由分部分项工程费、措施项目费、其他项目费、规费、增值税组成,分部分项工程费、措施项目费、其他项目费包含人工费、材料费、施工机具使用费、企业管理费和利润(图 10.4)。

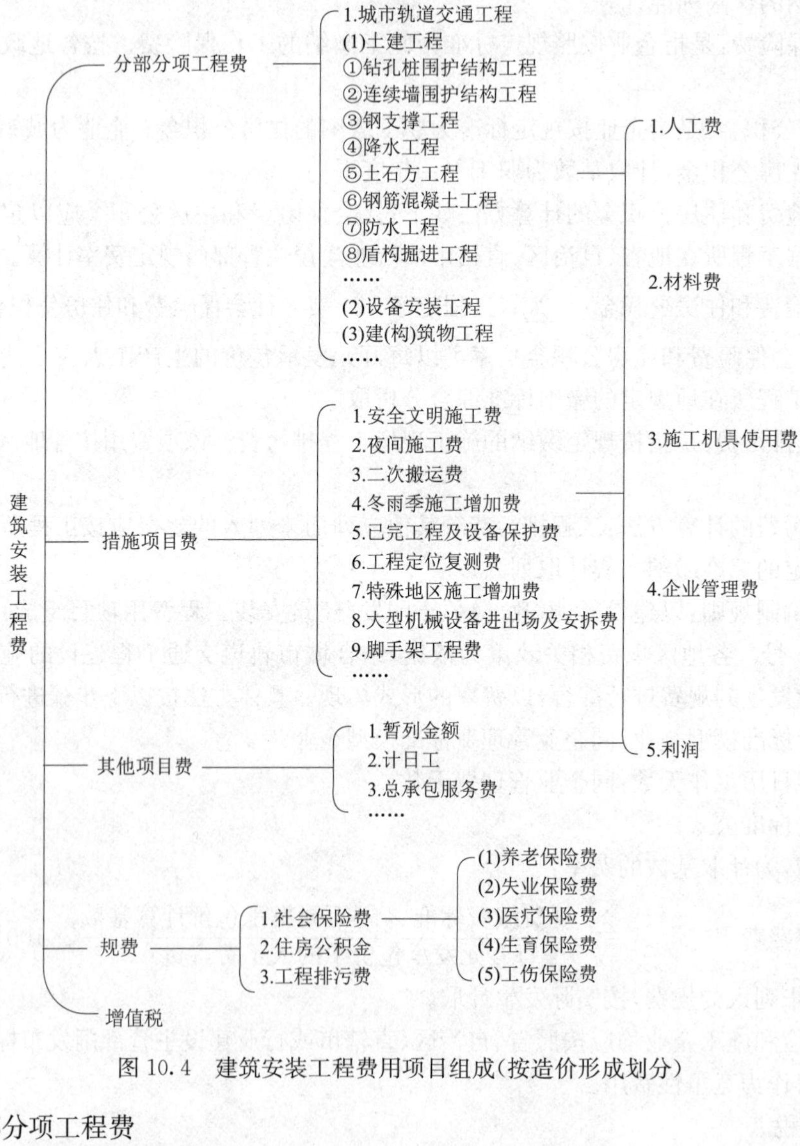

图 10.4 建筑安装工程费用项目组成(按造价形成划分)

1. 分部分项工程费

分部分项工程费是指各专业工程的分部分项工程应予列支的各项费用。

(1)专业工程:是指按现行国家计量规范划分的房屋建筑与装饰工程、仿古建筑工程、通用安装工程、市政工程、园林绿化工程、矿山工程、构筑物工程、城市轨道交通工程、爆破工程等各类工程。

(2)分部分项工程:是指按现行国家计量规范对各专业工程划分的项目。如地下车站划分的钻孔桩围护结构工程、连续墙围护结构工程、土石方工程、钢支撑工程、降水工程、内部钢筋混凝土结构工程、防水工程等。各类专业工程的分部分项工程划分见现行国家或行业计量规范。

分部分项工程费的计算方法为

$$分部分项工程费=\sum(分部分项工程量\times综合单价)$$

其中,综合单价包括人工费、材料费、施工机具使用费、企业管理费和利润以及一定范围的风险费用(下同)。

2. 措施项目费

1)措施项目费内容

(1)措施项目费是指为完成建设工程施工,发生于该工程施工前和施工过程中的技术、生活、安全、环境保护等方面的费用。内容包括以下几点。

①安全文明施工费:是指国家为加强建筑工程安全生产、文明施工管理,保障施工从业人员的作业条件和生活环境,防止施工安全事故的发生,按照现行的建筑施工安全、环境保护、消防、施工现场环境与卫生标准等法规与条例,规定用于购置和更新施工安全防护用具及设施、改善现场安全生产条件和作业环境所需要的费用。本费用由环境保护费、文明施工费、安全施工费及临时设施费组成。

a. 环境保护费:是指施工现场为达到环保部门要求所需要的各项费用。包括施工现场为保持工地清洁、控制扬尘、杜绝废弃物与材料运输中的遗洒、保证排水设施通畅、设置密闭式垃圾站、实现施工垃圾与生活垃圾分类存放等环保措施而发生的费用。费用内容包括:

ⓐ对施工现场土壤裸露地面实施硬化处理、生活区实现美化、绿化及对堆置土方进行苫盖或洒水,对易扬散材料进行苫盖或密闭所发生的人工、材料(包括苫盖或密闭使用材料的周转、摊销)等费用。

ⓑ为避免施工车辆车轮带泥行驶,在工地出入口设置清洗沟或清洗设备等发生的人工、材料与设施摊销费用。

ⓒ对施工现场设置密闭式垃圾站及实现施工垃圾与生活垃圾分类存放而购置容器的周转、摊销费用。

ⓓ为保证现场排水设施通畅,在办公区、生活区以及作业区(包括明挖基坑与暗挖竖井的四周等)设置排水沟等发生的人工、材料等费用。

ⓔ现场实际发生的其他环保措施费用。

ⓕ对以上措施在工程完工后,为恢复原貌而发生的拆除与恢复费用。

b. 文明施工费:是指施工现场文明施工所需要的各项费用。是指施工现场文明施工所需要的各项费用。包括根据相关规定在施工现场设置企业标志、七牌一图、安全警示标志牌、施工现场围挡以及符合场容场貌、材料堆放、现场防火等要求采取相应措施所发生的费用。费用内容包括:

ⓐ在主要出入口设置“七牌一图”施工标牌所发生的费用。

其“七牌一图”包括:工程项目简介牌、工程项目责任人员姓名牌、安全六大纪律牌、安全生产记数牌、十项安全技术措施牌、防火须知牌、卫生须知牌及工地施工总平面布置图。

ⓑ实行封闭式围挡发生的安装、拆除与围挡设施的周转、摊销及维护费用。

在施工区域红线范围内，明挖车站与高架车站施工场地的四周、暗挖车站与暗挖区间施工竖井的四周、明挖与高架区间沿线两侧及出入口、通风道的四周等施工现场，按规定预留施工安全距离与保证作业环境的宽度设置全封闭式围挡发生的费用。

主要路段、市容景观道路围栏高度不低于 2.5 m 并达到稳固、整洁、美观；其他路段的围栏高度不低于 1.8 m，保证稳固、美观；建筑、装饰工程立面的围挡封闭高度必须高出作业层 1.5 m 以上。

ⓒ设置安全警示标志所发生的安装、拆除与设施的周转、摊销费用。

施工现场入口处、明挖施工的基坑边沿、暗挖施工的竖井边沿、施工脚手架边沿、出入通道口、楼梯口、电梯井口、孔洞口、桥梁口、隧道口、起重机械、临时用电设施、爆破物及有害危险气体和液体存放处等危险部位，均需设置明显的安全警示标志。

ⓓ符合场容场貌、材料堆放、现场防火等相关规定要求采取措施发生的费用。

为保持施工现场出入口道路的通畅而发生的人工、材料与机械费用；工地配置符合消防要求，保证足够数量消防器材的购置、周转、维护与定期检验等发生的费用等。

ⓔ现场实际发生的为保证文明施工的其他措施费用。

ⓕ对以上措施在工程完工后，为恢复原貌而发生的拆除与恢复费用。

c. 安全施工费：是指施工现场安全施工所需要的各项费用。包括根据相关规定设置"四口五临边"安全防护设施、现场物料提升架与卸料平台的安全防护设施、垂直交叉作业与高空作业安全防护设施、现场设置安防监控系统设施、现场机械设备（包括电动工具）的安全保护与作业场所和临时安全疏散通道的安全照明与警示设施等所发生的费用。费用内容包括：

ⓐ明挖车站、区间、出入口等基坑及暗挖、盖挖与盾构工作竖井周边设置安全防护设施所发生的人工、材料及防护设施的周转、摊销与维护费用；四周外沿处设立两道防护栏杆，用密目网封闭。

ⓑ通道口设置安全防护设施发生的人工、材料及防护设施的周转、摊销与维护费用；通道口需搭设宽于出入通道两侧、高度不低于 3 m 的防护棚，棚顶应满铺不小于 5 cm 厚的木板，通道两侧沿栏杆架用密目安全网封闭。

ⓒ电梯井口设置安全防护设施发生的人工、材料及防护设施的周转、摊销与维护费用；电梯井口必须设置定型化、标准化，高度不低于 1.2 m 的金属防护门。电梯井内首层和首层以上每隔两层设一道水平安全网，安全网应封闭严密。

ⓓ预留洞口及孔洞设置安全防护设施发生的人工、材料及防护设施的周转、摊销与维护费用。

1.5 m×1.5 m 以下的孔洞，用坚实的盖板盖住，有防止挪动、位移的措施；1.5 m×1.5 m 以上的孔洞，四周设两道防护栏杆，中间支挂水平安全网。

ⓔ物料提升架与卸料平台设置安全防护设施发生的人工、材料及防护设施的周转、摊销与维护费用。

地下工程采用竖井施工的物料提升架与卸料平台应沿竖井四周及顶部使用彩钢板进行全封闭；其作业面必须用脚手板铺设坚实、严密，设一道 18 cm 的挡脚板，架体沿外排内侧用密目安全网进行封闭，提升架里侧应加设两道 1.2 m 高护身栏杆，作业面外侧应设一道护身栏杆，紧贴底层脚手板下方应兜设安全网。

地面及高架工程的井字架(龙门架)、外用电梯首层进料口一侧应搭设长度不小于 3～6 m,宽于架体(梯笼)两侧各 1 m,高度不低于 3 m 的防护棚,防护棚两侧必须用密目安全网进行封闭;卸料平台应平整、坚实,便于施工人员施工或行走,并设置可靠的工具式防护门,两侧应绑两道护身栏杆,并用密目网封闭。

ⓕ垂直交叉作业与高空作业安全防护设置防护棚、栏杆、密目网以及符合高空作业要求所发生的人工、材料及防护设施的周转、摊销与维护费用。

按规定对垂直交叉作业工地设置防护棚、防护栏杆与密目网设施;对高空作业处设置悬挂安全带的悬索、操作平台、上下行梯或其他形式的通道等安全设施。

ⓖ现场为进一步做好建筑基坑、高架、隧道内的安全管理工作,准确掌握施工人员的各种信息,工地在人员出入施工现场、基坑或竖井井口部位设置安防监控系统及门禁系统所发生的费用。

ⓗ现场机械设备(包括电动工具)的安全保护与作业场所和临时安全疏散通道的安全照明与警示设施等发生的费用。

ⓘ为保证安全施工所发生的其他措施费用。

ⓙ对以上措施在工程完工后,为恢复原貌而发生的拆除与恢复费用。

d. 临时设施费:是指施工企业为进行建设工程施工所必须搭设的生活和生产用的临时建筑物、构筑物和其他临时设施费用。包括临时设施的搭设、维修、拆除、清理费或摊销费等。如施工现场临时宿舍、文化福利及公用事业房屋与构筑物、仓库、办公室、加工厂、工地实验室以及规定范围内的道路、水、电、管线等临时设施和小型临时设施等的搭设、维修、拆除、周转或摊销等费用。费用内容包括:

ⓐ施工现场办公与生活区用房的搭设、维修、拆除、周转或摊销等费用;办公与生活区用房包括:办公室、会议室、地面控制室、职工宿舍、医务室、娱乐活动室、职工夜校与休息室、门卫室、食堂、开水房、浴室、厕所、围墙、大门等现场所有涉及办公与生活用的临时建筑。

结合施工现场用地情况,科学规划与合理布置施工总平面图。办公、生活区应与作业区分开设置,并保持安全距离;办公、生活区的选址应当符合安全性要求。职工的膳食、饮水、休息场所等应当符合卫生标准;施工现场临时搭建的建筑物应当符合安全使用要求,使用的装配式活动房屋需具有产品合格证。办公与生活用房设施的建筑面积,应根据工地办公与施工人员的数量并符合相关规定要求的规模计算确定。

ⓑ生产区现场仓库、材料堆放场、机械设备临时停放场地、加工厂(木工棚、钢筋棚、搅拌机棚、电焊与卷扬机棚等)及工地实验室等场地与用房的搭设、维修、拆除、周转或摊销等费用;

料场地坪应比四周地坪略高,根据存放材料的不同种类设计不同的基础,同时应保证材料的装卸车和运输的方便;成品、半成品堆放场应在施工区域布置。电动设备和机械设备应搭设防雨、防砸棚等。

ⓒ规定范围内临时道路、便桥、水、电、管线等设施的搭设、维修、拆除、周转或摊销等费用;

施工区域红线范围内为达到现场办公、生活与作业的基本条件修建的临时道路、给水、排水、供电、通信等临时管线及施工便桥、便道等发生的搭设、维修、拆除、周转或摊销等费用。本费用不应包括为保证正常的公共交通秩序而修建的社会便桥及交通导改费用。

ⓓ施工区域现场用电设施的安装、维护、周转、摊销及拆除费用。

ⅰ配电线路:按照 TN-S 系统要求配备五芯电缆、四芯电缆和三芯电缆;按要求架设临时用电线路的电杆、横担、瓷夹、瓷瓶等,或采用电缆埋地方式敷设;对靠近施工现场的外电路线,设置木质、塑料等绝缘体的防护设施。

ⅱ配电箱、开关箱：按三级配电要求，配备总配电箱、分配电箱、开关箱三类标准电箱。各类配电箱、开关箱外观应完整、牢固、防雨、防尘，箱体应涂安全色标，统一编号。固定式配电箱应加锁、设围栏，并有防雨防砸措施；开关箱应符合一机、一箱、一闸、一漏的要求。三类电箱中的各类电器应是合格品，按两级保护的要求，选取符合容量要求和质量合格的总配电箱和开关箱中的漏电保护器。

ⅲ接地保护装置：施工现场保护零线的重复接地应不少于三处。独立的配电系统必须按国家标准规范采用三相五线制的接零保护系统，非独立系统可根据现场实际情况采取相应的接零或接地保护方式。各种电气设备和电力施工机械的金属外壳、金属支架和底座必须按规定采取可靠的接零或接地保护；在采用接零或接地的保护方式同时，必须逐级设置漏电保护装置，实行分级保护，形成完整的保护系统。漏电保护装置的选择应符合规定。

ⅳ避雷装置：现场金属架构物（照明灯架、垂直提升装置、超高脚手架）和各种高大设施必须按规定装设避雷装置。

ⅴ施工现场的办公区和生活区应根据用途按规定安装照明灯具和使用电器具。食堂的照明和炊事机具必须安装漏电保护器，现场凡有人员经过和施工活动场所，必须提供足够的照明。

ⅵ使用行灯和低压照明灯具，其电源电压不应超过 36 V，行灯与手柄应坚固、绝缘良好，电源线应使用橡套电缆线，不得使用塑绞线。行灯和低压灯的变压器应装设在电箱内，符合户外电气安装要求。

ⅶ电焊机应单独设开关，电焊机外壳应做接零或接地保护。一次线长度应小于 5 m，二次接线长度应小于 30 m。电焊机两侧接线应压接牢固，并安装可靠防护罩。交流电焊机要装设专用防触电保护装置。

ⓔ生活设施的购置、维护与周转等费用；生活设施包括：生产工人宿舍内配置的床、衣柜、桌椅及电视机等。不包括属于企业管理费开支的管理人员办公与生活设施的折旧与摊销费用。

ⓕ施工现场搭设的其他临时设施所发生的人工、材料与机械等费用。

ⓖ对以上措施在工程完工后，为恢复原貌而发生的拆除与恢复费用。

②夜间施工增加费：是指因夜间施工所发生的夜班补助费、夜间施工降效、夜间施工照明设备摊销及照明用电等费用。费用内容包括：

a. 由于夜间施工造成的人工、机械等降低工效所增加的费用。

b. 夜间施工的工人夜班补助。

c. 夜间施工照明设备的安装、拆除、摊销及照明用电等费用。

洞内施工的工程（包括采用暗挖法施工的车站、区间、出入口、风道与联络通道，盾构法施工的区间隧道及盖挖法施工的车站顶板以下部位的工程）不适用第①条与第③条内容。

③二次搬运费：是指因施工场地条件限制而发生的材料、构配件、半成品等一次运输不能到达堆放地点，必须进行二次或多次搬运所发生的费用。包括因受施工环境和场地限制致使材料、设备等不能直接运到现场，而必须再次倒运所发生的人工、机械及辅助材料的费用。

④冬雨季施工增加费：是指在冬季或雨季施工需增加的临时设施、防滑、排除雨雪，人工及施工机械效率降低等费用。费用内容包括：

a. 因冬季、雨季施工所需增加的室外作业取暖与现场排除雨、雪所发生的人工、材料与机械费用。

b. 因冬季、雨季施工在施工现场增设的防风棚、防雨棚、保温棚等发生的人工、机械与材料、设备的周转、摊销及拆除费用。

c. 由于冬、雨季施工造成人工、机械降效发生的费用。

本费用不包括混凝土冬季施工添加抗冻剂、混凝土构件的蒸汽养护费用及特殊情况(指由于工期限制必须在冬季赶工完成,如:轨道工程混凝土整体道床的施工等)采用暖棚法施工所增加的费用。

⑤已完工程及设备保护费:是指竣工验收前,对已完工程及设备采取的必要保护措施所发生的费用。费用内容包括:工程竣工验收前,对已完工程及设备进行围护、看护发生的人工与使用材料的周转、摊销及恢复等费用。不包括由于特殊原因导致长期停工而发生的对已完工程及设备进行保护以及人员看护等费用。

⑥工程定位复测费:是指工程施工过程中进行全部施工测量放线和复测工作的费用。

⑦特殊地区施工增加费:是指工程在沙漠或其边缘地区、高海拔、高寒、原始森林等特殊地区施工增加的费用。

⑧大型机械设备进出场及安拆费:是指机械整体或分体自停放场地运至施工现场或由一个施工地点运至另一个施工地点,所发生的机械进出场运输及转移费用及机械在施工现场进行安装、拆卸所需的人工费、材料费、机械费、试运转费和安装所需的辅助设施的费用。

分体运输的大型机械应同时计取一次安装与拆卸所发生的人工、材料、机械、试运转和安装所需的辅助设施(包括基础、底座、固定锚桩、行走轨道与枕木等)的折旧、搭设与拆除费用。城市轨道交通工程发生进出场费的大型机械大致分为以下几类。

a. 自身不能行走或移动困难的大型机械。如:用于围护结构与桥梁下部结构桩基础施工的钻孔机、连续墙施工的非履带式成槽机及门式起重机、塔式起重机、架桥机等。

b. 自身虽可以行走或移动,但城市道路不允许行走的大型机械。如:履带式的推土机、挖掘机、装载机、铲运机、起重机、压路机及连续墙施工的履带式成槽机等。

c. 盾构机进(转)场运输费:包括盾构机、车架及附属设施的装车、进(转)场的场外运输及局部部件安拆所发生的人工、辅助材料与机械费用。

盾构机现场吊装与试运行、现场拆除与装车费用已综合在预算定额或概算定额相应子目的工作内容中,不应列入本费用。

⑨脚手架工程费:是指施工需要的各种脚手架搭、拆、运输费用以及脚手架购置费的摊销(或租赁)费用。

(2)建标〔2011〕159号《城市轨道交通建筑安装工程费用标准编制规则》中除上述几条还列举了以下费用。

①施工排水费:指为确保工程在正常条件下施工,采取各种排水措施所发生的费用。费用内容包括:施工现场为排除既有地表水、上层滞水、积水等措施所发生的人工、材料及机械费用。不包括雨季施工时,雨后排除积水的费用。

②施工降水费:指为确保工程在正常条件下施工,采取各种地下降水措施所发生的费用。费用内容包括:根据地质水文勘察资料和设计要求,现场为排除地下水或降低地下水位,采取各种降水措施所发生的人工、材料及机械费用。

③地上、地下设施,建筑物的临时保护设施费:是指施工过程中对需要保护的地上地下的设施、构筑物、建筑物等发生的措施费用。费用内容包括:施工现场对施工过程中可能危及或影响到的地上杆线、树木、交通环卫设施、房屋、建(构)筑物与基础以及所有未进行迁移的设

施,预先采取隔离、围护与保护措施所发生的人工、机械、设备与使用材料的周转、摊销及恢复等费用。

④检验检测费:根据国家有关规定和工程建设强制性标准以及特殊要求,对具有出厂合格证明的材料、构件、设备等需另行委托独立检验部门进行检验检测(复检)的全部费用,按各地规定确定。

(3)建标〔2011〕159号《城市轨道交通建筑安装工程费用标准编制规则》除以上通用措施费外,还包括专业工程措施费,其中有围堰费;筑岛费;便道费;便桥费;混凝土、钢筋混凝土模板及支架费;脚手架费;洞内施工的通风、供水、供电、照明、通信及运输轨道等设施费;临时支撑费;地下管线交叉处理费;行车、行人干扰及交通导行增加费;施工监测、监控费;大型预制梁场设施费;铺轨基地设施费;其他项目等。

①围堰费:指为确保工程在正常条件下作业,采取围堰方式施工所发生的措施费用。费用内容包括:围堰施工的取土、装袋、打拔工具桩、垒筑、填芯与完工后的拆除、运弃等全部工作内容所发生的人工、材料及机械费用。

②筑岛费:指为确保工程在正常条件下作业,采取筑岛方式施工所发生的措施费用。费用内容包括:筑岛施工与完工后恢复等全部工作内容所发生的人工、材料及机械费用。

③便道费:指施工期间设置过渡段临时道路(指铺轨基地或大型预制梁场至施工现场社会交通以外的临时道路)及根据交通管理部门的要求与规定的设计标准,设置临时社会交通导行道路所发生费用。费用内容包括:

a. 修建、拆除过渡段临时道路及恢复原貌所发生的人工、材料、机械等费用。

b. 修建、拆除临时社会交通导行路及恢复原貌所发生的人工、材料、机械等费用。

④便桥费:指施工期间设置过渡段临时便桥(指铺轨基地或大型预制梁场至施工现场社会交通以外的临时便桥)及根据交通管理部门的要求与规定的设计标准,设置临时社会交通便桥所发生的费用。费用内容包括:

a. 修建、拆除过渡段临时便桥及恢复原貌所发生的人工、材料、机械等费用。

b. 修建、拆除临时社会交通便桥及恢复原貌所发生的人工、材料、机械等费用。

⑤混凝土、钢筋混凝土模板及支架费:指在混凝土施工过程中需要搭设的各种钢模板、木模板、支架等的支、拆、保养、运输以及模板、支架的周转摊销(或租赁)费用。费用内容包括:

a. 现浇混凝土、钢筋混凝土施工搭设的木模板的制作、周转、摊销、安装、保养、拆除与场内外运输等费用。

b. 现浇混凝土、钢筋混凝土施工搭设的钢模板及附件的租赁(或制作、周转、摊销)、安装、保养、拆除与场内外运输等费用。

c. 与模板施工配套搭设的钢(木)支撑及附件的租赁(或制作、周转、摊销)、安装、保养、拆除与场内外运输等费用。

d. 高架区间桥梁工程现浇钢筋混凝土梁、板施工所需搭设的模板支排架及附件(扣件、卡销、顶托、底托等)的租赁(或制作、周转、摊销)、安装、保养、拆除与场内外运输及支排架基础、垫层与支墩的砌筑与拆除等费用。

⑥脚手架费:是指现场施工需要搭设各种脚手架及附件的租赁(或制作、周转、摊销)、安装、保养、拆除与场内外运输等费用。

⑦洞内施工的通风、供水、供电、照明、通信及运输轨道等设施费:指隧道施工时为保证正常的作业条件与施工环境在洞内设置的通风、供水、供电、照明、通信及运输轨道等设施的安

装、使用、周转与摊销费用。费用内容如下。

a. 洞内通风设施：通风管道安装、周转与摊销、维修保养、拆除、场内外运输与通风设备的使用费用。

b. 洞内动力线路：洞内动力线路敷设、闸箱与插座等设施的安装、周转与摊销、维修保养以及设施的拆除与场内外运输等费用。

c. 洞内供水管线：洞内供水管线敷设、阀门与附件安装、周转与摊销、维修保养以及设施的拆除与场内外运输等费用。

d. 洞内照明设施：洞内照明线路敷设、灯具与闸箱等附件安装、周转与摊销、维修保养、照明用电的电费以及设施的拆除与场内外运输等费用。

e. 洞内运输轨道：枕木与轻轨的铺设、周转与摊销、维护与保养、拆除与场内外运输等费用。

⑧临时支撑费：指为保证施工安全，在明挖车站、区间、出入口、风道等基坑内支设临时支撑所发生的费用。费用内容包括：临时支撑及附件的租赁(或制作、周转、摊销)、安装、保养、拆除与场内外运输等费用。

⑨地下管线交叉处理费：是指施工过程中对现有施工场地范围内各种地下交叉管线进行加固及处理所发生的费用。费用内容包括：明挖基坑施工时对不占用本工程结构位置、经产权单位同意、且具备足够的安全措施方案的地下交叉管线或设施进行悬吊、加固及采取处理措施所发生的人工、机械、设备与使用材料的周转、摊销及恢复等费用。不包括地下管线或设施改移发生的费用。

⑩行车、行人干扰及交通导行增加费：指施工期间在局部占用社会道路的路段，为维护正常的公共交通秩序，边施工边维护行人与车辆的通行，按要求进行交通疏导、设置导行标志及因行车、行人干扰降低工效等所发生的费用。费用内容包括：

a. 由于施工受行车、行人干扰的影响，导致人工、机械效率降低而增加的费用。

b. 为保证行车、行人的安全，现场增设维护交通与疏导人员而增加的人工费用。

c. 为实现交通导流，现场设置隔离墩、标志牌、标志灯、警示牌等设施的安装、拆除及维护过程中发生的人工、机械、辅助材料与设施的周转、摊销费用。

⑪施工监测、监控费：指施工过程中对洞内工作环境的有毒有害气体、空气粉尘浓度的检测与对洞内、洞外施工环境物理变化进行的监控测量所发生的人工、辅助材料与检测量测设备的维修保养、使用和折旧摊销等费用。费用内容包括：

a. 对隧道洞内施工时可能存在的危害因素进行检测的费用。包括：氧浓度、易燃易爆物质浓度值、有毒有害气体(粉尘)浓度值等。检测工作应符合《工作场所空气中有害物质监测的采样规范》(GBZ 159—2004)。

b. 施工过程中对明(盖)挖法、暗挖法施工的车站，明挖法、暗挖法、盾构法施工的区间等进行周边环境监测的费用。包括：

ⓐ对建(构)筑物沉降、倾斜监测。

ⓑ对桥梁墩柱(台)沉降及差异沉降监测。

ⓒ对地下管线包括雨水、污水、上水、燃气等管线进行沉降及差异沉降监测。

ⓓ对道路及地表沉降监测。

ⓔ对既有地铁、铁路的结构沉降、道床(路基)沉降、轨道几何形位监测等。

c. 施工过程中对明挖基坑围护结构体系进行监测的费用。包括：

ⓐ围护结构桩(墙)顶水平位移监测。

ⓑ围护结构桩(墙)体变形监测。

ⓒ支撑轴力监测。

ⓓ锚杆(索)拉力监测。

d. 施工过程中对暗挖法施工的车站及区间隧道的围岩和支护进行监测的费用。包括:

围岩及支护状态;拱顶下沉;周边净空收敛位移;岩体爆破地面质点振动速度和噪声;围岩内部位移;围岩压力及支护间应力;钢筋格栅拱架内力及外力;初期支护、二次衬砌内应力及表面应力;锚杆内力、抗拔力及表面应力。

e. 盾构法施工进行监控测量的费用。包括:隧道沉浮和水平位移;地中位移;初衬环内力和变形;地层与管片的接触应力。

⑫大型预制梁场设施费:指现场为制作与存放大型预制混凝土梁而特设预制场地的建设、拆除与恢复费用。费用内容包括:场地平整、地基处理、临时设施与各种作业加工场(棚)的安拆、大型预制混凝土梁制作与堆放场地及设施的安拆、龙门架与走行轨安拆、临时水电管线与场内道路等所有场区设施的建设、拆除与恢复所发生的人工、材料、机械及设施的周转或摊销等费用。

⑬铺轨基地设施费:指现场为轨道铺设进行轨排拼装、长钢轨焊接、材料加工与存放场地以及基地临时设施的建设、拆除与恢复费用。费用内容包括:

铺轨基地的场地平整、地基处理、临时设施与各种作业加工场(棚)的安拆、龙门架与走行轨安拆、材料堆放场地的设置、临时水电管线与场内道路等所有设施的建设、拆除与恢复所发生的人工、材料、机械及设施的周转或摊销等费用。

⑭其他项目:指以上未包括的施工现场实际发生的其他措施费用。

2)措施费编制规则

①安全防护、文明施工措施费应根据所列费用内容,结合城市轨道交通工程专业项目的实际情况计列所发生的费用,按企业实际发生的三年平均数值综合分析,合理测定本费用占直接工程费(或人工费)的比例,以综合费率的形式体现。

a. 环境保护费

$$费率(\%)=\frac{环境保护费年度平均支出}{年度平均建安产值\times直接工程费(或人工费)占总造价的比例(\%)}\times100\%$$

b. 文明施工费:

$$费率(\%)=\frac{文明施工费年度平均支出}{年度平均建安产值\times直接工程费(或人工费)占总造价的比例(\%)}\times100\%$$

c. 安全施工费:

$$费率(\%)=\frac{安全施工费年度平均支出}{年度平均建安产值\times直接工程费(或人工费)占总造价的比例(\%)}\times100\%$$

d. 临时设施费:

$$费率(\%)=\frac{临时设施费年度平均支出}{年度平均建安产值\times直接工程费(或人工费)占总造价的比例(\%)}\times100\%$$

安全防护、文明施工措施费综合费率:

综合费率(%)=环境保护费费率+文明施工费费率+安全施工费费率+临时设施费费率

②夜间施工费的测定应综合考虑现场发生的夜间施工费用,结合城市轨道交通工程专业项目的实际情况计列所发生的费用,按企业实际发生的三年平均数值综合分析,合理测定本费用占直接工程费(或人工费)的比例,以费率的形式体现。

$$费率(\%)=\frac{夜间施工费年度平均支出}{年度平均建安产值\times直接工程费(或人工费)占总造价比例(\%)}\times100\%$$

③二次搬运费的测定应综合考虑现场发生的二次搬运费用，结合城市轨道交通工程专业项目的实际情况计列所发生的费用，按企业实际发生的三年平均数值综合分析，合理测定本费用占直接工程费(或人工费)的比例，以费率的形式体现。

$$费率(\%)=\frac{二次搬运费年度平均支出}{年度平均建安产值\times直接工程费(或人工费)占总造价比例(\%)}\times100\%$$

④冬雨季施工增加费的测定应综合考虑由于冬、雨季施工降效的增加费用，参照当地气象资料、按企业实际发生的三年平均数值综合分析，合理测定本费用占直接工程费(或人工费)的比例，以费率的形式体现。

$$费率(\%)=\frac{冬雨季施工增加费年度平均支出}{年度平均建安产值\times直接工程费(或人工费)占总造价的比例(\%)}\times100\%$$

⑤大型机械设备进出场及安拆费按工程施工组织设计方案及相应费用进行编制。

⑥施工排水费根据施工组织设计方案、结合现场实际情况，执行相应定额计量和计算。

⑦施工降水费根据工程地质水文勘察资料、设计图纸与施工组织设计的降水方案，执行相应定额计量和计算。

⑧地上、地下设施，建筑物的临时保护设施费按设计图纸或施工组织设计的保护方案与相关费用计算。

⑨已完工程及设备保护费的测定综合考虑城市轨道交通工程实际情况，按企业实际发生的三年平均数值综合分析，合理测定本费用占直接工程费(或人工费)的比例，以费率形式体现。

$$费率(\%)=\frac{已完工程及设备保护费年度平均支出}{年度平均建安产值\times直接工程费(或人工费)占总造价的比例(\%)}\times100\%$$

⑩检验检测费根据相关部门对材料、设备、设施等进行检验检测的规定及要求，结合城市轨道交通工程实际情况参照当地有关收费标准计算。按企业实际发生的三年平均数值综合分析，合理测定本费用占直接工程费(或人工费)的比例，以费率形式体现。

$$费率(\%)=\frac{检验检测费年度平均支出}{年度平均建安产值\times直接工程费(或人工费)占总造价比例(\%)}\times100\%$$

⑪围堰费按设计图纸或施工组织设计方案，执行相应定额计量和计算。

⑫筑岛费按设计图纸或施工组织设计方案，执行相应定额计量和计算。

⑬便道费按设计图纸或施工组织设计方案，执行相应定额计量和计算。

⑭便桥费按设计图纸或施工组织设计方案，执行相应定额计量和计算。

⑮混凝土、钢筋混凝土模板及支架费按工程设计图纸或施工组织设计方案，执行相应定额计量和计算。

⑯脚手架费按设计图纸或施工组织设计方案，执行相应定额计量和计算。

⑰洞内施工的通风、供水、供电、照明、通信及运输轨道等设施费按设计图纸或施工组织设计方案，执行相应定额计量和计算。

⑱临时支撑费按设计图纸或施工组织设计方案，执行相应定额计量和计算。

⑲地下管线交叉处理费按设计图纸或施工组织设计方案，执行相应定额计量和计算。

⑳行车、行人干扰及交通导行增加费按施工组织设计方案，执行相应定额或以实际发生费用计量和计算。

㉑施工监测、监控费按设计图纸或施工组织设计方案，执行相应定额计量和计算。

㉒大型预制梁场设施费按设计图纸或施工组织设计方案，执行相应定额计量和计算。

㉓铺轨基地设施费按设计图纸或施工组织设计方案，执行相应定额计量和计算。

㉔其他措施费按以下规定编制：

a. 能够按照设计图纸或现场施工组织设计方案计量的其他措施项目，执行相应定额或费用计算。

b. 没有设计图纸又不能执行相应定额计算的措施项目，应根据相关规定、结合实际情况按企业近三年来发生的平均数据，以费率的形式体现。

措施项目及其包含的内容详见各类专业工程的现行国家或行业计量规范。

3)措施项目费的计算方法

(1)国家计量规范规定应予计量的措施项目其计算公式为：

$$措施项目费=\sum(措施项目工程量\times综合单价)$$

(2)国家计量规范规定不宜计量的措施项目计算方法如下：

①安全文明施工费

$$安全文明施工费=计算基数\times安全文明施工费费率(\%)$$

计算基数应为定额基价(定额分部分项工程费定额中可以计量的措施项目费)、定额人工费或(定额人工费定额机械费)其费率由工程造价管理机构根据各专业工程的特点综合确定。

②夜间施工增加费

$$夜间施工增加费=计算基数\times夜间施工增加费费率(\%)$$

③二次搬运费

$$二次搬运费=计算基数\times二次搬运费费率(\%)$$

④冬雨季施工增加费

$$冬雨季施工增加费=计算基数\times冬雨季施工增加费费率(\%)$$

⑤已完工程及设备保护费

$$已完工程及设备保护费=计算基数\times已完工程及设备保护费费率(\%)$$

上述②～⑤项措施项目的计费基数应为定额人工费或(定额人工费定额机械费)，其费率由工程造价管理机构根据各专业工程特点和调查资料综合分析后确定。

3. 其他项目费

(1)暂列金额：是指建设单位在工程量清单中暂定并包括在工程合同价款中的一笔款项。用于施工合同签订时尚未确定或者不可预见的所需材料、工程设备、服务的采购，施工中可能发生的工程变更、合同约定调整因素出现时的工程价款调整以及发生的索赔、现场签证确认等的费用。

(2)计日工：是指在施工过程中，施工企业完成建设单位提出的施工图纸以外的零星项目或工作所需的费用。

(3)总承包服务费：是指总承包人为配合、协调建设单位进行的专业工程发包，对建设单位自行采购的材料、工程设备等进行保管以及施工现场管理、竣工资料汇总整理等服务所需的费用。

其他项目费计算方法如下：

①暂列金额由建设单位根据工程特点按有关计价规定估算施工过程中由建设单位掌握使用、扣除合同价款调整后如有余额归建设单位。

②计日工由建设单位和施工企业按施工过程中的签证计价。

③总承包服务费由建设单位在招标控制价中根据总包服务范围和有关计价规定编制施工企业投标时自主报价施工过程中按签约合同价执行。

4. 规费

同按费用构成要素划分部分的规费内容。

5. 增值税

同按费用构成要素划分部分的增值税内容。

10.4　设备购置费

设备购置费：是指为建设工程项目购置或自制的达到固定资产标准的设备、工具、器具的费用。

固定资产标准：是指使用年限在一年以上，单位价值在国家或各主管部门规定的限额以上的资产。

设备购置费由设备原价和设备运杂费两部分组成，即

设备购置费＝设备原价＋设备运杂费

设备原价指国产设备或进口设备的原价；设备运杂费指除设备原价之外的关于设备采购、运输、途中包装及仓库保管等方面支出费用的总和。

1. 国产设备原价的构成

国产设备原价指设备制造厂的交货价，或订货合同价。一般根据生产厂或供应商的询价、报价、合同价确定，或采用一定的方法计算确定。国产设备原价分为国产标准设备原价和国产非标准设备原价。

(1)国产标准设备原价：国产标准设备是指按照主管部门颁布的标准图纸和技术要求，由我国设备生产厂批量生产的，符合国家质量检测标准的设备。国产标准设备原价有两种，即带有备品备件的原价和不带有备品备件的原价，在编制概算时，应采用带有备品备件的原价。

(2)国产非标准设备原价：国产非标准设备是指国家尚无定型标准，只能按订货要求并根据具体的设计图纸制造的设备。一般按其成本构成或相关技术参数估算其价格。

2. 进口设备原价的构成

进口设备原价是指进口设备的抵岸价，即设备抵达买方边境、港口或车站，交纳完各种手续费、税费后的价格。

进口设备抵岸价由设备到岸价(CIF)和进口从属费构成。

进口设备到岸价(CIF)由离岸价(FOB)、国际运费、运输保管费构成。

进口从属费用由银行财务费、外贸手续费、进口关税、消费税、进口环节增值税等构成。进口车辆还需缴纳车辆购置税。

3. 设备运杂费的构成

设备运杂费是指国内采购设备自来源地、国外采购设备自到岸港运至工地或指定堆放地点发生的采购、运输、运输保险、保管、装卸等费用。

设备运杂费由运输和装卸费、包装费、设备供销部门手续费、采购与仓库保管费构成。

(1)运输和装卸费：国产设备由设备制造厂交货地点起、进口设备由我国到岸港口或边境车站起至工地仓库(或施工组织设计指定的需要安装设备的堆放地点)止所发生的运费和装卸费。

(2)包装费：在设备原价中未包含的，为运输而进行包装所支出的各种费用。

(3)设备供销部门手续费:按有关部门规定的统一费率计算。

(4)采购与仓库保管费:指采购、验收、保管和收发设备所发生的各种费用,包括设备采购人员、保管人员和管理人员的工资、工资附加费、办公费、差旅交通费,设备供应部门办公和仓库所占固定资产使用费、工具用具使用费、劳动保护费、检验试验费等。按主管部门规定的采购与保管费费率计算。

4. 备品备件购置费

编制概算时,应采用包含备品备件费的设备原价。若设备原价不含备品备件费,其备品备件费按设备原价(不含软件费)的3%～5%计算。

5. 设备购置费的计算方法

编制概算时,设备原价应根据调查资料,结合概算文件编制期的价格水平综合确定。

对于国内设备,为简化概算编制,设备购置费等于国内设备原价加国内设备运杂费。

对于进口设备,为简化概算编制,进口设备购置费等于进口设备到岸价(CIF)、进口从属费用加国内设备运杂费。

国内设备运杂费费率见表10.2:

表10.2 设备运杂费费率表

序号	工程所在地区	费率(%)
1	辽宁、吉林、河北、北京、天津、山西、江苏、浙江、山东、安徽	6～7
2	河南、陕西、湖北、湖南、江西、黑龙江、广东、四川、重庆、福建	7～8
3	内蒙古、甘肃、宁夏、广西、海南	8～10
4	贵州、云南、青海、新疆	10～11

注:西藏边远地区和厂址距离铁路或水运码头超过50 km时,可相应提高运杂费费率。

10.5 工程建设其他费用

工程建设其他费用,是指从工程筹建起到工程竣工验收交付使用止的整个建设期间,应由基本建设投资支付并列入建设项目总概算内,除建筑安装工程费、设备购置费、预备费和专项费用以外的,为保证工程建设顺利完成和交付使用后,能够正常发挥效用而发生的各项费用。按资产属性分别形成固定资产其他费用、无形资产费用和其他资产费用(递延资产)。

以下为城市轨道交通工程建设经常发生的工程建设其他费用项目,在编制概算时,应结合工程建设实际和建设市场有关情况予以确定。

10.5.1 前期工程费

前期工程费包括土地征用及补偿、临时占地、建(构)筑物拆迁补偿、树木及绿化赔偿、道路恢复、道路破复、管线迁改、交通疏解等发生的费用。

1. 费用内容

(1)土地征用及补偿费:是指按照《中华人民共和国土地管理法》等规定,建设工程项目征用土地及补偿应支付的费用。包括土地补偿费,安置补助费,被征用土地地上、地下附着物及青苗补偿费,征用城市郊区菜地缴纳的新菜地开发建设基金,征用耕地缴纳的耕地开垦费,耕地占用税等。

(2)临时占地费:是指临时占用建设项目土地使用权在建设期内应支付的相关费用。

(3)建(构)筑物拆迁补偿费:是指房屋及附属构筑物、城市公共设施等拆迁补偿费等。

(4)土地征用、拆迁建筑物手续费:是指在办理征地拆迁过程中,所发生的相关人员的工作经费及土地登记管理费等。

(5)树木及绿化赔偿费:是指砍伐树木及铲除草坪等发生的补偿费用。

(6)道路恢复费:是指设计围挡范围内的道路恢复费用,相应凿除路面费用纳入主体工程费用中。

(7)道路破复费:是指设计围挡范围外的道路破除及恢复费用。

(8)管线迁改费:是指依据管线迁改设计方案,为保证工程实施而采取的对给水、排水、燃气、电力、电信、热力等管线进行迁改的费用。

(9)交通疏解费:是指依据交通疏解设计方案,为保证工程实施而采取的交通疏解措施所发生的费用。

2. 计算方法

(1)土地征用及补偿费、临时占地费、建(构)筑物拆迁补偿费等应根据设计建设用地征用面积、临时占地面积、拆迁工程数量,按项目所在地省(自治区、直辖市)人民政府颁发的各项规定和标准计列。

(2)树木及绿化赔偿费:按项目所在地省(自治区、直辖市)人民政府颁发的城市园林树木补偿标准计列。

(3)道路恢复和破复费:按项目所在地省(自治区、直辖市)人民政府颁发的道路恢复和破复补偿标准计列。

(4)管线迁改费:按管线迁改设计方案,区分为上水、排水、燃气、电力(高压电和非高压电分列)、电信、热力等管线,按项目所在地省(自治区、直辖市)人民政府颁布的各类管线迁改补偿标准计列。

(5)交通疏解费:按交通疏解设计方案,按项目所在地省(自治区、直辖市)人民政府颁布的道路补偿标准计列。

10.5.2　其他费用

1. 场地准备费

(1)费用内容

场地准备费:是指建设项目为达到工程开工条件所发生的场地平整和对建设场地遗留的有碍于施工建设的设施进行拆除清理的费用。

(2)计算方法

一般应根据实际工程量估算,也可按工程费用的比例计列,即

$$场地准备费=工程费用\times费率(\%)$$

费率按 1%～2%计列。

2. 项目建设管理费

(1)费用内容

项目建设管理费:是指项目建设单位从项目筹建之日起至办理竣工财务决算之日止发生的管理性质的支出。包括:不在原单位发工资的工作人员工资及相关费用、办公费、办公场地租用费、差旅交通费、劳动保护费、工具用具使用费、固定资产使用费、招募生产工人费、技术图

书资料费(含软件)、业务招待费、施工现场津贴、竣工验收费和其他管理性质开支。

(2)计算方法

按工程费用和管线迁改费用之和的2.0%～2.5%计列。

(3)取值方法

当该城市建设第1条城轨交通线路时,取值可取上限;当该城市建设第2、3、4等条城轨交通线路时,取值可由上限适当递减,但最低不宜低于2.0%。

3. 建设工程监理与相关服务费

(1)费用内容

建设工程监理与相关服务费:是指监理单位接受建设单位委托,提供建设工程施工阶段的质量、进度、费用控制管理和安全生产监督管理,合同、信息管理及相关各方协调管理服务,以及勘察、设计、保修等阶段的相关服务所收取的费用。

(2)计算方法

按工程费用的1.6%～1.8%计列。

4. 招标代理服务费

(1)费用内容

招标代理服务费:是指招标代理机构接受招标人委托,从事编制招标文件(包括编制资格预审文件和标底),审查投标人资格,组织答疑、开标、评标以及提供招标前期咨询、协调合同签订等所收取的费用。

(2)计算方法

按工程费用的0.2%计列。

5. 招标交易服务费

(1)费用内容

招标交易服务费:是指工程建设期间,项目所在地建设交易部门为工程招投标工作提供交易场所和为招投标服务而收取的费用。

(2)计算方法

按建设项目所在地省(自治区、直辖市)有关规定计列。

6. 前期工作费

前期工作费:是指建设项目前期工作支付的咨询服务费用,包括建设项目专题研究、编制和评估项目建议书、编制和评估可行性研究报告,以及其他与建设项目前期工作有关的咨询服务费用。

(1)可行性研究费

①费用内容。可行性研究费是指编制和评估项目建议书(或预可行性研究报告)、可行性研究报告所需的费用。

②计算方法。按委托合同计列,或参照表10.3计费标准,根据建设项目估算投资额采用内插法计算。

表10.3 编制和评估可行性研究报告计费标准表

序号	投资额(亿元)	计费标准(万元)
1	≤20	250
2	50	300

续上表

序号	投资额(亿元)	计费标准(万元)
3	100	350
4	200	400
5	300	450
6	≥400	500

注:①建设项目估算投资额:是指项目建议书或时行性研究报告的估算投资额。

②建设项目在工程条件、技术条件、环境保护、文物保护、安全等方面可能存在特殊要求时,可根据实际情况计取难度调整系数,调整系数按 1.1～1.5 计取;必要时开展的专题研究费用另计,且主报告收费不再考虑调整系数。

③对于分期分段建设的线路,应分别计费,原则上视线路分期分段规模比例及研究难度,在上述计费方案基础上首期工程乘以 1.2～1.5 的调整系数,后续工程乘以 0.6～0.9 的调整系数。

④上述计费标准为主报告编制费用,各类专题研究费用另行计列。

(2)环境影响评价费

①费用内容

环境影响评价费是指按照《中华人民共和国环境保护法》《中华人民共和国环境影响评价法》等规定,为全面、详细评价本建设项目对环境可能产生的污染或造成的重大影响所需的费用。包括编制环境影响报告书(含大纲)、环境影响报告表和评估环境影响报告书(含大纲)、评估环境影响报告表等所需的费用。

②计算方法

环境影响评价收费见表 10.4 费用标准计列。

表 10.4　环境影响评价收费表　　(单位:万元)

序号	估算投资额	2 亿～10 亿元	10 亿～50 亿元	50 亿～100 亿元	100 亿元以上
1	编制环境影响报告书(含大纲)	15～35	35～75	75～110	110
2	编制环境影响报告表	4～7	7 以上		
3	编制环境影响登记表	3～4	4 以上		
4	评估环境影响报告书(含大纲)	3～7	7～9	9～13	13 以上
5	评估环境影响报告表	1.5～2.0	2.0 以上		
6	评估环境影响登记表	1～1.5	1.5 以上		

注:①建设项目估算投资额:是指项目建议书或可行性研究报告的估算投资额。

②评估环境影响报告书(含大纲)的费用不含专家参加审查会议的差旅费:环境影响评价大纲的技术评估费用占环境影响报告书评估费用的 40%。

③本表所列编制环境影响报告表收费标准为不设评价专题的基准价,每增加一个专题加收 50%。

④本表中费用不包括遥感、遥测、风洞试验、污染气象观测、示踪试验、地探、物探、卫星图片解读、需要动用船、飞机等特殊监测等费用。

(3)客流预测报告编制费

①费用内容

客流预测报告编制费是指以城市、社会经济、人口、土地使用、交通等方面的现状和规划基础资料为依据,利用交通模型等技术手段,预测各目标年限城市轨道交通网络或线路相关客流指标,编制客流预测报告所需的费用。

②计算方法

按委托合同计列,或参照表 10.5 费用标准计列。

表 10.5 客流预测报告编制计费

序号	工作阶段	计费标准
1	线网规划阶段	按相应阶段主报告编制费用的 30%～40%计取
2	近期建设规划阶段	
3	工程可行性研究阶段	

(4)地震安全性评价费

①费用内容

地震安全性评价费是指按照《中华人民共和国防震减灾法》《地震安全性评价管理条例》等规定,为本建设项目提供地震安全性评价服务所需的费用。

②计算方法

按委托合同计列,或按项目所在地省(自治区、直辖市)有关规定计列。

(5)地质灾害危险性评估费

①费用内容

地质灾害危险性评估费是指有资质的评估机构接受委托,按照相应的技术规程和规范要求,收集相关资料,进行现场调查和技术分析,以及编制评估报告和组织报告评审等收取的费用。

②计算方法

按委托合同计列,或参照相关部门规定计列。

(6)节能评估费

①费用内容

节能评估费是指分析建设项目的建筑、设备、工艺等的能耗水平和其生产的用能产品的效率或能耗指标,编制及评审节能评估报告的费用。

②计算方法

按委托合同计列,或参照表 10.6 计费标准计列。

表 10.6 节能评估报告与评审计费

序号	项目	工程可行性研究阶段
1	节能评估专题报告编制	按可行性研究主报告编制费用的 20%～30%计取
2	节能评估专题报告评审	按节能评估专题报告编制费用的 20%～30%计取

(7)社会稳定风险评估费

①费用内容

社会稳定风险评估费是指编制和评价社会稳定风险分析报告所需的费用。

②计算方法

按委托合同计列,或参照表 10.7 费用标准计列。

表 10.7 社会稳定风险评估计费

序号	项目	可行性研究阶段
1	社会稳定风险分析报告编制	按可行性研究主报告编制费用的 30%～60%计取
2	社会稳定风险分析报告评审	按社会稳定风险分析报告编制费用的 50%计取

(8)防洪评价费

①费用内容

防洪评价费是指按《中华人民共和国防洪法》等规定，对涉及江河、湖泊等项目做防洪评价报告所需的费用。

②计算方法

按委托合同计列，或按项目所在地省(自治区、直辖市)有关规定计列。

(9)文物勘探及保护费

①费用内容

文物勘探费是指在工程范围内有可能埋藏文物的地方进行考古调查、勘探及保护所需的费用。

②计算方法

按委托合同计列，或按项目所在地省(自治区、直辖市)有关规定计列。

(10)其他前期工作费用

①费用内容

其他前期工作费用是指以上内容未包含，但在城市轨道交通前期咨询工作中可能涉及到的专题、单项研究及其他咨询服务等，如规划咨询、专项技术咨询、投融资专题、网络资源共享专题等费用。

②计算方法

按委托合同计列，或根据工作量按工日计取，费用 $=\sum$ 人工日天数(人·日)×人工日单价(元/人·日)。

7. 研究试验费

(1)费用内容

研究试验费是指为本建设项目提供或验证设计数据、资料等进行必要的研究试验及按照相关规定在建设过程中必须进行试验、验证所需的费用。包括自行或委托其他部门研究试验所需人工费、材料费、试验设备及仪器使用费等。不包括：

①应由科技三项费用(即新产品试制费、中间试验费和重要科学研究补助费)开支的项目。

②应在建筑安装费用中列支的施工企业对建筑材料、构件和建筑物进行一般鉴定、检查所发生的费用及技术革新的研究试验费。

③应由勘察设计费或工程费用中开支的项目。

(2)计算方法

根据设计提出的具体研究试验项目，按其研究试验内容和要求计算所需的费用。

8. 勘察设计费

勘察设计费是指委托勘测设计单位进行工程水文地质勘察、工程设计所发生的各项费用。包括工程勘察收费和工程设计收费。

(1)勘察费

①费用内容

工程勘察费是指为工程设计提供工程地质、水文地质资料、地下管线、地下构筑物资料等的勘察及相应的试验、工程测量等所发生的工程勘察的费用。

②计算方法

按勘察委托合同计列，或按工程费用的0.6%～0.8%计列。

(2)设计费

①费用内容

工程设计收费是指设计人根据发包人的委托，提供编制建设项目初步设计文件、施工图设计文件、非标准设备设计文件、BIM设计等服务所收取的费用，包括基本设计收费和其他设计收费。

基本设计收费是指在工程设计阶段提供初步设计文件、施工图设计文件收取的费用，并相应提供设计技术交底、解决施工中的设计技术问题、试运行和竣工验收等服务。

其他设计收费是指根据工程设计实际需要或者发包人要求提供相关服务收取的费用，包括总体总包费、招标技术文件编制费、采购技术文件编制费、竣工图编制费、常驻现场服务费、无投资类单项设计费(线路、限界、环控系统、调线调坡、行车组织与运行管理、车辆、全线市政交通接驳规划、管线综合、其他零星设计)等。

②计算方法

按设计委托合同计列，或按工程费用的3.5%～4.0%计列。改扩建工程项目另行计列。

9. 咨询费

(1)设计咨询费

①费用内容

设计咨询费指建设单位委托咨询机构对设计单位工作成果资料进行审查所需的费用。

②计算方法

按设计咨询委托合同计列，或按工程费用的0.3%～0.4%计列。

(2)工程造价咨询费

①费用内容

工程造价咨询费是指工程造价咨询企业接受建设单位委托，从事投资估算、工程概算、工程量清单、招标控制价、工程预算、工程结算、竣工决算的编制与审核，建设项目各阶段的工程造价控制等与工程造价业务有关的咨询服务，并出具工程造价咨询成果文件等业务活动所收取的费用。

②计算方法

按工程造价咨询委托合同计列，或按工程费用的0.3%～0.4%计列。

10. 引进技术和设备其他费

引进技术和引进设备其他费是指引进技术和设备发生的但未计入设备购置费的费用。

(1)费用内容

①引进项目图纸资料翻译复制费、备品备件测绘费。

②出国人员费用：包括买方人员出国设计联络、出国考察、联合设计、监造、培训等所发生的旅费、生活费等。

③来华人员费用：包括卖方来华工程技术人员的现场办公费用、往返现场交通费用、接待费用等。

④银行担保及承诺费：指引进项目由国内外金融机构出面承担风险和责任担保所发生的费用，以及支付贷款机构的承诺费用。

(2)计算方法

①引进项目图纸资料翻译复制费、备品备件测绘费:根据引进项目的具体情况计列或按引进货价(FOB)的比例计列,引进项目发生备品备件测绘费时按具体情况计列。

②出国人员费用:依据合同或协议规定的出国人次、期限以及相应的费用标准计算。生活费按照财政部、外交部规定的现行标准计算,差旅费按中国民航公布的现行票价标准计算。

③来华人员费用:依据引进合同或协议有关条款及来华技术人员派遣计划进行计算。来华人员接待费用可按每人次费用指标计算。引进合同价款中已包括的费用内容不得重复计列。

④银行担保及承诺费:应按担保或承诺协议计取。概算编制时可以担保金额或承诺金额为基数乘以费率计算。

为简化概算编制,按引进设备费的 1.0%～1.5%计列。

11. 综合联调及试运行费

(1)费用内容

综合联调及试运行费是指新建城市轨道交通项目在交付运营前,按照批准的设计文件所规定的工程质量标准和技术要求,在试运行期间对整个系统进行综合联调及试运行所发生的费用。综合联调及试运行费包括综合联调及试运行所需原材料、燃料及动力消耗、低值易耗品、其他物料消耗、工具用具使用费、机械使用费、保险金、施工单位参加综合联调及试运行人员工资以及专家指导费等。不包括应由设备安装工程费用开支的调试费用,以及在综合联调及试运行中暴露出来的因施工原因或设备缺陷等发生的处理费用。

(2)计算方法

①综合联调费:按设备购置费和车辆购置费之和的 1.0%～1.5%计列;

②试运行费:按正线公里数×试运行期(月)×10 万元/(正线公里·月)计列。

当与既有线路联调时,费用可适当增加。

12. 专利及专有技术使用费

(1)费用内容

①国外设计及技术资料费、引进有效专利、专有技术使用费和技术保密费。

②国内有效专利、专有技术使用费。

③商标权、商誉和特许经营权费等。

(2)计算方法

①按专利使用许可协议和专有技术使用合同的规定计列。

②专有技术的界定应以省、部级鉴定批准为依据。

③项目投资中只计算需在建设期支付的专利及专有技术使用费。协议或合同规定在运营期支付的使用费应在运营成本中核算。

13. 生产准备及开办费

生产准备及开办费是指城市轨道交通工程项目,在建设期内,建设单位为保证正常运营而发生的人员培训费、提前进运营单位费用以及投产使用必备的生产办公、生活家具用具及工器具等的购置费用。包括以下几点。

(1)生产职工培训费

①费用内容

生产职工培训费是指新建和改扩建城市轨道交通工程项目,在交验投产前,对运营部门生产职工培训所必需的费用。包括提前进厂费用、自行组织培训或委托其他单位培训的人员工资、工资性补贴、职工福利费、差旅交通费、劳动保护费、学习资料费等。

②计算方法

本项费用按设计确定的定员人数×60%×30 000元计列。

(2)生产办公、生活家具用具购置费

①费用内容

生产办公、生活家具用具购置费是指为保证新建和改扩建城市轨道交通工程项目初期正常生产运营、使用和管理，所必需的生产办公、生活家具购置费。

②计算方法

本项费用按设计确定的定员人数×9 000元计列。

(3)工器具购置费

①费用内容

工器具购置费是指为保证初期正常生产运营所必须购置的第一套不构成固定资产的设备、仪器、仪表、工卡模具、器具、工作台(框、架、柜)等的费用。不包括：构成固定资产的设备、工器具和备品、备件费用、已列入设备购置费中的专用工具和备品备件费。

②计算方法

本项费用按设计确定的定员人数×4 500元计列。

14. 工程保险费

(1)费用内容

工程保险费是指为转移工程项目建设的意外风险，在建设期内对建筑工程、安装工程、机器设备和人身安全进行投保而发生的费用。包括建筑安装工程一切险、人身意外伤害险和引进设备财产保险。

(2)计算方法

按工程费用的0.4%～0.7%计列。

(3)取值方法

与线路敷设方式及城轨交通制式有关。一是要根据线路敷设方式来选定，当线路全部为地下线时，可取上限0.7%；当线路全部为高架线时，可取下限0.4%；当线路既有地下线又有高架线和地面线时，且地下线所占比例较大时，可取中间值(0.55%)偏上0.6%；当高架线和地面线所占比例较大时，可取中间值(0.55%)偏下0.5%。二是要根据项目建设阶段(正在设计，没有开展施工)、城轨交通类型(地铁、轻轨、跨座式单轨、中低速磁浮等)来选定，并根据具体线路特点合理取值。

15. 特殊设备安全监督检验费

(1)费用内容

特殊设备安全监督检验费是指安全监察部门对在施工现场组装的压力锅炉及压力容器、压力管道、消防设备、燃气设备、电梯等特殊设备和设施实施安全检验验收收取的费用。

(2)计算方法

按照项目所在省(市、自治区)安全监察部门的规定标准计算。无具体规定的，可按受检设备安装工程费的比例估算。

16. 安全生产保障费

安全生产保障费：是指为保障工程项目施工安全而发生的费用。包括第三方监测费、第三方检测及评估费等费用。

(1)费用内容

第三方监测费:是指为保障工程项目施工安全,由建设单位委托第三方监测单位对工程及周边建筑物、构筑物、地下管线、交通设施(道路、桥梁、隧道、通道)等进行监测所发生的费用。

第三方检测、评估费:是指为保障工程项目安全和施工质量,对工程实体(如桩基等)、周边既有建(构)筑物、桥梁等风险源进行第三方检测及评估所发生的费用。

其他与保障工程项目施工安全和质量而发生的费用。

(2)计算方法

按建筑安装工程费的 0.8%～1.0%计列。

17. 配合辅助工程费

(1)费用内容

配合辅助工程费是指全部或部分投资由本项目基本建设投资支付修建,而修建后的产权不属于本项目的工程费用,如 110 kV 电力进线工程(产权归电力部门时)、城市道路立交桥工程等。

(2)计算方法

配合辅助工程应作为独立的其他费用编制单元编制全费用概算(含工程建设其他费用、预备费、建设期贷款利息)。

18. 其他

指上述费用之外,一般建设项目很少发生或具有明显行业和地区特征的工程建设其他费用项目如移民安置费、水资源费、水土保持评价费、河道占用补偿费、渣土消纳费、超限设备运输措施费、航道维护费、白蚁防治费、施工扬尘费等必须纳入城市轨道交通设计概算的其他费用,按照国家、有关行业部委和建设项目所在省(直辖市、自治区)有关规定计列费用。

10.6 预　备　费

1. 基本预备费

基本预备费是指针对项目实施过程中可能发生难以预料的支出而事先预留的费用,又称工程建设不可预见费,主要指设计变更及施工过程中可能增加工程量的费用,基本预备费一般由以下四部分组成:

(1)在批准的初步设计范围内,施工图设计及施工过程中所增加的工程费用;设计变更、工程变更、材料代用、局部地基处理等增加的费用。

(2)一般自然灾害造成的损失和预防自然灾害所采取的措施费用。实行工程保险的工程项目,该费用应适当降低。

(3)竣工验收时为鉴定工程质量,对隐蔽工程进行必要的挖掘和修复费用。

(4)超规超限设备运输增加的费用。

计算公式为:

基本预备费=(建筑安装工程费+设备及工器具购置费+工程建设其他费)×基本预备费费率(%)

基本预备费费率为 5%。

2. 价差预备费

(1)价差预备费是指为正确反映建设项目的概算总额,在设计概算编制年度到项目建设竣工的整个期限内,因形成工程造价诸因素的正常变动(如人工、材料、设备价格的上涨,其他有关费用标准的调整及利率、汇率等因素的变化),导致必须对该建设项目所需的总投资额进行合理的核定和调整而需预留的可能增加的费用,又称价格变动不可预见费。

(2)本项费用应根据建设项目施工组织设计安排,以其分年度投资额及不同年限,根据国家公布的工程造价年上涨指数计算。计算公式为:

$$E=\sum_{n=1}^{N}F_n[(1+p)^{c+n}-1]$$

式中 E——价差预备费;

N——施工总工期(年);

F_n——施工期第 n 年的分年度投资额;

c——编制年至开工年年限(年);

n——开工年至结(决)算年年限(年)。

10.7 专项费用

1. 车辆购置费

车辆购置费按设计确定的初期车辆配置数量及车辆市场价格信息计算。

2. 建设期贷款利息

建设期贷款利息主要是指在建设期内发生的为工程项目筹措资金的融资费用及债务资金利息。建设期贷款利息分为建设期国内贷款利息和建设期国外贷款利息。

(1)建设期国内贷款利息

建设期国内贷款利息:指建设项目中分年度使用国内贷款,在建设期应归还的贷款利息。计算公式为

建设期利息=∑(年初付息贷款本金累计+本年度付息贷款额÷2)×年利率

即

$$S=\sum_{n=1}^{N}(\sum_{m=1}^{n}F_m\times b_m-F_n\times b_n\div 2)\times i$$

式中 S——建设期利息;

N——建设总工期(年);

n——施工年度;

m——还息年度;

F_n、F_m——在建设年度的第 n、m 年的分年度资金供应量;

b_n、b_m——在建设的第 n、m 年份还息贷款占当年投资比例;

i——建设期贷款年利率。

(2)建设期国外贷款利息

建设期国外贷款利息的计算中,还应包括国外贷款银行根据贷款协议向贷款方以年利率的方式收取的手续费、管理费、承诺费,以及国内代理机构经国家主管部门批准的以年利率的方式向贷款方收取的转贷费、担保费、管理费等。

对分期投资的建设项目，应根据不同时期的工程范围和分年度使用贷款额，计算不同时期建设期贷款利息。

3. 铺底流动资金

铺底流动资金是指为保证新建工程项目投产初期正常运营，按规定应列入建设工程项目总投资的铺底流动资金。主要用于购买原材料、燃料、动力，支付职工工资和其他有关费用。一般按流动资金的 30%计算。

编制概算时按设计确定的初期车辆配置数量，每辆 10 万元计列。

思考题

1. 如何计算人工费、材料费、施工机具使用费？它们有何共同特点？
2. 建设工程和安装工程费按费用构成要素划分包含哪些费用？
3. 建设工程和安装工程费按造价形成划分包含哪些费用？
4. 措施项目费包含哪些内容？如何计算？
5. 简述暂列金额所包含的内容。如何计算？
6. 何谓前期工程费？如何计算？
7. 何谓设备？如何计算设备购置费？
8. 增值税主要包含哪些内容？如何计算？
9. 基本预备费、价差预备费有何区别？
10. 专项费用包括哪些内容？铺底流动资金有何作用？

第 11 章

城市轨道交通工程概预算的编制方法

11.1 概预算编制的基本方法

在城市轨道交通工程项目建设中，项目全生命周期的各个阶段对工程投资都有不同影响，特别是城市轨道交通工程实施前的设计阶段。为了科学有效的控制城市轨道交通工程投资，需要进一步规范概预算编制办法，制定出适合当地的地铁定额及取费定额，结合当地定额规定、地方政策法规、部委行业标准及项目情况进行综合运用，不断完善城市轨道交通设计概预算编制方法，实现投资总体控制。

概预算的编制取决于设计深度、资料完备程度和对概预算精确程度的要求。当设计资料不足，只能提供建设地点、建设规模、单项工程组成、工艺流程和主要设备选型，以及建筑、结构方案等概略依据时，可以类似工程的预算或决算为基础，经分析、研究和调整系数后进行编制；如无类似工程的资料，则采用概算指标编制；当设计能提供详细设备清单、管道走向线路简图、建筑和结构形式及施工技术要求等资料时，则按概预算定额和费用指标进行编制。

1. 概预算编制的基本流程

城市轨道交通工程项目概预算一般要遵循“自上而下、自下而上、上下结合、分级编制、逐级汇总”的程序进行。

(1)编制依据及准备工作

城市轨道交通工程项目概预算编制是以施工图，各种人材机价格信息及施工组织设计为依据进行编制。编制前应对各类表格进行统一规范设计或编制相关应用软件，以有利于减轻工作强度，提高预算准确性。

(2)划分核算单元

准确合理划分成本核算对象是实行预算管理的基础。成本核算对象是为确定成本归集及分配，确定成本费用承担主体，也为便于经济承包责任考评工作。成本核算对象的确定主要是依据项目作业层配置情况，以作业层对应的工作内容来划分成本核算对象。

(3)概预算的编制和指标的分解

概预算编制需要各部门分工协作对项目收入、工程直接成本、间接成本等进行分门别类编制，形成本项目的预计合同总收入和总成本，最终形成项目总概预算，并编写概预算编制情况说明书，形成项目概预算初稿，经审议通过后上报，并结合年度、季度和月度施工生产计划将各项总概预算进行分解，分别编制年度、季度和月度预算。指标分解时要遵循收入和成本配比原则，凡是当期有收入的项目，对应的成本不得遗漏。

(4)制定成本控制及核算办法，进行概预算交底及任务分解

成本控制能对成本计划的实施进行监督，保证成本计划的实现，成本控制的重心应放在项

目部。项目部要在公司预算管理体系下制定适合自己项目管理习惯和施工特点的内部管控办法,如班组核算办法、单机考核办法、收方与计量管理办法等。

2. 明确概预算编制范围

投资范围的不同直接影响投资总额,全线工程的投资概预算一般包括土建工程、轨道工程、设备系统、车辆段与综合基地、工程建设其他费用、预备费及专项费用,即从工程前期准备直到交付运营,包括静态投资和动态投资的全部内容。

3. 确定采用的定额及费用标准

工程造价的确定,基本依据是国家省市有关定额和费用标准。目前,国家出台了《城市轨道交通概算定额》和《城市轨道交通工程费用定额编制规则》,但由于城市轨道交通工程的地方属性较强,在实际概预算编制过程中,还需要暂时参考当地的市政、安装及建筑定额。

4. 确定资金筹措计划

结合当地财政情况,充分考虑资金的时间价值,确定合理的资金筹措计划和资金使用计划,最大程度的实现资金的时间价值,发挥资金使用的高效性。良好的资金使用计划,将大大节约资金的投入,减轻还本付息的压力,进而节约工程投资。

5. 结合工程筹划

工程筹划确定了工程的总工期、施工方法、工程进度指标、铺轨基地的设置等参数,初步设计概预算应结合工程筹划进行编制,概预算编制者应对这些技术参数要有细致的了解。工程筹划安排的科学性和合理性将直接影响工程投资。

6. 汇总全线概预算及计算技术经济指标

汇总全线的概预算,确定本线的技术经济指标,并对经济指标进行分析,对本项目的特殊部分进行必要的说明和分析。

11.2　概预算编制层次

根据建标〔2017〕89号《城市轨道交通工程设计概算编制办法》要求,为充分体现城市轨道交通项目建设管理和投资控制特点,设计概算编制,按分册概算文件和总概算文件两个层次完成。

1. 分册概算文件

分册概算文件是具体反映建设项目一个单元建筑物群体工程范围内,或一个专业系统工程范围内,第一部分工程费用及其构成的文件,包括建筑工程单项概算、设备与安装工程单项概算和册综合概算及说明。

(1)建筑工程单项概算是详细反映各工程类别和某些重大、特殊工点的主要概算费用的文件。编制内容包括:人工费、材料费、施工机具使用费、企业管理费、利润、规费和增值税。

设备与安装工程单项概算是计算需要安装设备的设备费用和安装费用、不需要安装设备的设备费用。

单项概算的编制,应按分册概算文件编制单元范围内划分的各工程类别,结合建设项目的具体情况、工程难易程度及所占投资比重的大小、采用定额的要求分别进行编制。

(2)册概算是在分册概算文件编制单元范围内,按"概算章节表"的顺序,将单项概算按章节细目进行汇总编制。

2. 总概算文件

总概算文件是反映整个建设项目的投资规模和投资构成的文件，包括总概算表和综合概算表等表格及说明。

(1)综合概算表：是按综合概算章节表顺序，将所有册综合概算表分章、节及细目进行汇总编制。

(2)总概算表：是根据综合概算表，按综合概算章节表顺序，分章进行汇编。

11.3 概算章节划分

根据建标〔2017〕89 号《城市轨道交通工程设计概算编制办法》规定，概算章节划分具体体现为综合概算章节表，其作用是将概算费用按不同的工程和费用类别，划分为统一的章、节及细目。综合概算章节表应体现统一和协调项目各专业概算的编排顺序，反映项目各工程类别编制的内容。概算章、节及细目中各类工程费用的划分，应有利于城市轨道交通工程各项指标的积累和造价信息化管理。

编制办法按不同工程和费用类别，将概算费用划分为工程费用、工程建设其他费用、预备费和专项费用四部分。共十九章 38 节。编制概算应采用统一的章节表，其各章、节、细目及内容，详见附录二：综合概算章节表。各章名称详见表 11.1。

表 11.1 各章名称表

章序	名称	章序	名称
第一章	车站	第十一章	给水与排水、消防
第二章	区间	第十二章	自动售检票
第三章	轨道	第十三章	站内客运设备、站台门
第四章	通信	第十四章	运营控制中心
第五章	信号	第十五章	车辆基地
第六章	供电	第十六章	人防
第七章	综合监控	第十七章	工程建设其他费用
第八章	火灾自动报警、环境与设备监控	第十八章	预备费
第九章	安防及门禁	第十九章	专项费用
第十章	通风、空调与供暖		

11.4 定额采用与工程费用取费标准

1. 定额采用

定额采用的基本要求如下：

(1)采用国家《城市轨道交通工程概算定额》，或省、市《城市轨道交通工程概预算定额》，或省、市《城市轨道交通工程单位估价表》。

(2)当采用《城市轨道交通工程预算定额》，或《城市轨道交通工程单位估价表》时，应考虑3%～5%的定额幅度差。

(3)主变电站工程采用电力行业相应定额。

(4)房屋建筑与装饰工程采用建设项目所在地省、市定额。

编制概算时,定额中缺项或采用新技术、新工艺、新材料、新设备,或采用定额中的施工条件等与建设项目所在地的同类工程定额,在消耗量上存在较大差异时,应按定额编制原则,调查、收集有关资料,结合工程实际情况,补充单价分析,并随概算文件一并送审。

但由于地铁区域性强且均在城市修建,而各省市在修建第一条地铁线的时候,一般尚未有成熟的地方地铁定额可以参考,故各省市在实际的概算编制过程中通常会暂时参考当地的市政、安装及建筑定额,如长沙市定额计价标准就采用了湖南省"市政定额"、"建筑定额"和"安装定额"等,其定额使用原则为:

(1)优先选用湖南省"市政定额""建筑定额""安装定额"。

(2)套用"建筑定额""市政定额"和"安装定额",不足部分,借用"铁路定额"等其他城市或行业现行定额进行补充分析,按相应的建筑、市政、安装规定处理。

(3)地铁初步设计中不能达到编制概算深度的工程如风亭、出入口、装修等可套用类似工程技术经济指标。

费用标准为:套用"市政定额""建筑定额""装饰定额"及"安装定额"的工程项目按所采用的定额与之配套的规定取费标准执行;套用"铁路定额"的工程项目铁路有关规定执行;采用"电力定额"的项目,取费标准参考相关配套费用定额。

2. 工程费用取费标准

工程费用取费标准,采用与定额配套的费用定额。也可参考附录四:城市轨道交通工程费用参考费率。

11.5　概算费用编制要点

1. 车站工程

(1)合理确定弃土、弃渣运距。一是根据弃土场的位置,结合全线站点及车辆基地布置情况,确定综合运距,其优点是全线弃土、弃渣运距统一,操作简单;二是根据每个站点离弃土场的距离,分别确定弃土、弃渣运距,其优点是更加具体、合理,缺点是操作麻烦、工作量较大。概算编制可根据具体情况合理确定弃土、弃渣运距。

(2)合理确定钢支撑和降水使用天数。根据当地以往施工进度和经验,按照主体和附属分别确定钢支撑和降水使用天数。对地下三层等超深车站,应根据实际情况酌情增加钢支撑和降水使用天数。

(3)严格按定额工程量计算规则计算工程数量。一是梁板、板墙和梁柱重叠处,应扣除重叠部位的工程量;二是 $0.3\ m^2$ 以上的孔洞工程量要扣除;三是应计算地连墙和钻孔桩的超挖与超钻部分工程量;四是应计算导墙拆除工程量。

(4)根据地勘资料,对地下标准车站梁、板、柱和墙的含钢量进行统一规定。

(5)根据地勘资料,对不同宽度地连墙与不同孔径钻孔桩的含钢量进行统一规定。

(6)第一道支撑以上的土方按明挖土方考虑,第一道支撑以下的土方按带支撑基坑挖土考虑。

(7)基坑底部需采用人工挖土或小型机械挖土。

(8)按不同工法合理确定钢筋接驳器数量。

(9)合理确定预埋铁件数量。

2. 区间工程

(1)盾构区间根据盾构推进图计列盾构进出场、转场、调头和过站。

(2)盾构区间混凝土预制管片根据市场实际情况，按成品采购考虑，不套用相关定额。

(3)盾构区间一般地段的注浆量应统一，穿越特殊地层、风险源地段或上下重叠区间可根据情况酌情增加注浆量。

盾构区间注浆量计算公式：

$$Q=V\cdot\lambda$$

$$V=\pi(D^2-d^2)L/4$$

式中 λ——注浆率(一般取1.5～2.0)；

V——盾构施工引起的空隙(m^3)；

D——盾构切削外径(m)；

d——预制管片外径(m)；

L——盾构掘进长度(m)。

(4)暗挖区间概算按不同断面分别计算。根据工程实际情况合理确定超前小导管数量、超前注浆量及洞内注浆量，洞内临时设施的数量根据工程经验合理确定。

3. 机电工程概算

机电设备系统牵涉的专业众多，包括通信、信号、供电、FAS、BAS、综合监控、电扶梯和站台门等。除供电系统外，其他机电系统主要集中在设备费上。因此，准确合理地计算设备费是编制机电设备概算的重点，而设备单价确定又是重中之重。概算编制中，设备单价一般采用最新市场询价，也可根据近期招标或结算价上浮一定比例确定设备单价。涉及到第三方投资的项目，尤其要注意设备单价来源的准确性，以确保机电概算客观和准确。

4. 前期工程概算

征地、租地、建(构)筑物拆迁、管线迁改、交通疏解、道路恢复和绿化补偿等工作，需要在土建工程开工前实施完毕，这些工作统称为前期工程。由于前期工程涉及到很多产权单位，专业性较强，定价具有一定的垄断性。因此，前期工程概算应由业主分别委托相应的专业设计院完成，以保证概算的严肃、真实和准确。

11.6 建筑安装工程单项概算取费程序

住房城乡建设部建标〔2011〕159号文“关于印发《城市轨道交通建筑安装工程费用标准编制规则》的通知”中，制定了城市轨道交通工程取费程序，作为各省、自治区、直辖市工程造价管理机构编制城市轨道交通工程费用标准时参考。

11.6.1 取费基础

取费基础是指以费率形式计取的各项费用的计算基础。

1. 措施费

土建工程与轨道工程以直接工程费为基础计算；安装工程以人工费为基础计算。

2. 企业管理费

土建工程与轨道工程以直接费为基础计算；安装工程以人工费为基础计算。

3. 利润

土建工程与轨道工程以直接费与企业管理费之和为基础计算；安装工程以人工费为基础计算。

4. 规费

社会保障费用以人工费为基础计算；工程排污费和其他按各地政府规定标准计算。

5. 税金

以税前工程造价为基础计算。

11.6.2　取费分类

城市轨道交通工程按工程类别取费；工程类别分为土建工程、轨道工程、安装工程三大类。

1. 土建工程

(1)地上工程：适用于地面与高架车站及区间等土建工程。

(2)地下工程：明挖工程、暗挖工程、盾构工程。

2. 轨道工程

适用于轨道、车辆段、停车场等线路的所有轨道工程。

3. 安装工程

(1)通信、信号工程。

(2)供电工程。

(3)智能与控制系统工程。

(4)机电工程。

11.6.3　取费程序表

取费程序表分预算取费程序表、概算取费程序表及工程量清单计价程序表。

取费程序表中的措施费(一)是指以费率计算的措施费；措施费(二)是指按设计图纸与施工组织设计方案计量并执行定额计算的措施费。

编制期为预算文件确定的编制期。

(1)预算取费程序分以直接工程费为基础(表 11.2)、人工费加机械费为基础(表 11.3)及人工费为基础(表 11.4)三种。

(2)概算取费程序分以直接工程费为基础(表 11.5)和以人工费为基础(表 11.6)两种。

①概算直接费包括直接工程费和措施费(二)。

②综合费用包括措施费(一)和企业管理费，综合费率由各地工程造价管理部门测算。

③概算规费费率由各地工程造价管理部门测算。

④概算调整是指对初步设计图纸深度不足的调整，概算调整系数由各地造价管理部门测算。

表 11.2　轨道交通工程预算取费程序表(以直接费为基础计算)

序号	费用项目	计算公式
1	直接工程费	1.1+1.2+1.3
1.1	人工费	∑工程量×定额人工消耗量×编制期人工单价
1.2	材料费	∑工程量×定额材料消耗量×编制期人工单价
1.3	机械费	∑工程量×定额机械台班消耗量×编制期机械台班单价
2	措施费(一)	1×措施费费率
2.1	其中：人工费	按有关规定计算
3	措施费(二)	∑工程量×定额工、料、机消耗量×编制期价格

续上表

序号	费用项目	计算公式
3.1	其中:人工费	∑工程量×定额人工消耗量×编制期人工单价
4	直接费	1+2+3
5	企业管理费	4×企业管理费费率
6	利润	(4+5)×利润率
7	规费	7.1+7.2
7.1	社会保险费	(1.1+2.1+3.1)×规费费率
7.2	工程排污费及其他	按各地政府规定标准计算
8	税金	(4+5+6+7)×税率
9	工程造价	4+5+6+7+8

表 11.3　轨道交通工程预算取费程序表(以人工费加机械费为基础计工算)

序号	费用项目	计算公式
1	直接工程费	1.1+1.2+1.3
1.1	人工费	∑工程量×定额人工消耗量×编制期人工单价
1.2	材料费	∑工程量×定额材料消耗量×编制期人工单价
1.3	机械费	∑工程量×定额机械台班消耗量×编制期机械台班单价
2	措施费(一)	(1.1+1.3)×措施费费率
2.1	其中:人工费	按有关规定计算
2.2	机械费	按有关规定计算
3	措施费(二)	∑工程量×定额工、料、机消耗量×编制期价格
3.1	其中:人工费	∑工程量×定额人工消耗量×编制期人工单价
3.2	机械费	∑工程量×定额机械台班消耗量×编制期机械台班单价
4	直接费	1+2+3
5	企业管理费	(1.1+1.3+2.1+2.2+3.1+3.2)×企业管理费费率
6	利润	(1.1+1.3+2.1+2.2+3.1+3.2)×利润率
7	规费	7.1+7.2
7.1	社会保险费	(1.1+2.1+3.1)×规费费率
7.2	工程排污费及其他	按各地政府规定标准计算
8	税金	(4+5+6+7)×税率
9	工程造价	4+5+6+7+8

表 11.4　轨道交通工程预算取费程序表(以人工费为基础计算)

序号	费用项目	计算公式
1	直接工程费	1.1+1.2+1.3
1.1	人工费	∑工程量×定额人工消耗量×编制期人工单价
1.2	材料费	∑工程量×定额材料消耗量×编制期人工单价
1.3	机械费	∑工程量×定额机械台班消耗量×编制期机械台班单价
2	措施费(一)	1.1×措施费费率
2.1	其中:人工费	按有关规定计算
3	措施费(二)	∑工程量×定额工、料、机消耗量×编制期价格
3.1	其中:人工费	∑工程量×定额人工消耗量×编制期人工单价

续上表

序号	费用项目	计算公式
4	直接费	1+2+3
5	企业管理费	(1.1+2.1+3.1)×企业管理费费率
6	利润	(1.1+2.1+3.1)×利润率
7	规费	7.1+7.2
7.1	社会保险费	(1.1+2.1+3.1)×规费费率
7.2	工程排污费及其他	按各地政府规定标准计算
8	税金	(4+5+6+7)×税率
9	工程造价	4+5+6+7+8

表 11.5　轨道交通工程设计概算取费程序表(以直接费为基础计算)

序号	费用项目	计算公式
1	概算直接费	按概算定额及编制期价格计算
1.1	人工费	概算直接费中的人工费
2	综合费用	1×综合费用费率
3	利润	(1+2)×利润率
4	规费	1.1×概算规费费率
5	概算调整	(1+2+3+4)×概算调整系数
6	税金	(1+2+3+4+5)×税率
7	概算总造价	1+2+3+4+5+6

表 11.6　城市轨道交通工程设计概算取费程序表(以人工费为基础计算)

序号	费用项目	计算公式
1	概算直接费	按概算定额及编制期价格计算
1.1	人工费	概算直接费中的人工费
2	综合费用	1.1×综合费用费率
3	利润	1.1×利润率
4	规费	1.1×概算规费费率
5	概算调整	(1+2+3+4)×概算调整系数
6	税金	(1+2+3+4+5)×税率
7	概算总造价	1+2+3+4+5+6

11.7　城市轨道交通工程费用参考费率

住房城乡建设部建标〔2011〕159 号文“关于印发《城市轨道交通建筑安装工程费用标准编制规则》的通知”中，制定了城市轨道交通工程费用参考费率。该参考费率以北京市、上海市、江苏省、广东省、重庆市五省市城市轨道交通工程项目建设企业的数据和《城市轨道交通工程预算定额》(GCG 103—2008)为基础测算，可作为各省、自治区、直辖市工程造价管理机构编制城市轨道交通工程费用标准、测定费率时参考。

措施费参考费率参见表 11.7、表 11.8，企业管理费参考费率参见表 11.9，规费参考费率参见表 11.10。

表 11.7 措施费参考费率表(一)

序号	项目名称	以直接工程费为计算基础(%)				
		地上工程	地下明挖工程	地下暗挖工程	盾构工程	轨道工程
1	安全文明施工费	2.94～4.30	2.62～4.25	2.64～3.90	1.75～3.90	1.65～3.90
	(1)环境保护费	1.53～2.10	1.40～2.25	1.54～2.00	1.29～2.00	1.05～2.00
	(2)文明施工费					
	(3)安全施工费					
	(4)临时设施费	1.10～2.20	1.10～2.00	1.10～1.90	0.80～1.90	0.40～1.90
2	夜间施工增加费	0.10～0.23	0.10～0.20	0.15～0.28	0.10～0.20	0.10～0.20
3	二次搬运费	0.10～0.20	0.10～0.25	0.18～0.30	0.10～0.33	0.10～0.20
4	雨季施工增加费	0.10～0.30	0.07～0.25	0.05～0.25	0.10～0.25	0.07～0.25
5	已完工程及设备保护费	0.08～0.20	0.02～0.10	0.02～0.10	0.02～0.10	0.02～0.21
6	合计(综合费率)	3.75～4.89	3.41～4.79	3.51～4.49	2.48～4.36	2.09～4.49

表 11.8 措施费参考费率表(二)

序号	项目名称	以人工费为计算基础(%)			
		通信、信号工程	供电工程	智能与控制系统工程	机电工程
1	安全文明施工费	10.39～22.59	11.40～22.59	12.50～23.00	12.50～23.00
	(1)环境保护费	6.55～10.59	7.32～10.10	7.65～10.80	7.65～10.80
	(2)文明施工费				
	(3)安全施工费				
	(4)临时设施费	3.84～12.98	4.08～12.98	4.85～12.98	4.85～12.98
2	夜间施工费	0.90～1.61	0.82～1.37	0.90～1.37	0.90～1.37
3	二次搬运费	0.16～2.65	0.46～2.65	0.40～2.65	0.40～2.65
4	雨季施工增加费	0.50～0.70	0.50～0.80	0.50～0.70	0.50～0.65
5	已完工程及设备保护费	0.10～1.20	0.10～1.50	0.10～1.80	0.10～1.80
6	合计(综合费率)	13.00～27.30	14.13～27.70	14.94～28.70	14.99～28.70

表 11.9 企业管理费参考费率表(三)

序号	项目名称	以直接费为计算基础(%)	以人工费为计算基础(%)
1	地上工程	6.69～8.25	～
2	地下明挖工程	6.75～7.55	～
3	地下暗挖工程	6.80～7.90	—
4	盾构工程	5.38～7.64	—
5	轨道工程	4.50～6.97	—
6	通信、信号工程	—	30.00～42.70
7	供电工程	—	31.00～44.00
8	智能与控制系统工程	—	31.00～46.40
9	机电工程	—	31.00～46.40

表 11.10　规费参考费率表(四)

序号	项目名称	以人工费为计算基础(%)
1	土建与轨道工程	18.31～39.42
2	安装工程	10.53～39.42

11.8　城市轨道交通工程投资估算编制

1. 编制要点

在项目建设规划阶段，比较准确地编制投资估算，需要考虑各种影响因素，做好以下工作：

(1)合理确定设计方案

不管在工程哪个设计阶段，估算或概算都是根据确定的设计方案编制的。建设规划阶段的投资估算也不例外，应是通过现场调查，根据掌握的现场实际情况和需求，提出设计方案，经论证、确定后编制的。由此说明，设计方案的论证和确定非常重要，应高度重视。一旦确定，会直接影响可行性研究和初步设计阶段，甚至施工设计阶段的设计方案，且不能随意改变。如果改变，将影响到工程投资，多半是增加投资。所以，在建设规划阶段，应加深设计深度，对设计方案经过论证后确定，特别是对投资影响较大的线路敷设方式、车站结构、车站数量、车辆型号和编组、车辆段和停车场规模、供电方式和主变电所的设置等，更应进行方案比较，并组织专家评估后确定，根据评估确定的方案编制投资估算，以减少后期设计阶段的方案变更和投资的变化。

(2)考虑物价上涨等因素

建设规划阶段编制的投资估算与初步设计阶段编制的概算，一是在时间上就存在时间差，这个时间差可能晚 1～2 年，也可能晚几年，在这个 1～2 年及以上的时间里，关于工程建设的各种情况和指标都会发生变化，从而影响到设计方案和投资；二是建设规划阶段的投资估算是根据确定的设计方案，依据可参考的估算指标编制的，因设计深度限制，无法根据设计图纸和确定的工程数量编制估算。而初步设计阶段编制的概算，是根据有关设计图纸、工程数量、概算定额及取费标准编制的，在设计深度上更加深了一步，编制的概算其准确性就更准确了一些。所以，要保证建设规划阶段投资估算的准确性，就应根据确定的设计方案，依据近几年市场价格变化趋势，合理确定投资估算参考指标，并考虑物价上涨因素，来编制投资估算，尽量减少几年后因物价上涨对工程投资的影响。编制工程投资估算或概预算都要考虑预备费，预备费包括基本预备费和价差预备费两项内容，其中的价差预备费为编制期年度到项目建设竣工的整个期限内，由于人工、材料、设备价格的上涨导致的投资变化需预留的费用。即说明预备费的计算虽有一定的取费标准，但随着形势和市场价格的变化及时间的推移，计算预备费的比例是不能固定不变的。所以，在编制投资估算时，应根据基本建设形势和投资能力，在基本确定开展初步设计年限的基础上，综合考虑各种影响因素后，确定参考指标或相关定额，以此编制投资估算，并合理计取其他有关费用。

(3)深化前期工程费的编制

近几年，征地拆迁等前期工程费用逐年提高，是造成初步设计概算增加的一个主要原因。一是在建设规划阶段不对需要征用的土地和拆迁数量及价格(或赔偿标准)进行详细调查，也不根据线路走向和敷设方式确定迁改方式，而采用正线公里指标估算这部分投资，这样就与实际造成了较大的出入。为保证所编制的征地拆迁等前期工程费用的准确性，应深化对前期工程工作的深度，根据线路走向和敷设方式，对需要征用的土地和拆迁的建筑物进行全面调查和统计，以确定的数量和项目所在地的赔偿标准编制投资估算。尽量做到编制的投资估算既能体现设计方案，又能与市场行情相结合。

2. 编制程序

城市轨道交通工程投资估算采用《投资估算指标》计算，《投资估算指标》(GCG 101—2008)的编制期价格、费率取定台下：

(1)价格取定。人工工资综合单价按北京地 2004 年价格，其中：土建工程 31.03 元/工日，安装工程 35.78 元/工日；材料价格、机械台班单价按北京地区 2004 年价格。

(2)费率取定。措施费和综合费用费率参照 2001 年《北京市建设工程预算定额》的配套取费标准。

①将措施费费率分别摊入人工费、材料费和机械费。措施费费率取定见表 11.11、表 11.12。

表 11.11 措施费费率(一)

项目	车站			区间			轨道
	地下车站	高架车站	地面车站	明挖、暗挖区间	盾构区间	高架区间	
费率	3.97	4.00	3.10	3.97	5.08	4.00	1.80

计算基数：人工费＋材料费＋机械费。

分摊比例：其中人工费 8%，材料费 87%，机械费 5%，分别按比例计算。

表 11.12 措施费费率(二)

项目	通信	信号	供电	综合监控系统	防灾报警、环境与设备监控	办公自动化、乘客信息及门禁系统	通风空调系统	给排水与消防系统	自动售检票系统
费率(%)	20	20	19	19	19	19	19	19	19

计算基数：人工费。

分摊比例：其中人工费 8%，材料费 87%，机械费 5%，分别按比例计算。

②综合费用费率取定见表 11.13、表 11.14。

表 11.13 综合费用费率(一)

项目费率(%)	地下车站	高架车站	地面车站	明挖、暗挖区间	盾构区间	高架区间	轨道
间接费	9.79	10.88	10.62	9.79	15.4	10.88	5.7
利润	7	7	7	7	7	7	7
税金	3.4	3.4	3.4	3.4	3.4	3.4	3.4

计算基数：间接费：指标直接费。

利润：指标直接费＋间接费。

税金：指标直接费＋间接费＋利润。

表 11.14 综合费用费率(二)

项目费率(%)	通信	信号	供电	综合监控	防灾报警、环境与设备监控	办公自动化、乘客信息及门禁	通风、空调与采暖	给排水与消防	自动售检票
间接费	84.5	84.5	75	75	75	75	75	75	75
利润	7	7	7	7	7	7	7	7	7
税金	3.4	3.4	3.4	3.4	3.4	3.4	3.4	3.4	3.4

计算基数：间接费：人工费。

利润：指标直接费＋间接费。

税金：指标直接费＋间接费＋利润。

3. 计算程序

估算指标计算程序见表 11.15。

表 11.15　估算指标计算程序

序号	项目	取费基数及计算方式
	指标基价	一＋二
一	建筑安装工程费	(四)＋(五)
1	人工费	
2	措施费分摊	计算基数×措施费费率×8%
(一)	人工费小计	1＋2
3	材料费	
4	措施费分摊	计算基数×措施费费率×87%
(二)	材料费小计	3＋4
5	机械费	
6	措施费分摊	计算基数×措施费费率×5%
(三)	机械费小计	5＋6
(四)	直接费小计	(一)＋(二)＋(三)
(五)	综合费用	(四)×综合费用费率
二	设备购置费	原价＋设备运杂费

车站土建、区间土建、轨道的措施费计算基数为：人工费＋材料费＋机械费；通信、信号、供电、综合监控系统、防灾报警、环境与设备监控、办公自动化、乘客信息及门禁系统，通风空调系统，给排水与消防系统，自动售检票系统，车站辅助设备的措施费计算基数为人工费。

4.《投资估算指标》的使用

使用本指标时可按指标消耗量及工程所在地当时当地市场价格调整指标的主要材料费，并相应计算其他材料费和机械费，再按照规定的计算程序和计算方法计算各项费用，费率可参照指标确定，也可按各级建设行政主管部门发布的费率调整。

《投资估算指标》中的人工、材料、机械费的消耗量原则上不做调整。具体调整办法如下。

(1)建筑安装工程费的调整。

①人工费：以指标人工工日数乘以当时当地造价管理部门发布的人工单价确定。

②材料费：以指标主要材料消耗量乘以当时当地造价管理部门发布的相应材料价格确定。

$$\text{其他材料费}=\text{指标其他机械}\times\frac{\text{调整后的主要材料费}}{\text{指标材料费小计}-\text{指标其他材料费}-\text{材料费中措施费分摊}}$$

③机械费：

以指标主要机械消耗量乘以当时当地造价管理部门发布的相应机械台班价格确定。

$$\text{其他机械费}=\text{指标其他机械}\times\frac{\text{调整后的主要机械费}}{\text{指标机械费小计}-\text{指标其他机械费}-\text{机械费中措施费分摊}}$$

④直接费：调整后的直接费为调整后的人工费、材料费、机械费之和。

⑤综合费用：综合费用的调整应按当时当地不同工程类别的综合费率计算。

计算公式如下：

综合费用＝调整后的直接费×当时当地的综合费率

⑥建筑安装工程费：

建筑安装工程费＝调整后的(直接费＋综合费用)

(2)设备购置费的调整。指标中列有设备购置费的，按主要设备清单，采用当时当地的设备价格或上涨幅度进行调整。

(3)指标基价的调整。

指标基价＝调整后的(建筑安装工程费＋设备购置费)

思考题

1. 简述概预算编制的基本方法和流程。
2. 简述概预算编制层次与要求。
3. 如何进行概预算编制的基础资料收集？
4. 简述城市轨道交通工程概预算的编制步骤与方法。
5. 城市轨道交通工程概预算基础数据表格主要有哪些？
6. 编制城市轨道交通工程概预算应注意的事项？
7. 简述城市轨道交通工程概预算的章节划分。
8. 简述城市轨道交通工程铁路工程概预算编制过程中定额的采用与取费标准。
9. 城市轨道交通工程概预算编制存在哪些问题，改进措施主要有哪些？
10. 简述城市轨道交通工程投资估算的编制要点与程序。

第 12 章 工程计价方法与概算编制示例

12.1 工程计价方法

工程造价从广义上讲(从项目投资者立场出发)建设工程造价是指投资建设该项目所需花费的全部资金。从狭义上讲(从项目经营者立场出发)建设工程造价仅指建造该项目所需花费的全部费用,包括工程费用和工程其他费用,它是保证项目建造活动正常进行的必要资金。从更狭义上讲(从工程建设者立场出发)指由其提供的产品(或服务)的价格,即建筑安装产品价格(以下简称建筑产品价格)。

12.1.1 工程计价的基本原理

建设项目是兼具单件性与多样性的集合体。每一个建设项目的建设都需要按业主的特定需要进行单独设计、单独施工,不能按批量生产和按整个项目确定价格,只能采用特殊的计价方法,即将整个项目进行分解,划分为可以按有关技术经济参数测算价格的基本构造单元(如定额项目、清单项目),这样就可以计算出基本构成单元的费用。一般来说,分解结构层次越多,基本子项也越细,计算也更精确。

任何一个建设项目都可以分解为一个或几个单项工程,任何一个单项工程都是由一个或几个单位工程所组成。作为单位工程的各类建筑工程和安装工程仍然是一个比较复杂的综合实体,还需要进一步分解。就建筑工程来说,又可以按照施工顺序细分为土石方工程、地基处理与边坡支护工程、桩基工程、砌筑工程、混凝土及钢筋混凝土工程、金属结构工程、木结构工程、门窗工程、屋面及防水工程等分部工程。分解成分部工程后,从工程计价的角度,还需要把分部工程按照不同的施工方法、不同的构造及不同的规格,加以更细致的分解,划分为更为简单细小的部分,即分项工程。分解到分项工程后还可以根据需要进一步划分为定额项目或清单项目,这样就可以得到基本构造单元了。

1. 基本思路

工程造价计价的主要思路就是将建设项目细分至最基本的构造单元,找到适当的计量单位及当时当地的单位,就可以采取一定的计价方法,进行分部组合汇总,计算出相应工程造价。工程计价的基本原理就在于项目的分解与组合。

工程计价的基本原理可以用公式的形式表达如下:

分部分项工程费=[基本构造单元工程量(定额项目或清单项目)×相应单价]

工程造价的计价可分为工程计量和工程计价两个环节。

1)工程计量

工程计量工作包括工程项目的划分和工程量的计算。

(1)单位工程基本构造单元的确定，即划分工程项目。编制工程概预算预算时，主要是按工程定额进行项目的划分；编制工程量清单时主要是按照工程量清单计量按规范规定的清单项目进行划分。

(2)工程量的计算就是按照工程项目的划分和工程量计算规划，按施工图设计文件和施工组织设计对分项工程实物进行计算。工程实物量是计价的基础，不同的计价依据有不同的计算规则规定。目前，工程量计算规则主要包括两大类。

①各类工程定额规定的计算规则；

②各专业工程计量规范附录中规定的计算规则。

2)工程计价

工程计价包括工程单价的确定和总价的计算。

(1)工程单价是指完成单位工程基本构造单元的工程量所需要的基本费用。工程单价包括工料单价和综合单价。

①工料单价也称为直接工程费单价，包括人工、材料、机械台班费用，是各种人工消耗量、各种材料消耗量、各类机械台班消耗量与其相应单价的乘积。工料单价＝Σ(人材机消耗量×人材机单价)

②综合单价包括人工费、材料费、机械台班费，还包括企业管理费、利润和风险因素。综合单价根据国家、地区、行业定额和企业定额消耗量和相应生产要素的市场价格来确定。

(2)工程总价是指经过规定的程序和办法逐级汇总形成的相应工程造价。根据采用单价的不同，总价的计算程序有所不同。

①采用工料单价时，在工料单价确定后，乘以相应定额项目工程量并汇总，得出相应工程直接费，再按照相应的取费程序计算其他各项费用，汇总后形成相应工程造价。

②采用综合单价时，在综合单价确定后，乘以相应项目工程量，经汇总即可得出分部分项工程费，再按相应的办法计取措施项目、其他项目、规费项目、税金项目费，各项目费汇总后得出相应工程造价。

2. 工程计价标准和依据

工程计价标准和依据主要包括计价活动的相关规章规程、工程量清单计价和计量规范、工程定额和相关造价信息。

从目前我国现状来看，工程定额主要用于在项目建设前期各阶段对于建设投资的预测和估计，在工程建设交易阶段，工程定额通常只能作为建设产品价格形成的辅助依据。工程量清单计价依据主要适用于合同价格形成以及后续的合同价格管理阶段。

(1)计价活动的相关规章规程

现行计价活动相关的规章规程主要包括建筑工程发包与承包计价管理办法、建设项目投资估算编审规程、建设项目设计概预算编审规程、建设项目施工图预算编审规程、建设工程招标控制价编审规程、建设项目工程结算编审规程、建设项目全过程造价咨询规程、建设工程造价咨询成果文件质量标准、建设工程造价鉴定规程等。

(2)工程量清单计价和计量规范

工程量清单计价和计量规范由《建设工程工程量清单计价规范》《房屋建筑与装饰工程计量规范》《仿古建筑工程计量规范》《通用安装工程计量规范》《市政工程计量规范》《园林绿化工程计量规范》《构筑物工程计量规范》《矿山工程计量规范》《城市轨道交通工程计量规范》《爆破工程计量规范》等组成。

(3)工程定额

主要指国家、省、有关专业部门制定的各种定额，包括工程消耗量定额、工程计价定额、造价编制办法等。

(4)工程造价信息

3. 工程造价计价的顺序

工程造价计价的基本顺序为：分部分项工程造价→单位工程造价→单项工程造价→建设项目总造价。

12.1.2　工程计价的基本方法

1. 定额计价

定额计价是指按照国家建设行政主管部门发布的建设工程预算定额的“工程量计算规则”，同时参照省级建设行政主管部门发布的人工工日单价、机械台班单价、材料以及设备价格信息及同期市场价格，直接计算出直接工程费，再按规定的计算方法计算间接费、利润、税金，汇总确定建筑安装工程造价。

一般情况，这种计价模式是由主管部门对工程预算的定额进行制定的，同时对收费的标准进行科学的规定。定额计价模式是对材料、机械以及人工等消耗量进行准确的反映，不仅如此，对施工措施消耗部分也进行了一定的固定，虽然其价格定期的会受相关部门发布的价格指数的影响，但是政府部门采取的统一收费标准基本上是社会平均价格。定额计价的费用有很多的部分组成，比如直接费、间接费以及税金和利润等。

定额计价法包括单价法和实物法。

(1)单价法

首先按相应定额工程量计算规则计算工程中各个分部分项工程的工程量，然后直接套取相应预算定额的各个分部分项工程量的定额基价，然后直接得出各个分部分项工程的直接费，汇总得出工程的总的直接费，再用工程总的直接费乘以相应的费率得出工程总的间接费、利润和税金，最后汇总得出工程的造价。

(2)实物法

在算出各个分部分项工程的工程量后，套用相应的分部分项工程的定额消耗量，将各个分部分项工程量分解为相应的工料机的消耗量，然后分别乘以相应的人工、材料、机械的市场单价后相加得出相应分部分项工程的工料机合价，再将各个分部分项工程费汇总，后面的做法和单价法一样。

(3)单价法与实物法的比较

单价法与实物法最主要也是最根本的区别就在于计算出工程量以后的步骤。单价法和实物法的区别在于各个分部分项工程的工料机合价计算依据不同，单价法用“定额基价”直接计算，而实物法用“消耗量定额”和“工料机的市场单价”确定各个分部分项工程的工料机合价。

不管应用哪种方法，所计算出来的各个分部分项工程的费用都只包括工料机费用，各个分部分项工程的费用没有间接费、利润、税金、措施费、风险费等，换句话来说就是定额计价法中只能计算工程总的间接费、措施费、利润和税金等，在这种计价方法下我们无法得出各个分部分项工程的间接费、措施费、利润和税金。因此我们将此种工料单价称之为“不完全单价”。具体计算流程参见图 12.1。

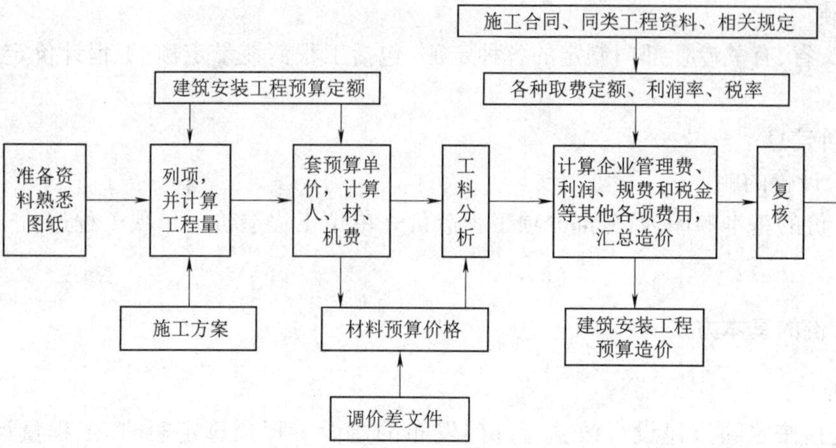

图 12.1 定额计价法计价流程

2. 工程量清单计价

工程量清单计价模式是指根据全国统一的工程量计算标准，招标人提供工程量清单以及相关的技术说明，投标人根据当前的市场价格以及企业自身的定额水平对工程进行定价的一种定价模式。工程量清单计价组成部分也比较多，有分部分项工程量清单、相关的措施项目清单以及其他的项目清单。对于招标人提供的工程清单全部费用需要由投标人来完成，其费用也由很多部分组成，比如分部分项工程费、相关的措施项目费以及其他项目管理费和税金等。

这种计价模式下，招标人依据施工图纸、招标文件要求和统一的工程量计算规则以及统一的施工项目划分规定，为投标人提供工程量清单。投标人根据本企业的消耗标准、利润目标，结合工程实际情况、市场竞争情况和企业实力，并充分考虑各种风险因素，自主填报清单所列项目，包括工程直接成本、间接成本、利润和税金在内的单价和合价，并以所报的单价作为竣工结算时增减工程量的计价标准调整工程造价。

工程量清单计价法又称之为综合单价法，既然是综合单价，就是说各个分部分项工程的费用不仅仅包括工料机的费用，还包括各个分部分项工程的间接费、利润、税金、措施费、风险费等，即在计算各个分部分项工程的工料机费用的同时就开始计算各个分部分项工程的间接费、利润、税金、措施费、风险费等。这样就会形成各个分部分项工程的“完全价格(综合价格)”，最后直接汇总所有分部分项工程的“完全价格(综合价格)”就可直接得出工程的工程造价，我们将这种计价方法称之为工程量清单计价法。工程量清单计价按国家标准《建设工程工程量清单计价规范》(GB 50500—2008)的规定执行(表 12.1)。

表 12.1 城市轨道交通工程工程量清单计价程序表

序号	费用名称	计算公式
1	分部分项工程费	Σ分部分项工程量×相应综合单价
1.1	分部分项工程费中的人工费	Σ分部分项工程量×相应综合单价中的人工费
2	措施费	2.1+2.2
2.1	措施费(一)	分部分项工程费×措施费综合费率
2.1.1	人工费	按有关规定计算
2.2	措施费(二)	工程量×相应综合单价

续上表

序号	费用名称	计算公式
2.2.1	人工费	工程量×相应综合单价中的人工费
3	其他项目	3.1+3.2+3.3+3.4
3.1	暂列金额	按招标人确定金额暂列
3.2	暂估价	3.2.1+3.2.2
3.2.1	材料暂估价	按招标人确定金额暂列
3.2.2	专业工程暂估价	按招标人确定金额暂列
3.3	计日工	按招标人提供的项目与数量×相应综合单价
3.4	总承包服务费	(分包工程造价－设备费)×相应规定费率
4	规费	(1.1+2.1.1+2.2.1)×规费费率
5	税金	[1+2+(3−3.2.1)+4]×规定税率
6	单位工程造价	1+2+(3−3.2.1)+4+5

12.2 两种计价方法的比较

1. 计价的作用比较

综合定额的人工、材料、机械等的费用是按社会平均水平编制的，是静止形态的价格，已不适应动态的、瞬息万变的市场环境。它没有把工程实体消耗与措施消耗分开，没有反映工程建设的特点。如：对于一个基础土方开挖项目，构成工程实体消耗是一定的，但施工方法则是多种多样的，承包人可根据自己的技术装备、施工方法、管理水平等措施进行施工。

工程量清单计价只反映工程分部分项实体消耗标准，体现“控制量、指导价、竞争费”的原则，它把工程实体消耗与措施项目分开，对实体项目提出社会平均消耗标准。在目前企业还不具备建立自己消耗定额条件下，工程计价表消耗量标准成为工程量清单计价方式下编制招标标底的主要依据和投标报价的重要参考。

2. 工程量计算的比较

定额计价的工程量，一律由承包方负责计算，计算规则执行的是计价定额(即消耗量定额)的规定，由发包方进行审核。

清单计价的工程量来源于两个方面：一是清单项目的工程量，由清单编制人根据《计价规范》各附录和陕西省补充项目中的工程量计算规则计算，并填写工程量清单作为招标文件的一部分发至投标人。二是组成清单项目的各个定额分项工程的工程量，由投标人根据计价定额规定的工程量计算规则计算，并执行相应计价定额组成综合单价。

3. 单位工程造价构成比较

综合定额单位工程造价由直接工程费、间接费、利润、税金组成，直接工程费是由人工费、材料费、机械费组成，其他费用是以直接工程费为计算基数，最后将直接工程费、间接费、利润、税金汇总为单位工程造价。

工程量清单计价的造价组成是由分部分项工程量清单费用、措施项目清单费用、其他项目费用、规费、税金五部分构成，这种划分将工程实体性消耗和施工措施性消耗分离开。对于工程实体性消耗费用，投标人根据招标文件中的工程量清单数量报出每个清单项目的综合单价；

对于措施性项目消耗费用招标人只给出工程项目名称，投标人根据招标文件要求和施工现场情况、施工方案再结合自身队伍的技术、管理水平自行确定，体现竞争费的市场竞争。

4. 分部分项工程单价构成比较

综合定额计价时分部分项工程的单价是工料单价，由人工费、材料费、机械费构成。

工程量清单计价的分部分项工程单价是综合单价，包括人工费、材料费、机械使用费、管理费、利润和考虑一定的风险费。综合单价是投标人根据自己企业的技术专长、材料采购渠道、机械装备水平、管理能力、投标策略等确定的价格，综合单价的报出是一个自主报价、市场竞争的过程。

5. 项目划分比较

综合定额有几千个项目，它的划分十分详细，划分原则是按工程的不同部位、不同材料、不同工艺、不同施工机械、不同施工方法和材料规格型号。

工程量清单计价的项目划分有较大的综合性，规范中建筑工程只有几百个项目，它的划分考虑了工程部位、材料、项目特征，但不考虑具体的施工方法、措施。如挖土方只给出工程项目特征，没有给出是人工挖土还是机械挖土或者是人机配合挖及机械的型号等。同时对同一项目不再按阶段或过程分为几项，而是综合到一起。如混凝土项目，将混凝土制作、运输、浇筑、振捣、养护、接头、灌缝等综合为一项。这样给了施工企业选择施工方法的空间，报价时有更多的自主性，使施工企业放弃对定额的依赖，慢慢转向靠企业内部建立或不断完善的报价及管理定额和价格体系。

6. 生产要素价格比较

定额计价时，工料机价格是取定价格。即使存在动态调整，其调整的标准也是造价管理部门发布的市场信息价格。这种市场信息价格只反映不同时期的变动情况，而在同一时期内，它是一种平均价格，不同的施工企业均按这个平均价格找差，其结果不反映企业的管理水平。

清单计价使用的工料机价格，是报价期内由企业的管理水平所决定的市场价格，在同一报价期内，不同投标人因其管理水平不同，工料机价格也是不同的。因此，清单计价时，使用的生产要素价格也具有多样性。

7. 取费原理比较

定额计价法，是当地或者当地区按照平均水平给定的相对合理的单价，要求全地区统一使用，故名“定额单价法”，这种情况下，不同单位之间的竞争很小，报价浮动基本不存在。

而清单计价法，是在省级或者国家计价部门固定某些费用（规费、税金和安全明文施工费）的前提下，由报价单位自主报价，这种情况下，价格的高度很大程度取决于公司的管理水平，管理水平越高，报价可以相对低一些，但是不能低于同类工程的成本。

8. 价格形成机制比较

定额计价时，施工单位获得工程有两种情况：一是通过指令性计划获得工程。通常是先获得工程后计价，其工程价格是通过预算、结算的审批形成的。二是投标获得工程。虽然通过了竞争，但由于都使用了同一水平的定额和生产要素价格，竞争并不充分。并且，这种竞争只是预算人员计算工程量的竞争和人际关系的竞争，不是企业综合生产能力的竞争，阻碍了生产力发展。

清单计价是通过招标投标，在“低价中标”的市场环境中获得工程，中标价基本上就是竣工结算价（或竣工结算价的主体部分）。由于竞争中各投标人使用的定额和生产要素价格具有个性化，反映了企业的实际情况，使真正具有生产能力优势的企业中标，体现客观、公正、公平竞争原则。

9. 风险处理方式比较

定额计价，风险只在投资一方，所有的风险在不可预见费中考虑；结算时，按合同约定，可以调整。可以说投标人没有风险，不利于控制工程造价。

工程量清单计价，使招标人与投标人风险合理分担，投标人对自己所报的成本、综合单价负责，还要考虑各种风险对价格的影响，综合单价一经合同确定，结算时不可以调整(除工程量有变化)，且对工程量的变更或计算错误不负责任；招标人相应在计算工程量时要准确，对于这一部分风险应由招标人承担，从而有利于控制工程造价。

工程定额计价和工程量清单计价比较具体参看表12.2。

表12.2　工程定额计价和工程量清单计价比较

序号	内容	定额计价	清单计价
1	项目设置	一般是按施工工序、工艺进行设置的，定额项目包括的工程内容一般是单一的	工程量清单项目的设置是以一个“综合实体”考虑的，“综合项目”一般包括多个子目工程内容
2	定价原则	按工程造价管理机构发布的有关规定及定额中的基价计价	按照清单的要求，企业自主报价
3	价款构成	定额计价价款包括：分部分项工程费、利润、措施项目费、其他项目费、规费和税金	工程量清单计价价款是指完成招标文件规定的工程量清单项目所需的全部费用
4	单价构成	定额计价采用定额子目基价，定额子目基价包括定额编制时期的人工费、材料费、机械费、管理费	工程量清单采用综合单价。综合单价包括人工费、材料费、机械费、管理费和利润，且各项费用均由投标人根据企业自身情况和考虑各种风险因素自行编制
5	价差调整	按工程承发包双方约定的价格与定额价对比，调整价差	按工程承发包双方约定的价格直接计算，除招标文件规定外，不存在价差调整的问题
6	计价过程	招标方只负责编写招标文件，不设置工程项目内容，也不计算工程量。工程计价的子目和相应的工程量是由投标方根据设计文件确定。项目设置、工程量计算、工程计价等工作在一个阶段内完成	清单计价模式由两个阶段组成：1. 由招标方编制工程量清单；2. 投标方拿到工程量清单后根据清单报价
7	工、料、机消耗	按《综合定额》标准计算，《综合定额》标准是按社会平均水平编制的	由投标人根据企业的自身情况或《企业定额》自定
8	工程量计算规则	按定额工程量计算规则	按清单工程量计算规则
9	计价方法	根据施工工序计价，即将相同施工工序的工程量相加汇总，选套定额，计算出一个子项的定额分部分项工程费，每一个项目独立计价	按一个综合实体计价，即子项目随主体项目计价，由于主体项目与组合项目是不同的施工工序，所以往往要计算多个子项才能完成一个清单项目的分部分项工程综合单价，每一个项目组合计价
10	价格表现形式	只表示工程总价，分部分项工程费不具有单独存在的意义	主要为分部分项工程综合单价，是投标、评标、结算的依据，单价一般不调整
11	适用范围	编审标底，设计概算，工程造价鉴定	全部使用国有资金投资或国有资金投资为主的大中型建设工程和需招标的小型工程
12	工程风险	投标人一般只承担工程量计算风险，不承担材料价格风险	招标人承担差量的风险，投标人承担组成价格的全部因素风险

12.3　概算编制示例

住房城乡建设部和国家发展改革委以建标〔2017〕89号《城市轨道交通工程设计概算编制

办法》，相应的预算编制仍然沿用既有的编制办法，故本示例以虚拟项目部分工程为背景，讲述概算的编制方法和基本思路。

某标段地铁工程位于陕西省西安市，全长 1.75 km，标段内共有一座车站和两个区间工程，主要工程包括拆迁工程、地下明挖车站、出入口、风道、盾构隧道，并考虑 4 组 9 号单开道岔的轨道工程等。购置车辆 10 台车，市场价 1 000 万/台。考虑编制期 1 年开工建设，价格年增长指数 5%，建设期 4 年，每年贷款金额 5 000 万元，建设期年利率 5%。

1. 主要技术标准

线路类别：中型；轨枕：钢筋混凝土枕，1 680 根/km；扣件：普通扣件；道床：混凝土整体道床；正线数目：单线；最小曲线半径：600 m；限制坡度：6‰。

2. 主要工程数量

线路长度 1.75 km；地下负二层车站 1 座；出入口 4 个，风道 2 座，区间盾构隧道计 1.53 km，车站主体不带支撑挖土方 8 700 m^3，带支撑明挖土方 69 000 m^3，ϕ800 mm 钻孔桩 9 707 m，钢筋笼 1 313 t，车站主体采用满堂脚手架、木模板施工，车站平均宽度约 20 m。总混凝土方量 17 401.6 m^3，具体详见表 12.3。

3. 施工组织方案

(1)地下车站：明挖法施工，采用钻孔排桩+圈梁+钢支撑组成的支护体系，钢支撑租赁 6 个月；车站主体采用满堂脚手架、木模板施工，混凝土采用商品混凝土，相关土石方采用自卸汽车外运，运距15 km，钢支撑租赁 6 个月。

(2)出入口：与车站方案相似。

(3)风道：与车站方案相似。

(4)区间隧道：采用两台盾构机先后从本标段起始车站始发至另一车站接收。盾构管片外径 600 cm，壁厚 30 cm，全部洞外物资(包括渣土)采用自卸汽车运输。

(5)轨道工程：采用小型机具配合人工铺轨。钢轨、道岔等材料采用汽车运至铺轨基地。

(6)材料供应方案：除轨道材料外，其他相关材料基本采用汽车运送，材料价格采用当地到货价。

(7)本标段工程合同总工期为 48 个月。

4. 有关设计或协议标准

(1)本段拆迁工程，房屋按 1 万元/m^2 补贴，水井 1 万元/个，红线土地 10 万元/亩补偿。

(2)征用土地按 10 万元/亩标准补偿。

(3)场地准备费，考虑线路位处于市中心，经前期调查按工程费用 2%计算费用。

5. 主要参考文献

本示例主要以建标〔2017〕89 号《城市轨道交通工程设计概算编制办法》为依据，同时参考了《西安市城市轨道交通工程概算编制方法》和《西安市城市轨道交通工程价目表》。具体如下：

(1)国家发展改革委印发的建标〔2017〕89 号《城市轨道交通工程设计概算编制办法》。

(2)陕建发〔2008〕252 号《西安市城市轨道交通工程价目表》。

(3)《西安市城市轨道交通安装工程价目表》(2011 版)。

(4)国家发展改革委、建设部关于印发《建设工程监理与相关服务收费管理规定》的通知(发改价格〔2007〕679 号)。

(5)《关于调整我省建设工程计价依据的通知》(陕建发〔2019〕45 号)。

(6)住房与城乡建设部发的建标〔2011〕159 号《城市轨道交通建筑安装工程费用标准编制规则》。

为方便读者了解城市轨道交通工程概预算的主要编制思路，加之篇幅所限，本示例只编列总概算表、综合概算表、册概算表、建筑与安装工程单项概算表、单位工程价差表、单位工程费用汇总表，略去概算与估算对照表、设备购置费单项概算表、补充单价分析表、人工及主要材料单价和数量汇总表，在正式进行概预算编制时，请读者按要求参照编制办法或相关资料予以完善。

本示例在计算过程中，考虑篇幅原因，拟定项目背景为虚拟工程，且未列出相应全部工程数量，加之部分数据需要根据施工组织设计和设计图纸资料进行分析，也未全部加以考虑。

另外，“单位工程费用汇总表”的计算过程中，由于相应单位工程的分部分项工程内容繁多，且“单位工程费用汇总表”中不同分部分项工程的“名称”“基数说明”“费率”等在同一单位工程中完全相同(参见表 12.11 及表 12.12)。为节省版面，仅例举其中的某分部分项工程进行“单位工程费用汇总表”的计算，其余分部分项工程的“单位工程费用汇总表”则仅在综合概算表或册概算表中列出相应的最终计算结果。例如，车站工程中“建筑安装工程费”的计算包括“钻孔桩、圈梁、喷混凝土支护、钢支撑、明挖土石方、钢筋混凝土结构、防水”等分部分项工程，本示例的计算表仅例举“钻孔桩”和“圈梁”的“单位工程费用汇总表”，同理，区间工程仅例盾构机掘进、轨道工程、整体道床铺轨，读者可以此完善相关计算。

总概算表参见表 12.4，综合概算表参见表 12.5，册概算表参见表 12.6，建筑与安装工程单项概算表参见表 12.7～表 12.9，单位工程材料价差表参见表 12.10，单位工程费用汇总表参见表 12.11～表 12.14。

表 12.3　某地铁线工程数量表

序号	工程项目	计量单位	数量	备注
一	**A 车站主体**			
(一)	**围护结构**			
1	钻孔桩实桩 ϕ1 000	m	9 707	C35 水下混凝土/277 根
2	钻孔桩空桩 ϕ1 000	m	808	粉质黏土层
3	钢护筒	m	113.5	
4	钢筋笼	t	1 313	HPB300∶HRB400＝2∶8
5	圈梁	m^3	300	C35 商品混凝土 80 cm×80 cm
6	模板	m^2	600	
7	圈梁钢筋	t	70	HPB300∶HRB400＝2∶8
8	喷射混凝土	m^2	7 400	C20 混凝土 10 cm 厚
9	钢筋网片	t	38	圆钢 ϕ8
10	钢围檩	t	208	平均租赁期 6 个月
11	钢支撑	t	606	车站宽 20 m，平均租赁期 6 个月
12	明挖带支撑三类土	m^3	69 000	全部先弃土，弃土运距 15 km
13	明挖不带支撑三类土	m^3	8 700	全部先弃土，弃土运距 15 km
14	顶板回填	m^3	15 000	运距 15 km
(二)	**车站主体**			
15	混凝土地梁	m^3	320	C30 混凝土 250 mm
16	拆除混凝土结构	m^3	320	钢筋混凝土

续上表

序号	工程项目	计量单位	数量	备注
17	混凝土垫层	m^3	800	C20 混凝土
18	混凝土底板	m^3	4 200	C35 混凝土、抗渗 P8,800 厚 800 mm 厚以内
19	混凝土底板集水坑	m^3	22.4	C35 混凝土、抗渗 P8,厚度按设计图纸综合考虑
20	回填混凝土	m^3	630	C35 混凝土
21	混凝土内衬墙	m^3	3 800	C35 混凝土、抗渗 P8,700 mm
22	混凝土中板	m^3	1 800	C35 混凝土、400 mm
23	混凝土中层板	m^3	139.2	C35 微膨胀混凝土、400 mm 厚以内
24	混凝土顶板	m^3	3 800	C35 混凝土、抗渗 P8,800 mm
25	混凝土矩形柱	m^3	300	C45 混凝土,200 mm
26	混凝土梁	m^3	800	C35 混凝土,200 mm
27	混凝土现浇站台板	m^3	440	C35 混凝土、200 mm
28	混凝土结构风管	m^3	380	C35 混凝土、200 mm
29	混凝土楼梯	m^3	16.48	C35 混凝土、10 mm
30	地下结构 混凝土 明挖车站 风井、电梯井、管道井	m^3	30	C35 混凝土、平均厚 200 mm
31	预埋铁件	t	5	
32	非预应力钢筋	t	330	HPB300($\phi \leqslant 10$ mm Ⅰ级钢)
33	非预应力钢筋	t	2 800	HRB400(10 mm$<\phi \leqslant 25$ mmⅢ级钢)
34	套筒锥型螺纹钢筋接头	10 个	8 400	ϕ25 以内
35	脚手架	m^3	9 201	
36	SBS 改性沥青卷材冷粘法	m^2	3 500	顶板
37	水泥砂浆保护层	m^2	3 500	顶板厚 2.5 cm
38	柔性防水 SBS 改性沥青卷材冷粘法	m^2	8 310	侧墙
39	细石混凝土找平层厚度 100 mm	m^2	3 500	顶板
40	非焦油聚氨酯防水涂料 2.5 mm 厚	m^2	3 500	顶板
41	施工缝中埋式钢边橡胶止水带	m	4 200	
二	**车站附属(出入口 4 个)**			忽略
三	**区间**			
1	盾构整体吊装	台次	2	盾构直径 6.28 m
2	盾构整体吊拆	台次	2	盾构直径 6.28 m
3	车架安装	节	12	
4	负环	环	14	1.5 m/环
5	掘进	m	3 060	盾构管片外径 6 m
6	临时防水环板	t	4	
7	拆除临时钢环板	t	4	
8	临时止水缝	m	83.2	
9	洞口钢筋混凝土环圈	m^3	22	C50 混凝土,抗渗 P10

续上表

序号	工程项目	计量单位	数量	备注
10	隧道内管线路拆除	100 m	58.88	管片外径 ϕ7 000 以内
11	管片制作、运输	m^3	15 815	
12	预制钢筋混凝土管片成环水平拼装	环	2 040	ϕ7 000 以内
13	管片	m	3 060	盾构管片外径 6 m
14	旋喷加固空桩	m	16 000	双重管直径 800 mm
15	旋喷加固实桩	m	24 000	双重管直径 800 mm
16	高压旋转灌浆双重管	m	240	
四	**轨道工程**			
1	整体道床铺轨	km	3.06	轨节机械拼装 1 680 对，短枕
2	轨料运输	t	367.2	水平运输 长钢轨 10 km 以内装、运、卸
3	应力放散	km·次	2	
4	锁定	km·次	2	
5	无缝线路绝缘接头	1 个接头	4	
6	轨料运输 水平运输 标准轨及道岔	t	67.2	10 km 以内装、运、卸
7	铺道岔	组	4	单开道岔 整体道床 60 kg 9 号
8	铺道床 道岔沉落整修	组	4	单开道岔 9 号
9	隧道内 预拌混凝土	m^3	6 120	平均厚 200 mm
10	隧道内 钢筋制作、安装	t	1 224	
五	**其他**			
1	红线土地	亩	5	当地标准 10 万元/亩
2	房屋拆迁补偿	m^2	780	按照 1 万元/m^2 补偿
3	水井	口	2	按照 1 万元/口补偿

表 12.4　总概算表

第　页共　页									
建设名称	西安××线路	编制范围	DK0＋000～DK1＋750		编号	201901			
工程总量	1.75 正线公里	概算总额	45 987.18 万元		技术经济指标	26 278.39 万元/正线公里			
章别	工程及费用名称	概预算价值(万元)						技术经济指标	费用比重(%)
		Ⅰ 建筑工程费	Ⅱ 安装工程费	Ⅲ 设备购置费	Ⅳ 工程建设其他费用	合计	其中外汇(万美元)	(万元/正线公里)	
第一部　工程费用									
一	车站	6 485.24	0.00	0.00	0.00	6 485.24		3 705.85	14
二	区间	13 143.13				13 143.13		7 510.36	29
三	轨道	842.29	509.01			1 351.30		772.17	3

续上表

章别	工程及费用名称	概预算价值(万元)						技术经济指标	费用比重(%)
		Ⅰ 建筑工程费	Ⅱ 安装工程费	Ⅲ 设备购置费	Ⅳ 工程建设其他费用	合计	其中外汇(万美元)	(万元/正线公里)	
四	通信					0.00		0.00	0
五	信号					0.00		0.00	0
……									
十六	人防					0.00		0.00	0
第二部　工程建设其他费用									
十七	建设用地费				832	832		475.43	2
十八	其他费用				4 345.70	4 345.70		2 483.25	9.45
第三部分　预备费									
十八	预备费				7 640.43	7 640.43		4 365.96	16.61
第四部分　专项费用									
十九	专项费用				12 189.39	12 189.39		6 965.37	26.51
	概算总额	20 470.65	509.01		25 007.52	45 987.18		26 278.39	100

表 12.5　综合概算表

第　页共　页											
建设名称		××地铁线路		编制范围	DK0＋000～DK1＋750			编号	201901		
工程总量		1.75 正线公里		概算总额	45 987 万元			技术经济指标	26 278 万元/正线公里		
章别	节号	工程及费用名称	单位	数量	概算价值(万元)						指标(万元)
					Ⅰ 建筑工程费	Ⅱ 安装工程费	Ⅲ 设备购置费	Ⅳ 工程建设其他费用	合计	其中外汇(万美元)	
第一部分		工程费用	正线公里	1.75	20 470.65	509.01			20 979.66		11 988
一		车站(××车站)	正线公里	0.216	6 485.24				6 485.24		30 024
	1	地下车站(周吴站)	m^2	8 640	6 485.24				6 485.24		0.750 6
		一、车站主体	m^2								
		(一)明挖地下车站(××站)	m^2								

续上表

章别	节号	工程及费用名称	单位	数量	概算价值(万元) Ⅰ 建筑工程费	Ⅱ 安装工程费	Ⅲ 设备购置费	Ⅳ 工程建设其他费用	合计	其中外汇(万美元)	指标(万元)
		1. 围护结构	m^3								
		(3)钻孔(排)桩	m^3	7 619.995	1 863.72				1 863.72		0.244 6
		(5)其他围护结构—圈梁	m^3	300	61.95				61.95		0.206 5
		(6)其他围护结构—喷射混凝土	m^2	7 400	128.30				128.30		0.017 3
		2. 土石方、支撑、降水	m^3								
		(1)土石方	m^3	92 700	658.56				658.56		0.007 1
		(2)钢支撑	t	814	294.47				294.47		0.361 8
		(3)降水	元								
		3. 主体结构	m^3								
		(1)内部钢筋混凝土结构	m^3	17 781.6	3 234.21				3 234.21		0.181 9
		(2)防水	m^2	22 310	244.01				244.01		0.010 9
		二、出入口通道(略)									
……											
		六、车站附属设施(略)									
二	5	地下区间(段)	正线公里	1.53	13 143.13				13 143.13		8 590
		一、盾构法施工	双延米								
		(一)区间主体	双延米								
		1. 掘进及出渣	延长米	3 060	7 718.92				7 718.92		2.522 5

续上表

章别	节号	工程及费用名称	单位	数量	概算价值(万元) Ⅰ 建筑工程费	Ⅱ 安装工程费	Ⅲ 设备购置费	Ⅳ 工程建设其他费用	合计	其中外汇(万美元)	指标(万元)
		2. 管片拼装	延长米	3 060	5 180.96				5 180.96		1.693 1
		3. 地基加固	元		243.25				243.25		
		(二)联络通道(略)	延长米								
三		轨道	正线公里	1.75	842.29	509.01			1 351.30		772.17
	9	正线	铺轨公里								
		甲、新建	铺轨公里								
		(一)地下段	铺轨公里								
		1. 铺轨	铺轨公里								
		(1)一般段	铺轨公里	3.06		424.15			424.15		138.61
		2. 铺道岔	组								
		(1)单开道岔	组	4		84.86			84.86		21.22
		3. 铺道床	铺轨公里								
		(1)一般整体道床	铺轨公里	3.06	842.29				842.29		275.26
第二部分 工程建设其他费用			正线公里					5 177.70	5 177.70		
十七		工程建设其他费用	正线公里					5 177.70	5 177.70		
	36	前期工程费	元					832	832		
		一、土地征用	元								
		(一)购地费	亩	5				50	50.00		10.00
		(二)临时占地费	亩								
		二、建(构)筑物迁建补偿费	元								
		(一)房屋补偿费	平方米	780				780	780.00		1.00

续上表

章别	节号	工程及费用名称	单位	数量	概算价值(万元)						指标(万元)
					Ⅰ 建筑工程费	Ⅱ 安装工程费	Ⅲ 设备购置费	Ⅳ 工程建设其他费用	合计	其中外汇(万美元)	
		(二)商业补偿费	平方米								
		(三)构筑物补偿费	平方米	2				2	2.00		1.00
		三、树木及绿化赔偿	元								
		四、管线迁改	元								
		五、道路恢复费	元								
		六、交通疏解	元								
	37	其他费用	正线公里					4 345.70	4 345.70		
		一、场地准备及建设单位临时设施费	元					419.59	419.59		
		二、建设管理费	元					845.18	845.18		
		(一)建设单位管理费	元					419.59	419.59		
		(二)建设工程监理与相关服务费	元					377.63	377.63		
		(三)招标代理服务费	元					42.0	41.96		
		(四)招投标交易服务费	元					6	6.00		
		三、前期工作费	元					409.75	409.75		
		(一)可行性研究费	元					250	250.00		
		(二)环境影响评价费	元					34.75	34.75		
		(三)客流预测报告编制费	元								

续上表

章别	节号	工程及费用名称	单位	数量	概算价值(万元)					其中外汇(万美元)	指标(万元)
					Ⅰ 建筑工程费	Ⅱ 安装工程费	Ⅲ 设备购置费	Ⅳ 工程建设其他费用	合计		
		(四)地震安全性评价费	元								
		(五)地质灾害危险性评估费	元								
		(六)节能评估费	元					50	50.00		
		(七)社会稳定风险评估费	元					75	75.00		
		(八)防洪评价费	元								
		(九)文物勘探费	元								
		(十)其他前期工作费用	元								
		四、研究试验费	元								
		五、勘察设计费	元					881.1	881.1		
		(一)勘察费	元					146.86	146.86		
		(二)设计费	元					734.29	734.29		
		六、咨询费	元					125.9	125.9		
		(一)设计咨询费	元					62.9	62.94		
		(二)工程造价咨询费	元					62.9	62.94		
		七、引进技术和引进设备其他费	元								
		八、综合联调及试运行费	元					52.5	52.5		

续上表

章别	节号	工程及费用名称	单位	数量	概算价值(万元)						指标(万元)
					Ⅰ 建筑工程费	Ⅱ 安装工程费	Ⅲ 设备购置费	Ⅳ 工程建设其他费用	合计	其中外汇(万美元)	
		九、专利及专有技术使用费	元								
		十、生产准备及开办费	元					63	63		
		(一)生产职工培训费	元					36	36		
		(二)办公和生活家具购置费	元					18	18		
		(三)工器具费购置费	元					9	9		
		十一、工程保险费	元					83.92	83.92		
		十二、特殊设备安全监督检验费	元								
		十三、安全生产保障费	元								
		十四、第三方监测费	元					209.80	209.80		
		十五、配合辅助工程费	元								
		十六、其他	元								
第三部分　预备费			正线公里								
十八	38	基本预备费	正线公里								
		一、基本预备费	元					1 307.87	1 307.87		
		二、价差预备费	元					6 332.562 5	6 332.562 5		
第四部分　专项费用											
		一、车辆购置费	辆	10				10 000	10 000		

续上表

章别	节号	工程及费用名称	单位	数量	概算价值(万元)					其中外汇(万美元)	指标(万元)
					Ⅰ建筑工程费	Ⅱ安装工程费	Ⅲ设备购置费	Ⅳ工程建设其他费用	合计		
		二、建设期贷款利息	正线公里					2 089.39	2 089.39		
		三、铺底流动资金	辆					100	100		
		概算总额			20 470.65	509.01		25 007.5	45 987.2		

表 12.6 册概算表

第 页共 页

册概算文件名称	A车站			编号	201902
工程总量	0.216 正线公里	册概算总额	7 783 万元	技术经济指标	36 032 万元/正线公里

章别	节号	工程及费用名称	单位	数量	概算价值(万元)					其中外汇(万美元)	指标(万元)
					Ⅰ建筑工程费	Ⅱ安装工程费	Ⅲ设备购置费	Ⅳ工程建设其他费用	合计		
一		车站(××车站)	正线公里	0.216	6 485.24	0	0	0	6 485.24		30 024
	1	地下车站(周吴站)	m^2	8 640	6 485.24	0	0	0	6 485.24		0.750 6
		一、车站主体	m^2		0.00	0	0	0	0	0	
		(一)明挖地下车站(××站)	m^2		0.00	0	0	0	0	0	
		1. 围护结构	m^3		0.00	0	0	0	0	0	
		(3)钻孔(排)桩	m^3	7 619.995	1 863.72	0	0	0	1 863.72		0.244 6
		(5)其他围护结构—圈梁	m^3	300	61.95	0	0	0	61.95		0.206 5
		(6)其他围护结构—喷射混凝土	m^2	7 400	128.30	0	0	0	128.30		0.017 3

续上表

章别	节号	工程及费用名称	单位	数量	概算价值(万元)						指标(万元)
					Ⅰ建筑工程费	Ⅱ安装工程费	Ⅲ设备购置费	Ⅳ工程建设其他费用	合计	其中外汇(万美元)	
		2. 土石方、支撑、降水	m^3		0.00	0	0	0			
		(1)土石方	m^3	92 700	658.56	0	0	0	658.56		0.007 1
		(2)钢支撑	t	814	294.47	0	0	0	294.47		0.361 8
		(3)降水	元			0	0	0			
		3. 主体结构	m^3			0	0	0			
		(1)内部钢筋混凝土结构	m^3	17 781.6	3 234.21	0	0	0	3 234.21		0.181 9
		(2)防水	m^2	22 310	244.01	0	0	0	244.01		0.010 9
		二、出入口通道(略)		0	0.00	0	0	0	0		
		三、风道、风井(略)		0	0.00	0	0	0	0		
		四、施工监测(略)		0	0.00	0	0	0	0		
六	21	动力与照明(略)									
十	26	通风、空调与供暖(略)									
十一	27	给水与排水、消防(略)									
	36	前期工程费	元					832	832		
		一、土地征用	元								
		(一)购地费	亩	5				50	50.00		
		(二)临时占地费	亩								
		二、建(构)筑物迁建补偿费	元								

续上表

章别	节号	工程及费用名称	单位	数量	概算价值(万元)					其中外汇(万美元)	指标(万元)
					Ⅰ建筑工程费	Ⅱ安装工程费	Ⅲ设备购置费	Ⅳ工程建设其他费用	合计		
		(一)房屋补偿费	m^2	780				780	780.00		
		(二)商业补偿费	m^2								
		(三)构筑物补偿费	m^2	2				2	2.00		
		三、树木及绿化赔偿	元								
		四、管线迁改	元								
		五、道路恢复费	元								
		六、交通疏解	元								
	37	其他费用	正线公里					1 997.59	1 997.59		
		一、场地准备及建设单位临时设施费	元					129.7	129.70		
		二、建设管理费	元					265.40	265.40		
		(一)建设单位管理费	元					129.7	129.70		
		(二)建设工程监理与相关服务费	元					116.73	116.73		
		(三)招标代理服务费	元					13.0	12.97		
		(四)招投标交易服务费	元					6	6.00		
		三、前期工作费	元					409.75	409.75		
		(一)可行性研究费	元					250	250.00		
		(二)环境影响评价费	元					34.75	34.75		

续上表

章别	节号	工程及费用名称	单位	数量	概算价值(万元)						指标(万元)
					Ⅰ建筑工程费	Ⅱ安装工程费	Ⅲ设备购置费	Ⅳ工程建设其他费用	合计	其中外汇(万美元)	
		(三)客流预测报告编制费	元								
		(四)地震安全性评价费	元								
		(五)地质灾害危险性评估费	元								
		(六)节能评估费	元					50	50.00		
		(七)社会稳定风险评估费	元					75	75.00		
		(八)防洪评价费	元								
		(九)文物勘探费	元								
		(十)其他前期工作费用	元								
		四、研究试验费	元								
		五、勘察设计费	元					272.4	272.4		
		(一)勘察费	元					45.40	45.40		
		(二)设计费	元					226.98	226.98		
		六、咨询费	元					38.9	38.9		
		(一)设计咨询费	元					19.5	19.46		
		(二)工程造价咨询费	元					19.5	19.46		
		七、引进技术和引进设备其他费	元								
		八、综合联调及试运行费	元					52.5	52.5		

续上表

章别	节号	工程及费用名称	单位	数量	概算价值(万元)					其中外汇(万美元)	指标(万元)
					Ⅰ建筑工程费	Ⅱ安装工程费	Ⅲ设备购置费	Ⅳ工程建设其他费用	合计		
		九、专利及专有技术使用费	元								
		十、生产准备及开办费	元					63	63		
		(一)生产职工培训费	元					36	36		
		(二)办公和生活家具购置费	元					18	18		
		(三)工器具费购置费	元					9	9		
		十一、工程保险费	元					25.94	25.94		
		十二、特殊设备安全监督检验费	元								
		十三、安全生产保障费	元								
		十四、第三方监测费	元					64.85	64.85		
		十五、配合辅助工程费	元								
		十六、其他	元								
第三部分 预备费			正线公里								
十八	38	基本预备费	正线公里								
		一、基本预备费	元					465.74	465.74		
		二、价差预备费	元					0	0		
第四部分 专项费用											
		一、车辆购置费	辆					0			
		二、建设期贷款利息	正线公里					0.00			
		三、铺底流动资金	辆					0			
		概算总额					7 783.0	7 783.0			

表 12.7　建筑与安装工程单项概算表

第　页　共　页											
工程名称	地下车站(××车站)			工程总量		0.216 km		编号		0201	
所属章节	一章 1 节			概算价值		37 402 451 元		概算指标		173 159 494 元/正线公里	
序号	定额编号	工作项目或费用名称	单位	数量	单价(元)	合价(元)	其中(元)			定额未计价材料(元)	
							人工费	材料费	施工机械使用费	单价	合价
	010204	钻孔桩									
1	1-2-33	旋挖钻机成土孔	m^3	8 254.28	182.31	1 504 837.79	179 448.05	44 408.03	1 280 981.71		
2	1-2-82	支护工程凿桩头方桩	m^3	108.72	140.58	15 283.86	15 283.86				
3	1-1-66	自卸汽车运松散石方运距 1 km 以内	1 000 m^3	0.11	15 047	1 655.17	676.2		978.97		
4	1-1-67×14	自卸汽车运松散石方每增 1 km 子目乘以系数 14	1 000 m^3	0.11	19 409.45	2 135.04			2 135.04		
5	1-2-43 换	其他成孔灌注混凝土预拌混凝土	10 m^3	7 705.34	21.71	167 280.42	62 324.4	15 635.2	89 320.82		
	CL0348@1	C35 商品混凝土	m^3	9 259.01	424	3 925 820.24				424	3 925 820.24
6	1-2-59 换	桩钢筋笼制作、安装	t	1 313	3 321.08	4 360 578.04	407 030	3 582 901.27	370 646.77		
7	1-2-45	埋设钢护管 ϕ1 000 以内	10 m	11.35	1 349.67	15 318.76	9 663.39	1 285.39	4 369.98		
8	1-2-48	泥浆制作普通土	m^3	8 254.28	42.86	353 778.44	251 425.37	67 520.01	34 833.06		
	黏土@1	黏土	m^3	6 743.75	20	134 875				20	134 875
9	1-2-50	泥浆运输 5 km 以内	m^3	4 127.14	66.39	274 000.82	40 693.6	6 603.42	226 703.8		
10	1-1-66	自卸汽车运松散石方运距 1 km 以内	1 000 m^3	4.13	15 216.25	62 843.1	25 673.86		37 169.24		
11	1-2-51×14	支护工程 泥浆运输 每增减 1 km 子目乘以系数 14	m^3	4 127.14	25.2	104 003.93			104 003.93		
	小计					10 922 410.61	992 218.73	3 718 353.32	2 151 143.32		

续上表

序号	定额编号	工作项目或费用名称	单位	数量	单价(元)	合价(元)	其中(元)			定额未计价材料(元)	
							人工费	材料费	施工机械使用费	单价	合价
	010202	圈梁									
12	1-3-2 换	地下结构 混凝土 明挖车站 地梁	m^3	300	18.77	5 631	2 580	2 658	393		
	CL0348@1	C35 商品混凝土	m^3	304.5	424	129 108				424	129 108
13	1-3-47	地下结构 明挖车站 底板直形墙	m^2	600	37.75	22 650	11 472	7 254	3 924		
14	1-3-85	地下结构 明挖结构 现浇混凝土圆钢制作、安装 ϕ10 以内	t	14	2 967.27	41 541.78	5 045.6	36 360.94	135.24		
15	1-3-87	地下结构 明挖结构 现浇混凝土螺纹钢制作、安装 ϕ25 以内	t	56	3 005.32	168 297.92	9 686.88	154 894.88	3 716.16		
	小计					367 228.7	28 784.48	201 167.82	8 168.4		
	010203	喷射混凝土支护									
16	1-2-29	支护工程 喷射混凝土、垂直面网喷混凝土 初喷厚 5 cm	100 m^2	74	2 666.33	197 308.42	82 162.94	78 393.38	36 752.1		
17	1-2-30×5	支护工程 喷射混凝土、垂直面网喷混凝土每增减 1 cm 子目乘以系数 5	100 m^2	74	2 071.9	153 320.6	43 142	73 426.5	36 752.1		
18	1-2-31	支护工程 喷射混凝土钢网制作、安装	t	38	3 078.58	116 986.04	14 725	100 002.7	2 258.34		
	小计					467 615.06	140 029.94	251 822.58	75 762.54		

续上表

序号	定额编号	工作项目或费用名称	单位	数量	单价(元)	合价(元)	其中(元)			定额未计价材料(元)	
							人工费	材料费	施工机械使用费	单价	合价
	010204	钢支撑									
19	1-2-64	支护工程 钢支撑安装宽 15 m 以内	t	606	539.26	326 791.56	62 611.92	178 751.82	85 427.82		
20	1-2-66	支护工程 钢支撑拆除宽 15 m 以内	t	606	199.53	120 915.18	45 813.6		75 101.58		
21	1-2-68	钢围檩及支架制作	t	208	1 432.48	297 955.84	23 526.88	239 495.36	34 933.6		
22	1-2-69	钢围檩及支架安拆	t	208	611.13	127 115.04	50 132.16	15 429.44	61 553.44		
23	补子目 1	钢支撑租赁	t·月	3 636	300	1 090 800		1 090 800			
	小计					1 963 577.62	182 084.56	1 524 476.62	257 016.44		
	010101	明挖土石方									
24	1-1-44	机械挖土石方 明挖法带支撑三类土	1 000 m^3	69	1 754.57	121 065.33	17 499.78		103 565.55		
25	1-1-40	机械挖土石方 明挖法不带支撑三类土	1 000 m^3	8.7	1 462.73	12 725.75	1 838.83		10 886.92		
26	1-1-64	自卸汽车运土方运距 1 km 以内	1 000 m^3	77.7	11 123.98	864 333.24	398 041.56	1 920.74	464 370.94		
27	1-1-65×14	自卸汽车运土方 每增 1 km 子目乘以系数 14	1 000 m^3	77.7	14 952.98	1 161 846.55			1 161 846.55		
28	1-1-59	压路机辗压素土	1 000 m^3	15	2 219.47	33 292.05	8 667	463.5	24 161.55		
29	1-1-64	自卸汽车运土方运距 1 km 以内	1 000 m^3	15	11 123.98	166 859.7	76 842	370.8	89 646.9		

续上表

序号	定额编号	工作项目或费用名称	单位	数量	单价(元)	合价(元)	其中(元)			定额未计价材料(元)	
							人工费	材料费	施工机械使用费	单价	合价
30	1-1-65×14	自卸汽车运土方 每增 1 km 子目乘以系数 14	1 000 m^3	15	14 952.98	224 294.7			224 294.7		
	小计					2 584 417.32	502 889.17	2 755.04	2 078 773.11		
	010301	钢筋混凝土结构									
31	1-3-1 换	混凝土垫层	m^3	800	31.41	25 128	17 712	2 264	5 152		
	CL0348@1	C20 商品混凝土	m^3	812	380	308 560				380	308 560
32	1-3-2 换	地下结构 混凝土 明挖车站 地梁	m^3	320	18.77	6 006.4	2 752	2 835.2	419.2		
	CL0348@1	C20 商品混凝土	m^3	324.8	380	123 424				380	123 424
33	1-3-59	地下结构 明挖车站 底板其他小型构件	m^2	1 280	36.16	46 284.8	17 651.2	27 251.2	1 382.4		
34	1-3-4 换	地下结构 混凝土 明挖车站 底板 厚 600 mm 以外	m^3	4 200	7	29 400	22 680	1 428	5 292		
	CL0348@2	C40P8 商品混凝土	m^3	4 263	466	1 986 558				466	1 986 558
35	1-3-50	地下结构 明挖车站 底板 弧形墙墙厚 600 mm 外	m^2	108	51.22	5 531.76	1 574.64	3 325.32	631.8		
36	1-3-12 换	地下结构 混凝土 明挖车站 中板(板厚)500 mm 以内	m^3	1 800	8.32	14 976	11 340	1 278	2 358		
	CL0348@2	C40P8 商品混凝土	m^3	1 827	466	851 382				466	851 382
37	1-3-54	地下结构 明挖车站 底板中板、顶板	m^2	4 500	51.95	233 775	102 060	101 520	30 195		

续上表

序号	定额编号	工作项目或费用名称	单位	数量	单价(元)	合价(元)	其中(元)			定额未计价材料(元)	
							人工费	材料费	施工机械使用费	单价	合价
38	1-3-13 换	地下结构 混凝土 明挖车站顶板(板厚)500 mm 以外	m^3	3 800	7.85	29 830	22 420	2 432	4 978		
	CL0348@2	C40P8 商品混凝土	m^3	3 857	466	1 797 362				466	1 797 362
39	1-3-54	地下结构 明挖车站 顶板	m^2	4 750	51.95	246 762.5	107 730	107 160	31 872.5		
40	1-3-1 换	地下结构 混凝土 明挖车站 混凝土回填	m^3	630	31.41	19 788.3	13 948.2	1 782.9	4 057.2		
	CL0348@3	C35 商品混凝土	m^3	639.45	424	271 126.8				424	271 126.8
41	1-3-7 换	地下结构 混凝土 明挖车站 墙衬墙	m^3	3 800	11.97	45 486	35 568	5 054	4 864		
	CL0348@2	C40P8 商品混凝土	m^3	3 857	466	1 797 362				466	1 797 362
42	1-3-48	地下结构 明挖车站衬墙	m^2	5 428.57	52.95	287 442.85	172 357.14	63 677.14	51 408.57		
43	1-3-8 换	地下结构 混凝土明挖车站 柱	m^3	300	13.96	4 188	3 423	375	390		
	CL0348@3	C35 商品混凝土	m^3	304.5	424	129 108				424	129 108
44	1-3-51	地下结构 明挖车站 柱	m^2	1 500	38.02	57 030	28 350	20 145	8 535		
45	1-3-9 换	地下结构 混凝土 明挖车站 梁高 600 mm 以内	m^3	800	13.79	11 032	9 184	800	1 048		
	CL0348@3	C35 商品混凝土	m^3	812	424	344 288				424	344 288
46	1-3-52	地下结构 明挖车站 梁	m^2	4 000	39.22	156 880	91 160	39 200	26 520		
47	1-3-20 换	地下结构 混凝土 明挖车站 站台板	m^3	440	74.3	32 692	29 906.8	2 785.2			

续上表

序号	定额编号	工作项目或费用名称	单位	数量	单价(元)	合价(元)	其中(元)			定额未计价材料(元)	
							人工费	材料费	施工机械使用费	单价	合价
	CL0348@3	C35 商品混凝土	m^3	448.8	424	190 291.2				424	190 291.2
48	1-3-53	地下结构 明挖车站 底板站台板	m^2	2 200	22.59	49 698	22 660	23 782	3 256		
49	1-3-19 换	地下结构 混凝土明挖车站 结构风管	m^3	380	59.76	22 708.8	20 546.6	1 368	794.2		
	CL0348@3	C35 商品混凝土	m^3	387.6	424	164 342.4				424	164 342.4
50	1-3-60	地下结构 明挖车站 底板结构风管	m^2	950	35.03	33 278.5	14 744	17 280.5	1 254		
51	1-3-14	楼梯	m^3	16.48	47.91	789.56	718.53	30.49	40.54		
	CL0348@3	C35 商品混凝土	m^3	16.73	424	7 093.52				424	7 093.52
52	1-3-55	楼梯	m^2	164.8	55.1	9 080.48	5 387.31	2 285.78	1 407.39		
53	1-3-18 换	地下结构 混凝土 明挖车站 风井、电梯井、管道井	m^3	30	30.9	927	844.5	19.8	62.7		
	CL0348@3	C35 商品混凝土	m^3	30.6	424	12 974.4				424	12 974.4
54	1-3-58	风井、电梯井、电缆井、消防水池	m^2	150	40.43	6 064.5	2 770.5	3 090	204		
55	1-3-90	预埋铁件铁件	t	5	5 838.6	29 193	3 452.2	23 535	2 205.8		
56	1-3-85	地下结构 明挖结构 现浇混凝土圆钢制作、安装 $\phi 10$ 以内	t	330	2 967.27	979 199.1	118 932	857 079.3	3 187.8		

续上表

序号	定额编号	工作项目或费用名称	单位	数量	单价(元)	合价(元)	其中(元)			定额未计价材料(元)	
							人工费	材料费	施工机械使用费	单价	合价
57	1-3-87	地下结构 明挖结构 现浇混凝土螺纹钢制作、安装 ϕ25 以内	t	2 800	3 005.32	8 414 896	484 344	7 744 744	185 808		
58	1-3-91	地下结构 明挖结构 套筒锥型螺纹钢筋接头 ϕ25 以内	10 个	8 400	22.06	185 304	93 744	28 812	62 748		
	CL0355	锥型螺纹套筒连接件 ϕ25 内	套	84 840	8.76	743 198.4				8.76	743 198.4
59	1-9-5	满堂脚手架高 5 m 以内	100 m^2	92.01	522.26	48 053.15	19 112.32	26 294.62	2 646.21		
	小计					19 758 496.42	1 477 072.94	9 111 634.45	442 718.31		
	010302	防水									
60	1-6-5	防水工程 柔性防水 SBS 改性沥青卷材冷粘法	100 m^2	35	2 678.98	93 764.3	4 964.4	88 292.05	507.85		
61	1-6-19 换	防水工程 防水保护层 水泥砂浆 保护层 厚 2.5 cm	100 m^2	35	3 888	136 080	54 562.9	79 220.05	2 297.05		
62	1-6-5	防水工程 柔性防水 SBS 改性沥青卷材冷粘法	100 m^2	83.1	2 678.98	222 623.23	11 786.9	209 630.55	1 205.78		
63	借 8-23 换	找平层，细石混凝土找平层 30 mm 厚实际厚度：100	100 m^2	35	3 091.47	108 201.45	39 807.6	64 283.8	4 110.05		
64	1-6-11	非焦油聚氨脂防水涂料 2.5 mm 厚	100 m^2	35	3 279.07	114 767.45	14 794.85	99 685.6	287		
65	1-6-24	施工缝中埋式钢边橡胶止水带	100 m	42	15 792.11	663 268.62	39 916.8	616 303.38	7 048.44		
	小计					1 338 705.05	165 833.45	1 157 415.43	15 456.17		
	合计					37 402 450.78	3 488 913.27	15 967 625.26	5 029 038.29		12 916 873.96

表 12.8 建筑与安装工程单项概算表

工程名称		地下区间(××区间)			工程总量		1.53 km	编号		02
所属章节		二 章 5 节			概算价值		92 871 788 元	概算指标		60 700 515 元/正线公里
序号	定额编号	工作项目或费用名称	单位	数量	单价(元)	合价(元)	其中(元)			定额未计价材料(元)	
							人工费	材料费	施工机械使用费	单价	合价
		1. 盾构机掘进									
1	1-5-2	盾构整体吊拆 ϕ7 000 以内	台	2	198 475.67	396 951.34	77 040	36 333.26	283 578.08		
2	1-5-1	盾构整体吊装 ϕ7 000 以内	台	2	252 086.36	504 172.72	96 480	42 414.88	365 277.84		
3	1-5-3	车架安装整体始发 30 t 以内	节	12	7 466.66	89 599.92	13 770	29 104.32	46 725.6		
4	1-5-7	车架拆除 30 t 以内	节	12	5 717.19	68 606.28	12 393.24	14 362.08	41 850.96		
5	1-5-9	$\phi\leqslant$7 000 负环段掘进	m	21	13 916.22	292 240.62	44 586.57	53 161.92	194 492.13		
	CL0348	商品混凝土 C50P10	m^3	11.76	508	5 974.08				508	5 974.08
6	1-5-12	$\phi\leqslant$7 000 到达段掘进	m	200	11 917.36	2 383 472	142 496	507 096	1 733 880		
7	1-5-11	$\phi\leqslant$7 000 正常段掘进	m	2 800	10 366.67	29 026 676	1 595 776	6 549 872	20 881 028		
8	1-5-10	$\phi\leqslant$7 000 始发段掘进	m	60	16 575.02	994 501.2	61 119.6	176 895	756 486.6		
9	1-5-15	衬砌同步压浆水泥砂浆	10 m^3	918	3 663.13	3 362 753.34	757 689.66	1 398 086.46	1 206 977.22		
10	1-5-17	临时防水环板	t	4	7 169.13	28 676.52	2 799.92	17 969.32	7 907.28		
11	1-5-18	临时止水缝	m	83.2	1 601.930 048	133 280.58	16 434.5	105 685.63	11 160.45		
12	1-5-19	拆除临时钢环板	t	4	1 714.1	6 856.4	2 239.48	659.8	3 957.12		
13	1-5-34	盾构法隧道 负环管片拆除 负环管片拆除管片外径 ϕ7 000 以内	m	21	3 132.69	65 786.49	43 751.19	3 088.05	18 947.25		
14	1-5-21 换	洞口钢筋混凝土环圈预拌混凝土	m^3	22	1 827.41	40 203.02	10 101.08	11 817.52	18 284.42		
	CL0348	商品混凝土 C50P10	m^3	22.66	508	11 511.28				508	11 511.28

续上表

序号	定额编号	工作项目或费用名称	单位	数量	单价(元)	合价(元)	其中(元)			定额未计价材料(元)	
							人工费	材料费	施工机械使用费	单价	合价
15	1-5-35	盾构法隧道　隧道内管线路拆除管片外径 ϕ7 000 以内	100 m	58.88	14 274.815 05	840 501.11	325 976.87	82 307.91	432 216.33		
16	1-1-62	装载机装运土方　运距 20 m	1 000 m^3	86.48	1 610.078 053	139 239.55	18 678.73		120 560.82		
17	补子目 21	土方外运(盾构)	m^3	86 475.6	115	9 944 694		9 944 694			
	小计					48 335 696.45	3 221 332.84	18 991 033.51	26 123 330.1		
		2. 管片预制、安装、运输									
18	补子目 31	管片制作、运输	m^3	15 815	2 600	41 119 000		41 119 000			
19	1-5-25 换	预制钢筋混凝土管片成环水平拼装　ϕ7 000 以内	环	2 040	1 149.28	2 344 531.2	885 176.4	256 081.2	1 203 273.6		
	小计					43 463 531.2	885 176.4	41 375 081.2	1 203 273.6		
		3. 端头加固									
20	1-2-70	支护工程　高压定喷、摆喷、旋喷　钻孔	100 m	400	2 577.3	1 030 920	399 368	184 800	446 752		
21	1-2-74	高压旋转灌浆双重管	m	240	173.5	41 640	7 008	30 964.8	3 667.2		
	小计					1 072 560	406 376	215 764.8	450 419.2		
	合计					92 871 787.65	4 512 885.24	60 581 879.51	27 777 022.9		17 485.36

表 12.9 建筑与安装工程单项概算表

工程名称		轨道工程			工程总量		1.75 km		编号	03	
所属章节		三 章 9 节			概算价值		14 019 746 元		概算指标	8 011 283 元/正线公里	
序号	定额编号	工作项目或费用名称	单位	数量	单价(元)	合价(元)	其中(元)			定额未计价材料(元)	
							人工费	材料费	施工机械使用费	单价	合价
		整体道床铺轨									
1	5-002	轨道工程 铺轨 轨节拼装 混凝土短枕 1 680 对	km	3.06	12 336.78	37 750.54	24 479.2		13 271.34		
2	5-026	轨道工程 铺轨 隧道内 整体道床铺轨 机械铺轨 60 kg 钢轨(普通扣件)混凝土短枕 1 680 对	km	3.06	1 174 837.45	3 595 002.59	82 024.03	3 494 566.63	18 411.93		
3	5-149	轨道工程 铺轨 轨料运输 水平运输 长钢轨 10 km 以内装、运、卸	t	367.2	73.53	27 000.22	3 084.48	1 920.46	21 995.28		
4	5-144	轨道工程 铺轨 铺设无缝线路 无缝线路绝缘接头 60 kg 钢轨 25 m	1 个接头	4	10 982.28	43 929.12	897.12	43 032			
5	5-145	轨道工程 铺轨 铺设无缝线路 应力放散 正线	km・次	2	4 252.5	8 505	8 505				
6	5-148	轨道工程 铺轨 铺设无缝线路 锁定	km・次	2	1 817.01	3 634.02	2 352		1 282.02		
	小计					3 715 821.49	121 341.83	3 539 519.09	54 960.57		
	0102	铺道岔									

续上表

序号	定额编号	工作项目或费用名称	单位	数量	单价(元)	合价(元)	其中(元)			定额未计价材料(元)	
							人工费	材料费	施工机械使用费	单价	合价
7	5-151	轨道工程　铺轨　轨料运输　水平运输　标准轨及道岔　10 km 以内装、运、卸	t	67.2	144.41	9 704.35	592.7	5 104.51	4 007.14		
8	5-167	轨道工程　铺道岔　单开道岔 整体道床　60 kg　9 号	组	4	178 860.15	715 440.6	23 520	687 815.76	4 104.84		
9	5-205	轨道工程　铺道床　道岔沉落整修　单开道岔　9 号	组	4	2 289.76	9 159.04	4 527.6	3 732.96	898.48		
	小计					734 303.99	28 640.3	696 653.23	9 010.46		
		整体道床									
10	5-182	轨道工程　铺道床　整体道床　隧道内　预拌混凝土	10 m^3	612	4 482.22	2 743 118.64	97 008.12	2 525 772.96	120 337.56		
11	5-183	轨道工程　铺道床　整体道床　隧道内　模板	10 m^2	306	211.95	64 856.7	30 202.2	29 473.92	5 180.58		
12	5-184	轨道工程　铺道床　整体道床　隧道内　钢筋制作、安装	t	1 224	5 524.22	6 761 645.28	342 891.36	6 139 192.32	279 561.6		
	小计					9 569 620.62	470 101.68	8 694 439.2	405 079.74		
	合计					14 019 746.1	620 083.81	12 930 611.52	469 050.77		0

表 12.10 单位工程材料价差表

工程名称:钻孔桩

序号	材料名称	单位	材料量	定额价	市场价	价差	价差合计
一、	人工类别						
1	综合人工	工日	27 561.944 1	36	82	46	1 267 849.43
	小计						1 267 849.43
二、	材料类别						
1	铁钉	kg	0.113 5	4	5.29	1.29	0.15
2	铁扒钉	kg	3.518 5	4	5.29	1.29	4.54
3	铁件	kg	6 900.578 1	4.5	5.29	0.79	5 451.46
4	电焊条(综合)	kg	2 220.401 3	4.5	6.05	1.55	3 441.62
5	水	m^3	32 769.491 6	2.06	3.85	1.79	58 657.39
6	松木方材	m^3	0.022 7	1 300	2 425	1 125	25.54
7	板方材	m^3	0.011 4	1 300	2 425	1 125	12.83
8	杉原木	m^3	0.034 1	860	2 425	1 565	53.37
9	低碳钢电焊条	kg	11 094.85	4.5	6.05	1.55	17 197.02
10	圆钢(综合)	t	270.478	2 500	1 940	−560	−151 467.68
11	螺纹钢	t	1 081.912	2 600	4 350	1 750	1 893 346.00
	小计						1 826 722.22
三、	机械类别						
1	柴油	kg	15 035.029 9	3.2	6.7	3.5	52 622.60
2	电	kW·h	224 325.076 7	0.55	0.58	0.03	6 729.75
3	人工	工日	4 682.150 7	25.73	82	56.27	263 464.62
	小计						322 816.98
	合计						3 417 388.63

工程名称:圈梁

序号	材料名称	单位	材料量	定额价	市场价	价差	价差合计
一、	人工类别						
1	综合人工	工日	761.094	36	82	46	35 010.32
	小计						35 010.32
二、	材料类别						
1	铁钉	kg	30	4	5.29	1.29	38.70
2	螺纹钢 Φ20 内	t	49.92	2 600	4 350	1 750	87 360.00
3	标准砖	千块	19.2	127	1 357	1 230	23 616.00
	小计						111 014.70
三、	机械类别						
1	柴油	kg	232.2	3.2	6.7	3.5	812.70
2	人工	工日	23.1	25.73	82	56.27	1 299.84
	小计						2 112.54
	合计						148 137.56

工程名称：喷射混凝土

序号	材料名称	单位	材料量	定额价	市场价	价差	价差合计
一、	人工类别						
1	综合人工	工日	3 889.77	36	82	46	178 929.42
	小计						178 929.42
二、	材料类别						
1	C20 豆石混凝土	m^3	873.2	156.58	435	278.42	243 116.34
2	圆钢(综合)	t	39.14	2 500	5 000	2 500	97 850.00
	小计						340 966.34
	合计						519 895.76

工程名称：明挖土石方

序号	材料名称	单位	材料量	定额价	市场价	价差	价差合计
一、	人工类别						
1	综合人工	工日	537.182 7	36	82	46	24 710.40
2	综合人工	工日	13 431.96	36	82	46	617 870.16
	小计						642 580.56
二、	材料类别						
1	水	m^3	1 337.4	2.06	3.85	1.79	2 393.95
	小计						2 393.95
三、	机械类别						
1	柴油	kg	51 938.663 7	3.2	4.4	1.2	62 326.40
2	柴油	kg	125 360.731 4	3.2	8.41	5.21	653 129.41
3	汽油	kg	1 503.512 6	3.4	5.4	2	3 007.03
4	人工	工日	1 729.057 5	25.73	82	56.27	97 294.07
5	人工	工日	3 828.51	25.73	72.5	46.77	179 059.41
	小计						994 816.31
	合计						1 639 790.82

工程名称：其他围护结构—钢支撑

序号	材料名称	单位	材料量	定额价	市场价	价差	价差合计
一、	人工类别						
1	综合人工	工日	5 057.916	36	82	46	232 664.14
	小计						232 664.14
二、	材料类别						
1	铁件	kg	8 497.72	4.5	5.29	0.79	6 713.20
2	电焊条(综合)	kg	1 220.96	4.5	6.05	1.55	1 892.49
3	枕木	m^3	18.18	1 300	2 310.88	1 010.88	18 377.80
4	型钢(综合)	kg	46 176	2.5	2.34	−0.16	−7 388.16
5	型钢	kg	46 176	2.5	2.34	−0.16	−7 388.16

续上表

序号	材料名称	单位	材料量	定额价	市场价	价差	价差合计
6	低碳钢电焊条	kg	660.54	4.5	6.05	1.55	1 023.84
	小计						13 231.00
三、	机械类别						
1	柴油	kg	13 797.033 6	3.2	4.4	1.2	16 556.44
2	电	kW·h	27 777.910 2	0.55	0.58	0.03	833.34
3	人工	工日	1 277	25.73	82	56.27	71 856.79
	小计						89 246.57
	合计						335 141.72

工程名称:钢筋混凝土结构

序号	材料名称	单位	材料量	定额价	市场价	价差	价差合计
一、	人工类别						
1	综合人工	工日	41 029.968 4	36	82	46	1 887 378.55
	小计						1 887 378.55
二、	材料类别						
1	铁钉	kg	2 911.696	4	5.29	1.29	3 756.09
2	铁件	kg	5 050	4.5	5.29	0.79	3 989.50
3	螺纹钢 ϕ20 内	t	2 912	2 600	4 350	1 750	5 096 000.00
4	电	kW·h	1 020	0.55	0.78	0.23	234.60
5	水	m^3	7 500.796 5	2.06	3.85	1.79	13 426.43
6	标准砖	千块	20.48	127	1 357	1 230	25 190.40
7	木模板(规格料)	m^3	177.087 5	1 200	2 310.88	1 110.88	196 722.96
8	低碳钢电焊条	kg	27 200	4.5	6.05	1.55	42 160.00
9	圆钢(综合)	t	336.6	2 500	1 940	−560	−188 496.00
	小计						5 192 983.98
三、	机械类别						
1	柴油	kg	9 075.527 3	3.2	4.4	1.2	10 890.63
2	柴油	kg	95.666 4	3.2	4.4	1.2	114.80
3	电	kW·h	2 134.288 8	0.55	0.58	0.03	64.03
4	电	kW·h	116 530.136	0.55	0.58	0.03	3 495.90
5	人工	工日	1 001.029 3	25.73	82	56.27	56 327.92
6	人工	工日	7.416	25.73	82	56.27	417.30
	小计						71 310.58
	合计						7 151 673.10

工程名称:防水

序号	材料名称	单位	材料量	定额价	市场价	价差	价差合计
一、	人工类别						
1	综合工日	工日	947.8	42	82	40	37 912.00
2	综合人工	工日	3 500.717	36	82	46	161 032.98
	小计						198 944.98

续上表

序号	材料名称	单位	材料量	定额价	市场价	价差	价差合计
二、	材料类别						
1	水泥　42.5	kg	110 344.5	0.36	0.423	0.063	6 951.70
2	碎石　5～15 mm	m^3	316.083 6	55.25	111	55.75	17 621.66
3	中砂	m^3	177.619 1	37.15	71.05	33.9	6 021.29
4	水泥	kg	217 618.331 6	0.26	0.405	0.145	31 554.66
5	水	m^3	118.485 5	2.06	3.85	1.79	212.09
6	氯丁胶乳沥青	kg	7 977.655	2	5.178	3.178	25 352.99
7	松杂木枋板材(周转材)	m^3	6.195	1 000	2 310.88	1 310.88	8 120.90
8	改性沥青卷材	m^2	14 574.721	18.5	42.5	24	349 793.30
9	净砂	m^3	371.254 5	38	90.2	52.2	19 379.48
10	低碳钢电焊条	kg	600.6	4.5	6.05	1.55	930.93
	小计						465 939.01
三、	机械类别						
1	柴油	kg	82.983	3.2	4.4	1.2	99.58
2	柴油	kg	355.204 9	3.2	4.4	1.2	426.25
3	电	kW·h	402.754 3	0.55	0.58	0.03	12.08
4	人工	工日	65.262 7	25.73	82	56.27	3 672.33
5	人工	工日	29.067 5	25.73	82	56.27	1 635.63
	小计						5 845.87
	合计						670 729.86

工程名称:盾构机掘进

序号	材料名称	单位	材料量	定额价	市场价	价差	价差合计
一、	人工类别						
1	综合人工	工日	89 481.181 5	36	82	46	4 116 134.35
	小计						4 116 134.35
二、	材料类别						
1	钢管栏杆	kg	44 705.31	3.82	4.95	1.13	50 517.00
2	钢管 $\phi80$	kg	17 037.93	2.7	4.95	2.25	38 335.34
3	钢板(综合)	t	8.28	3 800	4 630	830	6 872.40
4	钢支撑	kg	556.08	3.6	4.65	1.05	583.88
5	电焊条(综合)	kg	6 758.4	4.5	6.05	1.55	10 475.52
6	电	kW·h	3 067 544.772	0.55	0.78	0.23	705 535.30
7	水泥	kg	3 569 494.4	0.26	0.377	0.117	417 630.84
8	水	m^3	106 025.186	2.06	3.85	1.79	189 785.08
9	柴油	kg	330	3.2	6	2.8	924.00
10	枕木	m^3	21.896	1 300	2 016.3	716.3	15 684.10
11	型钢(综合)	kg	3 870	2.5	2.342	−0.158	−611.46

续上表

序号	材料名称	单位	材料量	定额价	市场价	价差	价差合计
12	低碳钢电焊条	kg	673.498	4.5	6.05	1.55	1 043.92
13	中砂	m^3	8 600.300 8	38	71.05	33.05	284 239.94
14	20号机油	kg	92 435.42	5.5	7	1.5	138 653.13
15	圆钢(综合)	t	3.3	2 500	2 245	−255	−841.50
	小计						1 858 827.51
三、	机械类别						
1	柴油	kg	25 160.000 1	3.2	4.49	1.29	32 456.40
2	电	kW·h	4 317 220.59	0.55	0.78	0.23	992 960.74
3	人工	工日	32 767.621 5	25.73	82	56.27	1 843 834.06
	小计						2 869 251.20
	合计						8 844 213.06

工程名称:管片拼装

序号	材料名称	单位	材料量	定额价	市场价	价差	价差合计
一、	人工类别						
1	综合人工	工日	24 588.12	36	82	46	1 131 053.52
	小计						1 131 053.52
二、	材料类别						
1	型钢	kg	49 510.8	2.5	2.342	−0.158	−7 822.71
	小计						−7 822.71
三、	机械类别						
1	柴油	kg	28 407	3.2	4.49	1.29	36 645.03
2	人工	工日	2 840.7	25.73	82	56.27	159 846.19
	小计						196 491.22
	合计						1 319 722.03

工程名称:地基加固

序号	材料名称	单位	材料量	定额价	市场价	价差	价差合计
一、	人工类别						
1	综合人工	工日	11 288.24	36	82	46	519 259.04
	小计						519 259.04
二、	材料类别						
1	水泥 R32.5	t	72	260	377.13	117.13	8 433.36
	小计						8 433.36
三、	机械类别						
1	电	kW·h	89 561.088	0.55	0.78	0.23	20 599.05
2	人工	工日	3 656.7	25.73	82	56.27	205 762.51
	小计						226 361.56
	合计						754 053.96

工程名称:铺轨

序号	材料名称	单位	材料量	定额价	市场价	价差	价差合计
一、	人工类别						
1	综合工日	工日	2 889.091 4	42	82	40	115 563.66
	小计						115 563.66
	合计						115 563.66

工程名称:铺道岔

序号	材料名称	单位	材料量	定额价	市场价	价差	价差合计
一、	人工类别						
1	综合工日	工日	681.912	42	82	40	27 276.48
	小计						27 276.48
二、	材料类别						
1	垫木	m^3	4.838 4	1 040	2 017	977	4 727.12
	小计						4 727.12
	合计						32 003.60

工程名称:整体道床

序号	材料名称	单位	材料量	定额价	市场价	价差	价差合计
一、	人工类别						
1	综合工日	工日	1 1192.868	42	82	40	447 714.72
	小计						447 714.72
二、	材料类别						
1	圆钢　ϕ10以上	t	1 137.096	4 800	2 500	−2 300	−2 615 320.80
2	圆钢　ϕ10以下	t	117.504	4 800	2 500	−2 300	−270 259.20
3	预拌混凝土C40	m^3	6 242.4	399	466	67	418 240.80
4	电	kW·h	3 512.88	0.58	0.78	0.2	702.58
	小计						−2 466 636.62
	合计						−2 018 921.90

表12.11　单位工程费用汇总表

工程名称:钻孔桩

序号	名称	基数说明	费率(%)	金额(元)	备注
1	概算直接费	1.1+1.2		10 922 410.61	
1.1	直接工程费 (定额项目费)	1.1.1+1.1.2+1.1.3		10 922 410.61	
1.1.1	人工费合计	人工费		992 218.73	
1.1.2	材料费合计	材料费+主材费		7 779 048.56	
1.1.3	机械费合计	机械费		2 151 143.32	
1.2	措施费(二) (定额措施项目费)	1.2.1+1.2.2+1.2.3			

续上表

序号	名称	基数说明	费率(%)	金额(元)	备注
1.2.1	人工费合计				
1.2.2	材料费合计				
1.2.3	机械费合计				
2	差价			3 417 388.63	
3	利润	1.1.1+1.1.3+1.2.1+1.2.3	20	628 672.41	
4	风险	1.1.1+1.2.1	0	0.00	
5	综合费用			1 785 829.98	
5.1	管理费	1.1.1+1.1.3+1.2.1+1.2.3	28	880 141.37	
5.2	措施费(一)	5.2.1+5.2.2+5.2.3+5.2.4		905 688.61	
5.2.1	冬雨季、夜间施工措施费	1.1.1+1.1.3	4.6	144 594.65	
5.2.2	二次倒运费	1.1.1+1.1.3	2.1	66 010.60	
5.2.3	测量放线、定位复测、检测试验	1.1.1+1.1.3	2.6	81 727.41	
5.2.4	安全文明施工(含环境保护、文明施工、安全施工、临时设施)	5.2.5+5.2.6+5.2.7		613 355.94	
5.2.5	安全文明施工费	1+2+3+4+5.1+5.2.1+5.2.2+5.2.3	2.6	419 664.59	
5.2.6	环境保护(含工程排污费)	1+2+3+4+5.1+5.2.1+5.2.2+5.2.3	0.4	64 563.78	
5.2.7	临时设施	1+2+3+4+5.1+5.2.1+5.2.2+5.2.3	0.8	129 127.57	
6	规费合计	6.7+6.8+6.9		782 425.89	
6.1	养老保险	1+2+3+4+5	3.55	594 777.71	
6.2	失业保险	1+2+3+4+5	0.15	25 131.45	
6.3	医疗保险	1+2+3+4+5	0.45	75 394.36	
6.4	工伤保险	1+2+3+4+5	0.07	11 728.01	
6.5	残疾人就业保险	1+2+3+4+5	0.04	6 701.72	
6.6	女工生育保险	1+2+3+4+5	0.04	6 701.72	
6.7	社会保障费	6.1+6.2+6.3+6.4+6.5+6.6		720 434.97	
6.8	住房公积金	1+2+3+4+5	0.3	50 262.90	
6.9	危险作业意外伤害保险	1+2+3+4+5	0.07	11 728.01	
7	不含税工程造价	1+2+3+4+5+6	97.06	17 021 147.72	陕建发〔2019〕45号文
8	增值税销项税额	7	9	1 531 903.30	陕建发〔2019〕45号文
9	附加税	1+2+3+4+5+6	0.48	84 176.29	陕建发〔2019〕45号文
10	含税工程造价	7+8+9		18 637 227.31	

表12.12　单位工程费用汇总表

工程名称:圈梁

序号	名称	基数说明	费率(%)	金额(元)	备注
1	概算直接费	1.1+1.2		367 228.7	
1.1	直接工程费(定额项目费)	1.1.1+1.1.2+1.1.3		367 228.7	
1.1.1	人工费合计	人工费		28 784.48	
1.1.2	材料费合计	材料费+主材费		330 275.82	
1.1.3	机械费合计	机械费		8 168.4	
1.2	措施费(二)(定额措施项目费)	1.2.1+1.2.2+1.2.3			
1.2.1	人工费合计				
1.2.2	材料费合计				
1.2.3	机械费合计				
2	差价			148 137.56	
3	利润	1.1.1+1.1.3+1.2.1+1.2.3	20	7 390.58	
4	风险	1.1.1+1.2.1	0	0.00	
5	综合费用			34 171.95	
5.1	管理费	1.1.1+1.1.3+1.2.1+1.2.3	28	10 346.81	
5.2	措施费(一)	5.2.1+5.2.2+5.2.3+5.2.4		23 825.15	
5.2.1	冬雨季、夜间施工措施费	1.1.1+1.1.3	4.6	1 699.83	
5.2.2	二次倒运费	1.1.1+1.1.3	2.1	776.01	
5.2.3	测量放线、定位复测、检测试验	1.1.1+1.1.3	2.6	960.77	
5.2.4	安全文明施工(含环境保护、文明施工、安全施工、临时设施)	5.2.5+5.2.6+5.2.7		20 388.53	
5.2.5	安全文明施工费	1+2+3+4+5.1+5.2.1+5.2.2+5.2.3	2.6	13 950.05	
5.2.6	环境保护(含工程排污费)	1+2+3+4+5.1+5.2.1+5.2.2+5.2.3	0.4	2 146.16	
5.2.7	临时设施	1+2+3+4+5.1+5.2.1+5.2.2+5.2.3	0.8	4 292.32	
6	规费合计	6.7+6.8+6.9		26 008.57	
6.1	养老保险	1+2+3+4+5	3.55	19 770.97	
6.2	失业保险	1+2+3+4+5	0.15	835.39	
6.3	医疗保险	1+2+3+4+5	0.45	2 506.18	
6.4	工伤保险	1+2+3+4+5	0.07	389.85	
6.5	残疾人就业保险	1+2+3+4+5	0.04	222.77	
6.6	女工生育保险	1+2+3+4+5	0.04	222.77	

续上表

序号	名称	基数说明	费率(%)	金额(元)	备注
6.7	社会保障费	6.1+6.2+6.3+6.4+6.5+6.6		23 947.94	
6.8	住房公积金	1+2+3+4+5	0.3	1 670.79	
6.9	危险作业意外伤害保险	1+2+3+4+5	0.07	389.85	
7	不含税工程造价	1+2+3+4+5+6	97.06	565 799.01	陕建发〔2019〕45 号文
8	增值税销项税额	7	9	50 921.91	陕建发〔2019〕45 号文
9	附加税	1+2+3+4+5+6	0.48	2 798.10	陕建发〔2019〕45 号文
10	含税工程造价	7+8+9		619 519.02	

表 12.13 单位工程费用汇总表

工程名称:盾构机掘进

序号	名称	基数说明	费率(%)	金额(元)	备注
1	概算直接费	1.1+1.2		48 335 696.45	
1.1	直接工程费(定额项目费)	1.1.1+1.1.2+1.1.3		48 335 696.45	
1.1.1	人工费合计	人工费		3 221 332.84	
1.1.2	材料费合计	材料费+主材费		18 991 033.51	
1.1.3	机械费合计	机械费		26 123 330.1	
1.2	措施费(二)(定额措施项目费)	1.2.1+1.2.2+1.2.3			
1.2.1	人工费合计				
1.2.2	材料费合计				
1.2.3	机械费合计				
2	差价			8 844 213.06	
3	利润	1.1.1+1.1.3+1.2.1+1.2.3	11	3 227 912.92	
4	风险	1.1.1+1.2.1	0	0.00	
5	综合费用			10 023 138.40	
5.1	管理费	1.1.1+1.1.3+1.2.1+1.2.3	20	5 868 932.59	
5.2	措施费(一)	5.2.1+5.2.2+5.2.3+5.2.4		4 154 205.81	
5.2.1	冬雨季、夜间施工措施费	1.1.1+1.1.3	2.67	783 502.50	
5.2.2	二次倒运费	1.1.1+1.1.3	1.2	352 135.96	
5.2.3	测量放线、定位复测、检测试验	1.1.1+1.1.3	1.5	440 169.94	
5.2.4	安全文明施工(含环境保护、文明施工、安全施工、临时设施)	5.2.5+5.2.6+5.2.7		2 578 397.41	
5.2.5	安全文明施工费	1+2+3+4+5.1+5.2.1+5.2.2+5.2.3	2.6	1 764 166.65	
5.2.6	环境保护(含工程排污费)	1+2+3+4+5.1+5.2.1+5.2.2+5.2.3	0.4	271 410.25	

续上表

序号	名称	基数说明	费率(%)	金额(元)	备注
5.2.7	临时设施	1+2+3+4+5.1+5.2.1+5.2.2+5.2.3	0.8	542 820.51	
6	规费合计	6.7+6.8+6.9		3 289 125.87	
6.1	养老保险	1+2+3+4+5	3.55	2 500 299.11	
6.2	失业保险	1+2+3+4+5	0.15	105 646.44	
6.3	医疗保险	1+2+3+4+5	0.45	316 939.32	
6.4	工伤保险	1+2+3+4+5	0.07	49 301.67	
6.5	残疾人就业保险	1+2+3+4+5	0.04	28 172.38	
6.6	女工生育保险	1+2+3+4+5	0.04	28 172.38	
6.7	社会保障费	6.1+6.2+6.3+6.4+6.5+6.6		3 028 531.32	
6.8	住房公积金	1+2+3+4+5	0.3	211 292.88	
6.9	危险作业意外伤害保险	1+2+3+4+5	0.07	49 301.67	
7	不含税工程造价	1+2+3+4+5+6	95.62	70 491 146.90	陕建发〔2019〕45 号文
8	增值税销项税额	7	9	6 344 203.22	陕建发〔2019〕45 号文
9	附加税	1+2+3+4+5+6	0.48	353 856.42	陕建发〔2019〕45 号文
10	含税工程造价	7+8+9		77 189 206.54	

表 12.14　单位工程费用汇总表

工程名称:铺轨

序号	名称	基数说明	费率(%)	金额(元)	备注
1	概算直接费	1.1+1.2		3 715 821.49	
1.1	直接工程费（定额项目费）	1.1.1+1.1.2+1.1.3		3 715 821.49	
1.1.1	人工费合计	人工费		121 341.83	
1.1.2	材料费合计	材料费+主材费		3 539 519.09	
1.1.3	机械费合计	机械费		54 960.57	
1.2	措施费(二)（定额措施项目费）	1.2.1+1.2.2+1.2.3			
1.2.1	人工费合计				
1.2.2	材料费合计				
1.2.3	机械费合计				
2	差价			115 563.66	
3	利润	1.1.1+章.1.3+1.2.1+1.2.3	4.18	7 369.44	
4	风险	1.1.1+1.2.1	0	0.00	
5	综合费用			127 565.34	
5.1	管理费	1.1.1+1.1.3+1.2.1+1.2.3	5.11	9 009.05	
5.2	措施费(一)	5.2.1+5.2.2+5.2.3+5.2.4		118 556.28	

续上表

序号	名称	基数说明	费率(%)	金额(元)	备注
5.2.1	冬雨季、夜间施工措施费	1.1.1+1.1.3	0.76	1 339.90	
5.2.2	二次倒运费	1.1.1+1.1.3	0.54	952.03	
5.2.3	测量放线、定位复测、检测试验	1.1.1+1.1.3	0.42	740.47	
5.2.4	安全文明施工(含环境保护、文明施工、安全施工、临时设施)	5.2.5+5.2.6+5.2.7		115 523.88	
5.2.5	安全文明施工费	1+2+3+4+5.1+5.2.1+5.2.2+5.2.3	1.8	69 314.33	
5.2.6	环境保护(含工程排污费)	1+2+3+4+5.1+5.2.1+5.2.2+5.2.3	0.4	15 403.18	
5.2.7	临时设施	1+2+3+4+5.1+5.2.1+5.2.2+5.2.3	0.8	30 806.37	
6	规费合计	6.7+6.8+6.9		185 227.14	
6.1	养老保险	1+2+3+4+5	3.55	140 804.36	
6.2	失业保险	1+2+3+4+5	0.15	5 949.48	
6.3	医疗保险	1+2+3+4+5	0.45	17 848.44	
6.4	工伤保险	1+2+3+4+5	0.07	2 776.42	
6.5	残疾人就业保险	1+2+3+4+5	0.04	1 586.53	
6.6	女工生育保险	1+2+3+4+5	0.04	1 586.53	
6.7	社会保障费	6.1+6.2+6.3+6.4+6.5+6.6		170 551.76	
6.8	住房公积金	1+2+3+4+5	0.3	11 898.96	
6.9	危险作业意外伤害保险	1+2+3+4+5	0.07	2 776.42	
7	不含税工程造价	1+2+3+4+5+6	93.29	3 872 978.25	陕建发〔2019〕45号文
8	增值税销项税额	7	9	348 568.04	陕建发〔2019〕45号文
9	附加税	1+2+3+4+5+6	0.48	19 927.43	陕建发〔2019〕45号文
10	含税工程造价	7+8+9		4 241 473.72	

思考题

1. 简述工程计价的基本原理。
2. 简述工程计价的基本方法。
3. 什么叫定额计价法,简述定额计价法的方法。
4. 什么叫清单计价法,简述清单计价法的方法。
5. 简述工程定额计价和工程量清单计价的区别与联系。
6. 综述概预算的编制内容与方法。

第 13 章

工程量清单计价与投标报价编制

工程量清单是载明建设工程分部分项工程项目、措施项目和其他项目的名称和相应数量以及规费和税金项目等内容的明细清单。其中由招标人根据国家标准、招标文件、设计文件，以及施工现场实际情况编制的称为招标工程量清单，而作为投标文件组成部分的已标明价格并经承包人确认的称为已标价工程量清单。招标工程量清单应由具有编制能力的招标人或受其委托，具有相应资质的工程造价咨询人或招标代理人编制。采用工程量清单方式招标，招标工程量清单必须作为招标文件的组成部分，其准确性和完整性由招标人负责。招标工程量清单应以单位(项)工程为单位编制，由分部分项工程量清单，措施项目清单，其他项目清单，规费项目、税金项目清单组成。

在招投标阶段，招标工程量清单为投标人的投标竞争提供了一个平等和共同的基础。工程量清单将要求投标人完成的工程项目及其相应工程实体数量全部列出，为投标人提供拟建工程的基本内容、实体数量和质量要求等信息。这使所有投标人所掌握的信息相同，受到的待遇是客观、公正和公平的。

工程量清单是建设工程计价的依据。在招投标过程中，招标人根据工程量清单编制招标工程的招标控制价；投标人按照工程量清单所表述的内容，依据企业定额计算投标价格，自主填报工程量清单所列项目的单价与合价。

工程量清单是工程付款和结算的依据。发包人根据承包人是否完成工程量清单规定的内容以投标时在工程量清单中所报的单价作为支付工程进度款和进行结算的依据。

工程量清单是调整工程量、进行工程索赔的依据。在发生工程变更、索赔、增加新的工程项目等情况时，可以选用或者参照工程量清单的分部分项工程或几家项目与合同单价来确定变更项目或索赔项目的单价和相关费用。

13.1 工程量清单计价与计量规范

13.1.1 概　述

工程量清单计价与计量规范由《建设工程工程量清单计价规范》(GB 50500—2013)、《房屋建筑与装饰工程量计算规范》(GB 50854—2013)、《仿古建筑工程量计算规范》(GB 50855—2013)、《通用安装工程量计算规范》(GB 50856)、《市政工程量计算规范》(GB 50857—2013)、《园林绿化工程量计算规范》(GB 50858—2013)、《矿山工程量计算规范》(GB 50859—2013)、《构筑物工程量计算规范》(GB 50860—2013)、《城市轨道交通工程工程量计算规范》(GB 50861—2013)、《爆破工程量计算规范》(GB 50862—2013)组成。

《建设工程工程量清单计价规范》(GB 50500—2013)(以下简称计价规范)包括总则、术语、一般规定、工程量清单编制、招标控制价、投标报价、合同价款约定、工程计量、合同价款调整、合同价款期中支付、竣工结算与支付、合同解除的价款结算与支付、合同价款争议的解决、工程造价鉴定、工程计价资料与档案、工程计价表格及11个附录。

《城市轨道交通工程工程量计算规范》(GB 50861—2013)是为进一步适应建设市场计量、计价的需要,对《建设工程工程量清单计价规范》(GB 50500—2008)附录D隧道工程、地铁工程进行修订并增加新项目而成。包括总则、术语、工程计量、工程量清单编制(一般规定、分部分项工程、措施项目)、附录。是为规范城市轨道交通工程造价计量行为,统一城市轨道交通工程工程量计算规则、工程量清单的编制方法,制定本规范。适用于城市轨道交通的路基、围护结构、高架桥、地下区间、地下结构、轨道、通信、信号、供电、智能与控制系统安装、机电设备安装、车辆基地工艺设备以及拆除等公用事业工程的发承包及实施阶段计价活动中的工程计量和工程量清单编制。城市轨道交通工程计价,必须按本规范规定的工程量计算规则进行工程计量。城市轨道交通工程计量活动,除应遵守本规范外,尚应符合国家现行有关标准的规定,具体可详阅规范原文。

1. 工程量清单计价的适用范围

计价规范适用于建设工程发承包及其实施阶段的计价活动。使用国有资金投资的建设工程发承包,必须采用工程量清单计价;非国有资金投资的建设工程,宜采用工程量清单计价;不采用工程量清单计价的建设工程,应执行计价规范中除工程量清单等专门性规定外的其他规定。

国有资金投资的项目包括全部使用国有资金(含国家融资资金)投资或国有资金投资为主的工程建设项目。

(1)国有资金投资的工程建设项目

①使用各级财政预算资金的项目。

②使用纳入财政管理的各种政府性专项建设资金的项目。

③使用国有企事业单位自有资金,并且国有资产投资者实际拥有控制权的项目。

(2)国家融资资金投资的工程建设项目

①使用国家发行债券所筹资金的项目。

②使用国家对外借款或者担保所筹资金的项目。

③使用国家政策性贷款的项目。

④国家授权投资主体融资的项目。

⑤国家特许的融资项目。

(3)国有资金(含国家融资资金)为主的工程建设项目是指国有资金占投资总额50%以上,或虽不足50%但国有投资者实质上拥有控股权的工程建设项目。

2. 工程量清单计价的作用

(1)提供一个平等的竞争条件

采用施工图预算来投标报价,由于设计图纸的缺陷,不同施工企业的人员理解不一,计算出的工程量也不同,报价就更相去甚远,也容易产生纠纷。而工程量清单报价就为投标者提供了一个平等竞争的条件,相同的工程量,由企业根据自身的实力来填不同的单价。投标人的这种自主报价,使得企业的优势体现到投标报价中,可在一定程度上规范建筑市场秩序,确保工程质量。

(2)满足市场经济条件下竞争的需要

招投标过程就是竞争的过程,招标人提供工程量清单,投标人根据自身情况确定综合单价,利用单价与工程量逐项计算每个项目的合价,再分别填入工程量清单表内,计算出投标总价。单价成了决定性的因素,定高了不能中标,定低了又要承担过大的风险。单价的高低直接取决于企业管理水平和技术水平的高低,这种局面促成了企业整体实力的竞争,有利于我国建设市场的快速发展。

(3)有利于提高工程计价效率,能真正实现快速报价

采用工程量清单计价方式,避免了传统计价方式下招标人与投标人在工程量计算上的重复工作,各投标人以招标人提供的工程量清单为统一平台,结合自身的管理水平和施工方案进行报价,促进了各投标人企业定额的完善和工程造价信息的积累和整理,体现了现代工程建设中快速报价的要求。

(4)有利于工程款的拨付和工程造价的最终结算

中标后,业主要与中标单位签订施工合同,中标价就是确定合同价的基础,投标清单上的单价就成了拨付工程款的依据。业主根据施工企业完成的合格工程量及双方签订合同中的工程款支付条款,可以很容易地确定进度款的拨付额。工程竣工后,根据设计变更、工程量增减等,业主也很容易确定工程的最终造价,可在某种程度上减少业主与施工单位之间的纠纷。

(5)有利于业主对投资的控制

采用现在的施工图预算形式,业主对因设计变更、工程量的增减所引起的工程造价变化不敏感,往往等到竣工结算时才知道这些变更对项目投资的影响有多大,但此时常常是先时已晚。而采用工程量清单报价的方式则可对投资变化一目了然,在要进行设计变更时,能马上知道它对工程造价的影响,业主就能根据投资情况来决定是否变更或进行方案比较,以决定最恰当的处理方法。

13.1.2　分部分项工程项目清单

分部分项工程是分部工程和分项工程的总称。分部工程是单位工程的组成部分,系按结构部位、路段长度及施工特点或施工任务将单位工程划分为若干分部的工程。例如,砌筑工程分为砖砌体、砌块砌体、石砌体、垫层分部工程。"分项工程"是分部工程的组成部分,系按不同施工方法、材料、工序及路段长度等分部工程划分为若干个分项或项目的工程。例如砖砌体分为砖基细、砖砌挖孔桩护壁、实心砖墙、多孔砖墙、空心砖墙、空斗墙、空花墙、填充墙、实心砖柱、多孔砖柱、砖检查井、零星砌砖、砖散水地坪、砖地沟明沟等分项工程。分部分项工程项目清单格式如表13.1。

表13.1　分部分项工程和单价措施项目清单与计价表

工程名称:　　　　　　　　　　　　　　标段:　　　　　　　　　　　　　　第　页　共　页

序号	项目编码	项目名称	项目特征描述	计量单位	工程量	金额		
						综合单价	合价	其中:暂估价

1. 项目编码

项目编码是分部分项工程和措施项目清单名称的阿拉伯数字标识。

2. 项目名称

分部分项工程量清单的项目名称应按各专业工程计量规范附录的项目名称结合拟建工程的实际确定。

3. 项目特征

项目特征是构成分部分项工程项目、措施项目自身价值的本质特征。

4. 计量单位

计量单位应采用基本单位,除各专业另有特殊规定外均按以下单位计量:

(1)以重量计算的项目——吨或千克(t 或 kg)。

(2)以体积计算的项目——立方米(m^3)。

(3)以面积计算的项目——平方米(m^2)。

(4)以长度计算的项目——米(m)。

(5)以自然计量单位计算的项目——个、套、块、樘、组、台等。

(6)没有具体数量的项目——宗、项等。

各专业有特殊计量单位的,另外加以说明,当计量单位有两个或两个以上时,应根据所编工程量清单项目的特征要求,选择最适宜表现该项目特征并方便计量的单位。

计量单位的有效位数应遵守下列规定:

(1)以“t”为单位,应保留小数点后三位数字,第四位小数四舍五入。

(2)以“m”“m^2”“m^3”“kg”为单位,应保留小数点后两位数字,第三位小数四舍五入。

(3)以“个”“件”“根”“组”“系统”等为单位,应取整数。

5. 工程数量的计算

工程数量主要通过工程量计算规则计算得到。工程量计算规则是指对清单项目工程量的计算规定。除另有说明外,所有清单项目的工程量应以实体工程量为准,并以完成后的净值计算;投标人投标报价时,应在单价中考虑施工中的各种损耗和需要增加的工程量。

(1)工程量清单计价的组成

工程量清单计价应包括按招标文件规定完成工程量清单所需的全部费用,通常由分部分项工程费、措施项目费和其他项目费和规费、税金组成。

①分部分项工程费是指为完成分部分项工程量所需的实体项目费用。

②措施项目费是指分部分项工程费以外,为完成该工程项目施工,发生于该工程施工前和施工过程中技术、生活、安全等方面的非工程实体项目所需的费用。

③其他项目费是指分部分项工程费和措施项目费以外,该工程项目施工中可能发生的其他费用。分部分项工程费、措施项目费和其他项目费均采用综合单价计价,综合单价由完成规定计量单位工程量清单项目所需的人工费、材料费、机械使用费、管理费、利润等费用组成,综合单价应考虑风险因素。

(2)计算工程量的资料

①施工图纸及设计说明书、相关图集、设计变更资料、图纸答疑、会审记录等。

②经审定的施工组织设计或施工方案。

③工程施工合同、招标文件的商务条款。

④工程量计算规则。

(3)工程量计算的顺序

①单位工程计算顺序

按施工顺序计算法。按施工顺序计算法是按照工程施工顺序的先后次序来计算工程量;

按定额顺序计算法。按定额顺序计算工程量法就是按照计量规则中规定的分章或分部分项工程顺序来计算工程量。

②单个分项工程计算顺序

在计算工程量时，不论采用哪种顺序方法计算，都不能有漏项少算或重复多算的现象发生。通常可按照顺时针方向计算法；按“先横后竖、先上后下、先左后右”计算法；按图纸分项编号顺序计算法。

(4)工程量计算的步骤

①根据工程内容和计量规则中规定的项目列出需计算工程量的分部分项工程。

②根据一定的计算顺序和计算规则列出计算式。

③根据施工图纸的要求确定有关数据代入计算式进行数值计算。

④对计算结果的计量单位进行调整，使之与计量规则中规定的相应分部分项工程的计量单位保持一致。

(5)工程量计算的注意事项

①必须口径一致。计算工程量必须熟悉计量规则中每个工程项目所包括的内容和范围。

②必须按工程量计算规则计算。

③必须按图纸计算。

④必须列出计算式。在列计算式时，必须部位清楚，详细列项标出计算式，注明计算结构构件的所处部位，并保留工程量计算书，作为复查依据。工程量计算式，应力求简单明了，醒目易懂，并要按一定的次序排列，以便于审核和校对。

⑤必须计算准确。工程量计算的精度将直接影响着造价确定的精度，因此，数量计算要准确。一般规定工程量的精确度应按计量规则中的有关规定执行。

⑥必须计量单位一致。必须与计量规则中规定的计量单位相一致。

⑦必须注意计算顺序。例如对于具有单独构件(柱、梁)的设计图纸，可按如下的顺序计算全部工程量：首先，将独立的部分(如基础)先计算完毕，以减少图纸数量；其次，再计算门窗和混凝土构件，用表格的形式汇总其工程量，以便在计算砖墙、装饰等工程项目时运用这些计算结果；最后，按先水平面(如楼地面和屋面)，后垂直面(如砌体、装饰)的顺序进行计算。

⑧力求分层分段计算。要结合施工图纸尽量做到结构按楼层，内装修按楼层分房间，外装修按立面分施工层计算，或按施工方案的要求分段计算，或按使用的材料不同分别进行计算。这样，在计算工程量时既可避免漏项，又可为编制工料分析和安排施工进度计划提供数据。

⑨必须注意统筹计算。以达到快速、高效之目的。

⑩必须自我检查复核。

13.1.3　措施项目清单

1. 措施项目列项

措施项目是指为完成工程项目施工，发生于该工程施工准备和施工过程中的技术、生活、安全、环境保护等方面的项目。

措施项目清单应根据相关工程现行国家计量规范的规定编制，并应根据拟建工程的实际情况列项。例如，《房屋建筑与装饰工程量计算规范》(GB 50854—2013)中规定的措施项目，包括脚手架工程,混凝土模板及支架(撑),垂直运输,超高施工增加,大型机械设备进出场及安拆,施工排水、降水,安全文明施工及其他措施项目。

2. 措施项目清单的标准格式

(1)措施项目清单的类别

措施项目费用的发生与使用时间、施工方法或者两个以上的工序相关,如安全文明施工费,夜间施工,非夜间施工照明,二次搬运,冬雨季施工,地上、地下设施和建筑物的临时保护设施,已完工程及设备保护等。但是有些措施项目则是可以计算工程量的项目,如脚手架工程,混凝土模板及支架(撑),垂直运输,超高施工增加,大型机械设备进出场及安拆;施工排水、降水等,这类措施项目按照分部分项工程项目清单的方式采用综合单价计价,更有利于措施费的确定和调整。措施项自中可以计算工程量的项目(单价措施项目)宜采用分部分项工程项目清单的方式编制,列出项目编码、项目名称、项目特征、计量单位和工程量计算规则(表 13.1);不能计算工程量的项目(总价措施项目)"项"为计量单位进行编制(表 13.2)。

表 13.2 总价措施项目清单与计价表

序号	项目编码	项目名称	计算基础	费率(%)	金额(元)	调整费率(%)	调整后金额(元)	备注
		安全文明施工费						
		夜间施工增加费						
		二次搬运费						
		冬雨季施工增加费						
		已完工程及设备保护费						
		…						
合计								

编制人(造价人员): 复核人(造价工程师):

注:①"计算基础"中安全文明施工费可为"定额基价""定额人工费"或"定额人工费+定额机械费",其他项目可"定额人工费"或"定额人工费+定额机械费"。

②按施工方案计算的措施费,若无"计算基础"和"费率"的数值,也可只填"金额"数值,但应在备注栏说明施工方案出处或计算方法。

(2)措施项目清单的编制

措施项目清单的编制需考虑多种因素,除工程本身的因素外,还涉及水文、气象、环境、安全等因素。措施项目清单应根据拟建工程的实际情况列项。若出现清单计价规范中未列的项目,可根据工程实际情况补充。

措施项目清单的编制依据主要有:

①施工现场情况、地勘水文资料、工程特点。

②常规施工方案。

③与建设工程有关的标准、规范、技术资料。

④拟定的招标文件。

⑤建设工程设计文件及相关资料。

13.1.4　其他项目清单

其他项目清单是指清单计价中分部分项工程量清单、措施项目清单所包含的内容以外，因招标人的特殊要求而发生的与拟建工程有关的其他费用项目和相应数量的清单。工程建设标准的高低、工程的复杂程度、工程的工期长短、工程的组成内容、发包人对工程管理的要求等都直接影响其他项目清单的具体内容。

其他项目清单一般包括暂列金额；暂估价(包括材料暂估价、工程设备暂估价、专业工程暂估价)；计日工；总承包服务费。其他项目清单宜按照表 13.3 的格式编制，出现未包含在表格中内容的项目，可根据实际情况补充。

表 13.3　其他项目清单与计价汇总表

序号	项目名称	金额(元)	结算金额(元)	备注
1	暂列金额			
2	暂估价			
2.1	材料(工程设备)暂估价/结算价			
2.2	专业工程暂估价/结算价			
3	计日工			
4	总承包服务费			
5	索赔与现场签证			
合计				

注：材料(工程设备)暂估价进行清单项目综合价，此处不汇总。

1. 暂列金额

暂列金额是指招标人在工程量清单中暂定并包括在合同价款中的一笔款项。用于工程合同签订时尚未确定或者不可预见的所需材料、工程设备、服务的采购，施工中可能发生的工程变更、合同约定调整因素出现时的合同价款调整，以及发生的索赔、现场签证确认等的费用。

暂列金额应根据工程特点，按有关计价规定估算，并按表 13.4 的格式列示。

表 13.4　暂列金额明细表

工程名称：　　　　　　　　　　　　标段：　　　　　　　　　　　　第　页　共　页

序号	项目名称	计量单位	暂定金额(元)	备注
1				
2				
3				
合计				

注：此表由招标人填写，如不能详列，也可只列暂定金额总额，投标人应将上述暂定金额计入投标总价中。

2. 暂估价

暂估价是指招标阶段直至签订合同协议时，招标人在招标文件中提供的用于支付必然发生但暂时不能确定价格的材料以及专业工程的金额。暂估价包括材料暂估单价和专业工程暂估价。暂估价类似于 FIDIC 合同条款中的 Prime Cost Items(原、始成本项目)，在招标阶段预见肯定要发生，只是因为标准不明确或者需要由专业承包人完成，暂时无法确定价格。暂估价数量和拟用项目应当结合工程量清单中的“暂估价表”予以补充说明。

为方便合同管理，需要纳入分部分项工程量清单项目综合单价中的暂估价应只是材料费，以方便投标人组价。

专业工程的暂估价一般应是综合暂估价，应当包括除规费和税金以外的管理费、利润等取费。总承包招标时，专业工程设计深度往往是不够的，一般需要交由专业设计人设计，国际上，出于提高可建造性考虑，一般由专业承包人负责设计，以发挥其专业技能和专业施工经验的优势。这类专业工程交由专业分包人完成是国际工程的良好实践，目前在我国工程建设领域也已经比较普遍。公开透明地合理确定这类暂估价的实际开支金额的最佳途径，就是通过施工总承包人与工程建设项目招标人共同组织的招标。

暂估价中的材料、工程设备暂估单价应根据工程造价信息或参考市场价格估算，列出明细表，专业工程暂估价应分不同专业、按有关计价规定估算，列出明细表，暂估价可参照表 13.5，表 13.6 的格式列示。

表 13.5 材料(工程设备)暂估单价及调整表

工程名称： 标段： 第 页 共 页

序号	材料(工程设备)名称、规格、型号	计量单位	数量		暂估(元)		确认(元)		差额±(元)		备注
			暂估	确认	单价	合价	单价	合价	单价	合价	
合计											

注：此表由招标人填写“暂估单价”，并在备注栏说明暂估价的材料、工程设备拟用在哪些清单项目上，投标人应将上述材料、工程设备暂估价计入工程量清单综合单价报价中。

表 13.6 专业工程暂估单价及结算价表

工程名称： 标段： 第 页 共 页

序号	工程名称	工程内容	暂估金额(元)	结算金额(元)	差额±(元)	备注
合计						

注：此表“暂估金额”由招标人填写，投标人应将“暂估金额”计入投标总价中。结算时按合同约定金额填写。

3. 计日工

计日工是指在施工过程中，承包人完成发包人提出的工程合同范围以外的零星项目或工作，按照合同约定的单价计价的一种方式。计日工是为了解决现场发生的零星工作的计价而设立的。计日工对完成零星工作所消耗的人工工时、材料数量、施工机械台班进行计量，并按照计日工表中填报的适用项目的单价进行计价支付。计日工适用的所谓的零星项目是指合同约定之外的或者因变更而产生的、工程量清单中没有相应项目的额外工作，尤其是那些难以事先商定价格的额外工作。

计日工应列出项目名称、计量单位和暂估数量。计日工可按表 13.7 格式列示。

表 13.7　计日工表

工程名称：　　　　　　　　　　　　　　　　　　　标段：　　　　　　　　　　　　　　　　第　页　共　页

编号	项目名称	单位	暂定数量	实际数量	综合单价(元)	合价(元)	
						暂定	实际
一							
1							
2							
……							
人工小计							
二							
1							
2							
……							
材料小计							
三							
1							
2							
……							
施工机械小计							
四、企业管理费和利润							
总计							

注：此表项目名称、暂定数量由招标　人填写，编制招标控制价时，单价由招标人按有关计价规定确定；投标时，单价由投标人自主报价，按暂定数量计算合价计入投标总价中。结算时，按发承包双方确认的实际数量计算合价。

4. 总承包服务费

总承包服务费是指承包人为配合协调发包人进行的专业发包，对发包人自行采购的材料、工程设备进行保管以及施工现场管理、竣工资料汇总等服务所需的费用。招标人应预计该项费用并按照投标人的投标报价向投标人支付此项费用。

总承包服务费应列出服务项目及其内容等。总承包服务费按照表 13.8 的格式列示。

表 13.8　总承包服务费计价表

工程名称：　　　　　　　　　　　　　　　　　　　标段：　　　　　　　　　　　　　　　　第　页　共　页

序号	项目名称	项目价值(元)	服务内容	计算基础	费率(%)	金额(元)
1	发包人发包专业工程					
2	发包人提供材料					
……						
	合计					

注：此表项目名称、服务内容由招标　人填写，编制招标控制价时，费率及金额由招标人按有关计价规定确定；投标时，费率及金额由投标人自主报价，计入投标总价中。

5. 规费、税金项目清单

规费项目清单应按照下列内容列项：社会保险费，包括养老保险费、失业保险费、医疗保险费、工伤保险费、生育保险费；住房公积金；工程排污费；出现计价规范中未列的项目，应根据省级政府或省级有关权力部门的规定列项。

税金项目清单应包括以下内容：(1)营业税。(2)城市维护建设税。(3)教育费附加。出现计价规范未列的项目，应根据税务部门的规定列项。

规费、税金项目计价表如表 13.9 所示。

表 13.9 规费、税金项目计价表

工程名称： 标段： 第 页 共 页

序号	项目名称	计算基础	计算基数	计算费率(%)	金额(元)
1	规费	定额人工费			
1.1	社会保障费	定额人工费			
(1)	养老保险费	定额人工费			
(2)	失业保险费	定额人工费			
(3)	医疗保险费	定额人工费			
(4)	工伤保险费	定额人工费			
(5)	生育保险费	定额人工费			
1.2	住房公积金	定额人工费			
1.3	工程排污费	按工程所在地环境保护部门收取标准，按实计入			
2	税金	分部分项工程费+措施项目费+其他项目费+规费-按规定不计税的工程设备金额			
合计					

编制人(造价人员)： 复核人(造价工程师)：

13.2 招标工程量清单的编制

工程量清单应由具备招标文件编制资格的招标人或招标人委托的具有相应资质的招标代理、造价咨询机构负责编制。工程施工招标时所编制的工程量清单项目是招标人编制确定招标标底价的依据，是投标人策划投标方案的依据，同时也是工程竣工结算时结算价调整的依据。

1. 内容与要求

工程量清单是招标人或招标代理单位依据招标文件及施工图纸和技术资料，依照目前预算定额的工程量计算规则和统一的施工项目划分规定，将实施招标的工程建设项目实物工程量和技术性措施以统一的计量单位列出的清单，是招标文件的组成部分。工程量清单编制的主要内容与要求如下：

(1)工程量清单由封面签署页、编制说明和工程量清单三部分组成。

(2)编制说明内容包括编制依据，分部分项工程项目工作内容的补充要求，施工工艺特殊要求，主要材料品牌、质量、产地的要求，新材料及未确定档次材料的价格设定，拟使用商品混凝土情况及其他需要说明的问题。

(3)工程量清单应按照招标施工项目设计图纸、招标文件要求和现行的工程量计算规则、项目划分、计量单位的规定进行编制。

(4)分部分项工程项目名称应使用规范术语定义，对允许合并列项的工程在工程量清单列项中需做准确描述。

(5)按现行项目划分规定，在工程量清单中开列建筑脚手架费、垂运费、超高费、机械进出厂及安拆费等有关技术性措施项目。

(6)工程量清单应采用统一制式表格，计量单位执行现行预算定额规定的单位标准，工程数量保留两位小数。

2. 资料准备

(1)《建设工程工程量清单计价规范》(GB 50500—2013)以及各专业工程计量规范等。

(2)国家或省级、行业建设主管部门颁发的计价依据和办法。

(3)建设工程设计文件及相关资料。

(4)与建设工程项目有关的标准、规范、技术资料。

(5)招标文件及其补充通知、答疑纪要。

(6)施工现场情况、工程特点及常规施工方案。

(7)其他相关资料。

3. 编制准备

招标工程量清单编制的相关工作在收集资料包括编制依据的基础上，需进行如下工作：

(1)初步研究。对各种资料进行认真研究，为工程量清单的编制做准备。主要包括：

①熟悉《建设工程工程量清单计价规范》(GB 50500—2013)和各专业工程计量规范、当地计价规定及相关文件；熟悉设计文件，掌握工程全貌，便于清单项目列项的完整、工程量的准确计算及清单项目的准确描述，对设计文件中出现的问题应及时提出。

②熟悉招标文件、招标图纸，确定工程量清单编审的范围及需要设定的暂估价；收集相关市场价格信息，为暂估价的确定提供依据。

③对《建设工程工程量清单计价规范》(GB 50500—2013)缺项的新材料、新技术、新工艺，收集足够的基础资料，为补充项目的制定提供依据。

(2)现场踏勘。为了选用合理的施工组织设计和施工技术方案，需进行现场踏勘，以充分了解施工现场情况及工程特点，主要对以下两方面进行调查。

①自然地理条件：工程所在地的地理位置、地形、地貌、用地范围等；气象、水文情况，包括气温、湿度、降雨量等；地质情况，包括地质构造及特征、承载能力等；地震、洪水及其他自然灾害情况。

②施工条件：工程现场周围的道路、进出场条件、交通限制情况；工程现场施工临时设施、大型施工机具、材料堆放场地安排情况；工程现场邻近建筑物与招标工程的间距、结构形式、基础埋深、新旧程度、高度；市政给排水管线位置、管径、压力，废水、污水处理方式，市政、消防供水管道管径、压力、位置等；现场供电方式、方位、距离、电压等；工程现场通信线路的连接和铺设；当地政府有关部门对施工现场管理的一般要求、特殊要求及规定等。

(3)拟订常规施工组织设计。施工组织设计是指导拟建工程项目的施工准备和施工的技术经济文件。根据项目的具体情况编制施工组织设计，拟定工程的施工方案、施工顺序、施工方法等，便于工程量清单的编制及准确计算，特别是工程量清单中的措施项目。施工组织设计编制的主要依据:招标文件中的相关要求,设计文件中的图纸及相关说明,现场踏勘资料,有关定额,现行有关技术标准、施工规范或规则等。作为招标人,仅需拟订常规的施工组织设计即可。在拟定常规的施工组织设计时需注意以下问题:

①估算整体工程量。根据概算指标或类似工程进行估算,且仅对主要项目加以估算即可,如土石方、混凝土等。

②拟定施工总方案。施工总方案仅只需对重大问题和关键工艺作原则性的规定,不需考虑施工步骤,主要包括:施工方法,施工机械设备的选择,科学的施工组织,合理的施工进度,现场的平面布置及各种技术措施。制订总方案要满足以下原则:从实际出发,符合现场的实际情况,在切实可行的范围内尽量求其先进和快速;满足工期的要求;确保工程质量和施工安全;尽量降低施工成本,使方案更加经济合理。

③确定施工顺序。合理确定施工顺序需要考虑以下几点:各分部分项工程之间的关系;施工方法和施工机械的要求;当地的气候条件和水文要求;施工顺序对工期的影响。

④编制施工进度计划。施工进度计划要满足合同对工期的要求,在不增加资源的前提下尽量提前。编制施工进度计划时要处理好工程中各分部、分项、单位工程之间的关系,避免出现施工顺序的颠倒或工种相互冲突。

⑤计算人、材、机资源需要量。人工工日数量根据估算的工程量、选用的定额、拟定的施工总方案、施工方法及要求的工期来确定,并考虑节假日、气候等的影响。材料需要量主要根据估算的工程量和选用的材料消耗定额进行计算。机械台班数量则根据施工方案确定选择机械设备方案及机械种类的匹配要求,再根据估算的工程量和机械时间定额进行计算。

⑥施工平面的布置。施工平面布置是根据施工方案、施工进度要求,对施工现场的道路交通、材料仓库、临时设施等做出合理的规划布置,主要包括:建设项目施工总平面图上的一切地上、地下已有和拟建的建筑物、构筑物以及其他设施的位置和尺寸;所有为施工服务的临时设施的布置位置,如施工用地范围,施工用道路,材料仓库,取土与弃土位置,水源、电源位置,安全、消防设施位置,永久性测量放线标桩位置等。

4. 编制内容

(1)分部分项工程量清单的编制。招标人负责包括项目编码、项目名称、项目特征、计量单位和工程量在内的五项内容。

①项目编码。同一招标工程的项目编码不得有重码。

②项目名称。按专业工程计量规范附录的项目名称结合拟建工程的实际确定。

③项目特征描述。描述项目特征时应按以下原则进行:

a. 项目特征描述的内容应按附录中的规定,结合拟建工程的实际,满足确定综合单价的需要。

b. 若采用标准图集或施工图纸能够全部或部分满足项目特征描述的要求,项目特征描述可直接采用详见××图集或××图号的方式。对不能满足项目特征描述要求的部分,仍应用文字描述。

④计量单位。当附录中有两个或两个以上计量单位的,应结合拟建工程项目的实际选择其中一个确定。

⑤工程量的计算。工程量的计算必须依据一定的计算原则和方法:a. 计算口径一致;b. 按工程量计算规则计算;c. 按图纸计算;d. 按一定顺序计算。

(2)措施项目清单编制。措施项目清单的编制需考虑多种因素,除工程本身的因素外,还涉及水文、气象、环境、安全等因素。应区分可计算工程量和不可计算工程量的措施项目，分别用不同的方式编制招标工程量清单。

(3)其他项目清单的编制。以"项"为计量单位给出的专业工程暂估价一般应是综合暂估价，即应当包括除规费、税金以外的管理费、利润等。

在编制计日工表格时，一定要给出暂定数量，并且需要根据经验，尽可能估算一个比较贴近实际的数量，且尽可能把项目列全，以消除因此而产生的争议。

13.3　招标控制价的编制

招标人设有最高投标限价的，应当在招标文件中明确最高投标限价或者最高投标限价的计算方法，招标人不得规定最低投标限价。

1. 招标控制价与标底的关系

(1)设标底招标的缺陷。易发生泄露标底，从而失去招标的公平公正性；同时将标底作为衡量投标人报价的基准，导致投标人尽力地去迎合标底，往往招投标过程反应的不是投标人实力的竞争。

(2)无标底招标的缺陷。有可能出现哄抬价格或者不合理的低价中标的情况；同时评标时，招标人对投标人的报价没有参考依据和评判标准。

(3)招标控制价招标。

采用招标控制价招标的优点：①可有效控制投资；②提高了透明度；③投标人自主报价；④既设置了控制上限又尽量地减少了业主依赖评标基准价的影响。

采用招标控制价招标也可能出现如下问题：①若最高限价大大高于市场平均价时可能诱导投标人串标围标；②若公布的最高限价远远低于市场平均价，就会影响招标效率。

2. 编制招标控制价的规定

(1)工程造价咨询人不得同时接受招标人和投标人对同一工程的招标控制价和投标报价的编制。

(2)招标控制价应在招标文件中公布，且在公布招标控制价时，除公布招标控制价的总价外，还应公布各单位工程的分部分项工程费、措施项目费、其他项目费、规费和税金。

(3)投标人经复核认为招标人公布的招标控制价未按规定进行编制的，应在招标控制价公布后 5 天内向招标投标监督机构和工程造价管理机构投诉。工程造价管理机构受理投诉后，应立即对招标控制价进行复查，组织投诉人、被投诉人或其委托的招标控制价编制人等单位人员对投诉问题逐一核对。当复查结论与原公布的招标控制价误差＞±3%时，应责成招标人改正。

3. 招标控制价的编制内容

招标控制价的编制内容包括分部分项工程费、措施项目费、其他项目费、规费和税金，各个部分有不同的计价要求。

(1)分部分项工程费的编制要求

①分部分项工程费应根据招标文件中的分部分项工程量清单及有关要求，按《建设工程工程量清单计价规范》(GB 50500—2013)有关规定确定综合单价计价。

②工程量依据招标文件中提供的分部分项工程量清单确定。

③招标文件提供了暂估单价的材料，应按暂估的单价计入综合单价。

④为使招标控制价与投标报价所包含的内容一致，综合单价中应包括招标文件中要求投标人所承担的风险内容及其范围(幅度)产生的风险费用。

(2)措施项目费的编制要求

①措施项目费中的安全文明施工费应当按照国家或省级、行业建设主管部门的规定标准计价，该部分不得作为竞争性费用。

②措施项目应按招标文件中提供的措施项目清单确定，措施项目分为以"量"计算和以"项"计算两种。对于可精确计量的措施项目，以"量"计算即按其工程量用与分部分项工程工程量清单单价相同的方式确定综合单价；对于不可精确计量的措施项目，则以"项"为单位，采用费率法按有关规定综合取定，采用费率法时需确定某项费用的计费基数及其费率，结果应是包括除规费、税金以外的全部费用。计算公式为

以"项"计算的措施项目清单费＝措施项目计费基数×费率

(3)其他项目费的编制要求

①暂列金额

暂列金额可根据工程的复杂程度、设计深度、工程环境条件(包括地质、水文、气候条件等)进行估算，一般可以分部分项工程费的10%～15%为参考。

②暂估价

暂估价中的材料单价应按照工程造价管理机构发布的工程造价信息中的材料单价计算，工程造价信息未发布的材料单价，其单价参考市场价格估算；暂估价中的专业工程暂估价应分不同专业，按有关计价规定估算。

③计日工

在编制招标控制价时，对计日工中的人工单价和施工机械台班单价应按省级、行业建设主管部门或其授权的工程造价管理机构公布的单价计算；材料应按工程造价管理机构发布的工程造价信息中的材料单价计算，工程造价信息未发布单价的材料，其价格应按市场调查确定的单价计算。

④总承包服务费

总承包服务费应按照省级或行业建设主管部门的规定计算，在计算时可参考以下标准：

a. 招标人仅要求对分包的专业工程进行总承包管理和协调时，按分包的专业工程估算造价的1.5%计算。

b. 招标人要求对分包的专业工程进行总承包管理和协调，并同时要求提供配合服务时，根据招标文件中列出的配合服务内容和提出的要求，按分包的专业工程估算造价的3%～5%计算。

c. 招标人自行供应材料的，按招标人供应材料价值的1%计算。

(4)规费和税金的编制要求

规费和税金必须按国家和省级、行业建设主管部门的规定计算。税金计算公式如下：

税金＝(分部分项工程量清单费＋措施项目清单费＋其他项目清单费＋规费)×综合税率

4. 招标控制价的计价程序

建设工程的招标控制价反映的是单位工程费用，各单位工程费用是由分部分项工程费、措施项目费、其他项目费、规费和税金组成。单位工程招标控制价计价程序见表13.10。

由于投标人投标报价计价程序与招标人招标控制价计价程序具有相同的表格，为便于对比分析，此处将两种表格合并列出，其中表格栏目中斜线后带括号的内容用于投标报价，其余

为通用栏目。

表 13.10　建设单位工程招标控制价计价程序(施工企业投标报价计价程序)

工程名称：　　　　　　　　　　　　　　　　　标段：　　　　　　　　　　　　　　　　　第　页　共　页

序号	内容	计算方法	金额(元)
1	分部分项工程费	按计价规定计算/(自主报价)	
1.1			
1.2			
……	……	……	
2	措施项目费	按计价规定计算/(自主报价)	
2.1	其中:安全文明施工费	按规定标准估算/(按规定标准计算)	
3	其他项目费		
3.1	其中:暂列金额	按计价规定估算/(按招标文件提供金额计列)	
3.2	其中:专业工程暂估价	按计价规定估算/(按招标文件提供金额计列)	
3.3	其中:计日工	按计价规定估算/(自主报价)	
3.4	其中:总承包服务费	按计价规定估算/(自主报价)	
4	规费	按规定标准计算	
5	税金(扣除不列入计税范围的工程设备金额)	(1+2+3+4)×规定税率	
招标控制价/(投标报价)合计=1+2+3+4+5			

注:本表适用于单位工程招标控制价计算或投标报价计算,如无单位工程划分,单项工程也使用本表。

5. 综合单价的组价

招标控制价的分部分项工程费应由各单位工程的招标工程量清单中给定的工程量乘以其相应综合单价汇总而成。综合单价应按照招标人发布的分部分项工程项目清单的项目名称、工程量、项目特征描述,依据工程所在地区颁发的计价定额和人工、材料、机具台班价格信息等进行组价确定。

(1)综合单价的组价过程

首先,依据提供的工程量清单和施工图纸,按照工程所在地区颁发的计价定额的规定,确定所组价的定额项目名称,并计算出相应的工程量。

其次,依据工程造价政策规定或工程造价信息确定其人工、材料、机具台班单价;同时,在考虑风险因素确定管理费率和利润率的基础上,按规定程序计算出所组价定额项目的合价,见式(13.1)。

然后将若干项所组价的定额项目合价相加除以工程量清单项目工程量,便得到工程量清单项目综合单价,见式(13.2)。对于未计价材料费(包括暂估单价的材料费)应计入综合单价。

定额项目合价=定额项目工程量×[∑(定额人工消耗量×人工单价)+∑(定额材料消耗量×材料单价)+∑(定额机械台班消耗量×机械台班单价)+价差(基价或人工、材料、机具费用)+管理费和利润]　(13.1)

工程量清单综合单价=[∑(定额项目合价)+未计价材料费]/工程量清单项目工程量　(13.2)

(2)综合单价中的风险因素

为使招标控制价与投标报价所包含的内容一致,综合单价中应包括招标文件中要求投标人所承担的风险内容及其范围(幅度)产生的风险费用。

①对于技术难度较大和管理复杂的项目,可考虑一定的风险费用,并纳入到综合单价中。

②对于工程设备、材料价格的市场风险,应依据招标文件的规定,工程所在地或行业工程造价管理机构的有关规定,以及市场价格趋势考虑一定率值的风险费用,纳入到综合单价中。

③税金、规费等法律、法规、规章和政策变化的风险和人工单价等风险费用不应纳入综合单价。

④招标工程发布的分部分项工程量清单对应的综合单价,应按照招标人发布的分部分项工程量清单的项目名称、工程量、项目特征描述,依据工程所在地区颁发的计价定额和人工、材料、机械台班价格信息等进行组价确定,并应编制工程量清单综合单价分析表。

(3)编制控制价应注意的事项

①采用的材料价格应是工程造价管理机构通过工程造价信息发布的材料价格,工程造价信息未发布材料单价的材料,其材料价格应通过市场调查确定。另外,未采用工程造价管理机构发布的工程造价信息时,需在招标文件或答疑补充文件中对招标控制价采用的与造价信息不一致的市场价格予以说明,采用的市场价格则应通过调查、分析确定,有可靠的信息来源。

②施工机械设备的选型直接关系到综合单价水平,应根据工程项目特点和施工条件,本着经济实用、先进高效的原则确定。

③应该正确、全面地使用行业和地方的计价定额与相关文件。

④不可竞争的措施项目和规费、税金等费用的计算均属于强制性的条款,编制招标控制价时应按国家有关规定计算。

⑤不同工程项目、不同施工单位会有不同的施工组织方法,所发生的措施费也会有所不同,因此,对于竞争性的措施费用的确定,招标人应首先编制常规的施工组织设计或施工方案,然后依据经专家论证确认后再进行合理确定措施项目与费用。

13.4 投标报价的编制

投标是指投标人(卖方)应招标人的邀请,根据招标通告或招标单所规定的条件,在规定的期限内,向招标人递盘的行为。即承包建筑工程或承买大宗商品时,承包人或买主按照招标公告的标准和条件提出价格,填具标单。

投标是一种要约,需要严格遵守关于招投标的法律规定及程序,还需对招标文件作出实质性响应,并符合招标文件的各项要求,科学规范地编制投标文件与合理策略地提出报价,直接关系到承揽工程项目的中标率。

13.4.1 施工投标的前期工作

1. 施工投标报价流程

任何一个施工项目的投标报价都是一项复杂的系统工程,需要周密思考,统筹安排。在取得招标信息后,投标人首先要决定是否参加投标,如果参加投标,即进行前期工作:准备资料,申请并参加资格预审;获取招标文件;组建投标报价班子;然后进入询价与编制阶段,整个投标过程需遵循一定的程序(图 13.1)进行。

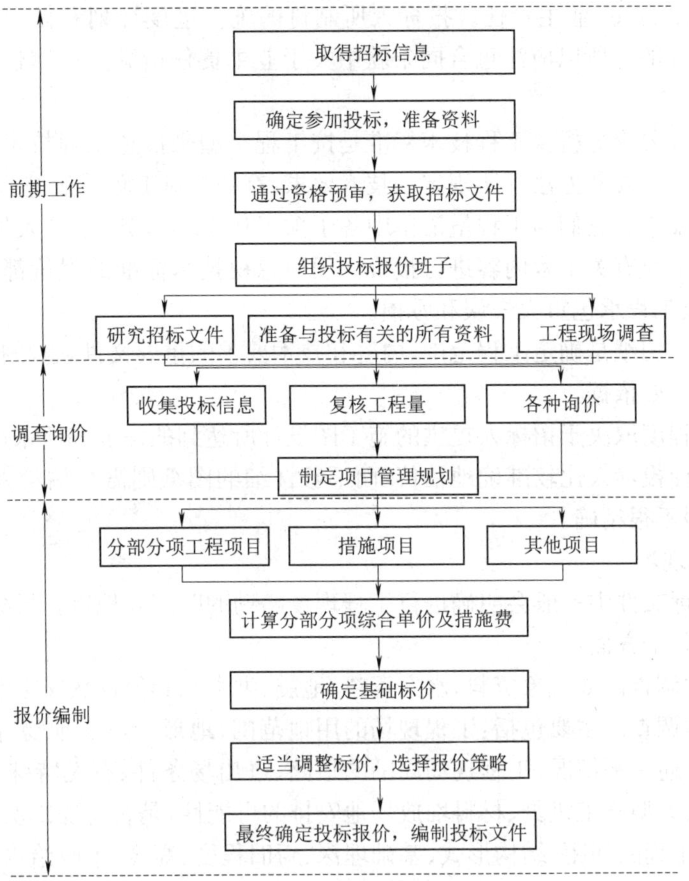

图 13.1　施工投标报价流程图

2. 研究招标文件

投标人取得招标文件后，为保证工程量清单报价的合理性，应对投标人须知、合同条件、技术规范、图纸和工程量清单等重点内容进行分析，深刻而正确地理解招标文件和业主的意图。

(1)投标人须知

它反映了招标人对投标的要求，特别要注意项目的资金来源、投标书的编制和递交、投标保证金、更改或备选方案、评标方法等，重点在于防止废标。

(2)合同分析

①合同背景分析。投标人有必要了解与自己承包的工程内容有关的合同背景，了解监理方式，了解合同的法律依据，为报价和合同实施及索赔提供依据。

②合同形式分析。主要分析承包方式(如分项承包、施工承包、设计与施工总承包和管理承包等)；计价方式(如固定合同价格、可调合同价格和成本加酬金确定的合同价格等)。

③合同条款分析。主要包括：a. 承包商的任务、工作范围和责任；b. 工程变更及相应的合同价款调整；c. 付款方式、时间。应注意合同条款中关于工程预付款、材料预付款的规定。根据这些规定和预计的施工进度计划，计算出占用资金的数额和时间，从而计算出需要支付的利息数额并计入投标报价；d. 施工工期。合同条款中关于合同工期、竣工日期、部分工程分期交付工期等规定，这是投标人制订施工进度计划的依据，也是报价的重要依据。要注意合同条款中有无工期奖罚的规定，尽可能做到在工期符合要求的前提下报价有竞争力，或在报价合理的

前提下工期有竞争力；e. 业主责任。投标人所制订的施工进度计划和做出的报价，都是以业主履行责任为前提的。所以应注意合同条款中关于业主责任措辞的严密性，以及关于索赔的有关规定。

④技术标准和要求分析。工程技术标准是按工程类型来描述工程技术和工艺内容特点，对设备、材料、施工和安装方法等所规定的技术要求，有的是对工程质量进行检验、试验和验收所规定的方法和要求。它们与工程量清单中各子项工作密不可分，报价人员应在准确理解招标人要求的基础上对有关工程内容进行报价。任何忽视技术标准的报价都是不完整、不可靠的，有时可能导致工程承包重大失误和亏损。

⑤图纸分析。图纸是确定工程范围、内容和技术要求的重要文件，也是投标者确定施工方法等施工计划的主要依据。

图纸的详细程度取决于招标人提供的施工图设计所达到的深度和所采用的合同形式。详细的设计图纸可使投标人比较准确地估价，而不够详细的图纸则需要估价人员采用综合估价方法，其结果一般不很精确。

3. 调查工程现场

招标人在招标文件中一般会明确进行工程现场踏勘的时间和地点。投标人对一般区域调查重点注意以下几个方面：

(1)自然条件调查。如气象资料，水文资料，地震、洪水及其他自然灾害情况，地质情况等。

(2)施工条件调查。主要包括：工程现场的用地范围、地形、地貌、地物、高程，地上或地下障碍物，现场的三通一平情况；工程现场周围的道路、进出场条件、有无特殊交通限制；工程现场施工临时设施、大型施工机具、材料堆放场地安排的可能性，是否需要二次搬运；工程现场邻近建筑物与招标工程的间距、结构形式、基础埋深、新旧程度、高度；市政给水及污水、雨水排放管线位置、高程、管径、压力、废水、污水处理方式，市政、消防供水管道管径、压力、位置等；当地供电方式、方位、距离、电压等；当地煤气供应能力，管线位置、高程等；工程现场通信线路的连接和铺设；当地政府有关部门对施工现场管理的一般要求、特殊要求及规定，是否允许节假日和夜间施工等。

(3)其他条件调查。主要包括各种构件、半成品及商品混凝土的供应能力和价格，以及现场附近的生活设施、治安情况等。

13.4.2 询价与工程量复核

1. 询价

询价是投标报价的一个非常重要的环节。工程投标活动中，施工单位不仅要考虑投标报价能否中标，还应考虑中标后所承担的风险。因此，在报价前必须通过各种渠道，采用各种方式对所需人工、材料、施工机具等要素进行系统的调查，掌握各要素的价格、质量、供应时间、供应数量等数据，这个过程称为询价。询价除需要了解生产要素价格外，还应了解影响价格的各种因素，这样才能够为报价提供可靠的依据。询价时要特别注意两个问题，一是产品质量必须可靠，并满足招标文件的有关规定；二是供货方式、时间、地点，有无附加条件和费用。

(1)询价的渠道

①直接与生产厂商联系。

②了解生产厂商的代理人或从事该项业务的经纪人。

③了解经营该项产品的销售商。

④向咨询公司进行询价。通过咨询公司所得到的询价资料比较可靠,但需要支付一定的咨询费用,也可向同行了解。

⑤通过互联网查询。

⑥自行进行市场调查或信函询价。

(2)生产要素询价

①材料询价。材料询价的内容包括调查对比材料价格、供应数量、运输方式、保险和有效期、不同买卖条件下的支付方式等。询价人员在施工方案初步确定后;立即发出材料询价单,并催促材料供应商及时报价。收到询价单后,询价人员应将从各种渠道所询得的材料报价及其他有关资料汇总整理。对同种材料从不同经销部门所得到的所有资料进行比较分析,选择合适、可靠的材料供应商的报价,提供给工程报价人员使用。

②施工机械设备询价。在外地施工需用的机械设备,有时在当地租赁或采购可能更为有利。因此,事前有必要进行施工机械设备的询价。必须采购的机械设备,可向供应厂商询价。对于租赁的机械设备,可向专门从事租赁业务的机构询价,并应详细了解其计价方法。

③劳务询价。劳务询价主要有两种情况:一是成建制的劳务司,相当于劳务分包,一般费用较高,但素质较可靠,工效较高,承包商的管理工作较轻;另一种是劳务市场招募零散劳动力,根据需要进行选择,这种方式虽然劳务价格低廉,但有时素质达不到要求或工效降低,且承包商的管理工作较繁重。投标人应在对劳务市场充分了解的基础上决定采用哪种方式,并以此为依据进行投标报价。

(3)专业分包询价

总承包商在确定了专业分包工作内容后,就将分包专业的工程施工图纸和技术说明送交预先选定的多家分包单位,请他们在约定的时间内报价,以便进行比较选择,最终选择合适的专业分包人。对专业分包人询价应注意以下几点:专业分包标函是否完整;专业分包工程单价所包含的内容;专业分包人的工程质量、信誉及可信赖程度;质量保证措施;专业分包报价。

2. 复核工程量

工程量清单作为招标文件的组成部分,是由招标人提供的。工程量的大小是投标报价最直接的依据。复核工程量的准确程度,将影响承包商的经营行为:一是根据复核后的工程量与招标文件提供的工程量之间的差距,考虑相应的投标策略,决定报价尺度;二是根据工程量的大小采取合适的施工方法,选择适用、经济的施工机具设备、投入使用相应的劳动力数量等。

复核工程量,要与招标文件中所给的工程量进行对比,注意以下几方面:

(1)投标人应认真根据招标说明、图纸、地质资料等招标文件资料,计算主要清单工程量,复核工程量清单。其中特别注意,按一定顺序进行,避免漏算或重算;正确划分分部分项工程项目,与“清单计价规范”保持一致。

(2)复核工程量的目的不是修改工程量清单,即使有误,投标人也不能修改工程量清单中的工程量,因为修改了清单就等于擅自修改了合同。对工程量清单存在的错误,可以向招标人提出,由招标人统一修改并把修改情况通知所有投标人。

(3)针对工程量清单中工程量的遗漏或错误,是否向招标人提出修改意见取决于投标策略。投标人可以运用一些报价的技巧提高报价的质量,争取在中标后能获得更大的收益。

(4)通过工程量计算复核还能准确地确定订货及采购物资的数量,防止由于超量或少购等带来的浪费、积压或停工待料。

在核算完全部工程量清单中的细目后,投标人应按大项分类汇总主要工程总量,以便获得对整个工程施工规模的整体概念，并据此研究采用合适的施工方法，选择适用的施工设备等。

3. 制订项目管理规划

项目管理规划是对项目管理的各项工作进行的综合性的、完整的、全面的总体计划。包括项目管理工作程序；项目管理组织和任务的分配；项目管理所采用的步骤、方法；项目管理所需资源的安排和其他问题的确定，项目管理组织架构，项目部设置等。主要有如下作用：

(1)项目管理规划是对项目构思、项目目标更为详细的论证。在项目的总目标确定后，通过项目管理规划可以分析研究总目标能否实现，总目标确定的费用、工期、功能要求是否能得到保证，是否能够达到综合平衡。

(2)规划结果是许多更细、更具体的目标的组合，是各个阶段的责任及中间决策的依据。

(3)规划是项目管理实际工作的指南和项目实施控制的依据。即规划是对项目管理实施过程进行监督、跟踪和诊断的依据，是评价和检验项目管理实施成果的尺度，是对各层次项目管理人员业绩评价和奖励的依据。

(4)为业主和项目的其他方面(如投资者)提供需要了解和利用的项目管理规划信息。在现代工程项目中，没有周密的项目管理规划，或项目管理规划得不到贯彻和保证，就不可能取得项目的成功。

4. 编制投标文件

投标文件是指具备承担招标项目的能力的投标人，按照招标文件的要求编制的文件。是投标人应招标文件要求编制的响应性文件，一般由商务文件、技术文件、报价文件和其他部分组成。

在投标文件中应当对招标文件提出的实质性要求和条件作出响应，这里所指的实质性要求和条件，一般是指招标文件中有关招标项目的价格、招标项目的计划、招标项目的技术规范方面的要求和条件，合同的主要条款(包括一般条款和特殊条款)。投标文件需要在这些方面作出回答，或称响应，响应的方式是投标人按照招标文件进行填报，不得遗漏或回避招标文件中的问题。交易的双方，只能就交易的内容也就是围绕招标项目来编制招标文件、投标文件。

经济部分主要是投标报价，商务部分包括可以证明企业和项目部组成人员的材料，如资质证书、营业执照、组织机构代码、税务登记征、企业信誉业绩奖励以及授权委托人、公证书、法人代表证明文件、项目部负责人证明文件。技术部分包要包括施工方案和施工组织设计及施工组织部署等，有的工程项目将经济部分与商务部分合并，称为商务标。

(1)投标商务文件：①投标承诺函；②法定代表人授权委托书；③开标一览表；④投标报价表；⑤投标保证金；⑥确认履约保函格式；⑦商务偏差表；⑧投标书及投标书附录；⑨投标资格证明文件；⑩企业法人营业执照(副本)复印件及相关资质证明复印件；⑪公司简介；⑫近几年资产、负债、利润等；⑬投标书附表；⑭施工组织设计；⑮资格预审的更新资料(如果有)或资格后审资料(如系资格后审)；⑯选择方案及其报价(如果有)；⑰按本须知规定应填报的其他资料。

(2)投标技术文件：①技术方案；②质量保证；③技术偏差表；④辅助资料表；⑤投标人认为需要加以说明的其他内容；⑥投标人将投标文件装订成册，并将投标文件按商务文件和技术文件分别立卷。

(3)评标过程文件：①评表；②评表准备；③初步评审；④澄清、答疑；⑤详细评审；⑥判定无效投标文件；⑦评审过程记录；⑧推介中标候选名单；⑨招、投标情况书面报告及备案；⑩中标通知书。

13.4.3　投标报价的编制原则与依据

1. 编制原则

(1)投标人自主确定,但必须执行相关强制性规定;自行或委托造价咨询人编制;

(2)投标报价不得低于成本;明显低于标底,可能低于个别成本,应当要求该投标人作出书面说明并提供证明材料。不能提供的,为废标。

(3)投标报价以招标文件中设定的发承包双方责任划分,作为考虑投标报价费用项目和费用计算的基础。

(4)以施工方案、技术措施作为投标报价计算的基本条件,以企业定额作为计算人、材、机消耗量的基本依据。

(5)报价计算方法要科学严谨,简明适用。

2. 投标报价的编制依据

(1)建设工程工程量清单计价规范。

(2)国家或省级、行业建设主管部门颁发的计价办法。

(3)企业定额,国家或省级、行业建设主管部门颁发的计价定额和计价办法。

(4)招标文件、工程量清单及其补充通知、答疑纪要。

(5)建设工程设计文件及相关资料。

(6)施工现场情况、工程特点及拟定的投标施工组织设计或施工方案。

(7)与建设项目相关的标准、规范等技术资料。

(8)市场价格信息或工程造价管理机构发布的工程造价信息。

(9)其他的相关资料。

13.4.4　投标报价的编制方法和内容

投标报价的编制过程,应首先根据招标人提供的工程量清单编制分部分项工程和措施项目计价表、其他项目计价表、规费、税金项目计价表,计算完毕之后,汇总得到单位工程投标报价汇总表,再层层汇总,分别得出单项工程投标报价汇总表和工程项目投标总价汇总表,投标总价的组成如图 13.2 所示。在编制过程中投标人应按招标人提供的工程量清单填报价格。填写的项目编码、项目名称、项目特征、计量单位、工程量必须与招标人提供的一致。

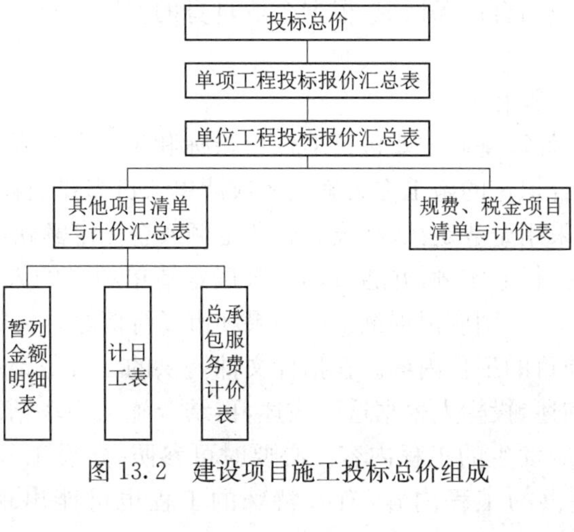

图 13.2　建设项目施工投标总价组成

1. 分部分项工程和单价措施项目清单与计价表的编制

承包人投标价中的分部分项工程费和以单价计算的措施项目费应按招标文件中分部分项工程和单价措施项目清单与计价表的特征描述确定综合单价计算。因此，确定综合单价是分部分项工程和单价措施项目清单与计价表编制过程中最主要的内容。综合单价包括完成一个规定清单项目所需的人工费、材料和工程设备费、施工机具使用费、企业管理费、利润，并考虑风险费用的分摊。

综合单价＝人工费＋材料和工程设备费＋施工机具使用费＋企业管理费＋利润

1)确定单价时的注意事项

(1)以项目特征描述为依据。项目特征是确定综合单价的重要依据之一，投标人投标报价时应依据招标文件中清单项目的特征描述确定综合单价。在招标投标过程中，当出现招标工程量清单特征描述与设计图纸不符时，投标人应以招标工程量清单的项目特征描述为准，确定投标报价的综合单价。当施工中施工图纸或设计变更与招标工程量清单项目特征描述不一致时，发承包双方应按实际施工的项目特征，依据合同约定重新确定综合单价。

(2)材料、工程设备暂估价的处理。招标文件中在其他项目清单中提供了暂估单价的材料和工程设备应按其暂估的单价计入清单项目的综合单价中。

(3)考虑合理的风险。招标文件中要求投标人承担的风险费用投标人应考虑进入综合单价。在施工过程中，当出现的风险内容及其范围(幅度)在招标文件规定的范围(幅度)综合单价不得变动合同价款不作调整。根据国际惯例并结合我国工程建设的特点，发承包双方对工程施工阶段的风险宜采用如下分摊原则：

①对于主要由市场价格波动导致的价格风险，如工程造价中的建筑材料、燃料等价格风险，发承包双方应当在招标文件中或在合同中对此类风险的范围和幅度予以明确约定，进行合理分摊。根据工程特点和工期要求，一般采取的方式是承包人承担5%以内的材料、工程设备价格风险，10%以内的施工机具使用费风险。

②对于法律、法规、规章或有关政策出台导致工程税金、规费、人工费发生变化，并由省级、行业建设行政主管部门或其授权的工程造价管理机构根据上述变化发布的政策性调整，以及由政府定价或政府指导价管理的原材料等价格进行了调整，承包人不应承担此类风险，应按照有关调整规定执行。

③对于承包人根据自身技术水平、管理、经营状况能够自主控制的风险，如承包人的管理费、利润的风险，承包人应结合市场情况，根据企业自身的实际合理确定、自主报价，该部分风险由承包人全部承担。

2)综合单价确定的步骤和方法

(1)确定计算基础。计算基础主要包括消耗量指标和生产要素单价。应根据本企业的企业实际消耗量水平并结合拟定的施工方案确定完成清单项目需要消耗的各种人工、材料、机械台班的数量。计算时应采用企业定额，在没有企业定额或企业定额缺项时，可参照与本企业实际水平相近的国家、地区、行业定额，并通过调整来确定清单项目的人、材、机单位用量。各种人工、材料、机械台班的单价，则应根据询价的结果和市场行情综合确定。

(2)分析每一清单项目的工程内容。在招标文件提供的工程量清单中招标人已对项目特征进行了准确、详细的描述，投标人根据这一描述，再结合施工现场情况和拟定的施工方案确定完成各清单项目实际应发生的工程内容。必要时可参照《建设工程工程量清单计价规范》(GB 50500—2013)中提供的工程内容，有些特殊的工程也可能出现规范列表之外的工程内容。

(3)计算工程内容的工程数量与清单单位的含量。每一项工程内容都应根据所选定额的工程量计算规则计算其工程数量，当定额的工程量计算规则与清单的工程量计算规则相一致时，可直接以工程量清单中的工程量作为工程内容的工程数量。

当采用清单单位含量计算人工费、材料费、施工机具使用费时，还需要计算每一计量单位的清单项目所分摊的工程内容的工程数量，即清单单位含量。

$$清单单位含量=\frac{某工程内容的定额工程量}{清单工程量}$$

(4)分部分项工程人工、材料、施工机具使用费的计算。以完成每一计量单位的清单项目所需的人工、材料、机具用量为基础计算，即：

$$\begin{matrix}每一计量单位清单项目\\某种资源的使用量\end{matrix}=该种资源的定额单位用量\times相应定额条目的清单单位含量$$

再根据预先确定的各种生产要素的单位价格计算出每一计量单位清单项目的分部分项工程的人工费、材料费与施工机具使用费。

$$人工费=完成单位清单项目所需人工的工日数量\times人工工日单价$$

$$材料费=\sum完成单位清单项目所需各种材料、半成品的数量\times各种材料、半成品单价$$

$$施工机具使用费=\sum\begin{matrix}完成单位清单项目所需\\各种机械的台班数量\end{matrix}\times各种机械的台班单价+仪器仪表使用费$$

当招标人提供的其他项目清单中列示了材料暂估价时，应根据招标人提供的价格计算材料费，并在分部分项工程量清单与计价表中表现出来。

(5)计算综合单价。

企业管理费和利润的计算按人工费、材料费、施工机具使用费之和按照一定的费率取费计算。

企业管理费=(人工费+材料费+施工机具使用费)×企业管理费费率(%)

利润=(人工费+材料费+施工机具使用费+企业管理费)×利润率(%)

将上述五项费用汇总并考虑合理的风险费用后，即可得到清单综合单价。根据计算出的综合单价，可编制分部分项工程量清单与计价表，见表 13.11。

表 13.11 分部分项工程和单价措施项目清单与计价表投标报价

工程名称：××地铁×号线土建工程××标段　　　　第 页 共 页

序号	项目编号	项目名称	项目特征描述	计量单位	工程量	金额(元)		
						综合单价	合价	其中：暂估价
一	矿山法							
(一)	暗挖土石方							
1	040407004001	混凝土衬砌	C45P8 商品混凝土、厚 30 cm	m^3	208	586.41	121 973.28	
2	040701002001	非预应力钢筋	10≤HRB400≤25	t	200	5 123.46	1 024 692	
		……						
		分部小计					1 146 665.28	
		……						

续上表

序号	项目编号	项目名称	项目特征描述	计量单位	工程量	金额(元)		
						综合单价	合价	其中:暂估价
七	措施项目							
		…						
18	1.2	冬雨季、夜间施工增加费		项	1	73 320	18 865.82	
		…						
		分部小计					1 076 106.11	
合计							1 076 106.11	

3)工程量清单综合单价分析表的编制

为表明综合单价的合理性投标人应对其进行单价分析,以作为评标时的判断依据。综合单价分析表的编制应反映上述综合单价的编制过程,并按照规定的格式进行,见表 13.12。

表 13.12 工程量清单综合单价分析表

工程名称:××地铁×号线土建工程××标段　　　　第　页　共　页

项目编码	040601005303			项目名称		喷射混凝土		计量单位	m³	工程量	2 962.8
清单综合单价组成明细											
定额编号	定额名称	定额单位	数量	单价				合价			
				人工费	材料费	机械费	管理费和利润	人工费	材料费	机械费	管理费和利润
1-4-24		m³	2 962.8	228.744	250.74	99.85	157.73	228.744	250.74	99.85	157.73
人工单价				小计				228.744	250.74	99.85	157.73
36 元/工日				未计价材料费							
清单项目综合单价											
材料费明细	主要材料名称、规格、型号			单位		数量		单价(元)		合价(元)	
	C20 豆石混凝土			m³		1.23		156.58		192.59	
	速凝增强剂			kg		15.57		2		31.14	
	黏稠剂			kg		5.19		2.95		15.31	
	其他材料费							—		2.47	
	材料费小计							—		241.51	

2. 总价措施项目清单与计价表的编制

对于不能精确计量的措施项目,应编制总价措施项目清单与计价表。投标人对措施项目中的总价项目投标报价应遵循以下原则:

(1)措施项目的内容应根据招标人提供的措施项目清单和投标人投标时拟定的施工组织设计或施工方案确定。

(2)措施项目费由投标人自主确定但其中安全文明施工费必须按照国家或省级、行业建设主管部门的规定计价,不得作为竞争性费用。招标人不得要求投标人对该项费用进行优惠,投标人也不得将该项费用参与市场竞争。

投标报价时总价措施项目清单与计价表的编制见表 13.13。

表 13.13　总价措施项目清单与计价表

工程名称:××地铁×号线土建工程××标段　　　　第　页　共　页

序号	项目编码	项目名称	计算基础	费率(%)	金额(元)	调整费率(%)	调整后金额(元)	备注
1	1	安全文明施工(含环境保护、文明施工、安全施工、临时设施)			86 836.81			
2	1.1	安全文明施工费		1.8	52 102.09			
3	1.2	环境保护(含工程排污费)		0.4	13 121.44			
4	1.3	临时设施		0.8	26 242.88			
5	2	冬雨季、夜间施工措施费		0.76	73 320			
……								
合计	262 687.94							

3. 其他项目清单与计价表的编制

其他项目费主要包括暂列金额、暂估价、计日工以及总承包服务费组成,见表 13.14。

表 13.14　其他项目清单与计价汇总表

工程名称:××地铁×号线土建工程××标段　　　　第　页　共　页

序号	项目名称	金额(元)	结算金额(元)	备注
1	暂列金额	350 000	350 000	
2	专业工程暂估价	540 800	540 800	
3	计日工	82 000	82 000	
4	总承包服务费	51 856	51 856	

投标人对其他项目费投标报价时应遵循以下原则:

(1)暂列金额应按照招标人提供的其他项目清单中列出的金额填写不得变动(表 13.15)。

表 13.15　暂列金额明细表

工程名称:××地铁×号线土建工程××标段　　　　第　页　共　页

序号	项目名称	计量单位	暂定金额(元)	备注
1	联络通道	项	100 000	
2	工程量偏差和设计、变更	项	100 000	
3	政策性调整和材料价格波动	项	100 000	
4	其他	项	50 000	
合计			350 000	

(2)暂估价不得变动和更改。暂估价中的材料、工程设备暂估价必须按照招标人提供的暂估单价计入清单项目的综合单价(表 13.16);专业工程暂估价必须按照招标人提供的其他项目清单中列出的金额填写(表 13.17)。材料、工程设备暂估单价和专业工程暂估价均由招标人提供,为暂估价格,在工程实施过程中,对于不同类型的材料与专业工程采用不同的计价方法。

表 13.16　材料(工程设备)暂估单价表

工程名称:××地铁×号线土建工程××标段　　　　第　页　共　页

序号	材料(工程设备)名称、规格、型号	计量单位	数量		暂估(元)		确认(元)		差额±(元)		备注
			暂估	确认	单价	合价	单价	合价	单价	合价	
1	钢筋	t	200		4 000		800 000				
	……										
合计						845 000					

表 13.17　专业工程暂估价表

工程名称:××地铁×号线土建工程××标段　　　　第　页　共　页

序号	工程名称	工程内容	暂估金额(元)	结算金额(元)	差额±(元)	备注
1	土方消纳费用		200 000			
	……					
合计			200 000			

(3)计日工应按照招标人提供的其他项目清单列出的项目和估算的数量自主确定各项综合单价并计算费用(表 13.18)。

表 13.18　计日工表

工程名称:××地铁×号线土建工程××标段　　　　第　页　共　页

编号	项目名称	单位	暂定数量	实际数量	综合单价(元)	合价(元)	
						暂定	实际
	人工						
1	综合人工	工日	922		82	75 604	
人工小计						75 604	
	材料						
1	型钢	t	1		4 400	4 400	
材料小计						4 400	
	设备						
1	轮胎式单斗液压挖掘机	台班	1		1 996	1 996	
设备小计						1 996	
总计						82 000	

(4)总承包服务费应根据招标人在招标文件中列出的分包专业工程内容和供应材料、设备情况按照招标人提出的协调、配合与服务要求和施工现场管理需要自主确定(表 13.19)。

表 13.19　总承包服务费计价表

工程名称:××地铁×号线土建工程××标段　　　　第　页　共　页

序号	项目名称	项目价值(元)	服务内容	计算基础	费率(%)	金额(元)
1	发包人发包专业工程	200 000		项目价值	7	14 000
	……					
	合计					20 760

4. 规费、税金项目清单与计价表的编制

规费和税金应按国家或省级、行业建设主管部门的规定计算，不得作为竞争性费用。这是由于规费和税金的计取标准是依据有关法律、法规和政策规定制定的，具有强制性。因此，投标人在投标报价时必须按照国家或省级、行业建设主管部门的有关规定计算规费和税金。规费、税金项目清单与计价表的编制见表13.20。

表13.20 规费、税金项目清单与计价表

工程名称：××地铁×号线土建工程××标段　　　　第　页　共　页

序号	项目名称	计算基础	计算基数	计算费率(%)	金额(元)
1	规费	定额人工费			139 231.27
1.1	社会保障费	定额人工费			34 123.36
(1)	养老保险费	定额人工费		3.55	28 171.61
(2)	失业保险费	定额人工费		0.15	1 190.35
(3)	医疗保险费	定额人工费		0.45	3 571.05
(4)	工伤保险费	定额人工费		0.07	555.5
(5)	生育保险费	定额人工费		0.04	317.43
	……				
1.2	住房公积金	定额人工费		0.3	2 380.7
1.3	工程排污费	按工程所在地环境保护部门收取标准，按实计入		0.4	3 081.81
	……				
2	税金	分部分项工程费＋措施项目费＋其他项目费＋规费－按规定不计税的工程设备金额		9	69 740.2
合计					208 971.47

5. 投标价的汇总

投标人的投标总价应当与组成工程量清单的分部分项工程费、措施项目费、其他项目费和规费、税金的合计金额相一致，即投标人在进行工程量清单招标的投标报价时，不能进行投标总价优惠，或降价、让利，投标人对投标报价的任何优惠，或降价、让利，均应反映在相应清单项目的综合单价中。

施工企业某单位工程投标报价汇总表，见表13.21

表13.21 单位工程投标报价汇总表

工程名称：××地铁×号线土建工程××标段　　　　第　页　共　页

序号	内　容	金　额(元)	其中：暂估价
1	分部分项工程费	1 146 665.28	
……	……	……	
040407004001	混凝土衬砌	121 973.28	
……	……	……	
2	措施项目费	1 076 106.11	
2.1	其中：冬雨季、夜间施工增加费	18 865.82	
3	其他项目费	1 024 656	

续上表

序号	内　容	金　额(元)	其中:暂估价
3.1	其中:暂列金额	350 000	
3.2	其中:专业工程暂估价	540 800	
3.3	其中:计日工	82 000	
3.4	其中:总承包服务费	51 856	
4	规费	139 231.27	
5	税前工程造价	2 992 370.79	
6	增值税销项税额	269 313.37	
7	附加税	14 979.02	
8	含税单位工程造价	3 276 663.18	

思考题

1. 工程量清单包括哪些内容?
2. 如何编制招标工程量清单?
3. 简述招标工程控制价的作用与编制方法。
4. 简述投标前期的主要工作主要有哪些。
5. 简述投标报价的编制原则与依据。
6. 简述投标报价的编制方法与程序。

参 考 文 献

1. 李明华. 铁路工程施工组织与概预算. 北京:中国铁道出版社,2018.
2. 全国造价工程师执业资格考试培训教材编审委员会. 建设工程计价. 北京:中国计划出版社,2013.
3. 住房和城乡建设部标准定额研究所. 城市轨道交通工程投资估算指标:GCG 101—2008. 北京:中国计划出版社,2009.
4. 住房和城乡建设部. 城市轨道交通工程工程量计算规范:GB 50861—2013. 北京:中国计划出版社,2013.
5. 住房和城乡建设部标准定额研究所. 建设工程工程量清单计价规范:GB 50500—2013. 北京:中国计划出版社,2013.
6. 江苏中南建筑产业集团有限责任公司,东南大学. 工程网络计划技术规程:JGJ/T 121—2015. 北京:中国建筑工业出版社,2015.
7. 住房和城乡建设部标准定额研究所. 城市轨道交通工程设计概预算编制办法(建标〔2006〕279 号). 北京:中国计划出版社,2007.
8. 住房和城乡建设部标准定额研究所,中铁第五勘察设计院集团有限公司. 城市轨道交通工程设计概算编制办法(建标〔2017〕89 号). 北京:中国计划出版社,2017.
9. 住房和城乡建设部,财政部. 建筑安装工程费用项目组成(建标〔2013〕44 号),2013.
10. 住房和城乡建设部. 城市轨道交通建设项目管理规范:GB 50722—2011. 北京:中国建筑工业出版社,2011.
11. 住房和城乡建设部. 城市轨道交通建筑安装工程费用标准编制规则(建标〔2011〕159 号),2011.
12. 住房和城乡建设部. 城市轨道交通工程概算定额(建标〔2011〕99 号):GCG 102—2011. 北京:中国计划出版社,2011.
13. 住房和城乡建设部. 城市轨道交通工程预算定额(建标〔2008〕193 号):GCG 103—2008. 北京:中国计划出版社,2008.
14. 住房和城乡建设部. 关于实施《危险性较大的分部分项工程安全管理规定》有关问题的通知(建办质〔2018〕31 号),2018.
15. 住房和城乡建设部. 危险性较大的分部分项工程安全管理规定(住建部令第〔2018〕37 号),2018.

附录一

概算文件编制单元划分基本规定表

<table>
<tr><th>序号</th><th>编制单元名称</th><th colspan="2">内 容</th><th>对应章节</th><th>说 明</th></tr>
<tr><td rowspan="4">1</td><td rowspan="4">车站</td><td rowspan="4">每座车站为一个册概算编制单元。包括地下车站、高架车站、地面车站土建结构(含人防)、建筑装饰、附属设施,以及设备系统预留孔洞、沟、槽、安装预埋件的费用。
不包括车站物业开发及换乘车站同步实施但应由其他项目分担的费用。
动力与照明,通风、空调与供暖,给水与排水、消防等工程费用分下列三种情况:
(1)不包括动力与照明,通风、空调与供暖、给水与排水、消防等工程费用;
(2)包括车站动力与照明,通风、空调与供暖,给水与排水、消防等工程费用;
(3)包括车站及车站两端相邻的各半个区间的动力与照明,通风、空调与供暖,给水与排水、消防等工程费用</td><td>其中土建结构包括车站和车站两端折返线、停车线、渡线、存车线的主体结构、附属结构、施工监测、降水、建(构)筑物加固保护等;附属设施包括标识导向、站内外附属设施(包括站前广场、自行车停车场、环保绿化、隔离设施及其他配套建筑)、交通接驳和应列入车站的其他工程费用</td><td>第一章</td><td rowspan="4">1. 车站和区间的分界点在结构分界处;
2. 高架车站如采用“桥建分建”,则车站里程桩号内的高架梁结构费用亦属于车站编制单元范畴。区间和车站的建筑分界点在结构分界处</td></tr>
<tr><td>动力照明</td><td>第六章
21节</td></tr>
<tr><td>通风、空调与供暖</td><td>第十章
26节</td></tr>
<tr><td>给水与排水、消防</td><td>第十一章
27节</td></tr>
<tr><td>2</td><td>区间</td><td colspan="2">每相邻两座车站之间的区间为一个册概算编制单元,联络线及车辆基地每个出入段线分别为一个册概算编制单元。每个单元包括区间正线和其他土建工程(包括区间人防、防淹门、主变电站出线电缆通道、疏散平台、声屏障),以及环保绿化、隔离设施和设备系统预留孔洞及预埋件等工程费用</td><td>第二章</td><td>1. 每个区间不同工法应分别编制后汇总;
2. 出入段线和正线区间或车站的建筑分界点在结构分界处</td></tr>
<tr><td>3</td><td>轨道</td><td colspan="2">全线轨道工程为一个册概算编制单元,包括正线、辅助线(折返线、停车线、渡线、存车线)、车辆基地库内外线、出入段线、联络线、线路有关工程、线路备料和铺轨基地等工程费用</td><td>第三章</td><td>出入段线轨道和正线轨道分界点在正线出岔点或里程分界点</td></tr>
<tr><td>4</td><td>通信</td><td colspan="2">全线通信系统为一个册概算编制单元,分专用通信系统、民用通信引入系统、公安通信系统三部分。包括全线正线、运营控制中心、车辆基地的设备及安装工程费用。按正线、运营控制中心、车辆基地三部分分别编制后汇总。民用通信引入系统单独编制概算</td><td>第四章
12节</td><td>各子系统分别编制后汇总</td></tr>
</table>

续上表

序号	编制单元名称	内 容	对应章节	说 明
5	信号	全线信号系统为一个册概算编制单元，按正线、运营控制中心、车辆段、停车场、试车线、车载设备、维修与培训中心等分别编制概算	第五章 13节	—
6	主变电站	全线主变电站为一个册概算编制单元，每座主变电站分别编制后汇总（含相应的高压电源线路），包括主变电站的房屋建造和装饰、电力进线（含通道）、变电设备及安装等工程费用	第六章 14节	主变电站出线电缆通道费用纳入环网电缆工程项下。结构规模由电力专业确定
7	变电所	包括全线各座牵引及混合变电所、开闭所、降压和跟随变电所的设备及安装等工程费用	第六章 15节	牵引变电所、混合变电所、降压和跟随变电所分别编制后汇总
8	环网电缆	包括全线环网电缆的设备及安装工程费用，含独立的通道电缆	第六章 16节	包括主变电站馈出线电缆及牵引变电所或降压变电所间的环网电缆及线路差动保护光缆及联跳电缆
9	牵引网	包括全线架空接触网或接触轨的设备及安装工程费用	第六章 17节	出入段线牵引网和正线分界点在正线分岔点或里程分界点
10	电力监控（SCADA）	包括全线电力监控系统（SCADA）的设备及安装工程费用	第六章 18节	—
11	杂散电流防护与接地	包括全线杂散电流防护与接地的设备及安装工程费用	第六章 19节	—
12	综合监控	包括综合监控系统的设备及安装工程（不包括独立设备系统）费用	第七章 22节	正线、运营控制中心、车辆段、停车场分别编制后汇总
13	火灾自动报警（FAS）	包括全线防火报警系统（FAS）的设备及安装工程费用	第八章 23节	正线、运营控制中心、车辆段、停车场、主变电站、变电所分别编制后汇总
14	环境与设备监控（BAS）	包括全线环境与设备监控系统（BAS）的设备及安装工程费用	第八章 24节	车站、运营控制中心、车辆段、停车场分别编制后汇总
15	安防及门禁	包括车站、运营控制中心、车辆基地、主变电站、变电所等的设备及安装工程费用	第九章 25节	车站、运营控制中心、车辆段、停车场、主变电站、变电所分别编制后汇总
16	区间通风、空调与采暖	包括全线区间通风、空调与采暖的设备及安装工程费用	第十章 26节	—

续上表

序号	编制单元名称	内容	对应章节	说明
17	区间给水与排水、消防	包括全线区间给水与排水、消防的设备及安装工程费用	第十一章 28节	—
18	自动售检票(AFC)	包括全线自动售检票系统(AFC)的设备及安装工程费用	第十二章 29节	车站、运营控制中心分别编制后汇总
19	站内客运设备	包括全线各车站自动扶梯和自动人行道、轮椅升降机、电梯的设备及安装工程费用(包括控制系统和机械系统)	第十三章 30节	各车站分别编制后汇总,根据提升高度和工况要求编制
20	站台门	包括全线站台门的设备及安装工程费用(包括控制系统和机械系统)	第十三章 31节	根据各车站情况,统计并区分固定门、活动门和门机数量
21	运营控制中心	包括运营控制中心房屋建筑与装饰,室内动力与照明,给水与排水、消防,通风、空调与供暖,电梯,楼宇自动化等设备及安装工程,以及室外道路、围墙、景观、绿化等工程费用	第十四章 32节	—
22	车辆基地	含车辆段和停车场的维修中心、物资总库、培训中心等工程,包括房屋建筑与装饰、道路、桥涵等土建工程,以及动力与照明,通风、空调与供暖,给水与排水、消防,电梯,工艺设备,附属工程等工程费用(风水电含室外)	第十五章 33节	1. 车辆段和停车场应分别编制; 2. 车辆基地有关系统在各系统编制单元中已一并编制,本编制单元内容仅指基地内房屋、风水电及工艺要求的设备、附属工程
23	人防	包括全线地下车站、地下区间人防防护设备及其配套设施的制作加工、安装等工程费用	第十六章 34节	1. 因人防要求发生的土建费用,列入相应车站编制单元,防护门及门框根据各车站、区间情况,分别编制后汇总; 2. 含防淹门
24	前期工程费	包括全线范围土地征用、租用、道路占用、树木砍伐及绿化赔偿、建(构)筑物拆迁、管线迁改、交通疏解、道路恢复、道路破复、影响建筑物使用补偿等费用	第十七章 35节	各车站、各区间、运营控制中心、主变电站、车辆段、停车场的工程数量和费用分别计列后汇总

注:①总体设计单位可根据设计项目的特点,对于表中缺项的工程增补册概算编制单元;也可依据设计分工和建设管理的需要,将上表中若干册概算编制单元合并为一个册概算编制单元,或对编制单元做少量调整;但都必须在编制单元划分中予以说明。

②房屋建筑按车站、主变电站、运营控制中心、车辆段、停车场分别编制。

附录二

综合概算章节表

章号	节号	工程及费用名称	单位	说明
		第一部分 工程费用	正线公里	
一		车站	正线公里	包括车站两端折返线、停车线、渡线、存车线等
	1	地下车站（××站）	m^2	
		一、车站主体	m^2	
		（一）明挖地下车站（××站）	m^2	
		1. 围护结构	m^3	按不同围护类型分别编制
		（1）地下连续墙	m^3	
		（2）SWM 围护	m^3	
		（3）钻孔（排）桩	m^3	
		（4）锚索及土钉墙	m^2	
		（5）其他围护结构	m^3	
		2. 土石方、支撑、降水	m^3	
		（1）土石方	m^3	按土、石分列
		（2）钢支撑	t	
		（3）混凝土支撑	m^3	包括格构柱及基础
		（4）降水	元	
		3. 主体结构	m^3	
		（1）内部钢筋混凝土结构	m^3	含抗浮结构工程内容
		（2）防水	m^2	
		（二）盖挖地下车站（××站）	m^2	
		1. 竖井及横通道	元	按不同竖井、横通道分列
		（1）竖井	座	注明“长×宽×高”尺寸，内容参照明挖
		（2）横通道	延长米	内容参照暗挖
		2. 围护结构	m^3	按不同围护类型分别编制
		（1）地下连续墙	m^3	
		（2）SWM 围护	m^3	
		（3）钻孔（排）桩	m^3	
		（4）锚索及土钉墙	m^2	
		（5）其他围护结构	m^3	
		3. 土石方、支撑、降水	m^3	
		（1）土石方	m^3	按土、石分列
		（2）钢支撑	t	
		（3）混凝土支撑	m^3	包括格构柱及基础
		（4）降水	元	

续上表

章号	节号	工程及费用名称	单位	说明
		4. 盖板系统	m^2	包括混凝土板及支撑系统
		5. 主体结构	m^3	
		(1)内部钢筋混凝土结构	m^3	含抗浮结构工程内容
		(2)防水	m^2	
		(三)暗挖地下车站(××站)	m^2	
		1. 竖井及横通道	元	按不同竖井、横通道分列
		(1)竖井	座	注明“长×宽×高”尺寸，内容参照明挖
		(2)横通道	延长米	内容参照暗挖
		2. 主体结构	m^3	
		(1)土石方	m^3	按土、石分列
		(2)初期支护	m^3	
		(3)二衬及防水	m^3	含衬砌背后压浆(衬砌背后回填)
		(4)其他	元	
		二、出入口通道(××个)	m^2	含换乘通道
		(一)明挖出入口通道(××个)	m^2	
		1. 围护结构	m^3	按不同围护类型分别编制
		(1)地下连续墙	m^3	
		(2)SWM 围护	m^3	
		(3)钻孔(排)桩	m^3	
		(4)锚索及土钉墙	m^2	
		(5)其他围护结构	m^3	
		2. 土石方、支撑、降水	m^3	
		(1)土石方	m^3	按土、石分列
		(2)钢支撑	t	
		(3)混凝土支撑	m^3	包括格构柱及基础
		(4)降水	元	
		3. 主体结构	m^3	
		(1)内部钢筋混凝土结构	m^3	
		(2)防水	m^2	
		(二)盖挖出入口通道(××个)	m^2	
		1. 竖井及横通道	元	按不同竖井、横通道分列
		(1)竖井	座	注明“长×宽×高”尺寸，内容参照明挖
		(2)横通道	延长米	内容参照暗挖
		2. 围护结构	m^3	按不同围护类型分别编制
		(1)地下连续墙	m^3	
		(2)SWM 围护	m^3	
		(3)钻孔(排)桩	m^3	
		(4)锚索及土钉墙	m^2	
		(5)其他围护结构	m^3	
		3. 土石方、支撑、降水	m^3	
		(1)土石方	m^3	按土、石分列
		(2)钢支撑	t	
		(3)混凝土支撑	m^3	包括格构柱及基础
		(4)降水	元	
		4. 盖板系统	m^2	包括混凝土板及支撑系统

续上表

章号	节号	工程及费用名称	单位	说　　明
		5. 主体结构	m^3	
		(1)内部钢筋混凝土结构	m^3	
		(2)防水	m^2	
		(三)暗挖出入口通道(××个)	m^2	
		1. 竖井及横通道	元	按不同竖井、横通道分列
		(1)竖井	座	注明“长×宽×高”尺寸，内容参照明挖
		(2)横通道	延长米	内容参照暗挖
		2. 主体结构	m^3	
		(1)土石方	m^3	按土、石分列
		(2)初期支护	m^3	
		(3)二衬及防水	m^3	含衬砌背后压浆(衬砌背后回填)
		(4)其他	元	
		(四)出入口上盖	座	
		三、风道、风井(××个)	m^2	
		(一)明挖风道(××个)	m^2	
		1. 围护结构	m^3	按不同围护类型分别编制
		(1)地下连续墙	m^3	
		(2)SWM 围护	m^3	
		(3)钻孔(排)桩	m^3	
		(4)锚索及土钉墙	m^2	
		(5)其他围护结构	m^3	
		2. 土石方、支撑、降水	m^3	
		(1)土石方	m^3	按土、石分列
		(2)钢支撑	t	
		(3)混凝土支撑	m^3	包括格构柱及基础
		(4)降水	元	
		3. 主体结构	m^3	
		(1)内部钢筋混凝土结构	m^3	
		(2)防水	m^2	
		(二)盖挖风道(××个)	m^2	
		1. 竖井及横通道	元	按不同竖井、横通道分列
		(1)竖井	座	注明“长×宽×高”尺寸，内容参照明挖
		(2)横通道	延长米	内容参照暗挖
		2. 围护结构	m^3	按不同围护类型分别编制
		(1)地下连续墙	m^3	
		(2)SWM 围护	m^3	
		(3)钻孔(排)桩	m^3	
		(4)锚索及土钉墙	m^2	
		(5)其他围护结构	m^3	
		3. 土石方、支撑、降水	m^3	
		(1)土石方	m^3	按土、石分列
		(2)钢支撑	t	
		(3)混凝土支撑	m^3	包括格构柱及基础
		(4)降水	元	

续上表

章号	节号	工程及费用名称	单位	说明
		4. 盖板系统	m^2	包括混凝土板及支撑系统
		5. 主体结构	m^3	
		(1)内部钢筋混凝土结构	m^3	
		(2)防水	m^2	
		(三)暗挖风道(××个)	m^2	
		1. 竖井及横通道	元	按不同竖井、横通道分列
		(1)竖井	座	注明"长×宽×高"尺寸,内容参照明挖
		(2)横通道	延长米	内容参照暗挖
		2. 主体结构	m^3	
		(1)土石方	m^3	按土、石分列
		(2)初期支护	m^3	
		(3)二衬及防水	m^3	含衬砌背后压浆(衬砌背后回填)
		(4)其他	元	
		(四)风井(××个)	m	
		1. 围护结构	m^3	按不同围护类型分别编制
		(1)地下连续墙	m^3	
		(2)SWM 围护	m^3	
		(3)钻孔(排)桩	m^3	
		(4)锚索及土钉墙	m^2	
		(5)其他围护结构	m^3	
		2. 土石方、支撑、降水	m^3	
		(1)土石方	m^3	按土、石分列
		(2)钢支撑	t	
		(3)混凝土支撑	m^3	包括格构柱及基础
		(4)降水	元	
		3. 主体结构	m^3	
		(1)内部钢筋混凝土结构	m^3	
		(2)防水	m^2	
		(五)风亭	组	
		四、施工监测	元	
		五、车站装修	m^2	
		(一)公共区	m^2	含出入口通道
		(二)设备区	m^2	
		(三)轨行区	m^2	不含站台范围以外轨行区
		六、车站附属设施	元	
		(一)标志导向	元	包括站内外及通道
		(二)站前广场	m^2	
		(三)自行车停车场	m^2	
		(四)环保绿化	m^2	
		(五)其他附属设施	处	包括隔离设施及其配套建筑,按不同工程类别分列
		七、加固及建(构)筑物保护	元	
		(一)地基加固	元	
		(二)建(构)筑物加间保护	元	按每处分列
		(三)岩溶处理	元	
		(四)管线加固及悬吊	元	

续上表

章号	节号	工程及费用名称	单位	说　　明
		(五)其他	元	
	2	高架车站(××站)	m^2	
		一、桥梁结构	m^2	
		(一)下部建筑	m^3	
		1. 土石方	m^3	包括钢板桩支护
		2. 基础	m^3	按不同基础类型分列
		(1)明挖	m^3	
		(2)沉井	m^3	
		(3)挖孔桩	m^3/m	
		(4)钻孔桩	m^3/m	
		(5)管桩	m^3/m	
		(6)管柱	m^3/m	
		3. 承台	m^3	
		4. 墩台及盖梁	m^3	
		(1)浆砌石	m^3	
		(2)混凝土	m^3	
		(3)钢筋混凝土	m^3	
		(二)上部建筑	m^2	包括梁的制作、运输、拼接、架设
		1. 钢筋混凝土梁	m^3	按现浇、预制分列
		2. 预应力钢筋混凝土梁	m^3	按现浇、预制分列
		3. 钢梁	t	按钢板梁、钢桁梁分列
		4. 桥面系	m^2	
		(三)附属工程	元	如锥体、缺口填筑等
		(四)噪声防护	处	包括声屏障
		二、车站房屋	m^2	包括在高架车站设计的其他专业需要的房屋
		(一)钢筋混凝土结构	m^3	
		(二)钢结构	t	
		(三)屋面板	m^2	
		三、人行天桥	m^2	内容参照桥梁结构
		四、建筑装修	m^2	
		(一)外立面装饰	m^2	
		(二)室内装饰	m^2	
		五、车站附属设施	元	
		(一)标志导向	元	包括站内外及通道
		(二)站前广场	m^2	
		(三)自行车停车场	m^2	
		(四)环保绿化	m^2	
		(五)其他附属设施	处	包括隔离设施及其配套建筑，按不同工程类别分列
		六、加固及建(构)筑物保护	元	
		(一)地基加固	元	
		(二)建(构)筑物加固保护	元	按每处分列
		(三)管线加固及悬吊	元	
		(四)其他	元	
	3	地面车站(××站)	m^2	
		一、路基	m^3	

续上表

章号	节号	工程及费用名称	单位	说明
		(一)土石方	m^3	
		1. 土方	m^3	
		2. 石方	m^3	
		(二)特设路基	m^3	按软土路基、膨胀土路基、冻土路基、震动液化路基等分列
		(三)附属工程	元	
		1. 附属土石方	m^3	
		2. 加固及防护	m^3	
		(1)植树	棵	
		(2)铺种草	m^2	
		(3)干砌石	m^3	
		(4)浆砌石	m^3	
		(5)混凝土	m^3	
		3. 挡土墙	m^3	按不同挡土墙类型分列
		4. 其他附属工程	元	按不同附属工程类型分列
		二、车站房屋	m^2	包括在地面车站设计的其他专业需要的房屋
		(一)钢筋混凝土结构	m^3	
		(二)钢结构	t	
		(三)屋面板	m^2	
		三、建筑装修	m^2	
		(一)外立面装饰	m^2	
		(二)室内装饰	m^2	
		四、车站附属设施	元	
		(一)标志导向	元	包括站内外及通道
		(二)站前广场	m^2	
		(三)自行车停车场	m^2	
		(四)环保绿化	m^2	
		(五)其他附属设施	处	包括隔离设施及其他配套建筑，按不同工程类别分列
		五、加固及建(构)筑物保护	元	
		(一)地基加固	元	
		(二)建(构)筑物加固保护	元	按每处分列
		(三)管线加固及悬吊	元	
		(四)其他	元	
	4	其他房屋	m^2	包括车辆基地、控制中心范围以外的公安派出所、消防站、培训房屋等
二		区间	正线公里	包括出入段线、联络线、主变电站出线电缆通道等
	5	地下区间(段)	正线公里	
		一、盾构法	双延米	
		(一)区间主体	双延米	
		1. 掘进及出渣	延长米	
		2. 管片拼装	m^3	包括管片预制、运输
		3. 预埋槽道	米	
		4. 端头加固	元	

续上表

章号	节号	工程及费用名称	单位	说明
		(二)联络通道	延长米	内容参照暗挖工程
		1. 开挖及初支	m^3	
		2. 二衬及防水	m^3	含衬砌背后注浆(衬砌背后回填)
		3. 其他	元	
		4. 地基加固	元	
		(三)区间风井、盾构井	座	注明“长×宽×高”尺寸
		1. 围护结构	m^3	按不同围护结构类型分别编制,内容参照明挖
		2. 土石方、支撑、降水	m^3	
		(1)土石方	m^3	按土、石分列
		(2)钢支撑	t	
		(3)混凝土支撑	m^3	包括格构柱及基础
		(4)降水	元	
		3. 主体结构	m^3	
		(1)内部钢筋混凝土结构	m^3	
		(2)防水	m^2	
		(四)施工监测	元	
		二、明挖法	双延米	
		(一)区间主体	双延米	
		1. 围护结构	m^3	按不同围护类型分别编制
		(1)地下连续墙	m^3	
		(2)SWM 围护	m^3	
		(3)钻孔(排)桩	m^3	

章号	节号	工程及费用名称	单位	说明
		(4)锚索及土钉墙	m^2	
		(5)其他围护结构	m^3	
		2. 土石方、支撑、降水	m^3	
		(1)土石方	m^3	按土、石分列
		(2)钢支撑	t	
		(3)混凝土支撑	m^3	包括格构柱及基础
		(4)降水	元	
		3. 主体结构	m^3	
		(1)内部钢筋混凝土结构	m^3	
		(2)防水	m^2	
		(二)区间风井	座	注明“长×宽×高”尺寸
		1. 围护结构	m^3	按不同围护结构类型分别编制,内容参照明挖
		2. 土石方、支撑、降水	m^3	
		(1)土石方	m^3	按土、石分列
		(2)钢支撑	t	
		(3)混凝土支撑	m^3	包括格构柱及基础
		(4)降水	元	
		3. 主体结构	m^3	
		(1)内部钢筋混凝土结构	m^3	
		(2)防水	m^2	
		(三)施工监测	元	
		三、盖挖法	双延米	
		(一)区间主体	双延米	

续上表

章号	节号	工程及费用名称	单位	说明
		1. 竖井及横通道	元	按不同竖井、横通道分列
		(1)竖井	座	注明"长×宽×高"尺寸,内容参照明挖
		(2)横通道	延长米	内容参照暗挖
		2. 围护结构	m^3	按不同维护结构类型分别编制
		(1)地下连续墙	m^3	
		(2)SWM 围护	m^3	
		(3)钻孔(排)桩	m^3	
		(4)锚索及土钉墙	m^2	
		(5)其他围护结构	m^3	
		3. 土石方、支撑、降水	m^3	
		(1)土石方	m^3	按土、石分列
		(2)钢支撑	t	
		(3)混凝土支撑	m^3	
		(4)降水	元	
		4. 盖板系统	m^2	包括混凝土板及支撑系统
		5. 主体结构	m^3	
		(1)内部钢筋混凝土结构	m^3	
		(2)防水	m^2	
		(二)区间风井	座	注明"长×宽×高"尺寸
		1. 围护结构	m^3	按不同围护结构类型分别编制,内容参照明挖
		2. 土石方、支撑、降水	m^3	
		(1)土石方	m^3	按土、石分列
		(2)钢支撑	t	
		(3)混凝土支撑	m^3	包括格构柱及基础
		(4)降水	元	
		3. 主体结构	m^3	
		(1)内部钢筋混凝土结构	m^3	
		(2)防水	m^2	
		(三)施工监测	元	
		四、暗挖法	延长米	
		(一)区间主体	双延米	
		1. 竖井及横通道	元	按不同竖井、横通道分列
		(1)竖井	m	注明"长×宽×高"尺寸,内容参照明挖
		(2)横通道	延长米	内容参照暗挖
		2. 主体结构	m^3	
		(1)土石方	m^3	按土、石分列
		(2)初期支护	m^2	
		(3)二衬及防水	m^3	含衬砌背后注浆(衬砌背后回填)
		(4)其他	元	
		(二)联络通道	延长米	
		1. 开挖及初支	m^3	
		2. 二衬及防水	m^3	含衬砌背后注浆(衬砌背后回填)

续上表

章号	节号	工程及费用名称	单位	说　明
		3. 其他	m^3	
		(三)区间风井	座	注明“长×宽×高”尺寸
		1. 围护结构	m^3	按不同围护结构类型分别编制,内容参照明挖
		2. 土石方、支撑、降水	m^3	
		(1)土石方	m^3	按土、石分列
		(2)钢支撑	t	
		(3)混凝土支撑	m^3	包括格构柱及基础
		(4)降水	元	
		3. 主体结构	m^3	
		(1)内部钢筋混凝土结构	m^3	
		(2)防水	m^2	
		(四)施工监测	元	
		五、疏散平台	延长米	
		六、加固及建(构)筑物保护	元	
		(一)地基加固	元	不包括盾构端头加固和联络线地基加固
		(二)建(构)筑物加固保护	元	按每处分列
		(三)岩溶处理	元	
		(四)管线加固及悬吊	元	
		(五)其他	元	
	6	高架区间	双延米	
		一、单线桥	延长米/m^2	
		(一)下部建筑	m^3	
		1. 土石方	m^3	包括钢板桩支护,土、石分列
		2. 基础	m^3	按不同基础类型分列
		①明挖	m^3	
		②沉井	m^3	
		③挖孔桩	m^3/m	
		④钻孔桩	m^3/m	
		⑤管桩	m^3/m	
		⑥管柱	m^3/m	
		3. 承台	m^3	
		4. 墩台及盖梁	m^3	
		①浆砌石	m^3	
		②混凝土	m^3	
		③钢筋混凝土	m^3	
		(二)上部建筑	m^2	包括梁的制作、运输、拼接、架设
		(1)钢筋混凝土梁	m^3	按现浇、预制分列
		(2)预应力钢筋混凝土梁	m^3	按现浇、预制分列
		(3)钢梁	t	按钢板梁、钢衍梁分列
		(4)桥面系	m^2	
		(三)附属工程	元	
		(1)加固及防护	延长米	含边坡和河岸
		①土石方	m^3	
		②砌体	m^3	
		③混凝土	m^3	

续上表

章号	节号	工程及费用名称	单位	说　　明
		④植被	m^2	
		(2)锥体护坡	m^3	
		①土石方	m^3	
		②砌体	m^3	
		③混凝土	m^3	
		④植被	m^2	
		3. 其他	延长米	如锥体、缺口填筑等
		二、双线桥	双延米/m^2	项目同单线桥
		三、三(多)线桥	多线延长米	项目同单线桥
		四、特殊节点桥	延长米/m^2	项目同单线桥
		五、噪声防护	处	包括声屏障
		六、疏散平台	延长米	
		七、加固及建(构)筑物保护	元	
		(一)地基加固	元	
		(二)建(构)筑物加固保护	元	按每处分列
		(三)岩溶处理	元	
		(四)管线加固及悬吊	元	
		(五)其他	元	
		八、制(存)梁场		对应各处梁场布置方案分列
	7	地面区间	正线公里	
		一、路基	m^3	
		(一)土石方	m^3	
		1. 土方	m^3	
		2. 石方	m^3	
		(二)特设路基	m^3	按软土路基、膨胀土路基、冻土路基、振动液化路基等分列
		(三)附属工程	元	
		1. 附属土石方	m^3	
		2. 加固及防护	m^3	
		(1)植树	棵	
		(2)铺种草	m^2	
		(3)干砌石	m^3	
		(4)浆砌石	m^3	
		(5)混凝土	m^3	
		3. 挡土墙	m^3	按不同挡土墙类型分列
		4. 其他附属工程	元	按不同附属工程类型分列
		二、桥梁工程		
		(一)下部建筑	m^3	
		1. 土石方	m^3	包括钢板桩支护，土、石分列
		2. 基础	m^3	按不同基础类型分列
		①明挖	m^3	
		②沉井	m^3	
		③挖孔桩	m^3/m	
		④钻孔桩	m^3/m	
		⑤管桩	m^3/m	
		⑥管柱	m^3/m	
		3. 承台	m^3	

续上表

章号	节号	工程及费用名称	单位	说明
		4. 墩台及盖梁	m^3	
		①浆砌石	m^3	
		②混凝土	m^3	
		③钢筋混凝土	m^3	
		(二)上部建筑	m^2	包括梁的制作、运输、拼接、架设
		(1)钢筋混凝土梁	m^3	按现浇、预制分列
		(2)预应力钢筋混凝土梁	m^3	按现浇、预制分列
		(3)钢梁	t	按钢板梁、钢桁梁分列
		(4)桥面系	m^2	
		(三)附属工程	元	包括锥体护坡、河床加固及防护等
		三、涵洞(××座)	横延米	包括基础、涵身、出入口端、翼墙、沟床开挖、铺砌、道路铺设、洞内照明设施等,按单、双、多孔分列
		1. 圆涵(××座)	横延米	按明挖、顶进分列
		2. 拱涵(××座)	横延米	
		3. 盖板箱涵(××座)	横延米	
		4. 框架涵(××座)	横延米	按明挖、顶进分列
		5. 渡槽(××座)	横延米	
		四、噪声防护	处	包括声屏障
		五、加固及建(构)筑物保护	元	按每处分列
		(一)地基加固	元	
		(二)建(构)筑物加固保护	元	按每处分列
		(三)岩溶处理	元	
		(四)管线加固及悬吊	元	
		(五)其他	元	
	8	特殊线段区间	双延米	包括出入段(场)线、联络线等
		一、出入段(场)线	延长米	
		二、联络线	延长米	
三		轨道	正线公里	
	9	正线	铺轨公里	包括辅助线及联络线,辅助线含折返线、停车线、渡线、存车线等
		一、新建	铺轨公里	
		(一)地下段	铺轨公里	
		1. 铺轨	铺轨公里	按一般段、中等减振段、高等减振段、特殊减振分列
		(1)一般段	铺轨公里	
		(2)中等减振段	铺轨公里	
		(3)高等减振段	铺轨公里	
		(4)特殊减振段	铺轨公里	
		2. 铺道岔	组	
		(1)单开道岔	组	
		(2)特种道岔	组	
		3. 铺道床	铺轨公里/m^3	
		(1)一般段整体道床	铺轨公里/m^3	

续上表

章号	节号	工程及费用名称	单位	说　明
		(2)中等减振段整体道床	铺轨公里/m^3	
		(3)高等减振段整体道床	铺轨公里/m^3	
		(4)特殊减振段整体道床	铺轨公里/m^3	
		(二)高架段	铺轨公里	
		1. 铺轨	铺轨公里	
		(1)一般段	铺轨公里	
		(2)中等减振段	铺轨公里	
		(3)高等减振段	铺轨公里	
		(4)特殊减振段	铺轨公里	
		2. 铺道岔	组	
		(1)单开道岔	组	
		(2)特种道岔	组	
		3. 铺道床	铺轨公里/m^3	
		(1)一般整体道床	铺轨公里/m^3	
		(2)中等减振段整体道床	铺轨公里/m^3	
		(3)高等减振段整体道床	铺轨公里/m^3	
		(4)特殊减振段整体道床	铺轨公里/m^3	
		(三)地面段		
		1. 铺轨	铺轨公里	
		(1)碎石道床	铺轨公里	
		(2)整体道床	铺轨公里	
		2. 铺道岔	组	
		(1)单开道岔	组	
		(2)特种道岔	组	

章号	节号	工程及费用名称	单位	说　明
		3. 铺道床	铺轨公里/m^3	
		(1)碎石道床	铺轨公里/m^3	
		(2)整体道床	铺轨公里/m^3	
		二、改建	铺轨公里	
		(一)线路	铺轨公里	
		1. 拆除	铺轨公里	
		2. 铺设	铺轨公里	
		3. 改移改拨	铺轨公里	
		4. 换轨	铺轨公里	
		5. 换枕	铺轨公里	
		(二)道岔	组	
		1. 拆除	组	
		2. 重铺	组	
		(三)道床	铺轨公里	
		1. 碎石道床	铺轨公里/m^3	包括清筛道砟、补充道砟
		2. 整体道床	铺轨公里/m^3	
		3. 减震道床	铺轨公里/m^3	
	10	车辆基地	铺轨公里	包括库内外线与出入段线，车辆段与停车场分列
		一、新建	铺轨公里	
		(一)铺轨	铺轨公里	
		1. 碎石道床	铺轨公里	
		2. 整体道床	铺轨公里	

续上表

章号	节号	工程及费用名称	单位	说　　明
		(二)铺道岔	组	
		1. 单开道岔	组	
		2. 特种道岔	组	
		(三)铺道床	铺轨公里/m^3	
		1. 碎石道床	铺轨公里/m^3	
		2. 整体道床	铺轨公里/m^3	
		3. 减震道床	铺轨公里/m^3	
		二、改建	铺轨公里	细目同正线
		(一)线路	铺轨公里	细目同正线
		(二)道岔	铺轨公里	细目同正线
		(三)道床	铺轨公里/m^3	细目同正线
	11	线路有关工程	正线公里	
		一、有关工程	铺轨公里	包括车挡、线路标志、CPⅢ布网、平交道、线路沉落整修等
		二、线路备料	铺轨公里	包括备料及钢轨架
		三、铺轨基地	处	包括土石方、混凝土及地基处理等
四	12	通信	正线公里	
		一、专用通信系统	正线公里	
		(一)传输系统	正线公里	
		(二)无线通信系统	正线公里	
		(三)公务电话系统	正线公里	
		(四)专用电话系统	正线公里	
		(五)视频监视系统	正线公里	
		(六)广播系统	正线公里	
		(七)时钟系统	正线公里	
		(八)办公自动化系统	正线公里	
		(九)电源系统及接地	正线公里	
		(十)集中告警系统	正线公里	
		(十一)乘客信息系统(PIS)	正线公里	
		(十二)其他	正线公里	
		二、公安通信系统	正线公里	
		(一)公安视频监视系统	正线公里	
		(二)公安无线通信引入系统	正线公里	
		(三)公安数据网络	正线公里	
		(四)公安电源系统	正线公里	
		(五)其他	正线公里	
		三、民用通信引入系统	正线公里	
		(一)民用传输系统	正线公里	
		(二)移动通信引入系统	正线公里	
		(三)集中监测告警系统	正线公里	
		(四)民用电源系统	正线公里	
		(五)其他	正线公里	
五	13	信号	正线公里	
		一、正线	正线公里	
		二、控制中心	处	
		三、车辆段	联锁道岔	

续上表

章号	节号	工程及费用名称	单位	说明
		四、停车场	联锁道岔	
		五、试车线	条	
		六、车载设备	列	
		七、维修与培训中心	处	
		八、其他	元	包括延长线预留接口和续接费用等
六		供电	正线公里	
	14	主变电站	座	包括主变电站的房屋建筑与装饰、电力进线、变电设备及安装等工程
		一、主变电站	座	按不同主变电站分列
		(一)主变电站房屋	m^2	包括主变电站房屋建筑与装饰，动力与照明，通风、空调与供暖，给水与排水、消防，道路，围墙，室外广场，绿化等
		(二)变电工程	元	
		二、电力进线	km	
		(一)110 kV 输电线路	km	
		(二)其他	元	
		三、其他	元	
	15	变电所	座	按牵引所、降压所、开闭所、混合所、跟随所等不同用途的变电所分列
	16	环网电缆	正线公里	

章号	节号	工程及费用名称	单位	说明
		(一)环网电缆	条公里	
		(二)通道电缆	m	主变电站至附近车站（或区间）变电所的通道电缆
	17	牵引网(接触轨)	正线公里	按正线、车辆段、停车场分列
		一、架空接触网	条公里	包括刚性架空接触网和柔性架空接触网
		(一)正线	条公里	
		(二)车辆段	条公里	
		(三)停车场	条公里	
		二、接触轨	条公里	
		(一)正线	条公里	
		(二)车辆段	条公里	
		(三)停车场	条公里	
	18	电力监控(SCADA)	正线公里	包括车站、运营控制中心、车辆基地电力监控系统(SCADA)
	19	杂散电流防护与接地系统	正线公里	
		一、杂散电流防护	正线公里	含正线、车辆基地
		(一)正线	正线公里	
		(二)车辆段	处	
		(三)停车场	处	
		二、接地系统	处	

续上表

章号	节号	工程及费用名称	单位	说　　明
	20	供电车间及其他系统	元	包括供电车间、车站不间断电源(UPS)系统整合、再生制动能量利用系统、电能质量管理系统、光伏发电系统、供电生产管理系统等，按不同系统类型分列
	21	动力与照明	正线公里	包括车站、区间动力与照明，含发电、配电、变电设备、灯具等
七	22	综合监控(ISCS)	正线公里	包括正线、运营控制中心、车辆基地
		一、车站	站	
		二、运营控制中心	处	
		三、车辆段	处	
		四、停车场	处	
八		火灾自动报警、环境与设备监控	正线公里	
	23	防灾与报警(FAS)	正线公里	包括正线、运营控制中心、车辆基地、主变电站、变电所
		一、车站	站	
		二、运营控制中心	处	
		三、车辆段	处	
		四、停车场	处	
		五、主变电站	处	
		六、变电所	处	指车站外变电所，如区间变电所等
	24	环境与设备监控(BAS)	正线公里	包括车站、运营控制中心、车辆基地
八		一、车站	处	
		二、运营控制中心	处	
		三、车辆段	处	
		四、停车场	处	
九	25	安防及门禁	正线公里	
		一、安防系统	正线公里	包括安检
		(一)车站	处	
		(二)运营控制中心	处	
		(三)车辆段	处	
		(四)停车场	处	
		二、门禁系统(ACS)	正线公里	包括车站、运营控制中心、车辆基地、主变电站、变电所
		(一)车站	站	
		(二)运营控制中心	处	
		(三)车辆段与综合基地	处	
		(四)停车场	处	
		(五)主变电站	处	
		(六)变电所	处	此处指车站外的变电所，如区间变电所等
十	26	通风、空调与供暖	正线公里	包括车站、区间
		一、车站	站	

续上表

章号	节号	工程及费用名称	单位	说明
		二、区间	正线公里	
		三、综合支吊架及抗震支吊架	站	包括动力与照明，通风、空调与供暖．给水与排水、消防等共用支吊架
十一		给水与排水、消防	正线公里	
	27	车站给水与排水、消防	站	
		一、给水	站	
		二、排水	站	含废水处理
		三、消防	站	
		四、市政管网接驳	站	
		五、自动灭火系统	站	
	28	区间给水与排水、消防	正线公里	细目同车站给水与排水、消防
十二	29	自动售检票(AFC)	正线公里	包括车站、运营控制中心、维修中心
		一、车站	站	
		二、运营控制中心	处	
		三、清分系统	元	
十三		站内客运设备、站台门	正线公里	
	30	站内客运设备	正线公里	
		一、自动扶梯	部	
		二、电梯	部	
		二、自动人行道	部	
		四、轮椅升降台	部	
	31	站台门	站	包括控制系统和机械系统

章号	节号	工程及费用名称	单位	说明
		一、站台门	门体单元	
十四	32	运营控制中心	正线公里	
		一、房屋	m^2	包括运营控制中心房屋建筑与装饰，动力与照明，通风、空调与供暖，给水与排水、消防，楼宇智能化，电梯等
		二、附属工程	元	包括室外道路、围墙、景观、绿化等
十五	33	车辆基地	正线公里	包括生产及办公房屋、运营生产设备及建筑附属设施，车辆段和停车场分列
		一、车辆段		
		(一)生产及办公房屋	m^2	包括生产及办公房屋建筑与装饰，室内动力与照明，通风、空调与供暖，给水与排水、消防，电梯等
		1. 建筑与装饰	m^2	
		2. 动力与照明	m^2	
		3. 通风、空调与供暖	m^2	
		4. 给水与排水、消防	m^2	
		5. 电梯	部	
		(二)工艺设备	元	
		1. 车辆工艺设备	元	
		2. 综合维修中心设备	处	

续上表

章号	节号	工程及费用名称	单位	说　明
		3. 物资总库设备	处	
		4. 培训中心设备	处	
		5. 其他工艺及运营生产设备	处	
		(三)附属工程	元	
		1. 检查坑	元	
		2. 地基处理	处	
		3. 边坡加固及防护	处	
		4. 土石方	m^3	按土、石分列
		5. 场区道路	m^2	包括段内及进出段道路
		6. 桥梁	延长米/m^2	按不同桥梁分列
		7. 涵洞	横延米/m^2	按不同涵洞分列
		8. 室外综合管线	m	包括室外动力与照明、给水与排水、采暖、煤气管线、强弱电综合管沟等
		9. 场区绿化	m^2/棵	
		10. 其他	元	含围墙、大门、排水设施、市政管网接驳、标志导向等
十六	34	人防	正线公里	包括人防防护设备及其配套设施
		一、人防门	项	
		二、防淹门	项	
		三、其他	元	
第二部分　工程建设其他费用			正线公里	
十七		工程建设其他费用	正线公里	
	35	前期工程费	元	
		一、土地征用及补偿费	亩	
		二、临时占地费	亩	
		三、建(构)筑物迁建补偿费	元	
		(一)房屋补偿费	平方米	
		(二)商业补偿费	平方米	
		(三)构筑物补偿费	平方米	
		四、树木及绿化赔偿	元	
		五、道路恢复费	元	
		六、道路破复费	元	
		七、管线迁改费	元	
		八、交通疏解费	元	
	36	其他费用	正线公里	
		一、场地准备费	元	
		二、项目建设管理费	元	
		三、建设工程监理与相关服务费	元	
		四、招标代理服务费	元	
		五、招标交易服务费	元	
		六、前期工作费	元	
		(一)可行性研究费	元	
		(二)环境影响评价费	元	
		(三)客流预测报告编制费	元	
		(四)地震安全性评价费	元	

续上表

章号	节号	工程及费用名称	单位	说明
		(五)地质灾害危险性评估费	元	
		(六)节能评估费	元	
		(七)社会稳定风险评估费	元	
		(八)防洪评价费	元	
		(九)文物勘探及保护费	元	
		(十)其他前期工作费用	元	
		七、研究试验费	元	
		八、勘察设计费	元	
		(一)勘察费	元	
		(二)设计费	元	
		九、咨询费	元	
		(一)设计咨询费	元	
		(二)工程造价咨询费	元	
		十、引进技术和设备其他费	元	
		十一、综合联调及试运行费	元	
		(一)综合联调费	元	
		(二)试运行费	元	
		十二、专利及专有技术使用费	元	
		十三、生产准备及开办费	元	
		(一)生产职工培训费	元	
		(二)生产办公和生活家具购置费	元	
		(三)工器具费购置费	元	
		十四、工程保险费	元	
		十五、特殊设备安全监督检验费	元	
		十六、安全生产保障费	元	
		十七、配合辅助工程费	元	
		十八、其他	元	
		以上各章合计	元	
		第三部分　预备费	正线公里	
十八	37	预备费	正线公里	
		一、基本预备费	元	
		二、价差预备费	元	
		第四部分　专项费用	正线公里	
十九	38	专项费用	正线公里	
		一、车辆购置费	元	
		二、建设期贷款利息	元	
		三、铺底流动资金	元	
		概算总额	正线公里	

注:①编制概算时,在不变动章、节的前提下,可根据具体工程内容,对各节细目内容做增减调整。章节号及名称应保持固定不变,没有费用的细目可不显示。

②细目中的“单位”可采用比表列“单位”更为具体的计量单位。